문화유산과 생물학

생물에 의한 훼손과 보존

민경희 지음

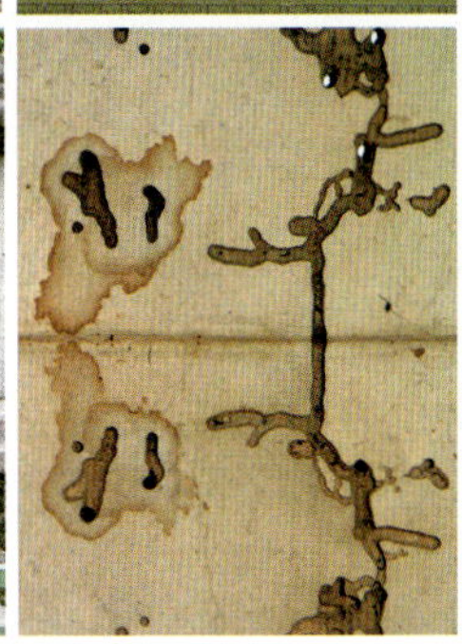

(주)바이오사이언스출판

이 도서의 국립중앙도서관 출판예정도서목록(CIP)은 서지정보유통지원시스템 홈페이지(http://seoji.nl.go.kr)와 국가자료공동목록시스템(http://www.nl.go.kr/kolisnet)에서 이용하실 수 있습니다.
(CIP제어번호 : CIP2018033928)

문화유산과 생물학 – 생물에 의한 훼손과 보존 –

인 쇄: 2018년 11월 5일
발 행: 2018년 11월 15일
저 자: 민경희
발행인: 문정구
발행처: (주)바이오사이언스출판
본 사: 14040 경기도 안양시 동안구 전파로 107(호계동)
서울 사무소: 06569 서울특별시 서초구 도구로 115, 1층(방배동)
전 화: (02)581-4057~8
팩 스: (02)581-4059
이메일: inquiry@biosciencepub.com
홈페이지: http://www.biobooks.co.kr
ISBN: 978-89-6824-086-7
등록번호: 제22-3079호
값 38,000원

BIO BIOSCIENCE (주)바이오사이언스출판

머리말

오래전부터 이탈리아를 포함한 유럽에서는 문화유산의 보존에 관한 연구가 활발하게 진행되고 있지만 우리나라에는 최근에서야 문화유산에 대한 인식과 그 보존에 대한 관심이 높아지고 있는 실정이다. 2000년 무렵 국내 여러 대학이 문화재보존학과를 신설하였으나 아직도 전문적인 교재가 부족한 실정이므로 이번에 문화 유산과 생물학을 출판하게 되었다.

이 책에서는 생물에 의하여 문화유산이 어떠한 과정과 어떠한 생화학적인 기작에 의하여 훼손되는지, 그리고 우리는 문화재를 어떠한 방법으로 보존하여야 하고 예방하고 관리하여야 하는지에 대한 지식을 제공해 주고 있다.

일반적으로 문화재의 훼손은 물리, 화학적 원인만을 생각할 수 있으나 생물학적 요인에 의하여 동시에 훼손의 발생이 동반된다. 비록 육안으로 보이지 않더라도 미세한 세균이나 균류에 의한 문화재 물질 내부에서의 훼손이 진행되고 있다는 사실을 이해하기 쉽지 않다. 문화재를 훼손시키는 생물에는 세균, 균류, 조류, 지의류, 식물 및 동물 등이 있다.

문화재의 가장 중요한 성분인 목재, 종이류, 의류, 가죽과 같은 유기 물질은 암석, 철, 구리, 유리와 같은 무기물보다 생물에 의하여 심하게 훼손된다. 이들 생물은 여러 종류의 문화재의 성분을 자신의 에너지원으로 이용하는 과정에서 생화학적으로 손상을 일으킨다.

문화재가 위치하는 장소에는 도서관, 기록물 보관소, 교회와 같이 폐쇄된 공간도 있지만 기념물, 탑, 석불 등이 위치하는 실외 공간인 공원, 산과 평지, 해변가, 수중에 이르기까지 다양하다. 이들 문화유산은 위치해 있는 주변의 생물과 무생물의 환경에 직접 혹은 간접으로 영향을 받으면서 적응도 한다.

우리 인간도 병을 치료하는 것보다 예방이 중요한 것처럼 문화유산도 훼손되기 전에 예방하고 관리하는 방안이 더욱 중요하다. 왜냐하면 문화유산이 일단 훼손되면 보존처리하기 위하여 여러 가지 방법을 동원하여 발생된 생물과 손상된 물질을 제거하여야 하지만 원형 그대로 복원되기는 쉽지 않다. 그러므로 본 교재에서는 문화유산을 계획적으로 감시(monitoring)하고, 온습도 같은 환경적인 예방, 그리고 이상적인 수복(remediation)에 이르기까지 모든 방안에 대한 기본적인 지식과 방법을 제시해 주고 있다.

본 교재는 생물에 의한 문화재 보존의 기초이론을 중심으로 정리한 것으로, 보존과학을 전공하는 분들에게 반드시 필요한 내용을 수록하고 있다. 대학의 보존과학을 전공하는 학부와 대학원생, 연구소의 연구원, 문화재의 보존처리나 보수 및 보강 등을 위하여 종사하는 전문인, 그리고 고고학, 역사학, 미술사학 등의 인문학적으로 문화유산을 연구하는 전문인과 그 외의 문화유산 보호에 관심이 있는 모든 분들을 위하여 충분한 내용을 수록하였다.

전통문화대학교 보존과학과 초빙교수로 재직 시에 강의하면서 원고를 수정하고 첨가하여 대학 강의 수준에 맞는 교재를 만들 수 있었기에 강대일 교수님, 정광용 교수님, 정용재 교수님 외 교수님들에게 감사드린다.

본 교재의 출판을 주도하신 (주)바이오사이언스출판 문정구 대표님과 원고정리를 위하여 수고하신 편집부 직원분들에게 감사를 드립니다.

2018. 10

청파 언덕에서 민경희

저자소개

민경희(閔庚喜)

khmin9415@hanmail.net

- 서울대학교 사범대학 생물학과, 서울대학교 박사과정
- 일본 Tsukuba 대학교(일본 정부 초청 국비장학생), 이학박사
- 숙명여자대학교 생명과학부 교수, 이과대학장, 교무처장, 명예교수 (현)
- 미국 국립위생연구소 (National Institutes of Health), Visiting Fellow
- 영국 런던 대학교 Imperial College 객원교수
- 한국과학재단 연구심의위원회 위원 (생명과학 분야)
- 한일 기초과학교류위원회 위원 (생물 분야)
- 한국과학기술한림원 정회원
- 문화체육부 문화재위원회 전문위원
- 한국미생물학회 회장, 한국균학회 회장, 국제균학회 (IMA) 집행위원
- 국제균학회 아시아 (IMACA) 한국 대표
- 한국전통문화대학교 보존과학과 초빙교수
- 한국문화재보존과학회 회장, 명예회장 (현)
- Who's Who in the World 게재 (1996~2000)
- Who's Who in Medicine and Healthcare 게재 (2002~2004)
- 성지 학술상 (2002)
- 대한민국 홍조근정 훈장 (2004)

추천서

문화유산은 인류가 수십만 년을 살아오면서 한 민족의 역사와 문화, 생활과 민족정신 등 모든 분야의 총집합의 표현이라고 할 수 있다. 최근에 와서 문화유산에 대한 관심이 높아지면서 전국에 있는 문화유산을 찾는 관람객이증가 하고 있다. 그러나 문화유산을 어떻게 하면 오래 보존하여야 하는가에 대한 관심은 부족한 상태이다.

문화유산은 발견되면서부터 장기간에 걸쳐서 열화되고 소멸된다. 최근에 이르러서는 산업화에 따르는 공해로 인하여 이와 같은 열화 현상이 촉진되고 있다. 문화재보존과학은 연구를 통하여 이와 같은 문화재의 열화현상을 최소화하여 영구히 보존하는 과학이다.

2000년 초반에 본인을 포함하여 이 책의 저자인 민경희 교수, 김수진 교수, 서만철 교수, 이상헌 교수, 강용수 교수 등이 문화재청으로부터 위탁을 받아 중요 석조문화재를 대상으로 5년 동안 훼손 현황을 전국적으로 조사하였다. 이 연구보고서가 기초가 되어 문화재보존과학은 국가연구개발사업으로 채택되어 문화재청을 통해 매년 연구비가 지원되고 있다. 그 결과 문화재 보존과학은 활성화 되어 장족의 발전을 하고 있다.

최근에 문화재의 보존에 중요성이 높아지고 보존과학의 발전으로 인하여 대학에 보존과학과가 설치되었고, 국립문화재연구소 보존과학센터, 보존처리와 보수관련 기업체 등의 활동이 활발해지고 있지만 보존과학에 관한 전문적인 정보나 교재가 될 만한 서적이 매우 부족한 상태이다.

이번에 문화유산과 생물학이 출간되어 매우 반가운 소식이 아닐 수 없다. 문화재보존과학의 학부와 대학원생의 교재, 문화재보존과학자, 박물관이나 연구소의 연구원, 문화재 분야의 기업인, 역사학, 고고학, 미술사를 전공하시는 분, 문화재보존에 관심이 있는 모든 분들에게 이 책을 적극 추천합니다.

김은영 (전 KIST 원장, 현 문화재보존과학회 명예회장)

추천서

2018년 9월 2일 세계인의 소중한 문화재인 브라질 국립박물관의 2천만 점의 인류문화 유산이 전기 화재로 다 타버렸다. 세계적인 문화유산도 국민의 깊은 사랑과 국가의 문화유산 보존철학이 뒷받침되지 못하면 인류적 전승은 불가능하다. 문화유적에 대한 국민과 국가의 철학과 정책 의지, 문화유산의 보존 과학적 지식과 기술 없이는 조상들이 물려주신 대한민국의 문화유산도 불멸의 역사 문화적 기념비로 전승될 수 없다.

문화유산은 역사적, 종교적, 문화적인 의미와 더불어 그 시대의 문화적 특성, 정신을 고스란히 담고 있는 소중한 문화재로서 강조되고 있지만, 그 보존에 관한 중요성이나 관심은 부족한 상태이다. 문화재는 일단 훼손되면 오염원을 제거하고 보수하여도 원래 상태로 회복되기 어려운 특성이 있으므로 문화재를 보존하여야 하는 우리의 사명은 아무리 강조해도 부족하다고 할 수 있다.

수천 년 전에 우리 조상들은 문화재를 창조하기 위하여 여러 종류의 자연 재료를 사용하였다. 아무리 견고한 물질이라도 시간이 지나면서 자연적인 환경과 인위적인 원인에 의하여 서서히 훼손을 받게 된다. 이 같은 훼손은 환경, 물리, 화학, 생물학적 원인으로 손상되는 것이므로 문화재를 치료 보존하고 보수 복원하는 과정은 보존과학의 여러 분야가 총합적으로 조사 연구되어야 효과적 대책을 구할 수 있다.

이 책은 민경희 교수가 지난 50여 년간 '길이 없는 길을 힘들게 찾아서' 오랜 실험과 연구 결과의 정수로, 생물에 의한 문화재 훼손 및 회복 그리고 예방에 대해 기본 원리 및 그림과 함께 알기 쉽게 설명하고 있다. 이에, 문화재 관련 전공자, 보수기술자, 학생과 대학원생, 연구소의 연구원, 고고학 전공자, 미술사를 전공하시는 분들을 포함하여 문화유산의 보존에 열정을 가진 분들에게 적극 추천한다.

이 책이 문화유산과학의 국민화, 공개화, 민주화를 위한 교육서로 시간과 더불어 높이 평가된 후 문화유산을 아름답고 품위 있게 인도할 훌륭한 커뮤니케이션이 될 것임을 확신한다.

이종철

(문학박사, 전 6 · 8대 국립민속박물관장, 2 · 3대 한국전통문화대학교 총장)

차례

3장 훼손 생물의 구조와 기능

4장 훼손 생물의 종류와 특성

5장 무기물 문화재의 훼손 과정

6장 유기물 문화재의 훼손 과정

7장 생물훼손에 대한 문화재의 보존처리와 복원

8장 생물훼손에 대한 예방과 관리

CHAPTER 01

생물학적 훼손 기작과 훼손 결과

1. 생물학적 훼손의 이해

실외에 전시되어 있는 수많은 목재나 석조문화재 표면에는 생물의 콜로니가 생기기 쉽다. 생물의 콜로니가 발생되면 기질 성분의 화학적이고 물리적인 성질도 복합적으로 변하게 되어 기질의 색깔도 변화하게 된다. 이와 같이 생물에 의한 훼손을 **생물훼손**(**생물학적 훼손**) 또는 **생물분해**라고 한다.

일반적으로 문화재가 생물에 의하여 피해를 입을 때 생물분해보다는 **생물학적 훼손** 또는 **생물훼손**(**biodeterioration**)이라는 용어를 사용한다. 이는 주로 어느 특정한 물질의 분해에만 한정하여 사용해 왔다. 반면에 생물분해(biodegadation)라는 용어는 더 넓은 의미에서 생물학적인 물질이나 이미 알려진 화합물의 분해에 사용된다. 다시 말하면 생물분해는 유기 고분자들이 미생물에 의하여 분해되는 과정을 말하는데, 이는 살충제와 오염물질 같은 독성물질의 전환을 의미한다.

문화재에 일반적으로 사용되는 **생물훼손**이란 생물의 활성에 의하여 문화재 기질 물질의 성질이 불필요하게 변화되는 것을 의미한다. 이 같은 생물의 활성에 의한 변화는 범위가 넓게 그리고 다양하게 발생할 수 있으며, 기질이 비가역적으로 전환되고, 분해되어 미관적인 손상을 입게 되는 결과에 이르게 된다. 반면에 예술품이나 전시품 같은 기질의 물질에 손상을 주는 생물을 **훼손생물**(**biodeteriogen**)이라고 한다. 예컨대 문화재 기질을 손상시키는 균류, 지의류, 조류, 세균 등의 생물을 훼손생물이라고 한다.

훼손의 초기는 기질의 생물수용성에 의하여 생물이 기질표면에 부착하고, 이것을 토대로 하여 점차적으로 한 종류나 몇 종류의 생물이 서식하여 피해를 준다. 여기에 다른 많은 종류의 생물들이 서식하면서 **생물막**(**biofilm**)을 형성하게 된다. 이 생물막은 기질 표면에 손상을 입혀서 훼손의 결과로 발전하게 한다.

2. 기질의 특성

1) 기질의 종류와 생물훼손

문화재의 무기물질 재료에는 석재, 금속, 유리등이 사용되고 있으며, 이것들은 문화재의 예술적 가치를 지지하여 주는 목적으로 사용된다. 그러나 이들 무기물질들은 훼손의 초기에 쉽게 독립영양생물들에 의하여 공격을 받는다. 문화재의 생물훼손은 한 그룹의 생물에 의하기보다는 여러 다른 생물들 간의 복잡한 상호관계에 의하여 이루어진다.

문화재의 유기물질에는 목재, 종이, 의류, 가죽과 같은 종류가 있다. 이 같은 유기물로 된 조각품, 판넬이나 칸바스 위의 페인트, 그림 같은 미술품의 생물훼손은 무기질 물질보다 용이하게 이루어진다. 보통 훼손미생물은 효소를 분비하여 이들 유기물 성분을 분해하여 영양분으로 사용한다. 이 같은 분해과정은 공격하는 종속영양생물의 대사특이성에 의하여 영향을 받는다. 이들 세균은 이 유기물질을 식품원료로서 사용하기 때문에 가능한 속히 분해하여 콜로니를 형성하다. 그러므로 유기성분 예술품의 전시물들을 보존하는 여러 가지 조건들은 무기재료 전시물들과 비교하여 보다 더 세심한 주의가 필요하다.

훼손 생물에 의한 문화재의 훼손과정은 아래 **그림 1-1**에서 보여주는 바와 같다.

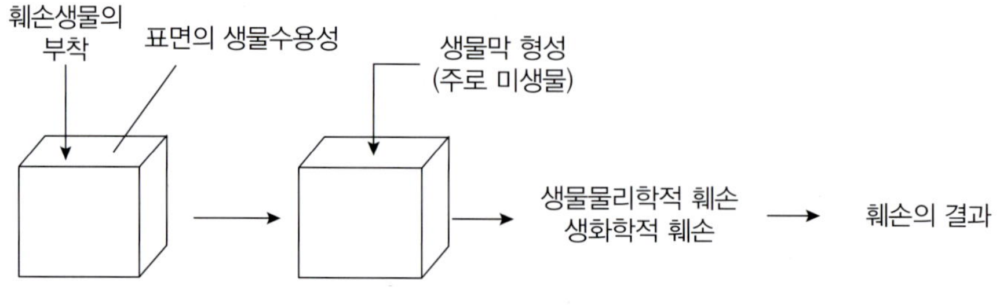

그림 1-1 훼손 생물에 의한 문화재의 훼손 과정

2) 기질의 생물수용성

문화재 기질에 훼손 초기에 여러 종류의 생물이 부착하여 서식하는데, 이 같은 기질과 생물 간의 친화도는 생물의 종류에 따라서 다르다. 이와 같이 생물이 기질에 부착하여 콜로니를 발생할 때까지 영향을 주는 기질의 모든 특성을 **생물수용성(bioreceptivity)**이라 한다.

생물수용성이라는 용어는 Guillitte(1995)가 석조예술품에 대하여 사용한 것을 시작으로 모든 문화재에도 사용되어 왔다. 요약하면 생물수용성이란 생물들이 콜로니를 형성하기 위한 기질의 생물에 대한 수용성을 말한다. 구체적으로는 생물수용성은 기질에 노출된 다공성(porosity), 물을 흡수하는 모세관, 수분의 투과성, 표면의 거친 정도, 화학적인 성분과 pH, 그리고 기질의 보존 상태 등의 기질의 총체적인 특성을 의미한다.

생물수용성에 의하여 최초에 발생하는 광독립영양생물의 발생은 석회암의 다공성과 물의 흡수를 위한 모세관과, 그리고 표면의 거칠기 정도와 밀접한 관계가 있다. 화강암 위에 최초로 발생하는 생물은 광합성 생물인 시안세균이다.

1차 생물수용성은 생물 콜로니를 형성할 수 있는 초기의 잠재적인 기질의 상태를 말한다. 1차 수용성은 발생된 콜로니가 시간에 따라 기질에 직접 작용을 하고, 또는 다른 변화를 유도하여 새로운 상태의 생물수용성으로 되는데 이를 **2차 생물수용성**이라 한다. 인간의 활동으로 강화제, 살생제와 표면연마제로 암석기질 물질에 영향을 주게 되면 1차나 2차 생물수용성의 특성을 변화시켜서 **3차 생물수용성**으로 변형시킨다. 석재문화재에 화학약품으로 보존처리를 하면 기질은 3차 생물수용성으로 된다.

생물수용성은 외부에 환경조건과 화강암 기질표면의 고유한 특성인 엉성하고 거친 부분의 pH, 부피 밀도, 다공성의 정도, 그리고 모세관을 통한 물의 이동 등에 의하여 결정된다.

1차 생물수용성: 생물 콜로니를 형성할 수 있는 초기의 기질의 상태
2차 생물수용성: 콜로니가 기질에 직접 작용하여 다른 변화를 유도하여 새로운 상태의 수용성으로 변화
3차 생물수용성: 인간의 활동으로 강화제, 살생제와 표면연마제로 암석 기질에 영향을 주어 1차, 2차 생물수용성의 특성이 변화된 상태

3) 다공성

암석 기질의 표면에 비어 있는 많은 구멍의 공간을 **다공성**(**porosity**)이라 한다. 다공성은 물질의 투과성과 분자의 확산현상에 영향을 준다. 물질의 투과성은 보통 큰 구멍이 필요하지만 물질분자 확산은 작은 공간을 통하여 이루어지는 것이 더 효과적일 수 있다. 구멍의 분포, 모양, 그리고 크기는 물의 흡수, 물의 동결융해, 염의 결정화, 수화, 생물의 콜로니형성과 연관되어 있다. 시안세균과 조류와 같이 광합성 미생물들은 표면의 구멍에 형성된 서식처에서 서식하기 시작하는데, 이는 암석의 최초 콜로니형성 단계이다. 공기 중의 포자와 씨는 구멍이나 틈에 떨어져서 미세기후 조건이 좋은 상태이면 발생하기 시작한다. 응회암(tuff), 석회암(limestone), 사암(sandstone)과 같은 매우 구멍이 많은 기질과 같은 암석표면의 형태는 다른 기질보다 쉽게 콜로니를 발생시킬 수 있다.

4) 흡습성

기질이 습기를 흡수하는 정도를 **흡습성**(**hygroscopicity**)이라 한다. 기질이 습기를 흡수하여 포함하여 있으면 생물이 쉽게 부착할 수 있으므로 생물수용성에서 매우 민감한 영향을 준다.

흡습성은 구멍의 구조와 암석 내부에 있는 물의 모세관 압력과 관계가 있다. 액체 상태나 수증기 상태의 물은 흡수와 응집과정에 의하여 침투 기작으로 이동할 수 있다. 액체인 물은 모세관에 의하여 흡수되며, 돌 내부의 확산이나 삼투에 의하여 이동된다. 물은 생명의 발생에 가장 기본 요소이다. 그러므로 **물 증산과정**(**water evaporation process**)은 생물생장 특히 식물의 생장에 중요하다. 물의 증산이 적으면 일반적으로 많은 생물의 콜로니가 생성될 수 있다. 오랫동안 습기를 유지하고 있는 미세한 입자를 가진 암석에는 생물들이 장기간 서식할 수 있지만, 반면에 거친 입자를 가진 암석은 물 투과성이 높으므로 일시적인 생물의 콜로니만을 형성할 수 있다.

5) 표면 구조

암석의 표면의 복잡한 **거친 정도**(**roughness**)는 기후의 작용, 토양화 과정, 부영양화, 그리고 생물학적 천이에 의하여 변화된다. 미생물 콜로니들은 거칠기 정도가 증가할수록 많이 발생하는데, 그 이유는 표면적이 증가되고, 물의 흡수도 증가하기 때문이다.

3. 생물학적 훼손 기작

1) 생물 물리학적 훼손 기작

생물이 기질에 부착하여 생장하면 기계적인 작용이 발생되면 기질의 구조는 응집력을 잃게 되어 기질은 부분적으로 파괴된다.

일반적으로 식물에 의하여 유발된 손상은 미생물에 의한 것보다 더 심각하다. 식물의 뿌리는 더 강한 압력이 발생하여 가해지는 손상이 더 심할 수 있다. 식물의 뿌리의 생장과 기능은 암석 사이의 틈을 갈라지게 하여 암석 내부로 물이 원활하게 유입되어 화강암을 풍화시키는 역할을 한다. 기념탑이나 고고학적 유적지에서 생장한 식물에는 초본, 관목, 목본 등이 있다. 특별히 이들 지역에 생장한 식물의 뿌리는 귀중한 석조문화재에 침투하여 심하게 훼손시킨다(**그림 1-2**).

캔버스 위의 페인트층 사이에 균류의 균사가 생장하면 기계적인 작용으로 조각들이 떨어져 나가는 경우도 있다. 비슷한 현상이 프레스코 그림에서

그림 1-2
석조문화재에 나무뿌리의 침투
(앙코르와트)

도 나타나 균류나 방선균이 발생하여 피해를 준다. 실외에 있는 석조문화재 위에 균류의 작용으로 생긴 훼손은, 하나는 균사의 생장으로 생긴 기계적인 힘과 다른 하나는 이 균류에 의한 산의 생성으로 기인하는 것으로 알려져 있다. 시안세균과 조류에 의하여 생물막이 형성되면 이때 생성된 점액물질이 응집력을 변화시켜서 기질의 기계적인 손상을 유발할 수 있다.

암석의 표면은 오랫동안 주변 환경에 노출된 정도에 의하여 구조와 구성물질이 변화하기 쉽다. 가장 대표적인 변화는 암석 표면에 대기로부터 산성 기체의 공격과 미세 입자들이 축적하여 여러 가지의 변색이 발생된다. 이 변색을 **파티나(patina)**라고 한다. 파티나는 표면 위의 구조와 물질의 화학적 변화를 일으키는데, 이러한 변화는 **피각(crust)**을 형성하게 된다. 이 피각에 공기 중의 SO_2, NOx, CO_2 등의 기체와, 유기성분, 철산화물, 그리고 먼지, 숯, 금속 등의 입자들이 침전되어 **흑색 피각(black crust)**을 형성한다.

실외에 있는 석조유물의 표면 위에는 미생물이 **생물막**을 형성한다. 석조문화재에 미생물에 의하여 생긴 **생물막**은 기질 내에 물리적인 스트레스로 작용할 수 있다. 생물막은 암석 표면 위에 미생물 세포가 고정되어 있으며, 이들 생물막은 온도를 높이든가, 열의 팽창에 의한 변화, 그리고 물 보존능력 등을 증가시킬 수 있다. 생물막은 염이동을 촉진하여 호기적 및 혐기적 환경을 조성하여 주변 환경을 변화시킨다.

생물 물리학적인 훼손 과정을 정리하면 다음과 같다.

생물 물리학적 영향
– 식물뿌리의 생장에 의한 기질 표면의 물리적인 압력과 응집력으로 문화재의 훼손 – 생물막의 형성으로 문화재 표면의 구멍 크기 변화 – 생물막의 EPS에 의한 물질 내에서 증기 확산의 변화로 환경변화가 발생 – 생물막은 오염물질 흡수체이며 피각(crust) 형성의 전구물질임. – 생물막은 염 이동의 촉진 – 생물막은 호기적, 혐기적 환경 등의 환경을 변화시킴

2) 생화학적 훼손 기작

암석과 같은 무기물의 미생물 훼손 과정은 생물의 대사과정에 의하여 발생된다. 생물의 생합성 과정과 분해 과정, 그리고 중간 대사에서 발생하는 대사산물들에 의하여 기질의 생화학적 변화가 발생한다.

(1) Acidolysis

일반적인 생화학적인 손상 기작은 훼손 생물이 만드는 부식성 산에 의한 것이다. 이들 산은 기질의 무기성분과 유기성분과 반응하여 기질을 훼손한다. 생물에 의한 부식과정은 생물의 대사과정에서 발생되는 **무기산(inorganic acid)**인 질산과 황산, 그리고 **유기산(organic acid)**에 의하여 이루어진다. 이들 산이 암석 등의 무기물 기질을 용해하여 훼손시키면 무기물의 결합구조를 약화시킨다. 그 결과 면 생물에 의한 부식은 부분적으로 표면에 구멍(pitting)이 생기고, 모래와 같은 작은 조각이 떨어져 나가서, 표면이 풍화하게 된다.

Acidolysis는 무기산인 탄산(carbonic acid), 질산(nitric acid), 황산(sulfuric acid)과 유기산인 개미산(formic acid), 초산(acetic acid), 유산(lactic acid), 글루콘산(gluconic acid), citric acid, succinic acid, glutamic acid, fumaric acid 등의 산이 금속이온과의 반응을 의미한다.

질화 세균은 암모니아와 아질산을 산화하여 용해성인 질산을 생성한다. 유황 산화 세균은 대사활동을 통하여 황산을 분비하는데, 이 황산은 암석의 성분인 탄산칼슘과 반응하여 황산칼슘(gypsum; $CaSO_4 2H_2O$)을 만든다. 이와 같이 산은 암석 중의 무기물인 칼슘을 제거할 수 있다.

$$CaCO_3 + H_2SO_4 \rightarrow CaSO_4 + H_2CO_3$$

화학무기독립영양생물(chemo-litho-autotroph)의 대사작용으로 SO_4^{-2}, NO_3^- 등의 무기산이 생성된다. 강한 무기산의 생성은 기질을 부식현상으로 이어지는데, 이는 기질과 무기산들의 화학반응에 의하여 생긴다. 석조문화재의 경우 염의 양이 증가하면 기질의 구멍 내부에 압박을 주게 되어 갈라진 틈을 형성하기도 한다. 이 같은 반응으로 생긴 염은 돌의 표면에 결정체로 남게 될 수도 있다.

반면에 유기산은 주로 화학유기종속영양생물(chemo-organo-heterotroph)인 세균과 균류에 의하여 발생되며, 광영양독립생물인 지의류, 조류, 식물 등에 의하여도 유기산이 생성된다. 대부분의 유기산은 생물의 대사과정의 최종산물이다. 또한 호흡 과정에서 배출한 이산화탄소는 물속 환경 내에서 탄산으로 된다.

$$CO_2 + H_2O \rightarrow H_2CO_3$$

탄산은 암석 위에서 산 가수분해 현상을 일으킨다. 다시 말하면 탄산은 석회질의 돌, 회반죽(mortar), 석고에 있는 칼슘과 마그네슘과 반응하여 탄산염을 만들어 용해시킨다. 만들어진 칼슘탄산염인 $Ca(HCO_3)_2$과 마그네슘 탄산염인 $Mg(HCO_3)_2$은 대단히 물에 잘 용해된다.

$$CaCO_3 + H_2CO_3 \rightarrow Ca(HCO_3)_2$$
$$MgCO_3 + H_2CO_3 \rightarrow Mg(HCO_3)_2$$

이 같은 방법으로 시안세균(cyanobacteria)과 조류(algae)는 석회질의 석조유물을 유기적인 상태로 변화시킬 수 있다. 더 중요한 생화학적인 훼손 기작은 여러 종류의 화학유기영양세균과 균류에 의한 것으로, 이들은 무기물 속의 철과 망간 같은 양이온을 산화시켜서 제거할 수 있다.

생화적 훼손에서 세균의 **산화**에 의한 훼손의 예로는 *Acidothiobacillus ferroxidans*에 의한 철(iron)의 산화가 있다. 그리고 **산화환원**으로 인한 훼손은 암석의 양이온, 음이온, Mn, Fe 등이 산화환원 과정을 거쳐서 무기성분을 잃게 된다.

(2) 착화합물의 생성

암석이나 금속의 양이온은 유기산과의 킬레이트화(chelation; 배위결합화)에 의하여 **착화합물(complexes)**이 생성된다. 결과적으로 생물에 의하여 생성된 유기산 분자는 **착화합물 생성(complexation)**을 생성한다.

킬레이트 착화합물의 생성과정에서, 금속이온은 유기산과 배위결합을 하여 안정된 고리 모양의 착화합물을 만든다.

이렇게 만들어진 안정된 화합물은 물에 용해되지 않는다. 이 같은 과정으로 암석과 같은 무기물 속의 금속이온을 떼어 내므로 기질을 심하게 훼손시키는 결과가 된다. 이와 같이 유기산과 같이 킬레이트를 할 수 있는 모든 분자를 **킬레이트 화합물(chelating agent)**이라 한다.

지의류는 더 많은 유기산을 만들어 내어 암석과 무기물을 손상시키는 가장 중요한 생물이다. 지의류가 형성하는 유기산과 그 외의 성분은 양이온과 착화합물을 생성한다. 지의류가 만드는 착화합물을 일으키는 유기산으로는

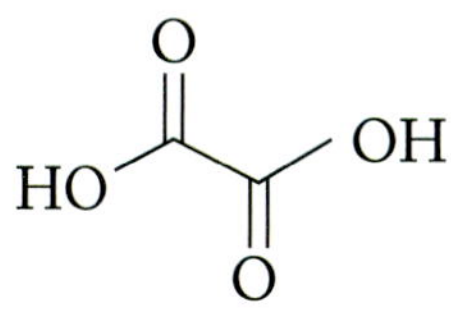

그림 1-3

옥살산의 화학구조

옥살산(oxalic acid), citric acid, gluconic acid, 2-oxogluconic acid, glyoxalic acid, oxaloacetic acid, 그리고 fumaric acid와 같은 여러 종류의 유기산과 호흡 과정에서 생성된 탄산(carbonic acid) 등이 있다. 그 외에도 지의류는 많은 종류의 지의산을 생성하여 무기성분을 훼손한다**(그림 1-3)**.

지의류의 lecanoric acid 같은 지의산은 칼슘을 킬레이트화한다**(그림 1-4)**.

이들 유기산은 암석 중의 Ca, Al, Si, Fe, Mn, 그리고 Mg 등의 양이온과 착화합물을 만들어 낼 수 있다. 생물이 만든 유기산은 무기산보다 무기물을 쉽게 변형시키므로 유기산은 암석 훼손에 가장 위험한 요소이다.

지의류의 대사과정에서 생성된 옥살산(oxalic acid)은 대리석이나 석회암의 Ca이나 화강암의 규산염(silicate) 같은 양이온도 용해할 수 있다. 강한 착화합물의 생성 요인인 **옥살산[oxalic acid; $C_2O_2(OH)_2$]**은 모든 생물의 세포대사의 중간 산물이다. 옥살산은 다른 유기산과 비교하여 착화합물 생성이 용이하게 일어나는 성질 때문에 무기물의 분해에 탁월한 능력을 가지고 있다. 옥살산은 칼슘, 마그네슘, 철, 구리 등의 금속이온과 착화합물을 용이하게 만들 수 있다.

석회석, 대리석 기념물, 기타 여러 가지의 석조미술품의 표면 위에서 calcium oxalate monohydrate(**whewellite; $CaC_2O_4 \cdot H_2O$**) 또는 calcium oxalate dihydrate(**weddelellite; $CaC_2O_4 \cdot 2H_2O$**) 등이 발견되었다. 이들 화합물은 암석 위에 서식하고 있는 지의류가 분비하는 옥살산이 탄산칼슘을 공격하여 옥살산 칼슘의 침전을 만들어 생기는 것이다. 종종 실외에 있는 석조공예품에는 옥살산 칼슘의 노란색에서 갈색의 파티나(patina)가 발견되기도 한다.

균류와 세균에 의하여 생성된 유기산도 암석의 양이온과 반응하여 착화합물을 만든다. 균류들은 fumaric acid, malic acid, lactic acid, 그리고 acetic acid 등의 여러 종류의 유기산을 만든다.

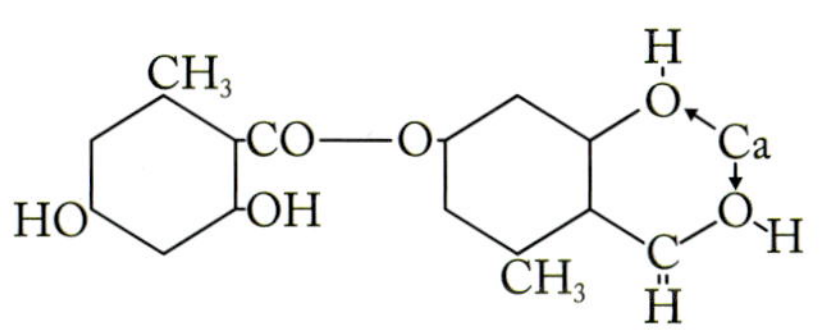

그림 1-4

칼슘을 킬레이션(chelation)하는 lecanoric acid

이 같이 착화합물이 암석을 훼손하지만 어느 분자의 착화합물은 오염된 양이온들을 제거할 수 있다. 예를 들면 착화합물인 **EDTA**(ethylenediaminetetraacetic acid)는 황산염, 옥살염 같은 석조미술품 위에서 칼슘이 포함된 파티나를 제거하기 위하여 사용되기도 한다.

(3) Alkalysis

암석의 생물부식은 알칼리 반응(alkaline reaction)에 의하여 이루어질 수 있다. 많은 종류의 미생물은 질소화합물과 유기산의 나트륨염을 분해한다. 이런 과정에서 생성된 암모니아 또는 나트륨염의 생성은 암석 구멍 내의 용액의 pH를 높게 해 준다.

암모니아가 축적되어 pH가 9 이상으로 높아지면, 석조유물의 주성분인 이산화규소(SiO_2)가 용해된다. 지의류나 조류 같은 생물은 광합성 과정에서 CO_2의 고정으로 약알칼리 상태에서 이루어져 암석의 성분은 훼손될 수 있다.

(4) 양이온의 이동

무기물의 양이온은 미생물 세포 내로 이동하게 되면 암석이 훼손하게 된다. 이 양이온의 이동은 미생물의 **siderophore**라고 하는 특수한 단백질 화합물을 합성할 때 이루어진다. 이 단백질은 철과 같은 양이온을 흡수하여 세균의 세포벽 내에 축적하는 특성이 있다.

철과 망간 같은 양이온의 이동은 종속영양 미생물의 효소활성에 의한 산화환원 과정을 통하여 이루어진다. 이때 생성된 금속 산화물은 활성 있는 미생물의 외부 세포표면에 이동되어 축적된다. 철과 망간은 암석에서 서식하는 미생물에 필요한 생장요소이다. 풍화된 암석에서 분리된 대부분의 사상균은 효소를 이용하여 금속이온을 산화하여 이동시킨다고 알려져 있다.

미생물이 생물막을 형성할 때 미생물에 의한 칼슘 이동이 중요하다. 생물막 내에서 칼슘이온은 쉽게 기질로부터 제거되어 탄산칼슘($CaCO_3$) 형태로 침전되는데, 이것은 시안세균을 덮고 있는 다당류 위에 축적된다. 칼슘을 제거하는 종으로는 *Scytonema julianum*과 *Loriella osteophila*로 석회질 기질로부터 칼슘 양이온을 이동시키는 능력이 있다. 질소와 인과 같은 주요 영양분들도 기질로부터 이동되어 세포 내의 대사과정으로 들어가게 된다.

(5) 양이온 교환

미생물과 식물은 생존하기 위해 주변의 암석 같은 무기물질이나 유기물로부터 금속성 양이온을 흡수한다. 균류는 운모(mica)를 질석(vermiculite)으로의 변환시키는데, 이 과정은 K^+ 이온이 Na^+ 이온하고 교환하여 이루어지는 것이다.

양이온 교환의 과정은 무기영양분을 교환하는 식물의 뿌리 끝에서도 일어난다. 뿌리 표면의 수소이온은 용액 속에서 양이온들이 교환할 수 있는데, 양이온들이 떨어져 나가는 순서는 $Ba^{2+} > Ca^{2+} > K^+ > Na^+ > Li^+$이다. 뿌리털은 근권(rhizosphere)에 양자(H^+)와 수산이온(OH^-)을 배출하여 직접적으로 pH를 조절한다. 뿌리는 H^+를 분비하여 주변의 무기물의 성분인 Mg^{2+}, Ca^{2+}, NH_4^+, K^+ 등의 양이온과 교환하여 전하(charge)의 균형을 유지한다.

그러므로 뿌리가 배출한 양이온은 암석과 같은 기질 내의 금속성의 양이온과 교환하여 기질에 피해를 주게 된다.

(6) 효소에 의한 손상

효소는 단백질이며, 일반적으로 입체구조를 하고 있으며, 화학 반응을 촉매하여 기질을 반응 산물로 전환시킨다. 효소는 일시적으로 기질과 결합하여 반응을 촉매하는 것으로, 반응에 필요한 활성화 에너지를 낮추게 하여 반응속도를 높여준다.

효소는 문화재 기질인 유기물 성분을 분해한다. 세포외 효소들은 다당류, 섬유소, 단백질, 지방 등을 분해하는 amylase, cellulase, proteinase, lypase 등이 있다. 생물은 이들 효소의 작용으로 생긴 작은 분자의 화합물들을 세포 내로 흡수하여, 대사활동을 통하여 에너지를 얻는다.

균류는 수많은 종류의 효소를 만들어 유기물을 분해한다. 균류가 목재나 지류의 주성분인 섬유소(cellulose)를 분해하는 효소는 **섬유소분해효소(cellulase)**이다. 이 효소는 문화재의 섬유소 성분을 분해하여 피해를 준다. 초기 단계는 단단한 큰 섬유소 분자를 가수분해하여 무정형의 수정 같은 섬유소 분자로 만든다. Cellobiohydrolase는 수정 같은 섬유소를 cellobiose로 분해한다. 그리고 glucanase는 일정한 형태가 없는 cellulose를 가수분해하여 포도당을 만든다. 목재의 성분 중 리그닌은 복잡한 방향족 중합체로 백색부후균의 세포외 산화효소들에 의하여 분해된다. 이들 효소에는 **lignin peroxidase, manganese-dependent peroxidase, laccase**, 그리고 **phenoloxidase** 등이 관여한다.

유기물 재료는 효소의 공격을 받기 쉬우므로, 이 점을 고려하여 보존에 관한 예방대책이 필요하다. 종이는 쉽게 부스러지는 경향이 있으며 양피지는 많은 구멍을 가진 재료이다. 사진 같은 매끈한 표면은 심하게 파괴되기 쉽고, 목재의 기계적인 성질도 손상되기 쉬운데, 그렇게 되면 쉽게 미생물의 발생이 더욱 증가하게 된다.

병풍이나 벽지의 종이는 풀을 사용하여 접착한다. 그러나 균류는 이 풀을 영양분으로 사용하여 생장하면서 종이에 피해를 주게 된다. 이것은 균류가 amylase를 분비하여 풀의 성분인 전분(amylose)을 분해하여 에너지를 얻어서 균류가 살아가기 때문이다.

가죽으로 되어 있는 문화재는 재질이 단백질(protein)이므로 단백질분해효소(proteinase)에 의하여 분해된다. 그 결과 가죽은 손상을 잃게 되어 예술적 가치를 상실하게 된다. 그러므로 재료가 무엇으로 구성되어 있는 문화재인가에 따라서 작용하는 효소가 다르다.

(7) 색소에 의한 훼손

미생물에 의한 변색으로 인하여 문화재가 훼손된다. 색소는 여러 가지 종류의 생물의 세포에서 만든다. 색소는 세포질, 세포벽, 협막(capsule) 등에서 발견되며, 세포 밖으로 여러 가지의 색을 만들어 분비되기도 한다. 색소가 세포내 구성물질과 연관되어 있으면 **체내색소(endopigment)**라 하고 세포 외로 분비되면 **체외색소(exopigment)**라고 한다. 그러므로 기질에서 발생되는 색소는 세포 내의 색소를 포함한 물질이든가, 또는 색소가 있는 물질이 외부 주변 환경으로 분비되는 것이다.

식물과 시안세균은 기본적으로 광합성 색소를 가지고 있다. 이것에는 광합성의 명반응에 참여하는 초록색의 chlorophyll a와 부수적인 광합성 색소가 있다. 부수적인 광합성 색소란 노란색의 carotenoid(carotene, xanthophyll)과 푸른색과 적색의 phycobilin(phycocyanin, phycosrythrin) 등이 있다. 이들 부수적인 광합성 색소는 흡수한 빛에너지를 주 광합성 색소로 전달해 주는 역할을 한다.

조류는 광합성 색소인 회색, 검은색, 핑크, 오렌지색, 황보라, 밝은 청색, 녹색, 청록색 등을 만든다. 특히 조류 중의 *Haematococcus pulvialis*는 적색의 색소를 만든다. 균류인 *Alternaria solani*는 검은색소, *Penicillium*

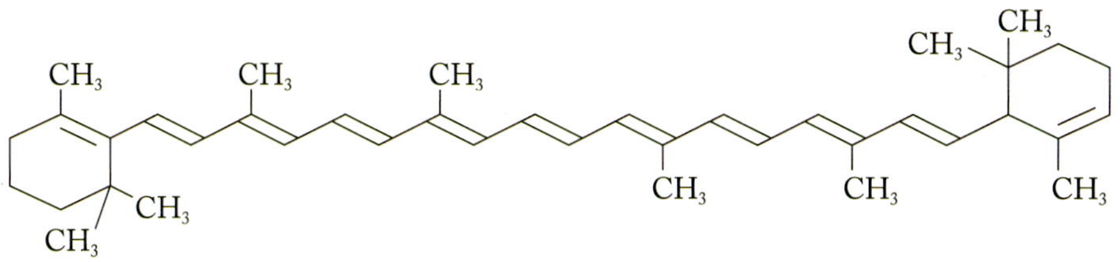

그림 1-5 조류의 xanthophyll 분자

*notatum*은 노랑-초록색, *Fusarium oxysporum*은 보라-핑크색, *Chaetomium globosum*은 노랑-회갈색을 만든다(**그림 1-5**).

종속영양세균과 균류들은 여러 색소인 적색, 청색, 보라색의 flavonoid (anthocyanin, flavone), pH에 따라 여러 가지로 변색되는 quinone (napthoquinone, anthraquinone, anthracyclinone, napthodiantrone), 그리고 어두운 갈색의 멜라닌 등을 만든다. 페놀 화합물인 탄닌과 그 산화물인 퀴논(quinone)은 강한 항생물질로 열대의 목재에 침입하는 균류와 곤충에 대하여 특별히 저항성을 갖는다.

멜라닌(melanin)은 페놀화합물의 중합체로 갈색에서 흑색을 띠고 있는 고분자이다. 멜라닌은 물, 산성 용액, 일반적인 유기용매에 용해되지 않는다. 멜라닌은 과산화수소 같은 산화제에 의하여 흰색으로 탈색되며 고온의 알칼리 용액에 용해되어 분해된다.

미생물에 의한 실외 암석의 발색에 의한 오염은 주로 멜라닌 성분이다. 멜라닌의 생성은 *Curvularia lunata*, *Aspergillus fumigatus*, *Cladosporium cladosporioides*, *Alternarian* sp.을 비롯한 불완전균과 암색분생포자의 사상균류(dematiaceous hyphomycetes), 자낭균(ascomycetes), 목재부후균인 *Phellinus rubustus*, *Inonotus obliquus*, 방선균, 그리고 몇몇 종류의 세균과 식물들의 2차 대사산물에 의한 것이다. 균류의 멜라닌은 주로 세포벽에 결합되어 있으며, 드물게 원형질막과 결합되어 있거나 세포 용액 속에 존재하기도 한다.

암석 표면과 골동품 대리석의 변색과 생물훼손은 검은색 균류의 역할이며, 이들 균류는 대리석이나 석회석의 물리적인 것과 함께 미기후의 변화, 햇빛의 변화 등에 의하여 심하게 영향을 받는다. 암석의 변색은 주로 멜라닌과 다른 흑색 색소라고 알려져 있다.

멜라닌 색소는 생물 자신의 생장에는 필수적인 것은 아니지만 특별한 조건에서 경쟁적으로 살아남을 수 있는 능력을 가진다. 왜냐하면 멜라닌 색소는 UV 방사선, 건조한 조건, pH, 온도의 변화, 중금속, 산화제, 그리고 외부 미생물의 침입에 대하여 자기 자신을 보호할 수 있기 때문이다.

멜라닌은 일반적으로 생물이 주변의 변화하는 환경에 적응한 결과로 생성된다. 각 생물마다 다른 여러 가지 종류의 멜라닌이 생성된다는 것은 생물의 중요한 진화의 과정이라고 생각할 수 있다. 색소의 생성은 생물의 유전적이고 주변 환경요인에 의하여 결정된다.

멜라닌 색소의 생성은 종에 따라 특이적이나 특히 방선균과 어두운 색 분생포자의 사상균류에 의하여도 만들어진다. 색소의 생성되는 양은 여러 가지 요인에 영향을 받는다. 즉 영양의 풍부한 상태, 기질 내의 금속, 기질의 pH, 온도와 빛 등에 영향을 받는다. 세균의 멜라닌은 티로신으로 구성되어 있으며 합성하는 효소는 tyrosinase이다. 구조적으로 멜라닌은 검은 갈색의 eumelanin과 적갈색의 pheomelanin의 두 가지 종류가 있으며 그 합성은 tyrosine으로부터 DOPA(dihydroxyphenylalanine)와 dopaquinone으로 산화되는 과정으로 인하여 합성된다.

Tyrosine → DOPA → Dopaquinone → Leucodopachrome →
Dopachrome → 5,6–Dihydroxyindole → Quinones → Eumelanins

반면에 유기물질의 주요 손상은 세균과 균류의 **체외색소(exopigment)**의 분비에 의하여 발생되기도 한다. 이 체외색소들은 물에 잘 용해되어 세포속으로 확산되기도 하고 세포 주변에 무정형이나 결정체로서 침전될 수도 있다.

이 색소에 의한 변화는 기질과의 결합상태에 따라 다르다. 예술품에 구조적인 손상은 아니지만 변색은 예술품의 가치를 심하게 떨어뜨린다. 일단 변색된 색소를 제거하기 위한 정확한 용매를 찾는다는 것은 매우 어렵다.

녹슨 색을 띤 변색은 일반적으로 오래된 종이나 양피지(parchment) 위에 있는 **갈색반점(foxing, 또는 fox-spot)**이라도 알려져 있으며 이는 문화재 보존에 중요하다. 반점 색소의 원인은 침입한 미생물과 종이의 철분과의 반응에 의하여 발생된다고 한다.

이상과 같이 생물에 의한 물리 기계적 훼손과 생화학적인 훼손의 진행과정의 차이는 이론적으로는 다르지만, 대부분 두 개의 진행 과정은 생물막에 의한 피해와 같이 동시에 일어난다고 볼 수 있다.

4. 생물막과 문화재 훼손

1) 생물막

생물막(biofilm)이란 기질표면에서 서식하고 있는 여러 종류의 모든 미생물의 집단이 표면을 피복하고 있는 상태를 의미한다. 광합성 미생물은 기질 표면에 쉽게 발생되며, 일단 부착되면 더 복잡한 종속영양생물들로 구성된 복잡한 미생물들이 발생하게 되어 기질을 피복하게 된다. 이들 생물막의 형성은 기질의 훼손 활성을 촉진하며, 생물학적 훼손을 진행하게 하는 환경을 조성하는 역할을 한다.

생물막 형성의 초기 단계는 세포와 기질과의 상호작용으로부터 시작된다. 최초에 기질에 부착하는 미생물의 능력은 대단히 중요하다. 왜냐하면 기질의 변형은 미생물이 직접 기질에 쉽게 흡착하는 것과 밀접한 연관이 있기 때문이다.

2) 생물막의 발생과정

자유 유영하는 프랑크톤성 미생물은 기질표면으로 이동하여 발생한다. 이어서 복잡한 기질 표면과 부착된 콜로니를 이루게 된다. 이 같은 변화는 생물막을 형성한 세균들의 특성이며 외부환경 신호에 반응하여 다르게 나타날 수 있다. 초기에 미생물세포와 기질표면의 상호관계, 생물막의 성숙단계, 그리고 성숙한 생물막에서 미생물들이 원래대로 되돌아가서 유영하는 단계로 구분하였다. 이 같은 생물막의 생장형태로 되는 일련의 과정은 관련된 유전자의 발현과 조절기작에 의하여 이루어진다고 한다.

(1) 초기 발생

생물막의 초기 형성은 미생물세포와 기질표면과의 상호작용, 그리고 세포와 세포간의 상호작용으로 시작된다. 초기의 기질과의 접촉으로 인하여 화학적인 친화력이 변화하고 미세 서식처의 조건에 따라 세포의 생장이 달라진다. 초기 부착단계에 있어서 화학적인 상호관계가 세균세포-기질 간의 상호관계와 연관이 있으나 이들 초기 세균의 부착 단계는 대단히 복잡하다.

생물막의 형성은 세균이 주변 환경조건을 감지하여 세균 자신이 기질표면으로 이동하면서 시작된다. 이들 환경 신호는 모든 생물에 따라 다르다. 환경 요인으로는 영양조건을 포함하여 온도, 삼투압, pH, 철분, 그리고 산소 등이 있다.

(2) 생물막의 성숙

기질표면에 부착한 세균은 점차 생물막 속에서 적응하게 된다. 이들 세균은 세포외 중합체물질(EPS)의 합성을 증가시키며 항생제에 대한 내성도 생기게 된다. 이 같은 결과는 환경에 대하여 보호하는 기능을 갖게 되어 임상적으로도 심각한 기질의 손상을 일으킬 수도 있다. 생물막의 세균은 자외선에 대한 저항성을 증가시키고, 유전적 변화율을 상승시키며, 생물훼손의 능력과 이차 대사산물 생산능력을 증가시킨다.

(3) 생물막 후기

생물막 발생 후기에 그 속에 서식하고 있던 세균의 일부가 방출되는데, 이 과정은 아직 명확하게 알려지지 않다. 생물막에서 떨어져 나가기 위한 하

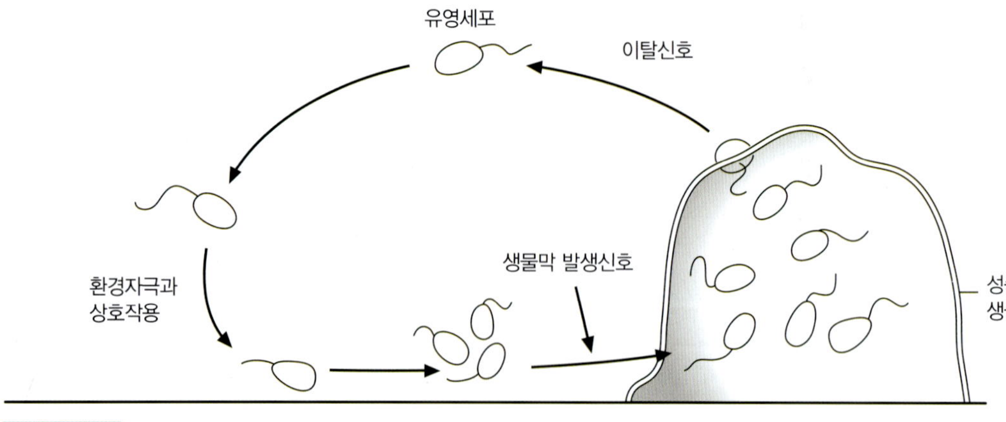

그림 1-6

생물막 발생의 모델: 각각의 유영세포는 기질 표면에 부착하며, 유영세포 간의 접촉으로 미세 콜로니를 형성한다. 생물막 속에서 세포들은 유영생활로 다시 되돌아가서 생물막에서 이탈하게 된다.

나의 가능한 신호로는 영양분이 없는 기아(starvation)를 예상할 수 있다. 또한 alginate lyase가 *Pseudomonas aeruginosa*의 이탈현상에 중요한 역할을 하며, 이 효소가 다량 발현되면 생물막이 붕괴되어 미생물의 이탈이 가속화된다고 알려져 있다.

3) 구성물질

생물막의 구성은 복잡한 연락망으로 되어 있다. 이 연락망 안에서는 미생물들이 기질의 빈 공간에 미세한 콜로니를 형성한다. 생물막의 구성 생물종은 서식 환경에 따라 다르다. 일반적으로 생물막에는 시안세균, 조류 같은 광독립영양생물(photo-autotroph), 지구화학독립영양생물(chemolitho-autotroph), 세균이나 균류 같은 종속영양생물(heterotroph), 지의류, 그리고 이끼류 및 초본류 까지도 포함된다.

미생물들이 생물막을 형성하면 기질 표면에 미생물세포와 유기물 중합체인 세포외 중합체물질(extracellular polymeric substance; EPS)을 만든다. 이 상태에서 중합체의 지질다당류, 막 단백질, 편모 등의 특이한 분자 구조로 인하여 생물체들은 안정된 상호관계를 유지할 수 있다. 더구나 기질에 흡착한 생물은 세포외 중합체물질을 분비하여 세포와 기질 표면 간에 결합을 강화하는 시멘트 역할을 한다.

미생물들의 점액성인 단단한 층은 복잡하게 결합하여 생물막의 다당류 기질에 함입된다. 이 기질물질은 약 98%의 물이 있는 히드로젤(hydrogel)을 만든다. 생물막의 세포외 중합체물질의 성분에는 다당류, 지질다당류, 단백질, 당단백질, 지방, 당지질, 지방산, 효소, 그리고 부식된 산으로 되어 있어서 물리 화학적인 성질이 복잡하다. 여러 종류의 다당류의 성분 비율은 미생물의 생리적 상태와 영양분의 공급 상태에 따라 다르다. 염의 존재는 EPS를 변화시켜서 그들의 점성을 떨어뜨린다.

4) 생물막에 의한 훼손

생물집단의 발생으로 전시물이 훼손되면 일반적으로 물리적 및 화학적 과정과 함께 발생한다. 생물막이 형성되면 다른 미생물의 오염이 더욱 용이하게 되고, 훼손활성이 촉진된다. 복잡하고 다양한 미생물 세포로부터 옥살산염, 인산염, 황산염, 탄산염 등이 발생되어 피막을 형성하게 된다. 또한 모세관을 이용하여 물을 흡수하여 훼손활동을 더욱 촉진시킨다. 생물막은 입자와 부식성인 대기 오염물질을 흡수하여, 화학적 부식과정의 반응속도를 높여주게 된다. 실외의 표면에 생물막이 생기면 동결 융해환을 반복하면서 기계적인 물리학적 훼손도 동반한다.

5. 문화재 훼손의 결과

문화재에 생물이 발생하여 훼손으로 이어지는 과정은 위에서 설명한 바와 같다. 적은 피해로부터 많은 훼손에 이르기까지 다양하게 결과적으로 여러 가지의 훼손의 형태를 남기게 된다.

1) 파티나

파티나(patina)란 생물학적 훼손에 의한 영향으로, 석조문화재나 금속 표면의 형태, 성분 그리고 미적 가치의 변화를 의미한다. 오래전부터 **파티나**라는 단어는 장기간 외부에 노출에 의하거나 혹은 산에 의하여 형성된 청동 문화재의 변색과 청동 문화재의 노화된 상태를 말하기도 하였다.

(1) 암석의 파티나

Krumbein 등(1999)은 암석의 표면에 형성된 흑색의 부위를 파티나로 명명하였다. 즉 파티나란 예술작품의 표면 위의 모든 변화를 의미한다. 파티나는 암석 등에 형성된 녹색의 생물막으로 예술적 가치가 있는 유물을 변색하여 훼손하는 것이다. 자연적인 노화나 계속적인 사용으로 인하여 아름다운 작품의 표면 위에 생물막이나 다른 물질로 피복(coating)되는 것도 파티나에 속한다(**그림 1-7**).

암석 위의 **파티나**의 형성은 자연적인 풍화과정의 한 부분으로 예술적 특성을 일부분을 손상시킬 수 있다. 암석 위의 파티나는 여러 가지 훼손 과정의 조합의 결과로 나타난 것이다. 외부로부터 유래된 풍화물질이 부분적으로 축적하여 생긴다. 외부물질이란 숯, 먼지 입자, 연무제, 그리고 대기의 오염물질을 포함한다. 더구나 암석 표면에서 무기물의 용해, 변형, 그리고 분포가 변화된다. 많은 무기물은 온도, 압력, 산화성 환경 내에서 불안정하지만 시간이 지날수록 천천히 더 안정된 형태로 변한다. 석회석과 방해석은 보통 쉽게 용해되는 물질이다. 암석 표면이나 주변에 있는 생물들은 파티나 발생에 부분적으로 역할을 한다. 이 생물들은 용해성인 물질을 분비하여 무기물의 변형을 유발하여 침전시킨다. 어느 무기물 원소는 암석 표면에서 용출되어 나온다.

(2) 파티나의 종류

파티나를 크게 분류하면, 첫 번째 파티나는 **물리 화학적 파티나**로 오래된 석조건축물, 빌딩 등의 암석 표면에서의 모든 변화가 발생하는데, 이는 보통 화학적 산화환원 반응과 숯과 먼지의 침전으로 발생된다.

두 번째 파티나는 **생물학적 파티나**로서 광영양미생물들이 최초로 발생한 다음, 화학유기영양 균류가 대부분 서식한다. 이들은 안정적인 유기 색소를 분비하여 변색을 유발하며 유기물을 축적하게 된다. 생물에 의한 **생물학적 파티나(biopatina)**는 기질과 생물막 간의 상호작용으로 생물학적, 물리학적, 화학적, 그리고 예술적인 면에서 변화된 것을 말한다.

(3) 파티나의 물질교환

파티나는 환경적, 생물학적, 그리고 기질 요인에 따라 영향을 받는다. 표면 변화란 기질과 환경 사이의 물질과 에너지의 교환과 이동을 의미한다. 견고한 기질인 암석, 콘크리트, 벽화, 유리, 목재, 가죽, 종이 등과 환경 사이의 물질교환이다. 이 물질의 교환과 이동은 기질의 생물 감수성에 크게 영향을 받는다. 보통 기질과 생물들 간의 모든 상호작용에 의하여 파티나는 기질의 일정한 질량과 성분을 유지하고 있으나, 질량의 감소 또는 물리적인 응집성이 있는 파티나의 경우 쉽게 생물에 의하여 부식되고 훼손된다.

파티나의 생성 또는 문화재의 노화는 에너지와 물질교환에 의하여 발생된다.

1. 파티나 형성은 각 예술작품을 변화시킨다.
2. 파티나 형성은 거의 모두 생물학적 과정에 의해서 발생된다. 파티나

형성은 암석, 유리, 프레스코, 왁스 같은 단단한 기질과 주변의 환경 사이의 에너지와 물질 교환을 통하여 진행된다. 느린 노화 과정의 중요한 특징은 파티나를 만들고, 반면에 빠른 노화는 구멍, 박리, 모래화 과정, 그리고 전체적인 붕괴로 이어진다.

3. 파티나는 예술작품의 노화 또는 훼손 과정에서 정적이고 안정된 상태에서 형성된다.

Warscheid와 Braams(2000)는 파티나를 생물막 형성에서부터 다양한 훼손양상이 형성되는 과정을 3가지 형으로 나누어 설명하였다.

파티나 1형; 생물막 형성으로 인하여 기질 표면에 침전물, 코팅, 변색이 나타낸다.

- 주로 광영양미생물과 균류가 서식한다.
- 생물색소에 의한 변색과 무기물인 철과 망간의 산화를 일으킨다.
- EPS를 형성하여 대기 중의 입자를 흡수하여 표면에 얇은 피막을 발생시킨다.
- 미생물의 유기산 분비로 부분적인 생물천공(biopitting)을 생성한다.

파티나 2형; 표면의 부식 증상으로 입자의 분해, 모래의 생성과 분쇄, 부식 등이 있다.

- 주로 세균이 서식한다.
- 생물막의 EPS는 좁은 구멍을 형성하여 물의 흡수를 증가시킨다.
- 미생물로부터 무기산과 유기산을 분비하여 생물부식을 증가시킨다.

그림 1-7
청동 파티나인 중국 한나라 동전

파티나 3형; 피각(crust) 형성 증상으로 박리박락과 조각을 생성한다.
- 복잡하고 안정된 미생물상이다.
- 생물 색소에 의한 변색과 무기질인 철과 망간의 산화를 일으킨다.
- EPS가 구멍을 막아 습기의 확산을 감소시켜서 대기 중의 입자를 흡수하여 피각(crust) 형성을 촉진한다.
- 미생물 유래의 무기산과 유기산에 의한 생물부식이 발생한다.

2) 생물막에 의한 피해

생물막 내에서 기질에 대한 미생물의 공격은 화학적과 기계적인 풍화와 함께 연관되어 기질의 훼손이 동시에 일어난다. 이들 화학적인 훼손 기작에는 용해, 침전, 그리고 무기물의 상태의 변화 등이 있으며, 기계적인 손상 기작으로는 염의 생성, 무기물의 팽창, 동결과 융해, 수화와 탈수과정 등이 있다.

생물막의 구조를 문화재의 보존적 차원에서 훼손생물을 제거하기 위한 보존처리를 하여도 만족스럽지 못하다. 세포주위를 둘러싼 외부 다당류들을 포함한 EPS는 살생제(biocide)와 다른 독성 물질들의 외부 요인에 대하여 세포 자신을 어느 정도 보호하는 역할을 하기 때문이다. 생물막은 환경적 악조건인 건조(desiccation), 온도, 독성물질, UV 복사선, pH, 삼투압 등에 대하여 강한 저항성이 있다. 따라서 일단 생물막이 형성되면 보존처리를 하여도 효과적이지 못하므로 초기의 생물의 콜로니가 발생되지 않도록 예방조치를 하는 것이 중요하다.

3) 피각

피각(crust)이란 암석 표면에 풍화산물과 대기오염물, 생물 등의 혼합물이 피복된 것으로 보통 흑색을 띤다. 프레스코(fresco)나 외부에 노출된 석회암이나 대리석 위에 유황세균이 발생하여 서식할 수 있다. 이 유황 이용세균은 대사과정에서 발생되는 이산화유황(SO^2)을 배출한다. 이산화유황은 석회암이나 대리석의 $CaCO_3$와 반응하여

그림 1-8 흑색 피각(조각상)

석고(gypsum; $CaSO_4$ $2H_2O$)를 만든다. 석고는 흰색이나 공기 중의 먼지, 숯, 서식한 생물들, 때로는 풍화물을 포함하고 있는 탄화수소 같은 대기 오염 물질들이 그 위에 축적하여 흑색의 피각을 형성한다.

생물학적 작용으로 생성된 피각의 예로는 Ankor Wat의 **흑색 피각(black crust)**을 들 수 있다. 흑색 피각은 흑색의 무기화합물과 미생물의 혼합체로 이루어져 있다고 알려져 있으며 **그림 1-8**에서는 조각상의 흑색 피각을 보여주고 있다.

암석에서 표피가 격리되어 떨어질 때 암석의 일부와 함께 떨어져 나와서 피각을 형성하는 것을 **피각 형성**(incrustation)이라고 한다.

4) 박리

암석 표면이 태양열에 의하여 가열되면 팽창하고, 밤이 되어 온도가 급격히 내려가면 표면이 수축하게 된다. 이 같은 과정이 반복하여 양파 껍질처럼 얇은 껍질층이 생긴다. **박리(exfoliation)**는 암석에서 떨어져 나간 얇은 껍질층을 말하며 박락이라고도 한다. 이 같은 물리화학적인 박리형성 과정에서도 동시에 미생물도 함께 기계적인 또는 생화학적인 역할을 담당한다.

피각과 박리의 차이는 박리(박락)는 암석의 표면이 떨어져 나온 껍질층을 말하며, 피각(박피; crust)은 암석 자체에서 여러 겹으로 분리되어 있는 떨어져 나오기 직전 즉 이탈하기 전의 형태를 말한다.

5) 백화현상

프레스코나 벽화에 서식하여 유물을 부식하는 유황 이용 세균들은 이산화유황(SO^2)을 배출한다. 이 이산화유황은 프레스코의 $CaCO_3$와 반응하여 석고(gypsum)의 백색침전을 만든다. 이 석고의 침전은 흰색의 응결체를 형성하는데 이를 **백화현상(efflorescence)**이라 한다.

6) 천공

천공(pitting)은 암석이나 유리 표면에 약간 깊은 둥근 구멍이 생긴 것으로 균류나 지의류에 의하여 발생되며 막공이라고도 한다.

7) 부착오염물

부착오염물(fouling)이란 암석, 목재, 그리고 종이 등의 기질 표면에 공기 중의 오염물질과 균류, 세균 등의 미생물들이 혼합되어 부착된 오염물을 의미한다.

8) 균열

암석, 목재 또는 유리 등의 재료가 인위적 또는 자연적으로 틈이 생긴 것을 **균열(crack)**이라고 하며, 생물의 침입, 즉 식물의 뿌리나 균류의 균사에 의하여도 균열이 발생된다.

9) 부식

금속과 같이 표면구조에 화학적 및 생물학적인 **부식(corrosion)**이 발생한다. 물리적으로는 침식(erosion)이라고 한다. 물리적인 침식을 석조유물이 바람이나 강우 같은 외부적 요인에 의하여 다른 위치로 이동하여 침전하는 것을 말한다.

10) 변색에 의한 훼손

주로 목재, 종이, 가죽 등의 유기물과, 석조문화재 위에 생물학적 및 물리화학적 요인에 의하여 변색되는 것을 말하며, 특별히 양피지나 종이의 변색을 **갈색반점(foxing)**이라 한다.

암석의 **변색(stain)**은 광합성 색소와 멜라닌의 생성에 주로 기인된다. 이런 색은 주로 시안세균, 초록색의 조류와 지의류의 엽록소와 관련이 있다. 또한 엽록소의 분해산물, phycobiliprotein과 carotenoid 같은 색소와도 연관이 있다. 석조문화재 위의 변색은 다음과 같은 부류에 속한다.

- 검은색: melanin, melanoidine, 엽록소의 분해산물과 철, 망간 무기물

- 초록색: 엽록소(광합성 색소; 조류, 지의류, 시안세균)
- 노랑-오렌지-갈색: carotene, carotenoid, 엽록소의 분해산물, phycobiliprotein
- 오렌지색, 핑크색, 적색: carotenoid, 시안세균, 조류와 철분

6. 문화재 훼손 결과의 요약

1) 무기물 문화재의 생물훼손

암석, 유리, 금속 등의 재료로 만든 무기물 문화재에 생물이 침입하여 문화재에 훼손현상이 발생한다. 훼손된 결과는 파티나, 변색, 박리, 천공, 부식, 녹색 변화 등이 있다. **표 1-1**에서는 훼손 결과를 훼손 생물의 종류별로 요약하여 간략하게 보여주고 있다.

표 1-1 무기물 문화재의 생물훼손 현황

훼손 생물의 종류/문화재의 물질	석재	유리	금속
종속영양세균	흑색 피각, 파티나, 박리, 변색	천공, 불투명화, 흑색 점	부식
균류	변색, 박리, 천공	불투명화, 흑색 점	–
시안세균, 조류	파티나, 여러 가지 색의 피막형성	–	–
지의류	피각형성, 조각형성, 천공	천공, 불투명	–
이끼류	초록색, 회색의 엽상체, 초기에 녹색 변색	–	–
고등식물	초본, 관목, 목본의 뿌리로 구조의 파괴와 물질을 이탈시킴	–	–

2) 유기물 문화재의 생물훼손

목재, 종이, 직물, 그리고 가죽으로 만든 유기물 문화재에 훼손 생물이 서식하여 피해를 일으킨다. 그 훼손 결과를 요약하면 **표 1-2**에서 보여주는 바와 같다.

표 1-2 유기물 문화재의 생물훼손 현황

훼손 생물의 종류/문화재의 물질	목재	종이	직물	가죽
종속영양세균	기계적인 특성의 변화	변색, 기계적인 특성의 변화, 엉클어짐, 부서지기 쉬운	변색, 내구력의 소실	변색, 장력의 소실, 내구력 감소, 연약해짐.
균류	변색, 균열, 기계적 특성의 변화	변색, 기계적인 특성의 변화, 엉클어짐, 부서지기 쉬운	변색, 내구력의 소실	변색, 장력의 소실, 내구력 감소
시안세균, 조류	여러 가지 색깔의 파티나(특히 녹색)	–	파티나	–
지의류	피각형성, 조각형성	–	–	–
이끼류	녹색/회색의 엽상체, 녹색의 염색	–	–	–
고등식물	–	–	–	–

참고문헌

Arai H.(2000). Foxing caused by fungi: twenty five years of study. *Intern. Biodeter. & Biodegr.* 46: 181-188

Florian ML.(1997). Heritage eaters. Insects an fungi in heritage collections. James & James, Lodon

Guillitte O.(1995). Bioreceptivity: A new concept for building ecology studies. *Science of the Total Environment* 167; 215-220

Hale ME.(1961). Lichen Handbook. Smithsonian Institution Washington, D.C.

Krumbein W., Dornieden T., Gorbushina A.(1999). Patina; Physical and chemical interactions of sub-aerial biofilms with objects of art. *in* Of Microbes and Art; The role of microbial communities in the degradation and protection of cultural heritage. ed. by Ciferri O, Tiano P, Mastromei G. p.105-119

Morton LHG., Surman SB.(1994). Biofilms in Biodeterioration-A review. *Intern Biodeter & Biodegr* 34:203-221

Plonka P.M., Grabacka M.(2006). Melanin synthesis in microorganisms-biotechnological and medical aspects. *Acta Biochemica Polonica.* **53**(3): 429-443

Shoham Y., Lamed R., Bayer E.(1999). The cellulosome concept as an efficient microbial strategy for the degradation of insoluble polysaccharides. *Trends in Microbiology.* 7(7):275-281

Toole GO., Kaplan HB., Kolter R.(2000). Biofilm formation as microbial development. *Ann. Rev. Microbiol.* 54: 49-79

Warscheid T., J. Braams.(2000). Biodeterioration of stone:a review. *Intern' Biodeter. & Biodegradation*: 46(4); 343-368

CHAPTER 02

생물학적 훼손의 환경

1. 생물훼손과 환경

어느 물질의 생물훼손은 기질의 화학적이고 물리화학적인 성질과 주변 환경의 특성과 밀접한 관계가 있다. 생물과 주변의 물질, 그리고 주변 환경 사이의 복잡한 상호관계에 의하여 어느 물질이 변화하는 특성이 있다. 따라서 문화재의 훼손을 예방하기 위하여 이들 환경요인을 선택조절하면 효과적일 수 있다.

문화재는 위치하고 있는 주변 환경에 대하여 매우 좁은 범위에 한정하고 있으므로 매우 광범위한 공간보다는 **주변 환경(site environment)**을 중요시하고 있다. 문화재에 피해를 주고 있는 생물들은 좁은 범위 내에서도 하나의 **생태계(ecosystem)**를 이루며 훼손 생물 간에도 상호작용을 하고 있다.

그러므로 문화재의 보존을 위하여 넓은 의미의 환경개념보다 좁은 의미의 생물을 중심으로 하는 생태학의 기본개념을 이해하여야 할 것이다. 광범위한 환경 내에는 소단위(subunit)인 생태계로 구성되어 있으며 생태계는 더 작은 군집으로 이루어져 있다.

따라서 문화재의 보존을 이해하기 위하여 훼손하고 있는 생물에 대한 생태계를 이해할 필요가 있다.

환경 내에서의 생태계의 위치
환경(environment) → 생물권(biosphere) → 생태계(ecosystem) → 군집(community) → 개체군(population) → 개체(individual)

1) 생태계

생물들은 햇빛, 공기, 물, 토양 등의 환경 속에서 발생하고 적응하면서

그림 2-1
호수 생태계

살아가고 있다. 그러므로 생물은 주어진 환경과 밀접한 관계가 있다. 환경은 생물의 생존을 기능하게 할 뿐만 아니라 생명의 원천이 되기 때문이다.

환경에 있어서 기본단위가 **생태계(ecosystem)**이다. 생태계 환경과 생물 군집 간의 상호작용에 의하여 형성된 하나의 계(system)이다. 일정한 공간 내에서 살고 있는 식물, 동물, 미생물 같은 생물군집은 주변의 무생물인 공기, 물, 토양으로 구성된 환경과 서로 상호작용을 한다. 이들 생물과 무생물 성분들은 영양환(nutrient cycle)과 에너지 흐름을 통하여 서로 연관되어 있다(**그림 2-1**).

다시 말해서 생태계는 일정한 공간 내에서 특정한 생물서식 단위로서, 주변의 공기, 토양, 물, 그리고 햇빛 등의 물리적 요인과 같은 환경과 상호작용을 한다. 일정한 공간 내에서 함께 살고 있는 생물들은 생태계를 형성하며 다른 생물들과 그리고 그들을 둘러싸고 있는 환경과 영향을 주기도 하고 받기도 한다.

예컨대 육상 생태계에는 툰드라, 열대우림, 초원, 사막, 사반나, 타이가 등이 있다(**그림 2-2**).

2) 생태계의 구성원

생물이 서식하고 있는 생태계에는 생산자, 소비자, 그리고 분해자로 구성되어 있다.

그림 2-2
툰드라 생태계

(1) **생산자(producer)**란 식물, 지의류, 조류 그리고 광독립영양세균 등과 같이 유기물을 독립적으로 합성하는 생물을 말하며, **독립영양생물(autotroph)**이라고도 한다. 특히 독립적으로 광선을 이용하여 광합성을 하여 생존하는 생물을 **광독립영양생물(phototroph)**이라 한다. 그러므로 태양에너지는 광독립영양생물에게 필요한 에너지의 공급원이 된다.
또한 독립영양생물은 그들의 영양을 만들 수 있는 무기원소 이외의 기질을 필요로 하지 않는다.

(2) **소비자(consumer)**는 살아 있는 다른 생물을 이용하여 에너지원으로 생장하는 생물을 말하며 초식동물, 육식동물, 잡식동물들이 있다. 예컨대 석조문화재에 서식하는 지의류나 조류 등을 먹는 달팽이(snail)가 여기에 속한다.

(3) **분해자(decomposer)**란 세균이나 균류와 같이 유기물을 분해하여 얻는 에너지를 사용하는 생물을 말하다. 유기물에만 의존하므로 **종속영양생물(heterotroph)**이다. 세균이나 균류는 미술품을 공격하여 특이한 유기화합물을 분해하여 생장할 수 있기 때문에 대부분 해로운 콜로니(군총; colony)를 형성한다.
외부에 노출된 석조문화재에 서식하는 생물에는 초본식물이나 지의류, 그리고 조류(algae)와 같은 생산자도 있으며, 이들 생물의 사체인 유기물이 발생하면, 이 유기물을 분해하여 에너지를 사용하는 균

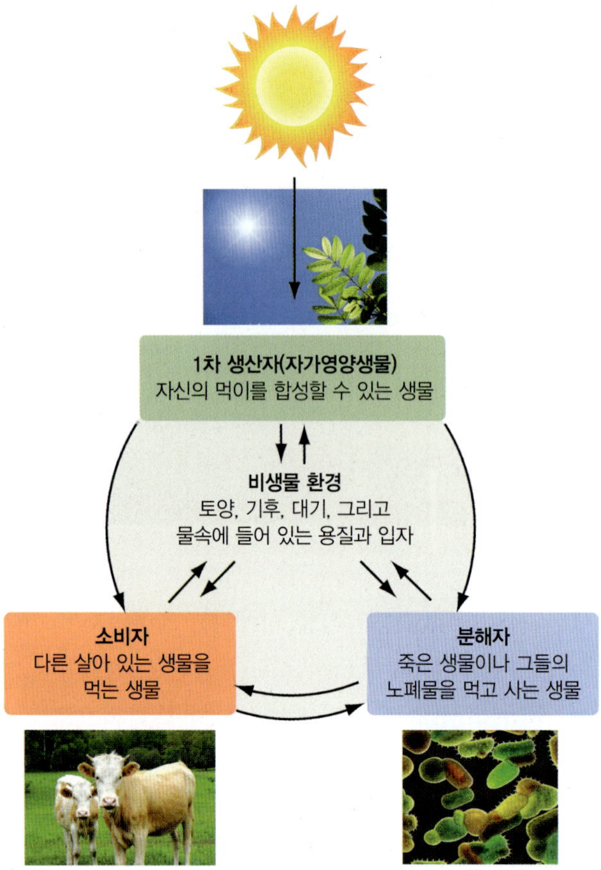

그림 2-3
생태계의 구성원 간의 관계

류와 세균 등과 같은 분해자인 종속영양생물이 서식하고 있다. 생태계의 구성원 간의 관계는 **그림 2-3**에서 보여주는 바와 같다.

3) 개체군의 생태

(1) 개체, 개체군, 군집

하나의 생태계 내에서 같은 종의 **개체(individual)**들이 살고 있는데, 이 같은 종의 개체가 모여서 **개체군(population)**을 형성한다(**그림 2-4**). 예컨대 같은 종인 상수리나무가 모여서 된 개체군을 상수리나무 개체군이라고 한다. 몇몇 종류의 다른 개체군이 모여서 서로 상호관계하면서 서식하고 있는 하나의 그룹을 **군집(community)**이라 한다. 군집과 주변의 무생물적 환경을 **생태계(ecosystem)**라 한다. 지구상에는 호수 생태계, 산림 생태계, 초원 생태계, 육상 생태계, 담수 생태계, 해양 생태계 등으로 나눈다. 석조문화재 표면

그림 2-4 개체군

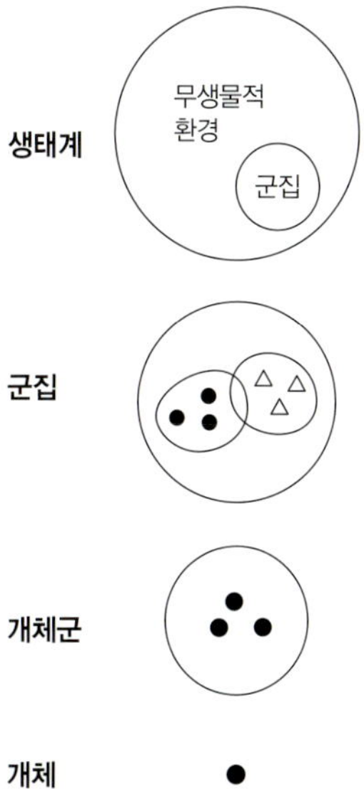

그림 2-5 생태계의 단계

에 서식하는 생물들도 하나의 작은 생태계로 볼 수 있다(**그림 2-5**).

(2) **개체군의 성장**

영양분이 충분할 때 개체군은 기하적 또는 지수적인 비율로 성장할 수 있다. 한 개체군이 먹이, 공간, 양분 등의 풍부한 조건에서 식물, 동물, 세균의 개체군은 처음에는 느리게 성장하다가 그 후에는 점차 빨라지게 된다. 다시 말하면 개체군의 성장은 가속이 붙는다.

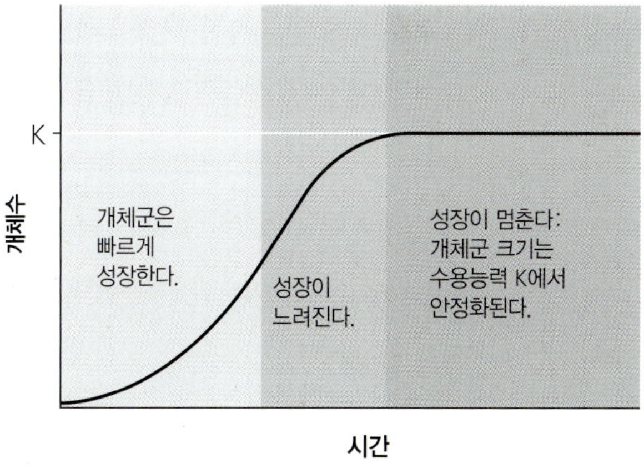

그림 2-6 개체군의 성장

성장이 최고에 달하면 영양이 소비되면서 개체군의 성장률은 감소하고 결국 멈추게 된다. 지수적인 성장은 환경적으로 제한을 받아 계속 지속될 수 없다. 개체군 성장에서 환경의 영향으로 성장곡선의 모양은 S자형(sigmoid)의 **개체군 성장곡선(population growth curve)**을 만든다(**그림 2-6**).

4) 개체군의 상호작용

한 개체군 내에 있는 개체들 사이에는 서로 종내 상호작용이 일어나며, 여기에는 긍정적인 상호작용과 부정적인 상호작용이 있다. 이 같은 상호작용은 개체군들 사이에서도 발생되며, 전체적인 상호작용으로 개체군 내에서 적절한 생태계의 균형을 유지하게 된다.

일정한 공간 내에 같이 사는 공동서식은 개체군 내의 종들 간의 복잡한 관계에 의하여 결정된다. 열대지방의 여러 종들이 공동으로 서식할 수 있는 것은 개체군 자체의 구조적 및 기능적으로 안전한 기초가 형성되어 있기 때문이다. 그러한 상호작용에는 **경쟁(competition)**, **기생(parasitism)**, **포식(predation)**, 그리고 **항생작용(antibiotic action)**과 같은 부정적인 면도 있지만, 긍정적인 면으로는 **공생(commensalism)**, **협동(cooperation)**, **상리공생(mutualism)**, 그리고 **공생(symbiosis)**이 있어서 서로 이익을 주고받는다.

생태학적 지위(ecological niche)는 경쟁과 포식 및 기생과 같은 상호작용으로, 각 개체는 생존을 위한 범위가 좁아지게 되는데, 이것으로부터 생태적 지위란 용어가 생긴 것이다. **생태적 지위**란 한 생물이 생장, 생식에 필요한 모든 환경적 요인을 말한다. 즉 한 종의 생태적 지위는 그 종이 생존하기 위해 필요한 요인인 온도, 습도, 영양분, 그리고 다른 생물과의 경쟁, 포식, 기생 등의 상호관계의 종합적인 환경요인의 범위를 말한다.

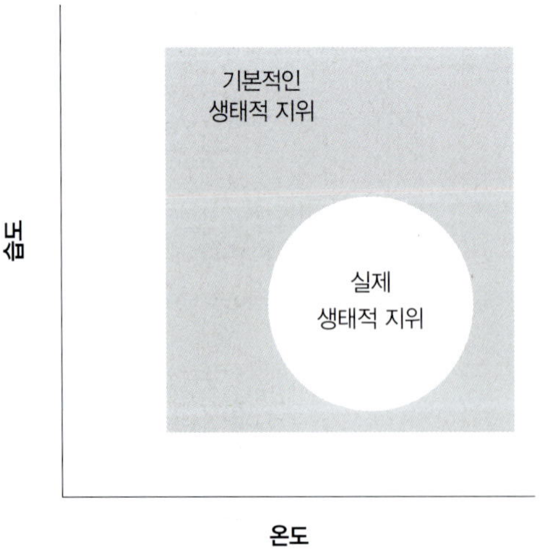

그림 2-7 생태학적 지위의 범위

생태적 지위에는 두 가지가 있다. ① **기본적인 생태적 지위(fundamental niche)**는 다른 종간 사이에 상호작용이 없는 곳에서 살아갈 수 있는 물리적 환경을 말하며, ② **실제 생태적 지위(realized niche)**는 다른 종간 사이의 경쟁이 있는 상호작용 속에서 종이 살아갈 수 있는 좁은 범위의 환경을 말한다. **그림 2-7**은 어느 한 종의 생태학적 지위를 환경요인 중 온도와 습도만을 기준으로 하여 나타낸 그림이다.

서식처(habitat)는 생물이 생존하는 장소를 의미한다. 즉 생물이 이상적인 조건에서 생활할 수 있는 환경적인 지역을 말한다. 예컨대 호수, 바다, 사바나, 열대우림 등의 넓은 범위도 있으나 좁은 범위의 지역도 포함된다. 하나의 서식처에는 다른 종류의 생태학적 지위를 갖는 여러 생물종들이 같이 서식하면서 서로 간에 상호작용을 한다.

외부에 노출된 석조기념물이나 예술품 같은 특별한 생태계 내에서도 부정적인 상호작용은 여러 집단 사이에서도 발생될 수 있다. 특별히 영양 또는 공간에 대한 경쟁과 항생작용이 있다. 즉 다른 종의 생장을 억제하는 물질을 분비하는 항생물질인 streptomycin은 방선균이, 그리고 penicillin은 *Penicillium* sp.가 생산한다. 초기 발생과정에 있는 한 종은 항생물질을 이용하여 다른 종의 집단을 제거하여 자신만이 생장한다.

5) 군집과 생물막

(1) 군집의 구조

위에서 설명한 바와 같이 어느 생태계 내에서 동일한 종의 개체(individual)가 모여서 **개체군(population)**을 형성한다. 그리고 여러 개체군이 모여서 하나의 **군집(community)**을 이룬다. 이 **군집의 구조(community structure)**란 군집 내의 서식하는 종의 수와 각 종들의 분포의 구조를 말한다. 이 군집 구조는 물리적 환경 같은 여러 다른 요인들의 조합에 의하여 영향을 받는다. 수중이나 지하의 환경에서는 기후 특성으로 인하여 구성하는 종의 수, 종의 상대 풍부도, 군집을 구성하는 종의 종류와 같은 특징이 달라질 수 있다.

(2) 군집의 변화

① 군집의 동력과 순환

군집 내의 생물의 생장은 시간에 따라서 변화한다. 무기물질의 환경에서는 군집과 주변 환경요인 사이의 상호작용에 의한 군집의 동력(dynamics)은 다소 늦은 경향이 있다. 그러나 유기물질의 훼손 과정에서 미생물의 집단은 시간이 경과함에 따라 더 빠르게 천이를 한다.

군집의 동력현상은 특별한 방향으로 진행될 수 있고 다소간 순환 변화를 보여주지만 집단이 원래의 출발점으로 되돌아오지 않는다. 실제로 미생물군집과 식물군집은 정상적으로 다소간 계절적인 변동을 보여준다. 이는 기후변동이나 영양상태의 변화에서 온다. 계절적 순환이 항상 일정하지 않지만 여러 경우에 이런 계절적 순환은 실험적으로 관찰되었다.

② **천이**

어느 생태계 내에서 생물군집은 시간이 지남에 따라 변화한다. 이러한 변화는 주변의 무생물요인과 생물요인의 동적인 특성에 의하여 조절되는데 이 같은 변화를 **천이(succession)**라고 한다. 이때 천이를 이룬 군집의 집단을 우점집단이라고 하고, 천이를 이룬 생물종을 **우점종**이라고 한다. 군집의 변화가 계속되어 천이가 멈추게 되어 평형에 도달하면 그 단계를 **극상군집(climax community)**이라고 한다.

생물이 없는 깨끗한 암석이나 돌로 만든 미술품, 사구(sand dunes)와 같이 콜로니가 없었던 기질에 생물군집의 발생이 시작된다. 군집은 천천히 진행하는 천이를 통하여 마지막 성숙한 단계에 이르기까지 대단히 긴 기간이 필요하다. 반면에 이미 콜로니가 있었고 토양이 이미 부분적으로 형성된 서식처라면 천이는 더욱 빨리 진행될 것이다.

보존처리를 한 기념탑인 경우에 사용한 살충제나 살균제가 제거되면 다소간 생물학적 개체군은 감소하게 되지만, 그 후의 천이 방향은 다른 제한요인은 없는 단계로 발전하게 된다.

플로렌스(Florence)의 보볼리(Boboli) 정원에 있는 몇 개의 대리석 조각상에 보존처리를 한 후 1년 내에 새로운 콜로니가 발생되었는데, 콜로니를 만든 첫 번째 종은 녹조류인 *Coccomyxa*가 발생되었다. 이 종은 2년 내에 넓은 면적에까지 녹색의 초록색 **파티나(patina)**를 만들었다. 생태학적인 면에서 이 종의 **천이**는 주변의 나무껍질에까지도 퍼져나갔다. 특별히 이 종은 강한 태양복사선에 내성을 가지는 능력과 기질에 대한 충분한 흡착하는 능력, 그리고 세포외 중합체 물질(EPS)의 분비 등으로 영양이 부족한 환경에서도 생장할 수 있었다. 이때 질소고정능력과 건조와 강한 복사선에 대한 내성이 있는 시안세균이 초기 천이 과정에서 우점종으로 확인되었다.

일반적으로 초기에는 자가영양생물이 먼저 발생하는 생물이지만 화학유기영양세균(chemoorganotrophic bacteria)과 균류와 같은 종속영양종이 발생하여 군집 내의 구조를 더욱 복잡하게 만든다.

일정하지 않은 환경 조건에서 여러 종류의 군집들은 동시에 발생하지만 어느 정도 격리된 공간에서 **생태학적 천이**를 이룬다. 즉 군집들은 제한적인 생태학적 요인의 결과로 특별한 다른 장소로 이동하게 된다. 이 같은 천이는 기념비 위의 경우에서 반복하여 발생하며, 고고학적인 견지에서 습도, 빛의 세기, 무기염의 유형이나 농도 등에 의하여 좌우된다. 다른 환경조건의 평형으로 되면 군집도 바뀐다. 이 같은 상호작용은 보존을 위한 진단의 분야에서 중요하다.

자연상태의 바위에 조류와 식물이 계속하여 발생하는 것을 볼 수 있다. 이 생물군집은 빛과 물과 같은 환경이 점차적으로 변화하면, 이 군집도 환경의 영향을 받아 변화하고 있음을 관찰할 수 있다.

(3) 생물막

석조문화재와 목재문화재 등의 표면에 여러 종류의 미생물의 콜로니가 형성되는데, 이들 콜로니도 전체적으로 군집을 이루고 있다. 이 군집은 부분적으로는 생장하여 세포외 중합체물질(extracellular polymeric substances; EPS)을 만드는 **생물막**(biofilm)을 생성한다. 이 생물막 내의 군집의 구조의 형성과 진화과정은 **그림 2-8**과 같다.

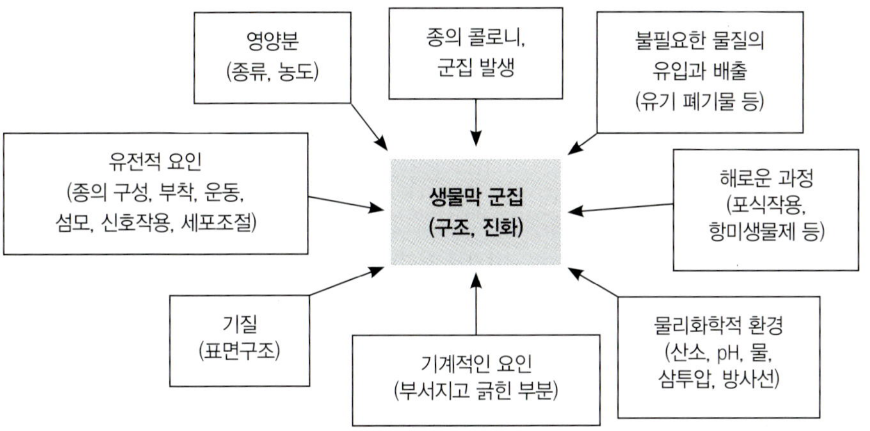

그림 2-8 생물막 발생에 미치는 요인들

-천이과정에 의한 생물막의 형성; 생물막 형성의 첫 단계는 표면에 세균이 부착하여 생장하여 유기물을 축적하기 시작한다. 그 다음 다른 개체군이 침입하여 표면에 부착하여 콜로니를 형성한다. 이 세균들이 증식하여 두꺼운 층을 형성한다. 또 다시 새로운 세균의 개체군이 들어와서 군집을 형성하는데, 이렇게 하여 여러 개체군의 군집이 된다. 이들 세균은 세포외 다당류를 분비하여 다른 세균의 개체군이 부착할 수 있게 한다. 그 다음 진핵미생물인 조류와 원생동물들이 침입하여 천이를 계속하여 복잡한 생물막 군집을 형성한다.

천이과정: 세균부착 → 유기물 침전 → 다른 개체군의 침입 → 다른 개체군의 형성 → 여러 개체군의 군집형성 → 세포외 다당류 분비 → 다른 세균의 개체군 부착 → 조류와 원생동물의 침입 → 천이 → 생물막 형성

2. 생물훼손의 환경요인

생물훼손에 관한 환경요인으로는 물리, 화학, 그리고 생물학적 요인이 있다. 문화재 보존차원에서 어느 생물이 서식하기 위한 조건에는 물의 함량, 염분의 농도, 온도, 광선의 세기의 정도 등 환경적인 요인이 중요하다.

1) 제한요인

제한요인(limiting factor)이란 환경요인 중에서 어느 한 요인이 없으면 생존할 수 없는 것을 제한요인이라고 한다. 다시 말하면 개체군의 감소를 일으키는 요인, 즉 생장에 없어서는 안 되는 요인을 말한다. 예컨대 영양, 물, 공기 등이 있다. 물은 생물생장에 있어서 없어서는 안 될 중요한 제한요인이다. 왜냐하면 물은 생물의 구성에서 주요 성분이기 때문이다. 물이 충분할 경우에는 염분의 농도나 빛의 세기가 제한요인이 될 수 있다. 이때는 생물생장을 위한 제한요인으로 영향을 주게 된다. 이론적으로 어느 문화재의 물질에 생물이 공격하는 것을 예방하기 위하여 생물이 생장할 수 없도록 제한요인을 변형시키든가 그 수치를 감소시킬 수 있다.

결과적으로 생태학적 요인은 제한요인이 될 수 있다. 이 제한요인은 최소에서 최고의 수치 안에서만 생물이 생장하므로 이 제한요인을 조절하면 생물의 생장을 억제할 수 있다. 즉 제한요인의 수치가 최소보다 낮든가 또는 최고보다 높으면 생물의 생장은 억제된다. 이 수치는 생물에 따라 다르지만 생물학적 훼손을 예방하기 위하여 효과적으로 사용될 수 있다.

생물은 **생태학적으로 제한요인**의 농도가 최소량과 최대량의 범위 내에서 생존할 수 있다. 그 범위가 좁은 범위 내에서 생존하는 생물을 **Steno-organism**이라 하고 그 범위가 넓은 경우는 **Eury organism**이라 한다.

어느 주어진 요인에 대하여 좁은 생태학적인 범위를 가진 생물은 **지표생**

물(bioindicator)로 활용할 수 있다. 예를 들면 엽상지의류는 공기 오염원인 SO_2 기체의 농도가 어느 정도 높아지면 생장할 수 없다. 따라서 이 지의류의 생장의 유무에 따라서 대기 중의 SO_2 기체 농도를 대략 추정할 수가 있다. 이와 같이 지의류를 지표생물이라 한다(**그림 2-9**).

그림 2-9
지표생물 지의류

일반적으로 여러 종류의 생물들에 필요한 중요한 물리학적인 환경요인들에는 물, 온도, 빛, 그리고 영양 등이 있다. 이들 기후요인이 왜 생물훼손에 중요한 역할을 하는지 설명할 필요가 있다. 문화재에 미치는 각각의 환경요인의 역할을 분석하고 종합적인 개념을 이해하면 생물훼손을 최소화할 수 있다.

2) 물

물은 생명체의 기본 성분인 동시에 생체 내에서 여러 가지의 중요한 기능을 한다. 물의 함량은 왕성하게 대사 활동하는 생물의 경우 몸무게의 70~80%를 차지하나 생리적으로 활성화되지 않은 생물은 8~12%로 낮다. 어느 생물은 물이 부족한 환경에서도 견딜 수 있는 세균도 있다.

물은 모든 살아 있는 생물에서 수많은 종류의 대사과정과 정상적인 세포 기능을 유지하기 위하여 많이 필요하다. 또한 물의 기능은 생물체 내의 체온 조절 기작의 중심이 된다. 식물의 경우는 고온을 조절하기 위하여 증산과 증발의 기작으로 몸을 보호한다.

생태학적 견지에서 물의 요구에 따라서 생물을 **수생(aquatic)**, **친수성**

(hydrophilic), 그리고 **내건성(xerophile)** 생물로 분류한다. 특별히 지의류와 시안세균(cyanobacteria)은 수분이 거의 없는 조건에 대하여 내성을 가지고 있어서 탈수의 상태에서도 아무 손상 없이 생화학적 반응을 할 수 있다.

공기 중에 포함된 수증기의 양을 **습도(humidity)**라 한다. **절대습도(absolute humidity)**란 건조한 공기 $1m^3$ 중에 포함되어 있는 수증기의 질량(g)을 의미한다. **상대습도(relative humidity; RH)**란 수증기압과 포화수증기압의 비율을 백분율로 표시한 것으로 단위는 %이다.

상대습도(RH) = 수증기압(hPa)/포화수증기압(hPa) × 100 또는
= 절대습도(g/m^3)/포화수증기량(g/m^3) × 100

(1) 습도와 온도

실내의 벽에 균류가 발생하는 예는 매우 많다. 환기가 잘안 되는 실내의 온도를 상승시키면 추운 외부 온도와 차이가 심해진다. 그러면 실내 주변의 수증기가 응축되어 **응축수(condensation water)**가 벽면에 물방울을 모이게 된다. 이 같은 현상을 **결로현상(dew condensation)**라고 하며 이 현상을 방지하기 위하여 단열제로 실내외의 온도를 차단해야 한다(**그림 2-10**). 병풍을 실내에 보관하면 여름에는 기온과 습도가 상승하여 균류가 발생하며, 겨울이 되어 실내온도를 높여 주면 결로현상이 발생하여 균류가 다시 발생하게 된다. 위에서 언급한 바와 같이 온도와 습도는 서로 밀접한 관계가 있으면서 생물의 발생과 생장에 영향을 준다.

온도는 주변의 상대습도에 영향을 준다. 같은 **절대습도(absolute humidity)**

그림 2-10
결로현상

상태에서 온도가 올라가면 **상대습도**는 감소하고, 온도가 내려가면 **상대습도**는 증가한다.

일반적으로 유기물은 상대습도의 여러 가지 범위 내에서 작용하여, 물을 흡수하여 상대습도를 높게 하기도 하고 물을 내보내어 상대습도를 낮추기도 한다. 예컨대 박물관 전시용 상자 내의 예술품을 보존하기 위하여 실리카 겔(silica gel)을 사용하는 이유는 물을 흡수하여 상대습도를 감소시키기 때문이다. 전시 상자 내의 습도를 조절하기 위하여 자연환기방식, 습기를 제거하는 제습제를 이용하는 방법, 그리고 공조기를 이용하여 환기를 조절하는 방법 등이 있다.

(2) 수분활성도

수분의 이용성은 일반적으로 수분활성도로 표시한다. 수분활성도(a_w)는 한 생물에 필요한 유용한 실제 물의 양을 **수분활성도(water activity)**로 표시한다. 수분활성도는 기질 내(특히 다공성 또는 흡습성)의 특성에 영향을 받는다. 특히 이것들은 다층의 자유수(free water)와 응축된 자유수 그리고 미기후 현상에도 좌우된다. 정상 조건에서는 물질에 포함된 전체 물 함량 중 일부의 물만이 주변 환경과 교환할 수 있다.

수분활성도는 순수한 물의 증기압에 대하여 물질 내의 증기압의 비율로 표시한다. 그러므로 수분활성도(a_w)는 0과 1 사이의 값이 된다(**표 2-1**).

$$a_w = p/p_o$$

(p = 물질 내의 증기 압력; p_o = 순수한 물의 증기압)

순수한 물의 수분활성도(a_w)는 1.0이다. 순수한 물에 용질을 넣으면 용액의 수증기압은 감소하며 수분활성도(a_w)도 감소한다.

표 2-1 물질의 수분활성도

수분활성도(a_w)	물질	생장 가능한 미생물
1.00	순수한 물	*Caulobacter*
0.98	해수	*Pseudomonas*, *Vibrio*
0.95	빵	효모(*Saccharomyces cerevisiae*)
0.80	과일, 잼	효모, *Penicillium*
0.75	고염분 호수, 염장생선	*Halobacterium*
0.70	건조과일, 사탕	*Xeromyces* sp.

기본적으로 물의 양이 어느 정도 증가하면 미생물의 포자나 식물의 씨가 발아하여 생장한다. 각 생물종은 정확한 a_w 값의 범위 내가 되면 발아하여 생장할 수 있다. 대부분의 생물들의 생장에는 a_w 값이 0.75~0.99 사이의 조건을 필요로 한다. **내건성 균류(xerophilic fungi)**는 a_w 값이 0.60~0.80에서 생장할 수 있으며, 세균은 일반적으로 0.90 이상이어야 하며, **내염성 세균(halophilic bacteria)**은 a_w 값이 0.75 이상이어야 생장할 수 있다.

어느 공간에서 공기와 표면온도에서의 **상대습도**는 미생물 생장을 결정하는 중요한 요인이 된다. 실내의 RH 값은 문의 개폐에 의하여 실외의 공기가 실내로 들어오게 되므로 그 값은 변화될 수 있다. 또한 빌딩 벽의 물 함량 같은 원인에 의하여 조절될 수 있다. 실외에서의 물이 생기는 것으로는 대기의 강수량, 응결현상(결로), 지상으로부터 발생하여 올라오는 모세관현상으로 인한 축축한 습기 등이 있는데, 이 같은 현상이 생물의 생장에 필요한 상황을 만들게 된다.

습기가 없으면 미생물이 생장할 수가 거의 없으나 일단 생장이 발생하였으면 많은 생물들은 오랜 기간의 가뭄에도 이겨낼 수 있는 능력을 갖게 된다. 이 같은 현상의 증거로는 목재 위에 흑색 또는 초록색의 **파티나(patina)**를 들 수 있다. 이 파티나는 물의 삼투 또는 심한 비로 인하여 어느 부분에 시안세균(cyanobacteria)과 조류(algae)의 발생으로 생기기 때문이다.

종종 건조한 도시 환경에서 석조의 파티나는 어두운 색으로 되기도 하고, 공기 오염물과 혼합하여 흑색 **피막(black crusts)**을 만든다. 생물학적 파티나는 그 분포가 습기의 농도에 따라 증가하고 있음을 쉽게 관찰할 수 있다. 반면에 공기오염물질로부터 생긴 피막(crusts)과 침전물(deposits)들은 물이 없는 부분에도 발생된다.

(3) 삼투압

삼투압(osmotic pressure)은 생물에서 중요한 역할을 한다. 생물의 막은 반투성막(semipermeable membrane)으로 되어 있다. 이 막을 사이에 두고 양쪽에 다른 농도의 용액이 있을 경우, 반투성막은 물 분자는 통과할 수 있으나 용액 속의 용질은 통과할 수 없는 **선태적 투과**를 한다. 선택적 투과를 하는 세포막 사이에 물이 확산하면 삼투현상이 나타난다. 용질의 농도가 높은 용액을 **고장액(hypertonic solution)**이라 하며 용질의 농도가 낮은 용액을 **저장액(hypotonic solution)**이라 한다. 양쪽의 용질의 농도가 다른 경우 용질은 세포막이 선택적 투과 특성 때문에 막을 통과할 수 없다. 그러나 물은 양쪽의 농도가 같아질 때까지 확산된다. 고장액 속으로 물이 통과하여 들어오기 때문에 고장액의 부피는 증가하게 되어 압력을 받게 된다. 이와 같은 물의 확산을 **삼투(osmosis)**라 하며 물이 들어오는 고장액 내의 압력을 **삼투압(osmotic pressure)**이라고 한다(**그림 2-11**).

식물세포는 세포벽을 가지고 있으므로 외부의 저장액 물이 세포 내로 들어와서 삼투압이 높아진다 하더라도 식물세포는 파괴되지 않는다. 반면에 식물세포를 고장액 속에 넣으면 세포 내의 물은 외부 고장액 속으로 막을 통하여 나가게 된다. 그러면 세포는 **원형질분리(plasmolysis)**가 일어나서 죽게 된다.

그림 2-11 삼투현상

습도가 문화재를 훼손시키는 과정에는 물리, 화학적인 산화나 가수분해, 그리고 생물학적으로 피해를 주는 반응이 있다. 훼손 과정에는 온도와 습도가 높으면 빨리 진행된다. 물질에 따라서 습도에 의한 훼손의 양상은 다르다. 금속, 칠, 나무, 옷, 가죽 등이 혼합된 복합재료에서도 훼손이 많이 발생한다. 습도는 균류나 벌레 등의 생물피해 발생에도 밀접한 관계가 있다. 생물피해의 발생에는 습도와 함께 온도의 요인도 동시에 영향을 준다.

생물훼손에서 특별히 물은 문화재의 표면에 콜로니를 형성하는 속도를 결정하는 주요 요인이다. 이 같은 초기 과정에서 생물훼손을 예방하는 데 가장 많이 사용하는 처리방법은 물 요인을 감소시키는 것이다.

3) 온도

온도(temperature)는 생물의 생장과 생존에 가장 큰 영향을 미치는 중요한 환경요인 중 하나이다. 온도가 너무 낮거나 너무 높으면 생물은 생장할 수 없다. 그러나 최저온도와 최고온도는 생물의 종에 따라 상당한 차이가 있으며 대부분의 생물은 서식지의 온도범위 내에서 생존한다. 온도는 생물의 발생뿐만 아니라 생체 내의 대사활성에 있어서도 대단히 중요한 역할을 한다.

(1) 물리-화학적 영향

활발한 생명현상에 있어서 온도는 물의 물리-화학적 성질과 기본적으로 연관이 있다. 왜냐하면 물은 생물구조의 주성분이기 때문이다. 온도가 0°C 이하에서는 물이 결정체로 되면 그 부피가 증가하게 되어 결과적으로 세포막이 파괴되어 세포가 죽게 된다. 반면에 온도가 올라가면 증산작용이 증가하게 되면 물을 잃어버리게 되어 생물체는 죽게 된다.

온도는 화학반응의 동역학에 영향을 준다. 온도가 10°C 올라갈 때마다 화학반응의 비율은 2배로 증가한다. 그러나 생물에 있어서는 효소의 활성은 이 같은 법칙에 적용되지 않는다. 각각의 효소들은 특이한 온도에서 최적 활성을 가지고 있다. 50~60°C보다 더 높은 온도에서는 어느 경우의 생물은 위험하다. 왜냐하면 높은 온도에서는 세포의 필수단백질들이 불활성화될 뿐만 아니라 생물막을 딱딱하게 하여 영양분의 수송이 이루어지지 않기 때문이다.

(2) 생장과 온도

온도는 생물에 두 가지 상반된 영향을 미친다. 온도가 상승하면 세포의 화학적 및 효소의 반응이 빠른 속도로 이루어지므로 생장이 빨라진다. 그러나 어느 정도 이상의 온도에서는 특정 단백질들이 변성되어 세포기능이 급격히 감소하여 멈추게 된다.

모든 생물은 생장하는데 **최저온도(minimum temperature)**와 생장이 가장 왕성한 **최적온도(optimum temperature)**, 그리고 그 이상에서는 생장이 일어나지 않는 **최고온도(maximum temperature)**가 있다. 대부분의 생물들은 20°C와 30°C 사이의 최적온도에서 생장한다. 그러나 어느 미생물은 4°C가 최적온도인 것도 있고 100°C가 최적온도인 경우도 있다.

미생물들의 생장 최적온도는 낮은 온도에서부터 높은 온도에 이르기까지 범위가 넓다. 최적온도에 따라 미생물을 나누기도 한다. 낮은 최적온도를 갖는 **저온세균(psychrophile)**, 중온이 최적인 경우는 **중온세균(mesophile)**, 높은 최적온도를 보이는 **고온세균(thermophile)**, 그리고 극히 높은 온도에서도 잘 생장하는 **초고온세균(hyperthermophile)**들이 있다. **그림 2-12**에서 세균들의 생장속도와 최저온도와 최적온도, 그리고 최고온도의 관계를 보여주고 있다. 한편 **표 2-2**에서는 생물이 생장할 수 있는 최대한의 상한 온도를 나타내었다.

한편 생물은 온도에 대하여 적응하는 과정에서 온도에 대한 내성을 나타

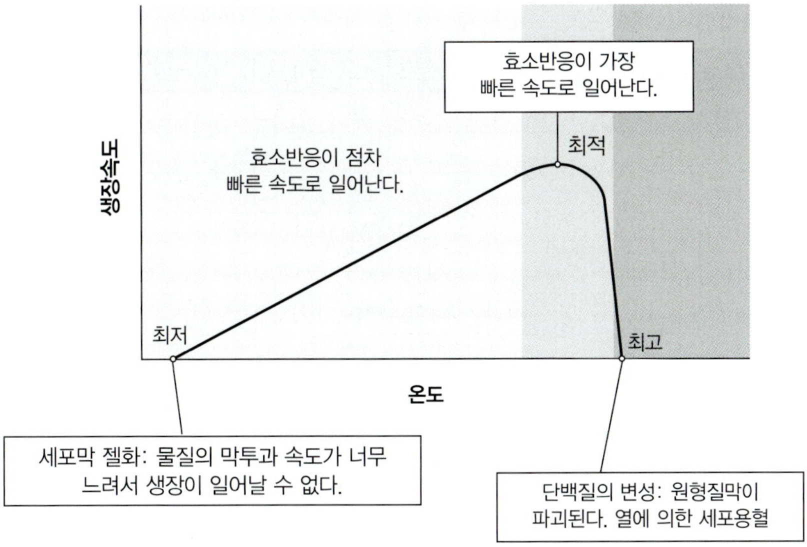

그림 2-12 온도와 세포 생장속도

표 2-2 생물이 생장할 수 있는 상한 온도

동식물, 미생물	종류	상한 온도(℃)
동물	어류, 수생척추동물	38
	곤충류	45~50
	갑각류	49~50
식물	관속식물	45
	이끼류	50
진핵미생물	조류	55~60
	균류	60~62
원핵미생물	시안세균	70~74
	혐기성 광합성세균	70~73
	자가영양세균	95
고세균	자가영양세균	113

낸다. 이 내성은 생물의 종에 따라 다르다. **표 2-3**에서는 여러 가지 종류의 균류들의 온도에 대한 내성을 보여준다.

① **계절적 변화**

이탈리아의 여러 개의 석조 기념탑과 대부분의 로마 기념탑 위의 유황세

표 2-3 균류 생장의 내성 온도

균류	내성온도 범위(°C)	최적 온도(°C)
Aspergillus flavus	20 ~ 45	30
Aspergillus fumigatus	12 ~ 51	38
Botrytis cinerea	-7 ~ 38	21
Chaetomium thermophile	25 ~ 55	50
Cladosporium herbarum	-3 ~ 40	25
Humicola insolens	22 ~ 54	38
Penicillium brevicaulis	-7 ~ 27	21
Penicillium chrysogenum	-4 ~ 38	23
Penicillium expansum	-9 ~ 30	22
Rhizopus nigricans	0 ~ 32	28
Sclerotinia borealis	-4 ~ 15	0
Thermomucor pusillus	20 ~ 53	40
Thermomyces lanuginosa	30 ~ 62	48
Typhula idahoensis	-5 ~ 20	5

균 분포는 계절적인 변동을 보여주었으며, 영국의 사암으로 된 기념탑에서도 종속영양세균의 계절적 변동이 관찰되었다. 석조문화재에서 서식하는 조류의 경우에서도 생장밀도의 변화와 내건성 집단의 양적 질적 변화도 **계절적으로** 변동되는 것으로 알려져 있다. 이 같은 사실은 계절에 따른 미생물의 분포도 온도에 의하여 영향을 받는다는 증거가 된다.

② 위도와 고도 차이

위도에 의하여 온도가 변하므로 생물의 분포도 변하게 된다. 또한 고도에 의한 온도 차이가 발생한다. 이 온도 차이로 생물들이 고도별로 다른 분포를 한다.

③ 온도와 생물훼손

온도는 문화재의 생물훼손과 연관이 있다. 실외에 위치한 문화재는 생물훼손이 가장 심하다. 인간의 필요에 맞게 계획하고 변형시킨 어느 국한된 실내공간을 만들면 실내의 온도는 외부 기후조건과는 관계 없이 일정하다. 열대 환경이라도 대체적으로 냉온방 조절장치를 하면 실내의 온도 차이는 심하지 않다. 이 같은 건물 내의 온도는 외부의 온도보다 항상 일정하며 밤과 낮의 편차를 최소화시킬 수 있다. 이때의 평균 온도는 지리적인 위치, 건물의 건축유형, 외부조건을 차단하는 단열제의 두께의 정도에 따라 차이가 있으나, 보통 외부의 제한요인과는 연관이 없다.

더 심각한 조건인 추운 조건하에서도 생물이 발생할 수 있으며, 동굴이나 지하와 같은 더 습기 찬 환경에서도 생물이 발생할 수 있다는 것이다. 동굴이나 지하의 공간이라도 온도가 상승하여 최적 온도 조건에 가까워지는 관계로 미생물상의 생장과 콜로니의 발생이 촉진된다. 지하 환경에서 습도는 항상 매우 높기 때문에 습도를 어느 정도 감소해도 생물발생 효과가 없다.

4) 빛

(1) 빛과 파장

햇빛은 **광자(photon)**라는 입자들이 대단히 빠른 속도로 공간을 지나가는 한 에너지의 종류이다. 즉 빛은 **전자기복사선(electromagnetic radiation)**이라고 하며, 이것들은 파동의 형태로 지구상에 도달한다.

빛의 전자기에너지는 스펙트럼으로 되어 있는데 파장이 매우 짧은 감마선에서부터 긴 파장의 라디오파(radio wave)에 이르기까지 넓은 영역을 가지고 있다. 이 스펙트럼에서 우리 눈으로 볼 수 있는 자색과 적색 사이의 범위의 가시광선은 약 380~750nm의 파장에 불과하다. 파장이 짧을수록 에너지가 높다. 가시광선보다 더 짧은 파장인 UV, gamma, 그리고 x-ray는 유기물을 이온화하여 화학결합을 절단시킨다. 이들 파장은 높은 에너지를 갖고 있어서 단백질이나 핵산 같은 유기물에 손상을 입힐 수 있다. 따라서 태양 자외선(UV light)은 피부의 화상이나 피부암을 일으킬 수 있다.

파장이 긴 복사선은 파장의 길이가 가시광선 스펙트럼보다 크기 때문에 약한 에너지를 갖고 있다. 예컨대 에너지가 약한 적외선(infra-red), 라디오(radio), 레이더(radar)는 온도를 높이 증가시키므로 생물학적인 견지에서 중요한 역할을 한다.

(2) 빛의 색

우리 눈으로 보는 물체의 색은 물체가 광의 색을 흡수하고 반사하여 생기는 색을 의미한다. 다시 말하면 광원에서 나온 방사선의 어느 스펙트럼은 물체에 의하여 흡수되지만 어느 스펙트럼은 흡수되지 않고 반사되어 인간의 눈에 보이게 되는 것이다. 따라서 물질의 색은 가시광선 영역의 스펙트럼을 선택적으로 흡수하는 것에 좌우된다. 빛의 스펙트럼은 파장에 따라 7가지 색으로 나누어지는데, 각 파장마다 흡수되는 색과 반사되는 색이 다르다.

적색의 물체는 610~750nm의 파장을 흡수하여 파란색을 띤 초록색을 흡수하고 적색만을 투과하여 반사하므로 적색으로 보인다. 여러 가지 물질의 색과 보색은 **표 2-4**에서 보여주는 바와 같다.

표 2-4 물질의 색과 보색

파장(nm)	물질의 색(반사광)	보색(흡수광)
< 400	자외선	–
400~435	보라색	노란색-초록색
435~480	파란색	노란색
480~490	초록–파란색	주황색
490~500	파란–초록색	빨간색
500~560	초록색	자색
560~580	노란–초록색	보라색
580~595	노란색	파란색
595~610	주황색	초록–파란색
610~750	빨간색	파란–초록색
> 750	적외선	–

생물들은 색소 중에서 좋아하는 가시광선의 어느 파장만을 흡수할 수 있다. 초록색 빛은 광합성에서 가장 좋아하지 않는 빛이지만 다른 생물들은 초록색 빛을 에너지로 사용할 수 있다. 즉 생물은 복사선의 여러 파장 중에서 가장 사용하기에 좋은 어느 파장에너지만을 선별한다.

햇빛과 인공조명은 확실한 차이가 있다. 햇빛은 백열광 전구와 비교할 때 청색 복사선의 양이 대단히 많다. 백열광 전구는 방출원의 낮은 온도 때문에 적색과 적외선 파장의 복사선이 많이 방출된다. 형광 램프는 청색 복사선이 많고 적색 복사선은 적다. 반면에 저기압 나트륨 램프(등)는 압력이 낮으므로 단색의 노란색 빛을 방출한다.

빛의 강도(intensity)는 주어진 단위 시간에 입사광자의 흐름 밀도를 정량적으로 측정하는 것이다. 광학에서 광속을 측정하는 단위는 광원에서 발산되는 빛을 내는 에너지의 양을 말한다. 주워진 표면에 입사광자의 밀도를 lux(1m/m^2)로 표시한다.

조명시간은 광합성 관련 생물들의 활성에 영향을 준다. 왜냐하면 광합성은 빛이 있을 때와 어두울 때 그 활성이 다르기 때문이다.

실내 환경에서 조명의 강도와 시간은 생물의 광합성에 크게 영향을 미친다. 특히 최초에 발생하는 조류와 시안세균에 제한요인으로 작용한다. 조명은 조명시스템에 의하여 적절하게 온도가 증가된다. 충분히 조명에너지를 받는 지역에서 생물상이 종종 확인되며, 반면에 약한 조명을 받는 지역에서는 그와 같은 생장현상을 볼 수가 없다. 그러므로 문화재 보존을 예방하기 위하여 적당한 조명시스템의 설치가 필요하다.

균류나 시안세균 같은 미생물은 너무 강한 조명 강도에 대하여 자신을 보호하며, 멜라닌 같은 색소가 있으면 이온화하는 복사선을 막아주는 역할을 한다. 더욱이 어두운 색소는 깊이 침투하는 복사선을 막아준다. 다른 미생물들은 표면 아래에 생장하여 직접 빛의 노출을 피하기도 한다.

빛의 에너지는 생물체의 기원: 생물체가 생존할 수 있는 원동력은 빛으로부터의 에너지를 얻을 수 있기 때문에 가능한 것이다. 생물이 빛을 이용하는 중요한 과정은 광합성으로 빛에너지를 화학에너지로 전환하는 과정이다. 이 과정에서 이산화탄소와 물과 같은 무기성분으로부터 탄수화물(포도당)과 산소를 만든다. 광합성이 일어나는 반응은 특별한 광합성 색소가 있어야 한다. 이 색소분자는 가시광선의 어느 한 띠(spectrum) 안에 있는 빛을 흡수하여 광합성 과정을 수행한다(**그림 2-13, 그림 2-14**).

이들 색소분자는 **엽록소(chlorophyll)**, **카로티노이드(carotinoid)**, **크산토필(xanthophyll)**, **파이코에리트린(phycoerythrin)**, **파이코시아닌(phycocyanin)** 등이 있다. 엽록소에는 여러 종류의 색소가 있어 각기 다른 파장의 빛을 흡수한다. 명반응에 참여하는 엽록소 a는 주로 청색, 보라색, 적색의 빛을 흡수하고 녹색 빛을 반사시키기 때문에 모든 식물이 우리 눈에 녹색으로 보인다. 엽록소 b는 주로 청색과 주황색 빛을 흡수하고 황록색을 반사하여 황록색으로 보인다. 모든 조류에서 중요한 색소는 엽록소 a이지만 **보조색소(accessory pigment)**는 다른 파장의 빛을 흡수하여 광에너지를 엽록소 a에 전달한다. 이들 보조 색소에는 파이코에리트린과 파이코시아닌이 있으며 조류(algae)와 시안세균(cyanobacteria)에서 발견된다.

생태학적 견지에서의 조류, 지의류, 이끼류, 그리고 관속식물과 같은 광합성 식물에 있어서 빛은 이들이 생장하는 데 필요한 주요 에너지원이다. 이

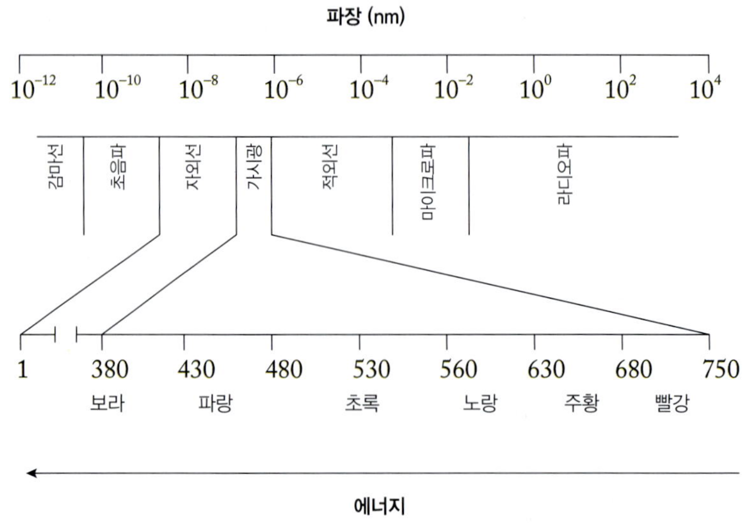

그림 2-13 빛의 파장과 에너지

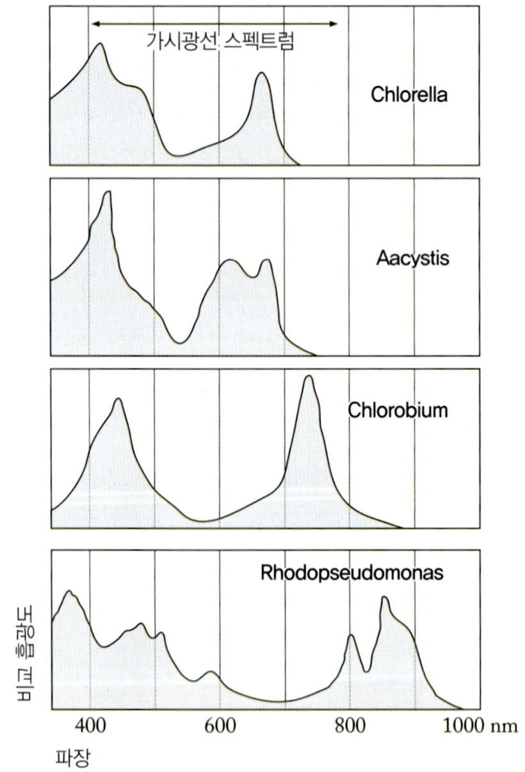

그림 2-14 광합성 생물의 빛의 흡수 파장

들은 생태계에서 주요 생산자이며 대사활동을 하기 위하여 비교적 높은 수준의 빛을 필요로 한다. 유황세균 또는 질화세균과 같은 화학합성 생물들과 균류와 방선균 같은 종속영양생물들은 빛이 제한요인은 아니지만, 어느 경우에는 발생, 포자발아, 생식, 색소생성 등에 영향을 준다.

5) 염분

공기 중의 포자는 고농도의 염분이 있으면 발아할 수가 없으므로 미생물의 생장이 억제된다. 따라서 소금(salt)은 역사적으로 식품보존을 위하여 그리고 유기물의 부패를 방지하기 위하여 사용되어 왔다. 그러나 극도의 **내염성생물(halophile)**은 염분농도가 30~40%에서도 생장할 수 있다. 이 미생물들은 탄산염(carbonate), 염소, 질산염(nitrate), 황산염(sulfate) 등의 여러 종류의 염이 포함된 암석 표면의 미술벽화 위에서 특별히 생장을 잘 하는 것으로 알려져 있다.

자연에서 염분의 농도가 높은 환경에서는 주로 삼투효과가 중요하다. 바닷물은 3%의 소금과 그 외의 많은 종류의 무기물질 등을 함유하고 있다. 바다에 서식하는 미생물의 대부분은 바닷물의 수분활성도에서 최적의 생장을 할 뿐만 아니라 나트륨이온(Na^+)을 특이적으로 요구한다. 이러한 미생물을 **호염균(halophile)**이라고 한다. **내염성(halotolerant)** 미생물이란 어느 정도의 소금용액에서도 견디어 생장할 수 있는 세균을 말하며, 매우 높은 염분농도의 환경에서 생장할 수 있는 미생물을 **극호염균(extreme halophile)**이라고 한다(**그림 2-15**).

6) pH

물의 성질 중에 액체용액의 화학적 성질과 특별히 그들의 산성도, 알칼리도, 그리고 그 용액에 용해된 용질의 농도 등이 있다.

용액의 산성도와 알칼리도는 pH 값으로 정한다. pH 값이 7 이하이면 산성이고 7 이상이면 알칼리성이다. 기질의 pH 값은 생물종의 생장에 필요한 기본적인 척도가 된다. 대부분의 효소반응들은 최적 pH를 갖는다. 예컨대 섬유소분해효소(cellulase)의 최적 pH는 6.4~8.2이다. 따라서 각 생물은 자신이 가지고 있는 효소에 의하여 특이하게도 산성이나 염기성(basic) 값을 좋

그림 2-15
소금바다

아하는 이유가 있다.

대부분의 생물들은 화학적으로 중성 조건에서 생장하기를 좋아한다. 이 같은 생물을 **호중성 종(neutrophilic species)**이라 한다. 그러나 어느 종은 산성 조건에서 잘 생장하는 **호산성 종(acidophilic species)**이 있는가 하면 알칼리성 조건에서 잘 생장하는 **호알칼리성 생물(alkalophile)**도 있다. 대부분의 균류는 pH 값이 4~7 사이의 기질에서 잘 생장한다. 미생물의 생장은 대사산물을 분비하므로 기질의 pH 값을 변화시킬 수 있다. 어느 경우에는 기질이 완충작용 효과를 가지고 있다. 즉 산성 오염물질에 대하여 알칼리성인 탄산성분이 작용하도록 하여 완충시킨다.

모든 미생물은 제각기 최적의 생장이 일어나는 pH 범위를 가지고 있다. 낮은 pH에서 가장 잘 생장하는 미생물을 **호산성 생물(acidophile)**이라고 한다. 일반적으로 균류는 세균보다 산성에 대한 내성이 큰 경향이 있다. 대부분의 균류의 최적 pH는 5 이하이나 pH가 2 정도에도 잘 생장하는 균류도 있다. 호산성 세균에는 *Thiobacillus*, *Sulfolobus* 속의 종들이 있다.

반면에 몇몇 종류의 극한적인 미생물은 아주 높은 pH에서도 최적의 생장을 하는데 이런 미생물을 **호알칼리성 생물(alkaliphile)**이라고 한다. 호알칼리성 미생물들은 소다 호수, 탄산염이 풍부한 토양 등의 염기성이 매우 높은 서식지에서 발견된다. 가장 잘 알려진 호알칼리성 세균으로는 *Bacillus* 속의 종들이 있다.

7) 산소

대부분의 미생물들은 산소가 있어야 생장할 수 있으나 그렇지 않은 것도 있다. 미생물에 따라 산소에 대한 요구와 내성이 다르다.

호기성 생물(aerobe)은 대기 중의 산소분압(21%) 조건에서 산소 호흡하여 생장한다. **미호기성 생물(microaerophile)**은 대기 중의 산소분압보다 낮은 농도의 산소조건에서도 산소를 이용할 수 있는 세균을 말한다. 많은 호기성균들은 적당한 조건이면 산소의 유무에 관계없이 생장하는 세균을 **통성호기성 생물(facultatives aerobe)**이라 한다.

반면에 어떤 미생물들은 산소가 없는 조건에서만 생장하는데 이 같은 생물체를 **혐기성 생물(anaerobe)**이라 한다. 여기에는 산소를 이용하지 못하지만 산소에 대한 내성이 있어서 산소가 있어도 생장이 가능한 **내혐기성 생물(aerotolerant anaerobe)**이 있으며, 산소가 있으면 사멸되지만 산소가 없어야만 생장하는 **절대혐기성 생물(obligate anaerobe)**이 있다. 절대혐기성균이 산소에 의하여 사멸되는 이유는 산소 대사과정에서 만들어지는 몇 가지 독성물질을 제거할 능력이 없기 때문인 것으로 알려져 있다.

전시 상자 속의 유물을 보존하기 위하여 완전 밀폐하여 습도에 대한 영향을 최소화하고, 상자 속의 공기를 제거한 후 질소만으로 채워주어 산소나 이산화탄소 같은 공기의 출입을 완전히 봉쇄한다. 이 같은 유물보존 예방방법은 생물이 생장할 수 있는 환경요인을 근본적으로 제거하는 것이다.

8) 기질의 특성

토양과 같은 풍부한 영양분은 생물훼손에 있어서 대단히 중요한 역할을 한다. 생물을 수용하는 물리적인 기준의 하나는 기질의 다공성이다. 앞에서 언급한 바와 같이 **다공성(porosity)**이란 기질 표면에 많은 구멍이 있는 것을 말한다. 다공성이란 기질의 전체 부피에 비하여 어느 정도의 기질의 빈 공간의 표면적을 차지하는가에 따라 다르다. 인접 구멍들은 물의 통과나 물의 보유에 유리한 조건이다. 따라서 많은 구멍을 가진 기질은 포자가 발아와 미생물이나 생물의 발생이 용이하기 때문에 생물훼손의 가능성이 더욱 쉽다. 기질에 있는 이들 생물들은 충분한 습기가 있는 조건에서만 발생할 수 있다.

기질 표면의 **주름**(rugosity)이나 표면의 거칠음(roughness)은 물을 흡수하는 표면의 간접적 영향 때문에 생물훼손을 촉진시킬 수 있다. 불규칙하고 거칠고 주름진 표면은 미생물의 물리적인 발생을 촉진시킨다.

정상적으로 유기물질(organic material)은 표면의 다공성을 높이고 표면을 심하게 거칠게 만든다. 따라서 물리적인 관점에서 볼 때 유기물질은 무기물질보다 미생물상의 공격을 더욱 용이하게 해준다. 이같이 노출된 조건하에서 모르타르(mortar), 다공질의 탄산석회(tufa), 또는 사암(다공성이 약 30% 그 이상)과 같은 대단히 많은 다공성의 돌(stone)과 같은 물질들에는 미생물의 콜로니가 쉽게 발생된다. 반면에 대리석(marble), 현무암(basalts), 그리고 매끈한 바위와 같은 다공성이 10%보다 낮은 돌의 물질은 생물학적 콜로니의 발생에 대하여 내성을 가지고 있다. 더구나 실외 물질들의 생물훼손은 주변 환경요인들인 햇빛, 동결융해환, 바람과 물의 작용에 노출되는 정도에 따라서 증가한다. 매끈한 돌의 물질이라 해도 표면이 아주 작은 다공성이며 울퉁불퉁하면 생물의 공격을 받을 수 있다.

물질의 **흡습성(hygroscopicity)**은 주변의 상대습도가 증가하거나 감소할 때 물을 흡수하는 능력의 척도를 의미한다. 일반적으로 상대습도가 높을수록 흡습물질이 더 많이 물을 흡수한다. 하지만 같은 상대습도의 상태에서라도 여러 물질들은 흡습도가 다르므로 수분의 함량이 다르다. 예를 들면 상대습도 값이 65%보다 높을 때 목화나 목재의 수분 함량은 10%에 이른다. 이 정도면 미생물의 대사활성을 수행할 수 있게 하여 생물훼손을 하게 된다. 반면에 같은 60%의 상대습도 상태에서 콜라겐(collagen)은 이미 물의 함량이 생물훼손을 일으킬 수 있는 15%의 수분함량을 갖게 된다(**표 2-5**). 이 경우 만약 탄닌(tannin)으로 속히 처리하지 않으면 그 콜라겐은 급격히 공격을 받게 된다.

표 2-5 유기물질의 수분함량(%)

여러 유기물질	20°C에서 상대습도	
	60%	100%
비단	8	30
콜라겐	15	55
양모	12	35
목화	5	13
목재	9	31
나일론	3	8

생물훼손에서 기질의 화학적 특성은 여러 가지 화학성분이 영양분으로 될 수 있기 때문에 중요한 요인이 된다. 건조한 생체량의 성분을 분석해 보면 필요한 질적 양적인 영양분의 형태를 파악할 수가 있다.

영양분(nutrient)이 필요한 이유는 생물세포의 성분과 구조에 필요하기 때문이다. 모든 세포는 탄소(carbon)를 필요로 하며 대부분의 원핵생물은 탄소의 공급원으로 유기물을 필요로 한다. 전형적인 세포는 탄소가 약 50%로 주요 구성성분이다. 세균들은 아미노산, 유기산, 당, 질소함유 염기 등의 유기물을 이용한다. 탄소 다음으로 세포에 많이 함유된 성분은 질소(nitrogen)이다. 일반적인 세균세포는 약 12%의 질소로 구성되며 이것들에는 단백질(protein)과 핵산(nucleic acid) 등이 있다. 세균은 암모니아(NH_3), 질산염(NO_3^-), 또는 질소(N_2) 등의 무기형태의 질소를 주변에서 흡수한다. 그 외의 주요 성분으로는 산소(O), 수소(H), 나트륨(Na), 유황(S), 인(P), 마그네슘(Mg), 칼슘(Ca), 칼륨(K) 등으로 이 성분들은 색소분자의 성분과 효소의 조효소 역할을 하는 기본적인 기능을 한다.

미량으로 필요한 성분으로는 염소(Cl), 철(Fe), 망간(Mn), 아연(Zn), 구리(Cu), 니켈(Ni), 그리고 몰리브덴(Mo) 등이 있다.

생물은 필요로 하는 에너지원을 어떻게 얻느냐에 따라서 **광독립영양생물(photoautotroph)**과 **화학독립영양생물(chemoautotroph)**로 나눈다. 광독립영양생물은 광선과 무기염을 필요로 한다. 화학독립영양생물은 환원된 무기화합물인 유황, 암모늄, 그리고 아질산 등을 이용한다. 생물들은 이들 무기화합물의 산화-환원 반응으로 에너지를 얻는다. 반면에 종속영양미생물은 탄수화물과 단백질과 같은 여러 종류의 유기화합물을 필요로 한다. 효소를 만들어 섬유소, 리그닌, 케라틴(keratin), 콜라겐(collagen) 같은 화합물을 분해하여 이용할 수도 있다. 일반적으로 유기물 분자가 복잡할수록 균류가 분해하기 어렵다. 다시 말하면 균류는 간단한 유기물 분자는 쉽게 분해할 수 있으나 복잡한 구조의 유기물의 분해는 쉽지 않다.

돌, 금속, 유리 같은 무기물질들의 생물학적 공격은 주로 독립영양생물에 의하여 이루어진다. 반면에 유기물들은 주로 종속영양생물에 의하여 공격을 받는다. 유기물에 대한 미생물의 공격은 그 미생물의 고유한 특성에 의하여 이루어진다.

호수와 같은 환경에서 영양분의 축적을 **부영양화(eutrophication)**라고 하는데, 이 같은 조건에서 적응된 생물이 있다. 특별히 질산염과 인산염의 농도가 높으면 이들을 좋아하는 종이 발생하게 된다. 이와 같은 호질소(nirophilic)의 지의류는 *Caloplaca citrina*, *Xanthoria parietina*, *X. calcicola* 등이 있다. 이들 지의류는 오렌지색의 엽상체를 가지고 있으며, 비가 오든가, 새들의 분변에 의하여, 또는 비료성분이 바람에 의하여 운반된 질소화합물이 축적된 건물의 지붕이나 조각상의 수평 위에서 주로 발견된다.

9) 대기의 화학성분

대기의 화학성분은 생물의 생장에 직접적으로 영향을 준다. 대기는 질소(78%), 산소(20.95%), 아르곤(0.93%), 이산화탄소(0.03%)로 구성되어 있다. 질소와 같은 이들 기체는 대단히 안정되고 화학적으로 반응성이 없다. 그러나 산소는 물리-화학적 성질이 전자에 대하여 강하게 친화력이 있으므로 강한 산화제이므로 생물의 생장에 중요한 역할을 한다. 호기성생물은 정상적인 호흡반응을 위하여 어느 정도의 산소를 요구하며 미호기성생물은 5~20%의 산소를 필요로 하며, 혐기성 생물은 5% 이상 농도의 산소에 의하여 생장이 억제된다. 통성호기성과 혐기성 생물은 산소의 유무에 관계없이 생장할 수 있다.

오염물질(pollutant)은 분진(탄화수소, 규소, 포자, 화분)과 기체성분(SO_2, H_2S, NO, NO_2, CO, CO_2, HF, HCl, O_3)으로 나눈다. 이들 성분 중에서 이산화탄소는 보통 공장에서 연소에 의한 산화과정으로부터 대량으로 발생된다. 이 같은 이산화탄소의 발생은 **온실효과(greenhouse effect)**의 주범이 된다(**그림 2-16**). 이산화탄소가 수계 환경에 들어오면 탄산(carbonic acid)이 생성되어 용액을 산성으로 만든다.

오염물질인 NOx, SO_2, 그리고 탄화수소의 부산물들이 차량통행, 산업용 배기가스, 난방 장치로부터 발생된다. 이들 물질은 문화재의 물질 성분에 강한 공격적인 영향을 미친다. 이 같은 영향은 오염물질의 성질과 가해생물의 종류에 따라 다르다. 화학적 오염물질의 독성 영향에 대하여 모든 생물은 감수성이 전부 다르다. 주로 오염물질에 해로운 종은 선태류(bryophytes)와 지의류(lichens)로 이들은 오염물질에 대하여 수동적인 보호 기작이나 또는 오염물질을 배출하는 기작이 없다. 이런 이유 때문에 이들 생물체는 종종 오염의 **지표생물(bioindicator)**로서 사용되고 있다. 이들 지표생물체의 분포와 밀도는 오염물질의 농도가 높으면 급격히 낮아진다. 다시 말하면 오염물

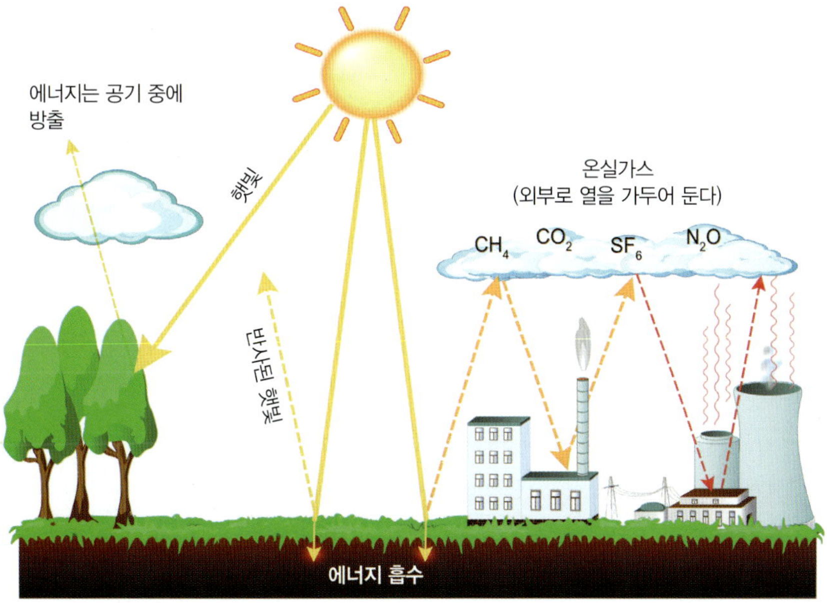

그림 2-16
온실효과

질의 농도가 높으면 감수성인 종의 밀도가 감소하는 것을 의미한다.

대기 중의 NO_x, SO_2, CO_2 같은 산성 오염물질은 강우의 pH를 급격하게 감소시켜서 기질을 산성화시킬 수 있다. 이 같은 현상은 호중성과 호알칼리성 개체군(population)의 생장을 억제한다. 대기 중의 NO_x, SO_2 등의 기체는 산성비를 만들어 자연상태에 노출된 문화재 표면 위에 화학적 내지 생물학적 훼손을 발생시킨다.

반면에 미립자의 오염물질이 낮은 농도라 할지라도 많은 미생물 생장에 있어서 영양분으로 사용될 수 있다. 도시 오염지역에서 건물과 기념비의 표면 위의 포화 및 불포화탄화수소의 침전물은 기름 제품의 불완전한 연소로부터 발생된 것이다. 이들 물질의 생성은 탄소원으로 사용할 수 있는 종속영양 미생물의 생장에 좋은 조건이 된다. 따라서 차량통행이 많은 지역에는 독립영양생물보다 종속영양 균류와 세균이 많이 생장한다.

10) 미기후 요인

미기후(microclimate)란 주변 지역과 기후가 다른 어느 좁은 지역의 대기의 기후조건을 말한다. 즉 넓은 지역이 아닌 수 m^2의 정원같이 좁은 지역에서만 사용된다. 예를 들면 교회 같이 좁은 실내 환경의 기후조건을 말한다.

남아프리카 해변의 조간대에 위치한 암석 위의 미기후 조건에서는 주변과 전혀 다른 생물상을 보여주고 있다.

기후는 주요한 온도와 강우량과 같은 기상요인의 종합적인 작용의 결과라고 정의한다. 바람은 기후의 변수로 볼 수 없다. 바람은 대기의 압력과 온도 차이에 의하여 생기는 공기의 이동이다. 환기의 중요한 목적은 건조시켜서 주변의 표면 온도를 떨어뜨리게 할 뿐만 아니라, 환기는 포자, 오염물질, 그리고 분진을 운반하여 한 곳으로 모이게 한다.

실외 환경에서 환기는 생물훼손에서 중요한 역할을 한다. 만약 바람 부는 방향으로 비가 온다면 이 같은 빗물은 수직 표면으로 떨어지게 되어 실외에 가까이 위치한 문화재 물질에 직접적인 피해가 될 수 있다.

밀폐된 환경에서 환기는 여러 가지 면에서 2배의 효과가 있다. 공기의 흐름은 생물의 입자들, 즉 포자, 세포, 엽상체 조각 등을 외부에서 내부로 수송할 수 있다. 그러면 전시물(objects)에 접촉하게 되며, 결과적으로 전시물의 표면에 생물 오염을 증가시키게 된다. 반면에 공기의 흐름은 초기 콜로니를 형성하는 동안 기질과 세포가 건조된다. 그러므로 포자가 발아하는 동안 공기의 흐름이 균류의 생장을 억제한다. 또한 실내의 인공적인 조명은 공기 순환을 일으키게 한다. 따뜻한 공기는 세포를 위로 이동하게 하는데, 이때 열과 함께 먼지도 운반한다.

박물관이나 교회 같은 실내의 **미기후(microclimate)** 조건에 영향을 미치는 다른 요인들에는 냉방 및 난방장치와 운전 사이클, 방문자들의 이동, 문과 창문의 개폐, 백열등 같은 광원, 그리고 노출조건 등이 있다. 이들 요인은 미기후의 변수에 영향을 미치는데, 이 이유는 조사하는 위치나 시간이 다르기 때문이다.

특별히 방문자의 수가 많으면 호흡에서 배출되는 많은 양의 수증기를 배출하게 한다. 배출량은 약 50mg/h나 되며 최초 온도보다 다소간 상승하게 되며, 이는 공간의 부피와 관계가 있다. 더구나 방문객은 상당히 많은 양의 공중 균을 운반하여 들어오게 하며, 방문자가 많으면 특별히 수분의 함량은 매우 높은 수준으로 상승한다. 이런 이유 때문에 방문자의 수를 제한한다. 묘지, 지하, 동굴, 박물관 등에서는 방문자의 입장하는 숫자에 따라 미기후를 변화시킬 수 있다. 따라서 방문자의 입장수를 예방적인 차원에서 제한하고 있다.

3. 문화재와 생태계

1) 문화재의 훼손과 생태계

문화재가 외부에 노출되어 있는 경우 직접적으로 자연 환경의 영향을 받게 된다. 태양광선의 강한 에너지는 문화재의 표면에 직접적으로 전달되어 온도를 높여 준다. 이와 같이 온도, 습도와 같은 환경요인은 문화재 표면에 생물의 발생을 초래하게 된다.

적당한 온도, 습도와 같은 환경조건이 되면 문화재에서 광합성을 하는 조류나 지의류 같은 생산자가 발생되며 이어서 미세한 곤충과 같은 소비자도 발생된다. 이들 생물의 발생으로 유기물을 생성할 뿐만 아니라 생물체의 사체를 분해하는 세균이나 균류가 같은 분해자도 생긴다. 따라서 좁은 문화재 표면 위에서 작은 하나의 생태계를 형성하게 되는데 이 생태계는 점차 발전하고 진화하여 천이과정을 거치게 된다.

따라서 이 생태계는 지속적으로 기질인 문화재의 구성물질과 상호작용하면서 문화재를 훼손한다. 문화재의 훼손과 생태계와의 상호관계에 관한 설명은 **그림 2-17**에서 보여주는 바와 같다.

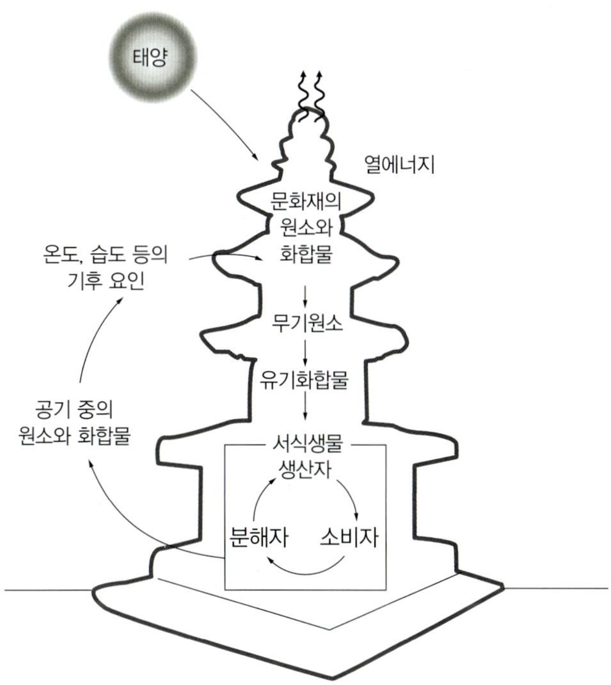

그림 2-17 문화재 훼손과 생태계와의 관계

2) 문화재의 구성물질과 환경요인

문화재의 구성물질에는 대리석, 석회석, 화강암과 같은 암석과, 철, 청동, 구리 등의 금속, 그리고 목재 등이 있다. 이들 구성물질은 환경요인 중의 습도, 온도, 강우, 바람 등의 무생물적 요인들이나 세균, 균류, 조류, 지의류 등의 생물요인들과 서로 영향을 주고 받는다(**그림 2-18**).

예컨대 습도와 온도는 구성물질 중의 대리석, 목재, 철, 구리 등에 직접적으로 화학반응을 일으키는 동시에 세균과 균류 같은 생물의 발생도 동반하게 된다. 생물요인인 세균과 균류 역시 생장에 적당한 환경 조건만 되면 대리서, 석회석, 화강암, 목재, 철, 구리 등에 발생하여 그 구성물질을 훼손한다.

문화재의 구성물질과 환경요인과의 상호작용에 의한 문화재의 훼손에 과정을 개략적으로 설명한 내용은 **그림 2-18**에서 보여주는 바와 같다.

그림 2-18 문화재의 구성물질과 환경요인과의 상호작용

참고문헌

Lamenti G., Tiano P., Tomaselli L.(2000). Biodeterioration of ornamental marble status in Bobeli Garden(Florence, Italy). *J. Appl. Physiol.* 12; 427-433

Michalski S.(2000). Guidelines for humidity and temperatures in Canadian Archives, Canadian Conservation Institute(CCI)

Nimis P.L.(1990). Air quality indicators and indices. The use of plants as indicators and biomonitors of air pollution. In: *Proc of the Workshop on Indicators and Indices,* JRS Ispra, EUR 13060, EN:93-126

CHAPTER 03

훼손 생물의 구조와 기능

1. 생물의 기본 단위 세포

세포는 생물의 기본 단위로 생존에 필요한 핵, 미토콘드리아, 소포체, 골지체, 엽록체 등의 세포소기관을 포함하고 있다. 세포는 1) 에너지원의 원료를 얻으며, 2) 유용한 에너지를 생산하여 활용하고, 3) 필요한 자기 분자를 합성하며, 4) 복잡한 과정으로 생장하고, 5) 환경으로부터 오는 자극에 대하여 반응하며, 6) 스스로 증식하는 특성이 있다.

세포의 크기는 바이러스가 0.05~0.1μm, 세균이 0.5~2μm, 적혈구가 5μm 등으로 세포의 종류에 따라 다양하다. 대부분의 체세포 크기는 10~30μm 정도이지만 사람의 정자는 60μm이고 운동신경세포는 길이가 1m 이상되는 것도 있다. 세포는 세포막, DNA, 그리고 세포질을 가지고 있다.

1) 원핵세포와 진핵세포

생물의 세포는 원핵세포와 진핵세포의 두 가지로 분류된다. **원핵세포(prokaryotic cell)**에는 세균(bacteria)과 고세균(archaea)이 이에 속한다. 원핵세포는 핵막이 없으며, 원형질막, 유전물질인 DNA, 단백질을 합성하는 리보솜을 갖고 있다. 또한 원핵세포는 염색체가 없으며, DNA는 핵막이 없는 세포질 내에 위치하는데 이것을 **핵양체**라 한다(**그림 3-1**).

진핵세포(eucaryotic cell)는 진정한 핵이 있는 세포를 말하며, 각기 다른 구조와 기능을 가지는 여러 종류의 **세포내 소기관(cellular organelles)**으로 이루어져 있다. 진핵세포의 소기관으로는 **핵, 소포체, 골지체, 리보솜, 미토콘드리아, 리소좀, 엽록체** 등이 있다. 또한 세포 내에는 세포의 형태를 유지하고 물질의 이동에도 관여하는 세포골격이 있다.

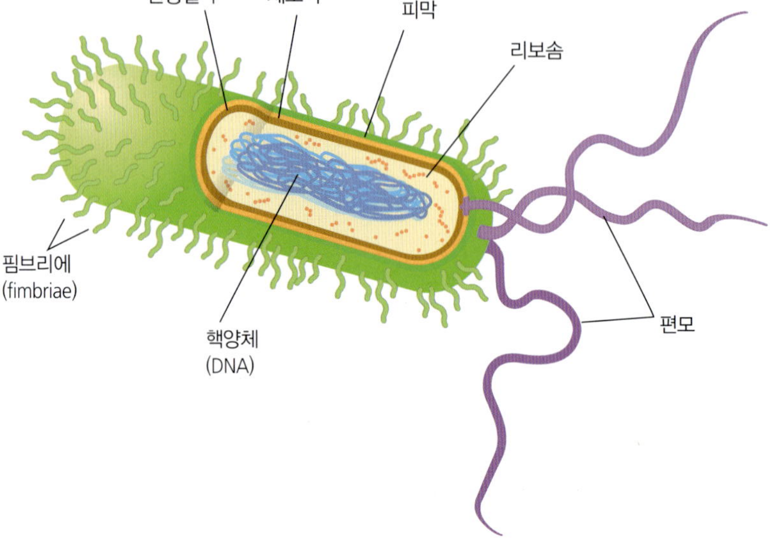

그림 3-1
원핵세포의 구조

진핵세포에는 원생생물, 조류, 균류, 식물, 동물 등이 있으며, 원핵세포보다 세분된 핵과 여러 가지의 세포내 소기관들을 가지고 있다(**그림 3-2, 그림 3-3**).

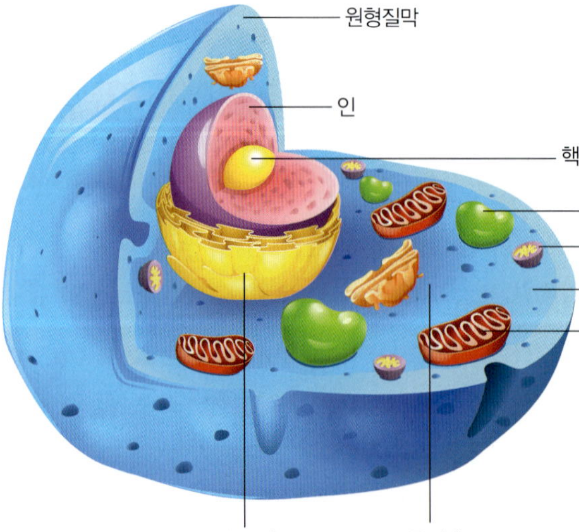

그림 3-2
동물세포

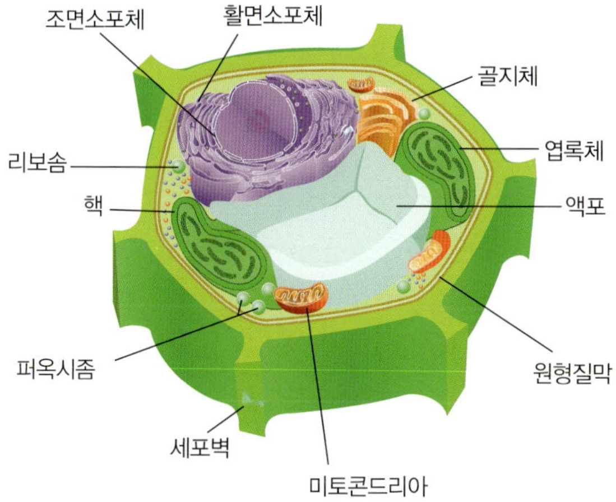

그림 3-3
식물세포

2) 세포막과 세포벽

(1) 원형질막: 물질의 선택적 수송

원형질막(plasma membrane)은 세포막이라고도 하며, 세포질과 외부를 구분하여 세포의 형태를 유지해 주며 세포의 내용물을 보호한다. 세포에 필요한 영양물질을 세포 내로 이동해 주고, 세포 내에서 생성된 대사산물은 세포외부로 운반하여 주는 역할도 한다.

이 막은 두 층의 인지질로 구성된 **인지질 이중층(phospholipid bilayer)**으로 인지질의 지방산 꼬리는 서로 얽혀 있으며 극성을 띤 머리 부분은 외부로 노출되어 있다. 인지질과 그 속에 포함된 단백질은 막 표면을 자유로이 떠다니는 **유동성 모자이크**(**fluid mozaic**)이다.

원형질막은 두 종류의 **막단백질(membrane protein)**을 포함하고 있다. **채널단백질(channel protein)**은 순수한 확산에 삼투압 차이로 물질을 수송하는 수동수송 역할을 한다. 이 기능으로 세포막을 반투성막이라고도 한다. 두 번째인 **막전달단백질(membrane transport protein)**은 능동수송을 하는 단백질이다. 이 단백질은 에너지를 소비하면서 확산과정과 다르게 어느 특정한 물질을 농도에 역행하여 수송하는 역할을 한다(**그림 3-4**). 그러므로 원형질막을 물질의 선택적 수송을 한다고 한다.

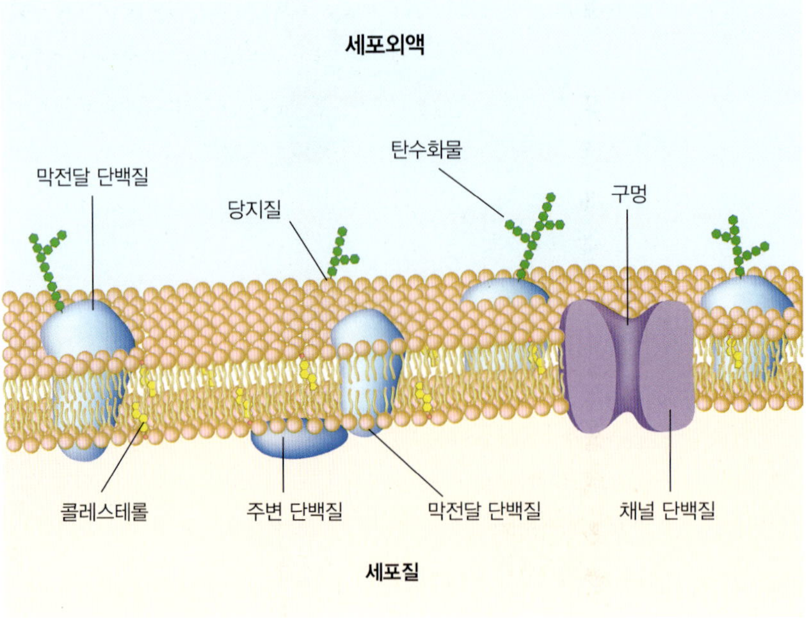

그림 3-4
원형질막의 구조

(2) **세포벽: 세포의 울타리**

세포벽(cell wall)은 식물세포에만 있으며 기본적으로 **섬유소(cellulose)**, **헤미셀룰로오스(hemicellulose)**, **펙틴(pectin)**, **리그닌(lignin)** 등 몇 종류의 다당류로 구성되어 있다. 섬유소 사슬의 미세섬유는 층으로 배열되어 있으며 각 층의 미세섬유는 서로 다른 각도를 이루고 있다. 따라서 여기에 리그닌과 펙틴이 결합되면 세포벽은 매우 강한 탄성을 지니게 된다.

식물세포가 성숙되고 특정한 조직으로 분화됨에 따라 복잡한 리그닌 화합물이 섬유소와 펙틴의 기질 내로 끼어들어 단단하고 두꺼운 벽을 형성한다. 세포벽은 매우 단단한 구조로 세포를 보호하고 형태를 유지하는 기능을 한다. 식물세포벽은 세포분열 말기에 골지체에서 세포 밖으로 분비된 탄수화물에 의하여 형성된다.

3) 핵과 리보솜

(1) **핵: 유전자 조절 중심기관**

세포의 중앙에 위치하고 있는 **핵(nucleus)**은 핵막으로 둘러싸여 있고 그 내부에 염색질과 인이 있다. **핵막**은 두 층의 막으로 구성되며 핵막에는 핵공이라는 통로가 있어서 이 통로로 핵과 세포질 사이에 물질교환이 이루어진다.

생물에 따라 각기 다른 특유의 여러 개의 **염색체(chromosome)**를 가지고 있으며, 염색체 내에는 유전정보를 가지고 있는 DNA가 있다. 핵에는 보통 한두 개의 **인(nucleolus)**이 존재하며 인은 리보솜 RNA(rRNA)를 합성하는 장소이다. 인은 세포분열 전기에 사라졌다가 말기에 다시 나타나는 특징이 있다. 핵은 세포내 모든 기능을 통합 조절하며 세포분열을 조절한다.

(2) 리보솜: 단백질 합성

리보솜(ribosome)은 소포체에 붙어 있거나 단독으로 존재한다. 이는 rRNA(ribosomal RNA)와 단백질로 구성되어 있으며 단백질을 합성하는 기능을 한다. 핵 내에 있는 DNA에 유전정보가 있으며 이 DNA의 유전자 유전정보가 발현하여 단백질을 합성한다. 단백질 합성과정은 핵 내 DNA의 유전정보를 전령 RNA(mRNA)로 전사한다. 이 mRNA는 리보솜 위에서 유전정보에 의하여 아미노산의 순서대로 단백질을 합성한다. 리보솜은 크고 작은 두 개의 소단위(subunit)로 구성되어 있다.

4) 내막계

(1) 소포체: 단백질 합성기구

소포체(endoplasmic reticulum; ER)는 관상구조로 되어 있으며 **조면소포체(rough endoplasmic reticulum)**와 **활면소포체(smooth endoplasmic reticulum)**가 있다. 조면소포체는 과립성의 리보솜(ribosome)이 표면에 거칠게 박혀 있어 거칠게 보인다. 조면소포체의 표면에 붙어 있는 리보솜이 단백질을 합성하여 소포체 관상 내로 이동한다. 이렇게 합성된 단백질이 조립되어 세포 외로의 분비과정은 **그림 3-5**에서 보여주는 바와 같다.

(2) 골지체: 단백질의 수송과 분비

골지체(Golgi apparatus)는 편편한 구조인 시스테나(cistena)로 층상구조를 이루고 있다. 소포체에서 만든 분비 단백질 분자는 운반소포가 되어 골지체로 이동한다. 이 단백질은 화학적으로 변형 내지 저장되었다가 원형질막으로 이동하여 외부로 분비된다.

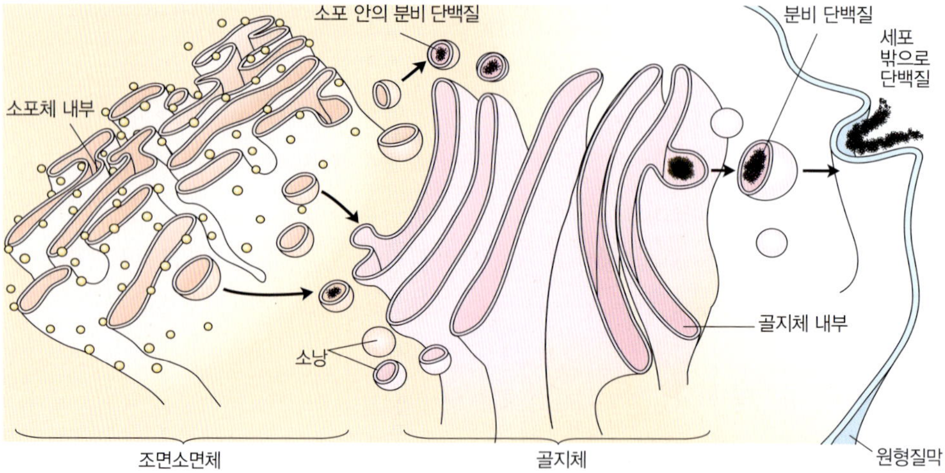

그림 3-5 조면소포체에서 합성된 분비 단백질이 골지체를 통하여 분비되는 과정

(3) **리소좀: 세포내 소화기관**

리소좀(lysosome)은 소포체와 골지체에 의하여 생성되며 세포의 양분과 노폐물을 분해한다.

리소좀에는 여러 종류의 가수분해효소가 있다. 이들 효소는 단백질, 다당류, 지방, 핵산 등 대부분의 거대분자를 가수분해할 수 있다. **식포(food vacuole)**는 세포질 내의 작은 주머니로 먹이를 세포 내로 끌어들인 후 리소좀과 융합하여 리소좀 안에 있는 가소분해효소로 소화시킨다. 또한 리소좀은 해로운 세균을 분해시키기도 한다. 백혈구 중의 대식세포(macrophage)는 세균을 액포에서 포식한 후 리소좀의 효소와 혼합하여 세균세포벽을 분해하여 소화한다. 이 같은 과정을 **식세포작용(phagocytosis)**이라 한다.

(4) **액포; 세포의 기능유지**

액포(vacule)는 식물세포에만 있으며 생명에 필요한 화학물질이나 물질대사에 의한 부산물을 저장할 수 있다.

5) 엽록체: 광합성 공장

엽록체(**chloroplast**)는 식물과 일부 원생생물, 그리고 조류의 세포에만 포함되어 있다. 엽록체 속의 엽록소는 태양에너지와 물을 이용하여 화학에너

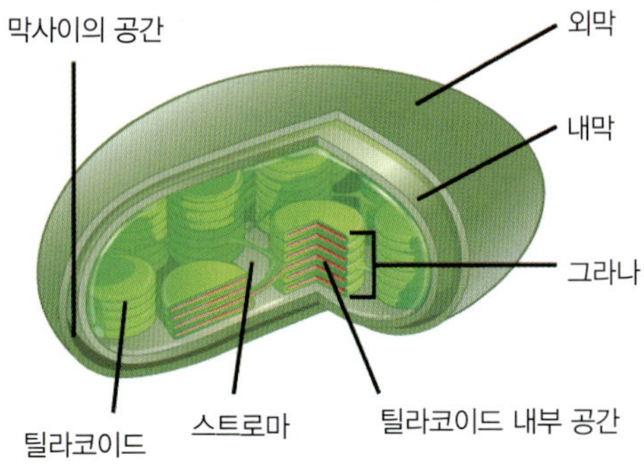

그림 3-6 엽록체의 구조

지를 갖는 탄수화물을 합성한다. 이것을 **광합성 과정**이라고 하며, 그 결과 에너지가 탄수화물에는 저장된다.

엽록체는 이중막으로 이루어져 있으며 내막의 안쪽으로 **스트로마(stroma)**가 있고, 넓적한 동전모양의 **틸라코이드(thylakoid)**가 있으며 이것이 겹으로 있는 형태를 **그라나(grana)**라 한다. 틸라코이드의 막에 태양광선을 흡수하는 색소인 **엽록소**와 **카로티노이드**가 있다. 엽록체에는 자신의 별도의 DNA와 리보솜을 가지고 있어서 스스로 증식할 수 있고 단백질을 만들 수 있다(**그림 3-6**).

6) 미토콘드리아: 에너지 생산 공장

미토콘드리아(**mitochondria**)는 에너지 생산 공장이다. 내막과 외막의 이중막으로 되어 있으며 외막은 세포질과 접하여 있고 내막은 내부로 깊이 접혀져 주름모양의 **크리스테(cristae)**를 형성한다. 이 크리스테 막에서 세포호흡을 하여 ATP를 만든다(**그림 3-7**).

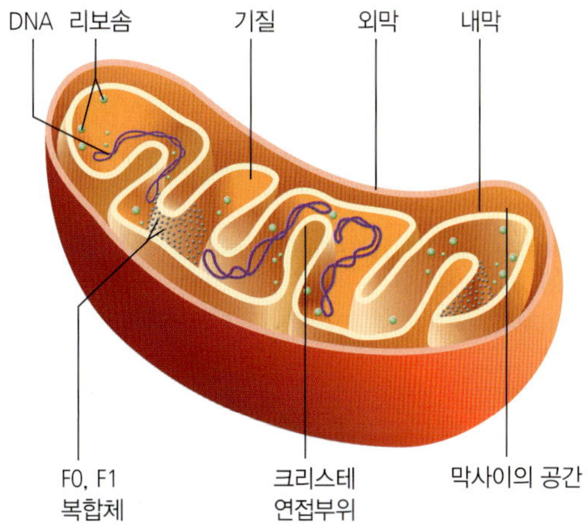

그림 3-7 미토콘드리아 구조

생물이 사용하는 에너지는 기본적으로 미토콘드리아에서 만든 ATP(adenosine triphosphate; 에너지를 저장한 분자)를 가수분해하여 발생되는 에너지이다. ATP는 전자전달계를 거쳐 산화될 때 에너지가 발생된다.

미토콘드리아는 자신의 DNA를 가지고 있어 일부 단백질을 합성할 수 있으며 이 자신의

DNA도 증식된다. 생식세포가 수정 시 정자의 미토콘드리아는 난자에 들어가지 않으므로 사람의 미토콘드리아는 모두 어머니로부터 물려받은 것이다.

이상의 세포내 소기관의 기능을 요약하면 표 3-1에서 보여주는 바와 같다.

표 3-1 진핵세포 내 소기관의 기능

세포의 소기관	기능
핵	DNA와 RNA의 합성, 유전정보 보유
리보솜	폴리펩티드(단백질)의 합성
조면소포체	리보솜이 단백질 합성하는 장소, 운반소포의 형성
골지체	고분자의 변형, 저장 및 수송, 분비작용
리소좀	영양분, 세균, 손상된 세포소기관의 소화
엽록체	식물세포에만 있으며, 광합성하여 당을 합성
미토콘드리아	호흡에 의하여 음식물의 화학에너지를 ATP에 저장

2. 세포의 구성 분자

1) 탄수화물

자연계에서 가장 많은 고분자는 **탄수화물**(**carbohydrate**)이다. 대부분의 탄수화물은 탄소, 수소, 산소가 1:2:1의 비율로 구성되어 있다. 세포는 탄수화물을 구성물질, 에너지 수송 및 에너지 저장 등의 용도로 사용한다. 탄수화물에는 단당류, 올리고당, 다당류 등이 있다.

(1) 단당류

탄수화물의 단량체를 **단당류**(**monosaccharide**)라고 한다. 일반적으로 단당류는 CH_2O의 배수가 되는 분자식으로 구성되어 있다. **포도당(glucose)**의 분자식은 $C_6H_{12}O_6$이다. 분자구조의 두 가지 특징은 수산기(-OH)와 카르보닐기(C=O)이다. **과당(fructose)**은 포도당과 같은 $C_6H_{12}O_6$의 분자식이지만 포도당과는 다른 이성질체이다. 즉 원자의 배열상태만 차이가 있을 뿐이다. 이 같은 이성질체들은 다른 분자와의 반응성도 매우 다르며 과당은 포도당보다 강한 단맛을 나타낸다(**그림 3-8**).

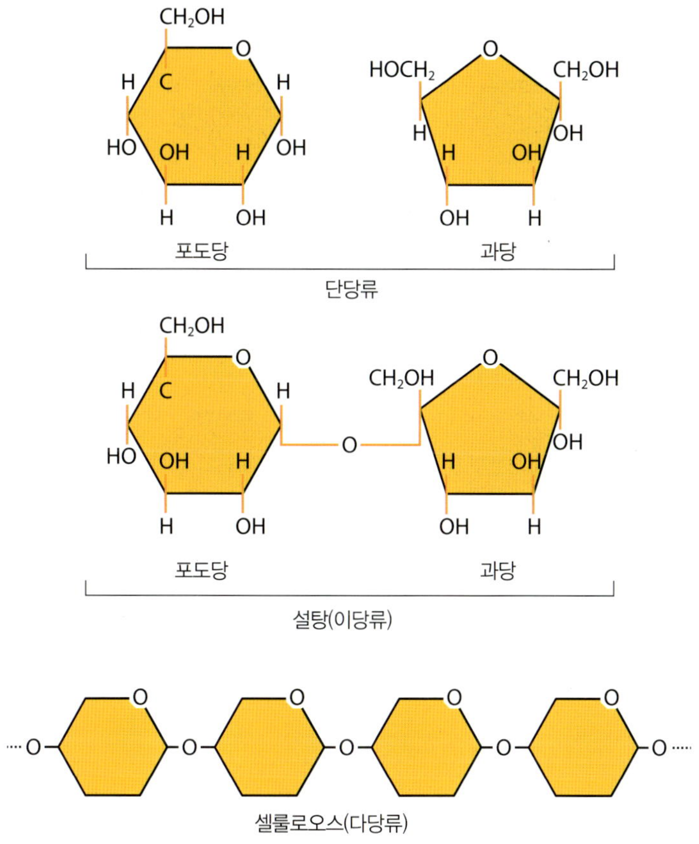

그림 3-8
탄수화물의 분자

대부분의 단당류는 물에 잘 녹는다. 일반적인 당은 5~6개의 탄소원자로 구성된 골격을 가지고 있으나 물에 용해되면 고리구조를 형성하는 경향이 있다.

리보스(ribose)와 **디옥시리보스(deoxyribose)**는 각각 RNA와 DNA를 구성하는 단당류로 5개의 탄소로 되어 있다.

(2) 작은 사슬 탄수화물

이당류(disaccharide)는 2개의 단당류가 결합된 구조이다**(그림 3-9)**. 우유성분인 젖당은 포도당과 갈락토오스 단위체로 이루어져 있다. 설탕은 포도당과 과당으로 되어 있다. 섬유소 중의 셀로비오스(cellobiose)와 셀로트리오스(cellotriose) 등도 있다. **올리고당(oligosaccharide)**은 몇 개의 단당류가 공유결합으로 연결된 짧은 사슬이다.

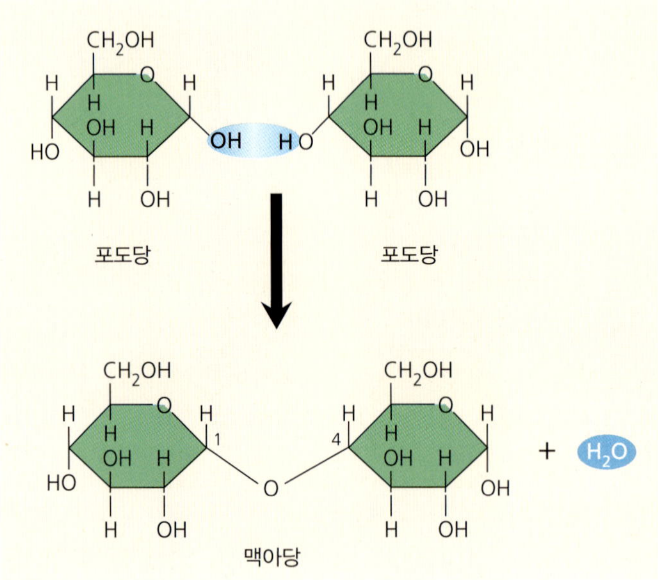

그림 3-9 이당류인 맥아당의 합성

(3) 다당류

수백 개에서 수천 개의 단당류가 **탈수합성(dehydration synthesis)**에 의하여 연결된 중합체를 **다당류(polysaccharide)**라 한다. 식물의 저장성 다당류인 **녹말(starch)**은 전부 포도당으로 이루어져 있다. 식물세포는 에너지와 다른 분자를 합성하기 위한 재료를 만들기 위하여 녹말을 가수분해하여 포도당으로 분해한다. 동물도 음식물로 섭취한 식물의 녹말을 소화계에서 소화효소를 사용하여 가수분해한다.

동물은 사용하고 남은 당을 다당류인 **글리코겐(glycogen)**으로 저장한다. **섬유소(cellulose)**는 자연계에서 가장 풍부한 다당류로 단단한 세포벽의 주성분이 되며 나무의 주성분이다. 섬유소, 글리코겐, 녹말은 모두 포도당으로 구성되어 있지만 여러 가지 성질이 매우 다르다. 그 이유는 포도당 단위체가 사슬을 만드는 결합패턴이 다르기 때문이다.

섬유소의 포도당결합은 녹말과 글리코겐과 달리 가수분해되지 않는다. 그러므로 음식에 포함된 섬유소는 동물의 소화계를 지나는 동안 효소에 의하여 분해되지 않고 섬유소 자체로 대장을 건강하게 해주지만 영양소로는 사용되지 못한다. 특별히 흰개미나 소의 위장에서는 섬유소를 분해할 수 있는 미생물이 있어서 섬유소를 가수분해할 수 있다.

2) 지질과 지방

(1) 지질

지질(lipid)은 지방, 기름, 왁스, 스테롤(sterol), glyceride, phospholipid 등 분자들의 그룹을 말한다. 지질은 주로 탄소와 수소원자가 비극성인 공유결합(nonpolar covalent bond)으로 연결된 탄화수소이다. 그러므로 극성인 물에 용해되지 않으므로 **소수성(hydrophobic)**이라고도 한다.

기름(oil)은 지질의 한 형태이다. **지방(fat)**은 **글리세롤(glycerol)**과 **지방산**(fatty acid)으로 구성된 큰 화합물이다. 지방산은 탄소가 36개까지 연결될 수 있는 탄소골격을 가지는데, 한쪽 말단은 **카르복실기**(carboxyl group)이고 나머지는 말단에 대부분 수소가 결합되어 있다(**그림 3-10**).

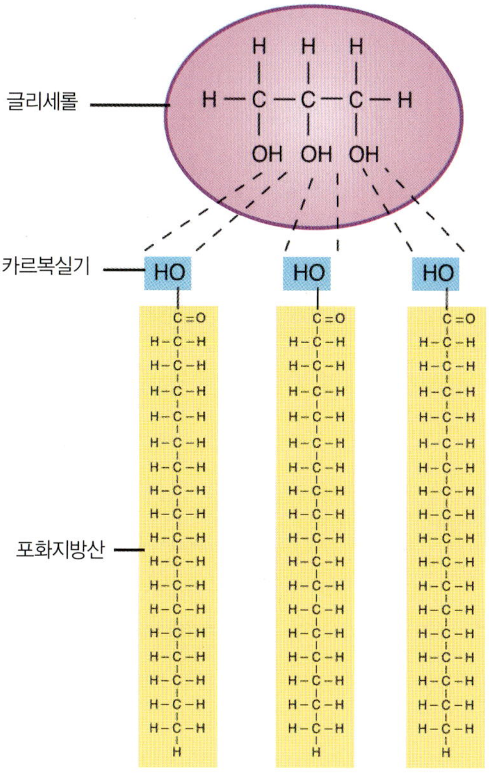

중성지방은 글리세롤과 세 개의 지방산을 가지며 탈수반응을 통해 생성된다.

그림 3-10 중성지방의 구조. 중성지방은 글리세롤과 3개의 지방산이 합성된 구조이다.

포화지방산(saturated fatty acid)은 단일결합으로 연결되어 있으나 **불포화지방산(saturated fatty acid)**은 하나 또는 그 이상의 이중결합(double bond)을 하고 있다.

대부분의 동물성 지방은 포화지방산으로 되어 있다. 이는 조밀하게 결합되어 있기 때문에 실온에서 고체상태로 존재한다. 옥수수, 올리브 기름 같은 식물성 지방은 불포화지방산으로 이중결합된 부분의 탄소사슬이 꺾여서 지방분자가 조밀하지 못하기 때문에 실온에서 응고되지 않고 액체상태로 존재한다. 버터, 돼지기름 식물성 기름 같은 중성지방은 트리글리세리드(triglyceride)이다. 트리글리세리드 한 분자는 한 개의 글리세롤과 세 개의 지방산으로 되어 있다. 이는 우리 몸에서 가장 많이 포함되어 있으며 많은 에너지의 저장고이다. 지질을 분해할 때 방출되는 에너지는 같은 무게의 탄수화물보다 두 배나 된다.

지방 조직층은 몸의 열을 보호하는 효과를 지니고 있다. 펭귄은 피부 밑의 두꺼운 트리글리세리드 층의 단열효과 덕분에 극도로 추운 남극에서도 생존할 수 있다.

(2) 인지질과 왁스

세포막의 주요 성분인 **인지질(phospholipid)**의 구조는 지방과 비슷한 구조를 하고 있으나 두 개의 지방산과 인(phosphorus)을 가지고 있다.

왁스(wax)는 지방산과 알코올이 결합되어 있는 지질의 한 종류이다. 지방보다 소수성이 강하여 식물의 표면이나 사과 같은 과일 표면에 자연의 왁스 피막을 형성한다. 곤충은 두꺼운 왁스층을 가지고 있어 몸이 마르는 것을 방지한다. 벌들은 왁스를 사용하여 벌집을 만든다.

(3) 스테로이드

스테로이드(steroid)계 지질에는 **콜레스테롤(cholesterol)**이 있다. 콜레스테롤은 구조에서 보여준 바와 같이 지방산을 갖고 있지 않은 지질의 한 종류이다. 모두 4개의 탄소 고리 형태로 이루어진 견고한 탄소골격을 형성하고 있다. 콜레스테롤은 동물의 세포막에 공통으로 함유되어 있다. 동물세포는 콜레스테롤을 재료로 하여 여성호르몬과 남성호르몬 등 여러 스테로이드 호르몬을 만든다. 혈액에 콜레스테롤이 너무 많으면 동맥경화가 될 수 있다(**그림 3-11**).

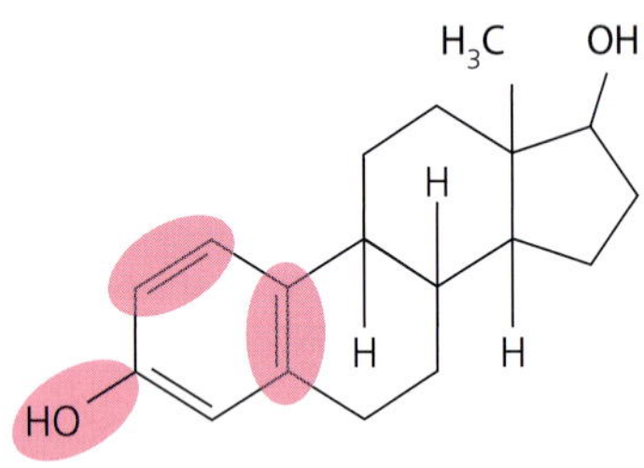

콜레스테롤(cholesterol)

[콜레스테롤의 기능]

1. 인체 내에서 가장 풍부한 스테로이드
2. 동물세포막의 유동성 유지
3. 다양한 스테로이드 호르몬의 전구체

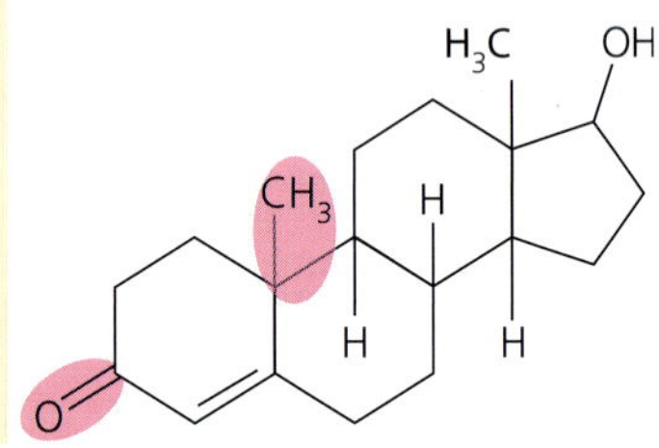

테스토스테론(testosterone)

그림 3-11 스테로이드계 지질인 콜레스테롤

3) 단백질

(1) 아미노산

단백질은 모든 생물 분자들 중에서 구조와 기능이 가장 다양하다. 단백질은 20가지의 아미노산으로 구성된다. 여러 가지 배열로 아미노산이 결합하여 다양한 형태와 기능을 하는 단백질을 만든다. 아미노산은 아미노기(-NH^{3+})와 카르복실기(-COO-)를 가지고 있다. 이 두 작용기는 중심 탄소에 공유결합으로 되어 있으며 이 탄소에 수소 원자와 R기가 결합되어 있다. R은 알킬기(alkyl group)라 하며 일반식은 C_nH_{2n+1}이다.

R기는 아미노산마다 다양하다. R기의 구조에 따라 20가지 아미노산의 특이한 성질이 결정되고 단백질의 구조와 기능에 영향을 준다(**그림 3-12**).

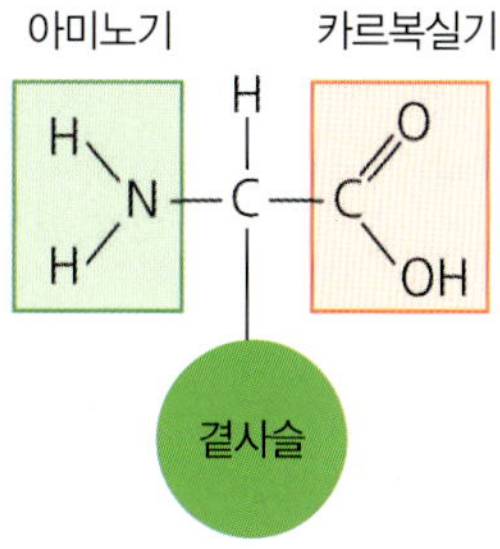

그림 3-12 아미노산의 기본구조

(2) 펩티드 결합

아미노산의 카르복실기가 다른 아미노산의 아미노기에 있는 질소원자에 결합하면 한 분자의 물이 빠지면서 두 개의 아미노산은 결합한다. 그 결과 생긴 공유결합이 **펩티드 결합(peptide bond)**이다. 두 개의 아미노산이 결합된 것을 디펩티드(dipeptide)라 하고 많은 수의 아미노산이 결합된 사슬을 **폴리펩티드(polypeptide)**라 한다. 폴리펩티드가 효소에 의하여 분해될 때는 이 결합에 물이 첨가되어 가수분해되면 아마노산이 유리되어 나온다(**그림 3-13**).

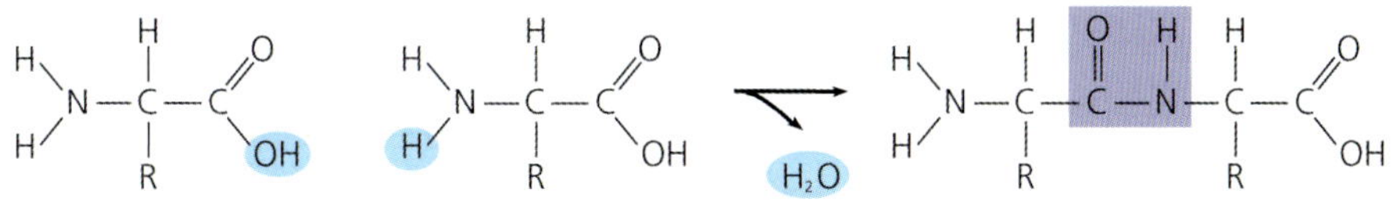

그림 3-13 펩티드 결합

(3) 단백질의 구조

폴리펩티드 사슬에서 아미노산 서열은 **1차 구조(primary structure)**이다. 단백질의 기능은 단백질의 1차 구조를 결정하는 아미노산 서열에 의해 결정된다. 서로 다른 아미노산 간의 수소결합으로 인하여 폴리펩티드의 여러 부분이 꼬이고 접힌 구조를 **2차 구조(secondary structure)**라 한다. 폴리펩티드 사슬의 꼬인 구조를 **알파 나선구조(alpha helix)**라고 하며, 접혀진 구조를 **병풍구조(pleated sheet)**라 한다.

폴리펩티드의 **3차 구조(tertiary structure)**는 3차원적인 형태를 말하며 일반적으로 구형이나 섬유형이다. 알파나선구조와 여러 개의 병풍구조가 단단하게 결합하여 구형이 된다. 그러나 머리카락 같은 섬유형 단백질은 거의 꼬인 나선형이다.

대부분의 단백질은 두 개 이상의 폴리펩티드 사슬로 구성되는데 각 폴리펩티드 사슬을 **소단위(subunit)**라고 한다. 이 같은 단백질은 각 소단위의 상호결합에 의하여 **4차 구조(quaternary structure)**를 만든다. 대부분의 효소와 단백질은 여러 개의 폴리펩티드가 접힌 둥근 모양이다. 산소를 운반하는 기능을 가진 헤모글로빈(hemoglobin)은 두 가지 종류의 소단위인 알파사슬(α chain) 두 개와 베타사슬(β chain) 두 개가 모여, 모두 네 개의 소단위로 구성되어 있다. 이와 같이 효소와 헤모글로빈처럼 단백질이 4차 구조가 되어야 비로소 그 기능을 하게 되는 것이다(**그림 3-14**).

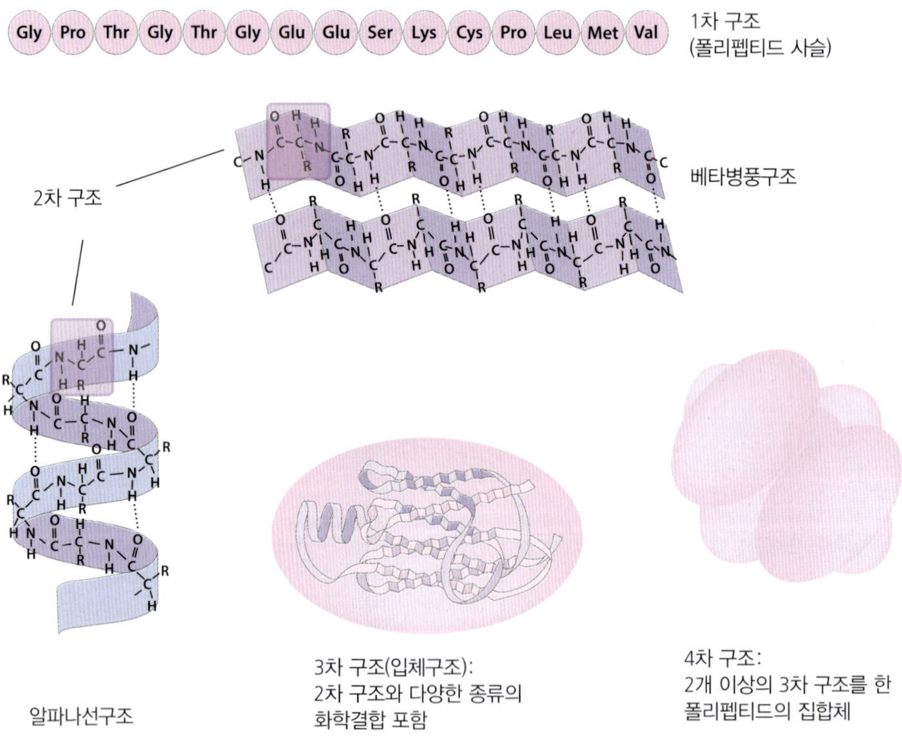

그림 3-14 단백질의 구조

(4) 단백질의 종류와 기능

단백질(protein)은 아미노산 단량체들이 결합된 **중합체(polymer)**이다. 인간은 만 가지 이상의 단백질을 가지고 있으며 각기 다른 특이한 기능을 하는 3차원적 구조를 하고 있다.

구조 단백질(structural protein)은 거미의 실크 단백질과 포유류의 머리카락과 힘줄, 인대를 구성하는 섬유(fiber)가 여기에 속한다.

수축 단백질(contractile protein)은 근육의 운동과 같이 운동을 담당하는 단백질이다.

저장 단백질(storage protein)은 달걀 흰자의 주성분인 오브알부민(ovalbumin)으로, 이는 배의 발생에 필요한 아미노산의 원료로 사용된다.

방어 단백질(defensive protein)은 혈청에 있는 항체인 면역글로불린(immunoglobulin) 등이 있다.

운반 단백질(transport protein)에는 철을 함유한 헤모글로빈(hemoglobin) 단백질이 있다. 이 단백질은 폐에서 얻은 산소를 몸의 각 세포에 운반한다.

호르몬 단백질(hormonal protein)은 인슐린과 같이 생리활성을 조절한다.

신호 단백질(signal protein)은 한 세포에서 다른 세포로 신호를 전달하여 신체 활동을 조절하는 호르몬이 있다.

효소 단백질(enzymatic protein)는 화학반응을 촉매하는 단백질로 자신은 변하지 않고 화학반응의 속도만 변화시킨다. 효소는 세포에서 일어나는 모든 화학반응을 활성화하고 조절한다.

4) 핵산과 뉴클레오티드

핵산(nucleic acid)은 세포 내의 핵 속의 염색체 내에 있으며 자손에게 전달되는 유전물질이다. 염색체 내의 히스톤 단백질에 싸여 있는 핵산은 세포의 모든 활동을 조절할 수 있는 모든 정보(information)를 가지고 있다. 핵산은 뉴클레오티드(nucleotide)의 중합체이다. 핵산에는 디옥시리보핵산(deoxyribonucleic acid; DNA)과 리보핵산(ribonucleic acid; RNA) 두 종류가 있다(**그림 3-15**).

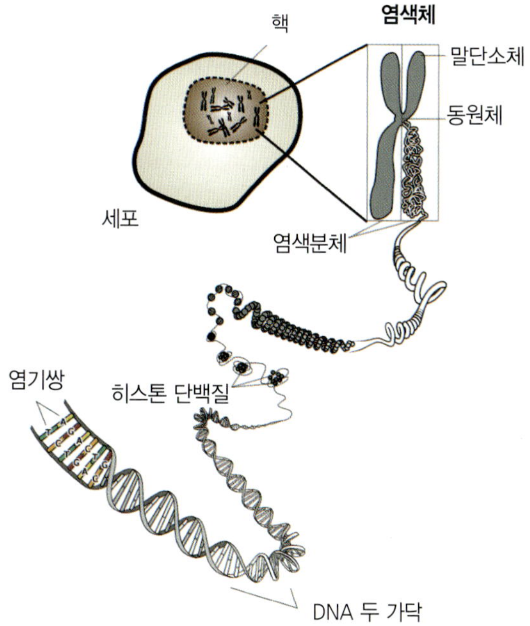

그림 3-15 염색체와 DNA

(1) 핵산의 구조

DNA(deoxyribonucleic acid)는 비

교적 간단한 구조로 되어 있으며 핵 속의 염색체 속에 들어 있다. DNA 분자는 뉴클레오티드(nucleotide)가 서로 연결되어 있는 polynucleotide 사슬(chain)이다. 생물의 DNA 분자 사슬은 두 가닥이 새끼줄처럼 꼬여 있으므로 이중나선(double helix)이라 한다. 핵산의 단량체인 뉴클레오티드는 질소염기(nitrogenous base), 인산기(phosphate), 5탄당인 디옥시리보스(deoxyribose)로 구성되어 있다. 4종류의 뉴클레오티드는 다음과 같다.

A: 2′-deoxyadenine 5′-triphosphate
C: 2′-deoxycystidine 5′-triphosphate
G: 2′-deoxyguanosine 5′-triphosphate
T: 2′-deoxythymidine 5′-triphosphate

뉴클레오티드의 가장 주요한 성분인 **질소염기**에는 A(adenine), C(cytosine), G(guanosine), T(thymine)가 있다. 한 가닥의 A는 다른 가닥의 T와 결합하고, G는 다른 가닥의 C와 결합한다. 따라서 4개의 염기 중에서 A는 T하고만 결합하고, C는 G하고만 결합한다. 그러므로 A와 T, C와 G는 서로 **상보성(complementary)**이라고 한다. 두 가닥의 DNA 분자 길이를 **염기쌍(base pair; bp)**으로 표현한다. 그러므로 DNA는 디옥시리보뉴클레오티드(deoxyribonucleotide)라고 하는 여러 개의 단위가 모여서 된 **다량체(polymer)**이다(**그림 3-16**). 가장 긴 인간의 DNA 분자는 약 250,000 kb(kilobase)이다.

한편 RNA의 염기로는 A, C, G, 그리고 우라실(uracil; U)를 가지고 있다. RNA 사슬은 한 가닥의 폴리뉴클레오티드로 되어 있다(**그림 3-17**).

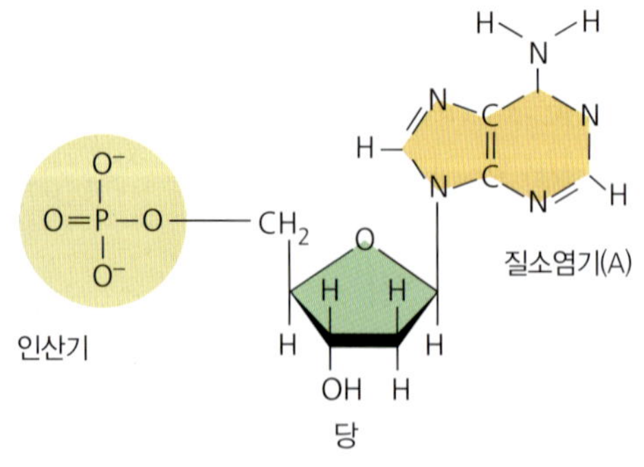

그림 3-16
뉴클레오티드의 구조

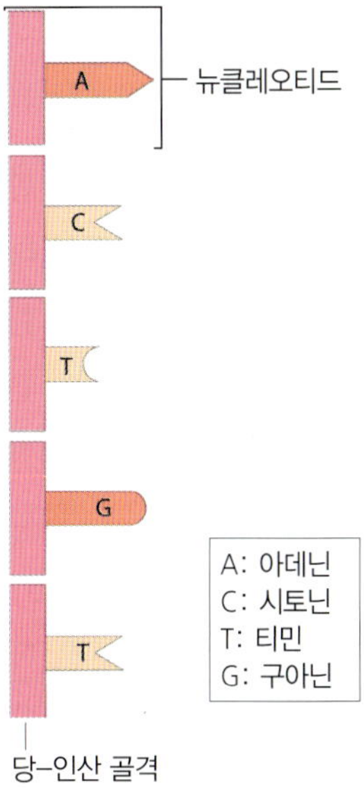

그림 3-17A
뉴클레오티드 일부

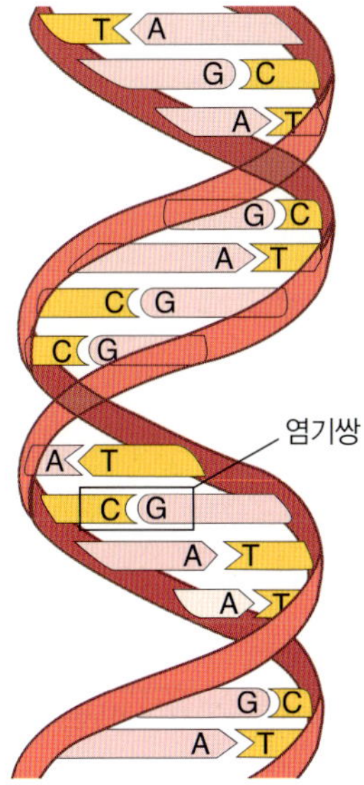

그림 3-17B
DNA 이중나선

DNA와 RNA의 염기, 5탄당, 위치하는 장소들의 다른 점을 요약하여 표 3-2에 나타내었다.

표 3-2 DNA와 RNA의 비교

핵산	위치하는 장소	염기	5탄당	가닥 수
DNA	핵	A T C G	디옥시리보스	두 가닥
RNA	세포질	A U C G	리보스	한 가닥

(2) 핵산의 기능

세포 속의 염색체 내에 있는 DNA는 복잡한 구조를 하고 있으며, 생명현상에서 가장 중요한 유전정보를 가지고 있다. DNA의 유전정보는 RNA로 전사되며 이것이 단백질을 합성하는 과정으로 해독되는 것이다. DNA에 있는 유전정보는 생물에 따라 다양한 많은 유전자가 있다. RNA는 한 가닥의 사슬로 DNA의 정보를 복사하여 단백질 합성을 하는 중간 역할을 하고 있다.

생물이 부모에게서 물려받은 유전물질은 DNA로 이 안에 아미노산 서열에 대한 정보를 가지고 있다. 유전자 서열에 의하여 합성된 단백질의 1차 구조와 3차 구조도 결정되어 단백질의 기능이 결정된다. 이와 같이 DNA 정보에 의한 단백질의 작용으로 생명활동이 조절된다.

3. 세포의 대사

세포 내에서 일어나는 모든 종류의 화학반응을 **대사(metabolism)**라 한다. 대사에는 동화작용과 이화작용 두 가지가 있다. 생명을 유지하기 위하여 세포성분이나 거대분자를 합성하는 과정을 **동화작용(anabolism)**이라 한다. 이는 세포물질의 합성을 하기 때문에 **생합성(biosynthesis)**이라고도 한다. 생합성은 에너지를 필요로 하는 과정이므로 이런 종류의 반응을 흡열반응(endergonic)이라 한다. 이때 에너지원을 빛으로부터 얻는 **광합성**은 화학물질의 산화로부터 에너지를 얻기도 한다.

반면에 복잡한 화학물질은 간단한 구성성분으로 분해되는데, 분해될 때 에너지가 방출된다. 화학물질이 분해되면서 에너지를 방출하는 분해 과정을 **이화작용(catabolism)**이라 한다. 모든 생명체의 **호흡 과정**이나, 미생물에 의하여 유기물이 분해되는 과정은 모두 이화작용에 포함된다.

1) 세포와 에너지

(1) 에너지의 형태

세포는 생명현상을 유지하기 위하여 에너지를 대사작용하는 데 필요로 한다. 이 에너지는 광합성을 통하여 태양에너지로부터 얻는다.

에너지는 일을 할 수 있는 능력으로 정의하고 있으며 에너지는 **운동, 빛, 소리, 화학결합, 전기, 열, 자성** 등의 수많은 기능을 한다.

에너지는 하는 일에 따라 몇 가지 형태로 구분할 수 있다. 우리가 활동하고 다리의 근육을 움직이는 데 필요한 에너지를 **운동에너지(kinetic energy)**라 한다. 두 번째는 댐에 갇혀 있는 물은 높은 위치에 정지해 있음으로 **저장에너지** 또는 **위치에너지(potential energy)**라 한다. 음전하를 띠고 있는 전자는 양전하를 띠고 있는 핵에서부터 전자궤도까지의 거리에 따라서 위치에너지를 갖는다.

세포에서 구성분자들은 자신의 분자배열에 의해 위치에너지를 갖고 있다. 이들 분자의 위치에너지는 세포가 어떠한 기능을 하기 위하여 **화학에너지(chemical energy)**로 바뀌게 된다. 화학에너지는 분자의 위치에너지로 작용하여 생물에게 가장 중요한 에너지 형태이다.

생물체의 주요 에너지원은 태양이다. 생체에서 광합성에 의해 모아진 빛 에너지는 화학에너지로 전환되고, 이 화학에너지는 생물이 필요에 따라 여러 형태의 에너지로 전환된다.

광합성 세포의 미토콘드리아는 태양에너지를 광합성이라는 과정을 통하여 당과 녹말 형태의 화학에너지로 저장한다. 에너지를 이용할 때 생물체는 화학결합을 절단하든가 재배열함으로써 화학에너지를 얻는다. 그러나 전환 단계에서 적은 양의 에너지가 열로 방출된다. 세포 내에서 화학반응이 일어나는 것은 화학에너지가 분자와 분자 사이로 옮겨가는 것을 의미한다. 이와 같이 에너지는 한 방향으로만 흐른다.

(2) 에너지의 흡수와 발산

화학반응에는 흡열반응과 발열반응의 두 가지 형태가 있다. **흡열반응(endergonic reaction)**은 에너지가 유입되는 반응이다. 식물세포가 탄수화물을 만드는 광합성 과정은 흡열반응의 좋은 예이다. 광합성은 에너지가 낮은 반응물인 이산화탄소와 물 분자로부터 태양에서 흡수한 에너지를 사용하여 에너지가 높은 탄수화물을 만드는 과정이다.

발열반응(exergonic reaction)은 에너지를 방출하는 반응이다. 발열반응에서는 높은 에너지가 포함된 화합물이 낮은 에너지의 생성물로 전환되는데, 이때 생기는 에너지는 주위 환경으로 발산된다. **세포호흡(cellular respiration)**에서도 발열반응에 의해 에너지가 방출된다. 포도당을 화학적으로 분해하여 방출되는 에너지를 세포가 일을 하기 위하여 사용할 수 있는 에너지 형태로 저장하는 것이다. 이때 방출되는 에너지는 일부는 열로 빠져나가고 대부분은 ATP 분자 속에 화학에너지로 전환되어 저장된다. 세포는 계속적인 에너지 활동을 하면서 APT를 사용하게 된다.

따라서 세포는 필요할 경우 흡열반응도 하고 발열반응도 한다. 이와 같이 세포 내에서 여러 종류의 흡열-발열반응이 일어나는 과정을 **세포대사(cellular metabolism)**라 한다.

(3) 에너지 저장소 ATP

ATP(adenosine triphosphate)는 근육운동을 하거나 개똥벌레가 빛을 발산하기까지 세포 내에서 일어나는 모든 활동의 원동력이다. 우리가 뇌세포를 포함한 모든 활동도 음식물로부터 얻은 ATP의 화학에너지를 사용하고 있는 것이다.

포도당이 분해되면서 발열반응에 의하여 방출되는 에너지는 ATP에 저장되는 흡열반응을 하는데 사용된다. 모든 세포의 에너지는 ATP형태로 유입되기도 하고 ATP로부터 유출되기도 한다.

ATP 분자는 세 부분으로 구성되어 있다. 1) 아데닌(adenine) 염기, 2) 5탄당인 리보스(ribose), 3) 3개의 인산기(phosphate; p)로 되어 있다. ATP의 3개의 인산기 중에서 세 번째 인산결합이 가수분해로 끊어지면 ATP는 ADP(adenosine diphosphate)로 전환되고에너지가 방출된다(**그림 3-18**).

ATP의 세 번째 인산기가 에너지 전달체이다. ADP는 다시 흡열반응에 의하여 ATP를 만드는 데 사용된다.

세포는 포도당에 저장된 에너지를 사용하여 다른 분자를 만들 수 있으므로 포도당을 고에너지 화합물이라고 할 수 있다. 포도당의 결합을 깨뜨리는 **해당작용(glycolysis)**을 하기 위해서 에너지의 유입이 필요하지만, 최종산물이 생성될 때에는 유입된 에너지보다 훨씬 많은 에너지를 방출한다.

(4) 산화-환원 반응

세포는 단계적인 반응에 의하여 전자의 에너지는 산화환원 과정을 통하여 이동한다. **산화-환원 반응(oxidation-reduction reaction)**이란 한 전자를 잃게 되면 산화되지만 다른 분자는 동시에 전자를 받아들여서 환원되는 것을 말한다. 이 같은 반응은 동시에 일어나는데, 이 반응을 통하여 전자가 전달되면서 전자의 에너지도 전달된다.

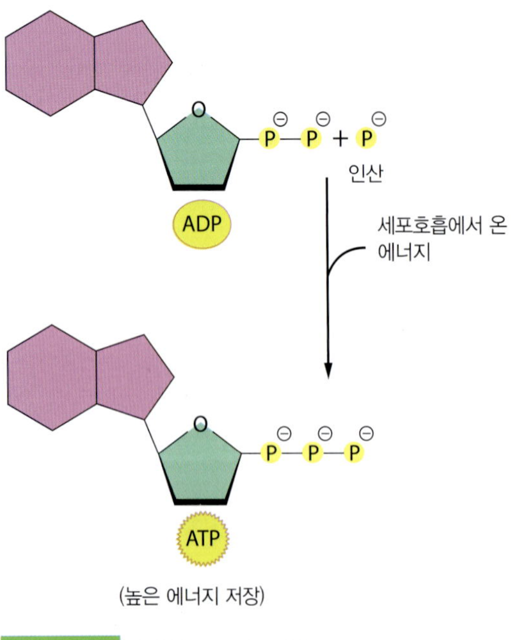

그림 3-18 ATP의 구조와 분해

산화환원 반응에는 두 가지 과정이 있다. 첫 번째 과정은 어느 분자가 전자를 주는 반응을 **산화(oxidation)**라고 한다. 두 번째 과정은 다른 분자가 전자를 받는 반응을 **환원(reduction)**이라고 한다.

산화-환원 반응은 효소에 의하여 한 분자에서 다른 분자로 전자를 전달하는 일련의 사슬인데 이를 **전자전달사슬(electron transfer chain)**이라 한다. 포도당이 분해되어 최종에는 ATP에 에너지가 저장되는 과정이나 광합성에서 에너지를 이동할 때도 전자전달사슬에 의하여 이루어진다.

세포는 세포 내에서 전자를 운반하기 위해 **전자전달 분자**(electron carrier molecule)를 이용한다. 이 전달 분자를 "shuttle bus"의 역할과도 같다고 생각할 수 있다. 세포 대사과정에서 사용되는 중요한 전자전달 분자로는

-nicotinamide adenine dinucleotide(NAD^+)

-flavin adenine dinucleotide(FAD)

-nicotinamide adenine dinucleotide phosphate($NADP^+$)가 있다.

예를 들면, ATP를 합성할 때, NAD^+가 수소(H)원자의 전자를 받아서 운반하여 NADH가 된다. FAD는 수소로부터 2개의 전자를 받으면 $FADH_2$가 된다. 종종 수소원자의 전자들은 이들 운반분자에 의해 수송된다. $NADP^+$는 광합성시 **암반응**하는 동안 이산화탄소를 환원(전자를 받음)하여 탄수화물을 합성하는 데 사용된다.

2) 효소

효소(enzyme)는 단백질로 되어 있으며 자신의 형태는 변하지 않으면서 반응의 속도만을 촉진시키는 생물학적 촉매제이다. 효소는 **기질(substrate)**이라는 특정한 반응물을 인식하여 화학반응을 촉매시켜서 **생성물(product)**을 만든다.

(1) 효소의 촉매반응

세포내 대사활동의 촉매로서 효소는 생명유지에 필수적인 존재이다. 효소는 반응분자의 형태를 바꾸어 활성화 에너지를 낮추게 해 준다. 화학반응은 활성화 에너지라고 하는 최소한의 내부에너지를 가지고 있지 못하면 일어나지 않는다. 활성화 에너지를 언덕이나 담장 같은 벽이라고 가정해 보자. 효소는 이 에너지 장벽을 낮추어 세포내 화학반응을 촉진하는 촉매역할을 한다 (그림 3-19).

효소가 없다면 대부분의 대사활동이 너무 느려서 생명을 유지할 수가 없다. 세포가 살아남기 위해서는 대부분의 중요한 대사가 빠른 시간 내에 정확

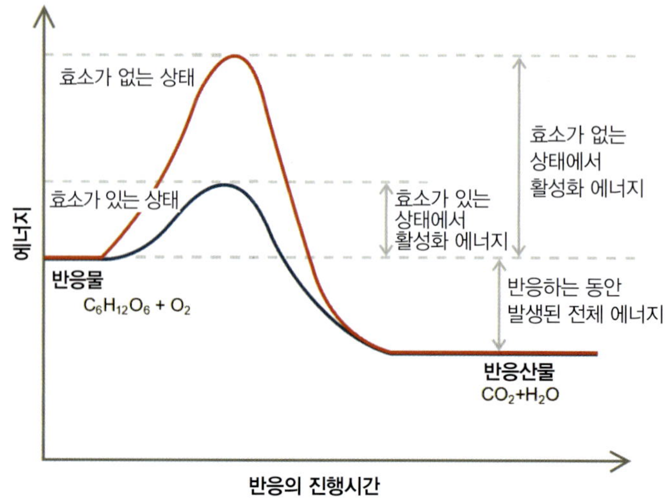

그림 3-19
효소의 촉매반응과 에너지

하게 일어나야 하기 때문이다. 다행히도 생명체는 수많은 효소가 있어서 대사활동을 원활하게 하여 생명을 유지할 수 있는 것이다.

(2) 효소의 화학반응 특이성

세포의 고유한 반응단계는 특정한 효소의 촉매반응이 작용하여 이루어진다. 효소의 특이성은 단백질의 3차원 구조에 의하여 결정된다. 각각의 특정한 효소는 특정한 기질만을 인식하므로 세포내 모든 반응은 많은 종류의 효소에 의하여 이루어진다.

효소는 기질(substrate)과 결합하여 화학반응을 촉매하여 **생성물**(product)을 만든다.

효소(enzyme)
기질(substrate) ――――→ 생성물(product)

효소가 기질과 실제로 결합하는 한 부위를 **활성부위(active site)**라 하며 이는 효소가 기질과 결합하는 작은 부위나 움푹 들어간 부위에 해당한다. 효소가 특정한 기질에만 반응하는 것은 효소의 활성부위가 특정한 기질분자와만 결합하기 때문이다.

효소와 기질은 가깝게 접촉하여 상호작용하기 때문에 기질은 활성부위에 들어맞기 위하여 두 가지 모델이 있다. 1) **자물쇠-열쇠 모형(lock-key**

model)은 기질과 효소가 잘 결합하는 모델이다. 2) 많은 효소의 활성부위 모양은 기질과 결합하면 변형된다는 사실이 확인되었다. 이러한 효소의 기질에 대한 변형을 **유도적합모형(induced-fit model)**이라 한다(**그림 3-20**).

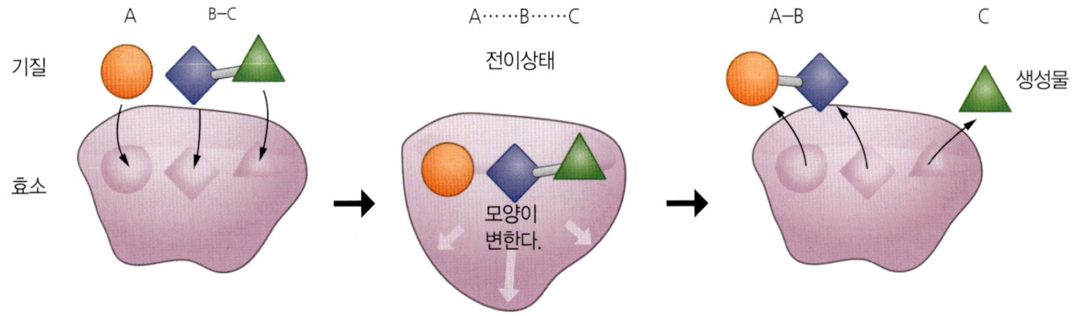

그림 3-20 효소의 작용 기작

설탕분해효소인 수크라제(sucrase)는 기질인 설탕(sucrose)을 포도당(glucose)과 과당(fructose)으로 분해한다. 이 반응의 단계를 보면 1) 반응 전 수크라제의 활성부위는 비어 있다. 2) 설탕분자는 효소의 활성부위에 약하게 결합을 한다. 이때 이 효소의 활성부위에 설탕이 더욱 알맞게 결합하게 된다. 3) 기질인 2당류인 설탕은 포도당과 과당으로 분해된다. 4) 효소는 생성물을 만들어 준 다음 반응 전의 구조로 되돌아간다.

$$\text{설탕(sucrose)} + H_2O \xrightarrow{\text{수크라제(sucrase)}} \text{포도당(glucose)} + \text{과당(fructose)}$$

(3) 효소활성의 요인

3차원적 구조를 하고 있는 효소는 온도, pH 및 염과 같은 환경요인에 따라 활성도가 다르다.

온도(temperature)변화는 활성부위의 모양을 변하게 하고, 따라서 활성부위와 기질 사이의 결합에 영향을 주게 된다. 사람의 효소는 37℃에서 최적

활성을 가진다. 이 온도는 일부 감염성 미생물 효소의 최적 활성 온도와 같다. 온도가 너무 높으면 일단 활성부위의 모양을 근본적으로 변형시키게 되어 기질과 효소 사이의 결합이 끊어져 효소가 활성을 잃게 된다. 이를 **온도 불활성(thermal denaturation)**이라고 한다. 불활성화된 효소는 3차 구조를 잃게 되어 기능을 하지 못하게 된다. 예를 들어 달걀에 열을 가하면 달걀의 맑은 액체가 하얀 고체로 변하게 된다. 그러나 온천수에서 서식하는 세균은 최적온도가 70℃ 이상인 효소를 가지고 있으며, 이 같은 높은 온도에서도 불활성화되지 않는다.

pH는 대부분의 효소 활성에 영향을 주며 최적 pH는 6~8이다. 그러나 pH의 범위는 예외가 있다. 예컨대 위 속의 소화효소인 펩신(pepsin)은 pH 2에서 최고의 활성을 갖는다. 이 같은 산성 환경에서 보통 효소는 변성(denature)되지만 펩신의 활성 구조는 위 속의 산성 환경에 대하여 적응되어 있다. 반면에 소화효소인 트립신(trypsin)은 장 내의 알칼리 환경에 적응되어 최적 pH는 8이다.

미생물이 있는 환경에 pH를 바꾸면, 미생물 효소들을 불활성화시킴으로써 생장(growth)을 조절할 수 있다. 아세트산(acetic acid)인 식초를 예를 들어보자. 식초는 pH가 3.0이므로 미생물이 생장하기 어렵다. 그러므로 식초는 채소를 절일 때(pickling) 방부제로 사용된다. 암모니아(ammonia)는 pH가 11이므로 암모니아를 청결제(cleaner)나 살균제(disinfectant)로 사용한다.

염(salt)의 농도도 효소의 활성도에 영향을 미친다. 염의 농도가 높아지면 효소 단백질의 화학결합을 방해하여 효소의 활성이 떨어진다. **보조인자**(cofactor)는 대부분의 효소 촉매활성을 위해서 필요하다. 어느 효소의 보조인자로 아연, 철, 마그네슘과 같은 무기물이 있다. 보조인자가 유기물인 경우에는 **조효소(coenzyme)**라 한다. 그 예로는 NAD^+, NADP와 FAD 등이 있다.

(4) 효소의 종류

생물이 만들어 내는 효소의 종류는 매우 많다. 효소들은 작용하는 기질에 따라 이름을 붙이는데 보통 이런 기질들은 "—**ase**"로 끝난다.

1. **가수분해효소(hydrolase)**: 물 분자가 첨가되어 기질의 화학결합을 분해하는 과정이 가수분해이다. 이 반응에 물이 첨가되어 촉매하는

효소이므로 가수분해효소라 한다(**그림 3-21**). 예를 들면 **지질분해효소**(lipase; lipid +ase)는 지질분자를 분해하는 효소이다.

2. **산화환원효소(oxidoredutase)**: 산화환원효소에 속하는 효소들은 이화작용이나 동화작용에서 기질로부터 전자를 제거(산화)하거나 첨가(환원)한다. 예를 들어 젖산탈수소효소(lactic acid dehydrogenase)는 발효(fermentation) 중에 피루브산(pyruvate)을 산화시켜 젖산(lactic acid)을 생성한다.
3. **전이효소(transferase)**: 한 기질에서 다른 기질로 기능기(fuctional group) 또는 원자단을 전달하는 반응을 촉매하는 효소이다. 이 전달효소 그룹에 속하는 것들은 동화반응 중에 한 분자의 작용기(functional group)를 다른 기질에 전달한다. 작용기로는 아미노기(amino group), 인산기(phosphate group), 혹은 아세틸기(acetyl group) 등이 있다. 예를 들어 hexokinase transferase는 해당과정 동안 포도당을 분해하는 첫 번째 단계에서 ATP로부터 인산기를 포도당에 전달한다.
4. **리아제(lyase)**: 물을 첨가하지 않고 기질의 카르복실기(-COOH), 알데히드기(-CHO) 등을 분리하여 기질의 이중결합 반응을 촉매하

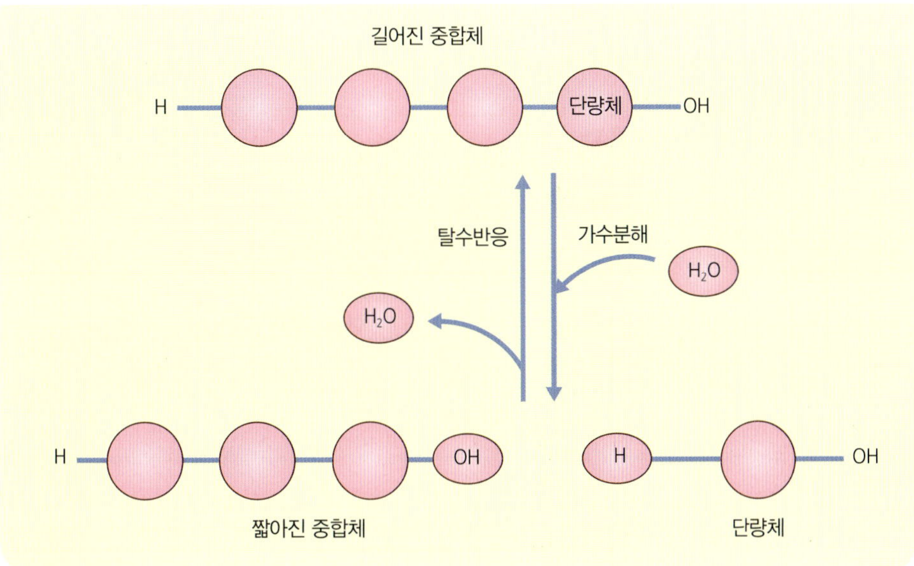

그림 3-21 중합체의 가수분해와 탈수반응

는 효소이다. 다시 말하면 이 리아제 그룹에 속하는 효소들은 이화작용에서 물 첨가 없이 분자들을 분해한다. 예를 들어 1,6-biphosphate aldolase는 해당과정(glycolysis)하는 동안 fructose 1,6-biphosphate를 G-3P와 DHAP로 분해한다.

5. **이성화효소(isomerase)**: 분자의 구조적인 전환을 통하여 이성질화 반응을 촉매하는 효소이다. 이 효소들은 반응으로부터 어떤 것을 더하거나 제거하는 것이 아니라 기질에 있는 원자를 재배치한다. 예를 들면 포도당인산이성질화효소(phosphoglucoisomerase)는 포도당 분해 과정 중 glucose-6-phosphate를 fructose-6-phosphate로 전환시키는 것이다.
6. **합성효소(ligase, synthetase)**: ATP 같은 에너지를 이용하여 두 개의 기질을 공유결합시켜 연결하는 반응을 촉매하는 효소이다. 이 효소들은 동화작용에 관여한다. 이 효소들은 분자들을 서로 결합시키는데, 이때 ATP의 에너지를 사용한다. DNA 합성 단계의 DNA ligase를 예로 들 수 있다.

이상 효소들의 종류와 촉매 특성을 요약한 내용은 **표 3-3**에서 보여주는 바와 같다.

표 3-3 효소의 종류와 특성

효소의 종류	촉매 특성	효소의 예
가수분해효소	당 분해	amylase, maltase, cellulase, hemicellulase, pectinase
	단백질 분해	proteinase, pepsin, trypsin
	지방 분해	lypase
산화환원효소	산화환원 반응	alcohol dehydrogenase
전이효소	기능기의 전이	hexokinase
리아제	기질의 기(group)를 제거	pectin lyase
이성화효소	이성화 반응	glucose isomerase
합성효소	두 분자의 결합	acetyl CoA synthetase

3) 광합성

지구상 생물의 대부분은 모든 생물이 태양에너지를 이용해서 만들어지는 광합성 산물에 의하여 살아간다. **광합성(photosynthesis)**이란 식물이 **엽록체(chloroplast)** 내에서 태양에너지를 이용하여 이산화탄소(CO_2)와 물(H_2O)로부터 유기물인 탄수화물 분자인 포도당(glucose)을 만드는 과정이다.

식물이나 조류, 그리고 광합성세균은 엽록체 같은 색소를 이용하여 다른 유기물에 의존하지 않고도 자신에게 필요한 식량을 생산하여 살아간다. 식물과 같이 필요한 영양분을 자기 자신이 생산하는 생물을 **자가영양생물(autotroph)**이라 한다. 태양에너지로부터 자기 자신의 영양분을 만들 수 있는 모든 생명체들을 **광합성 자가영양생물(photosynthetic autotroph; phototroph)**이라고도 한다.

간단히 말하면 광합성 과정은 높은 흡열반응으로 태양에너지를 포도당에 저장하는 과정이다. 광합성은 다음과 같은 일반식으로 나타낼 수 있다.

$$6CO_2 + 6H_2O \rightarrow C_6H_{12}O_6 + 6O_2$$

(1) 엽록체

광합성은 녹색식물의 엽록체(chloroplast)에서 일어난다. 엽록체 속의 녹색을 띠는 엽록소가 빛에너지를 흡수하여 식량을 만드는 것이다. 엽록체에는 액체상태인 **스트로마(stroma)**가 있으며 이곳에서 포도당이 만들어진다. 스트로마에는 얇은 원판모양의 막으로 된 주머니들이 배열되어 있는데 이를 틸라코이드(thylakoid)라 한다. 틸라코이드가 집중적으로 쌓여 있는 부분을 **그라나(grana**; 단수는 granum)라고 한다.

엽록체에는 녹색의 엽록소 a와 엽록소 b 이외에 여러 종류의 색소가 있으며, 이것들은 각기 다른 파장의 빛을 흡수한다. 명반응에 참여하는 엽록소 a(chlorophyll a)는 주로 청자색과 적색 빛을 흡수하나, 엽록소 b(chlorophyll b)는 청색과 주황색 빛을 흡수한다. 또한 엽록체에는 카로티노이드(carotenoid)라는 주황색 색소가 있으며 주로 청록색 빛을 흡수한다.

조류(algae)의 광합성 색소에는 여러 종류의 피코빌린(phycobilin)계 단백질과 엽록소 a, b, c 등이 있다.

(2) 명반응

광합성은 명반응과 암반응(탄소고정)의 두 단계 과정으로 이루어진다. 첫 단계는 **명반응(light reaction)**으로 빛에너지가 화학에너지로 전환되고 부산물로 산소가 생기는 단계이다.

명반응은 그라나의 **틸라코이드막**에서 일어난다. 틸라코이드막에 있는 엽록소는 빛을 흡수하여 필요한 에너지를 얻는다. 빛에너지는 ADP와 인산(phosphate)으로 ATP를 만들고, 물 분자에 있는 전자를 $NADP^+$로 전달시킨다. 이때의 ATP(adenosin triphosphate)는 고에너지를 저장하는 분자이다. 그러나 $NADP^+$(nicotinamide adenine dinucleotide phosphate)는 수소를 운반하는 운반체이다. 빛에 의하여 흥분된 한 쌍의 전자와 수소이온이 $NADP^+$에 결합하여 고에너지 분자인 NADPH로 환원된다. 이 과정은 효소에 의하여 촉매되며 에너지로 충전된 전자를 일시적으로 ATP에 저장한다.

요약하면 명반응 과정은 태양에너지를 흡수하여 화학에너지로 전환하여 ATP나 NADPH에 저장하는 과정이다(**그림 3-22**).

(3) 암반응

두 번째 단계인 **암반응**은 탄소고정 혹은 **캘빈회로(Calvin cycle)**라고도 하며 엽록체의 스트로마에서 일어난다. 이 회로는 공기에서 온 CO_2와 명반응에서 만들어진 고에너지 산물인 ATP와 NADPH를 이용하여 포도당 분자를 조립하는 과정이다. 명반응에서 만들어진 ATP와 NADPH는 캘빈회로에서 당을 합성한다. 이때 만들어진 당은 포도당(sugar)으로 세포호흡에 사용되며, 전분(starch), 섬유소(cellulose)나 다른 유기화합물로 전환되기도 한다.

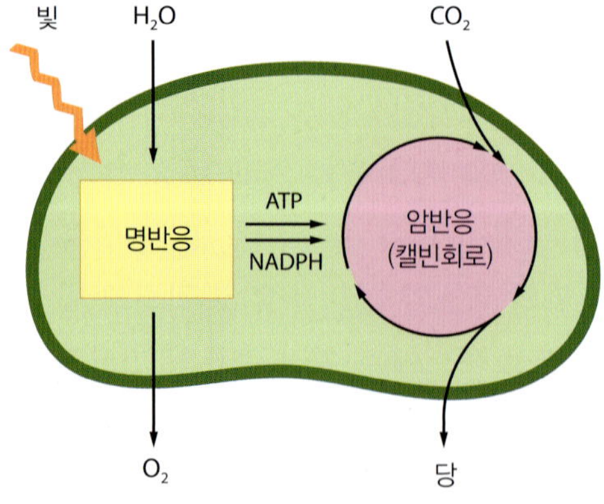

그림 3-22
광합성의 요약

4) 호흡

생명체는 살아가기 위해 계속적으로 에너지를 공급받아야 한다. 그러기 위하여 세포는 호흡이라는 과정을 통하여 유기물을 분해하여 에너지를 얻는다.

세포호흡의 기본은 해당과정을 통하여 포도당 분자에 포함되어 있는 고에너지를 ATP로 전환하는 것이다. 포도당에 있는 에너지를 ATP로 전환되기 위하여 산소가 필요한데, 이를 **산소호흡(aerobic respiration)**이라 한다. 산소 없이도 에너지를 ATP로 전환하는 **무산소호흡** 또는 **혐기성호흡(anaerobic respiration)**을 하는 생물이 있다. 대부분의 생물들은 산소가 필요한 산소호흡을 한다(**그림 3-23**).

산소호흡은 해당 작용, 시트르산 회로, 전자전달계로 구분할 수 있다.

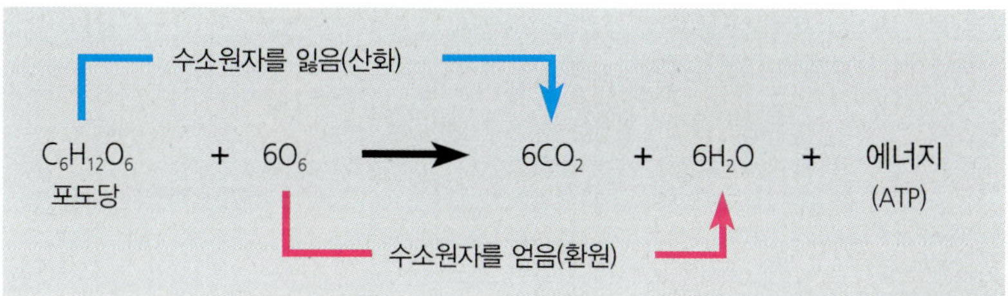

그림 3-23 세포호흡의 화학반응

(1) 해당과정

탄수화물 중에서 포도당은 대사반응을 위한 주된 에너지원이다. **해당과정(glycolysis)**은 한 분자의 포도당이 분해되어 두 분자의 피루빈산(pyruvic acid)을 만드는 과정이다. 즉 해당과정은 6탄당(C_6)인 포도당을 3탄당(C_3)인 피루브산으로 산화시키는 과정이다. 해당과정에서 3탄당 분자는 전자운반체인 NAD^+에 고에너지를 주어 NADH를 만들게 된다. 또한 해당과정에서 효소가 연료분자로부터 인산기를 ADP에 전달하여 약간의 ATP 분자를 만들어 낸다. 생성된 피루빈산은 포도당이 가지고 있던 대부분의 에너지를 보유하고 있다가, 이 에너지는 다음 단계인 시트르산 회로에서 APT를 합성한다.

(2) 구연산 회로

시트르산 회로는 미토콘드리아 내에서 일어나는데 피루빈산에 포함되어 있는 자유에너지의 대부분이 ATP로 전달되는 과정이다. 이 반응에서 먼저 피루빈산은 에너지가 풍부한 아세틸조효소 A(acetyl coenzyme A)로 전환된 다음 시트르산으로 들어가게 되는데, 이 과정을 **구연산 회로** 또는 **시트르산 회로(citric acid cycle)**라고도 한다. 이 회로는 획득한 전자를 NADH와 $FADH_2$에 실려 이 전자들을 전자전달계로 보내어서 ATP를 생성하는 과정이다(**그림 3-24**).

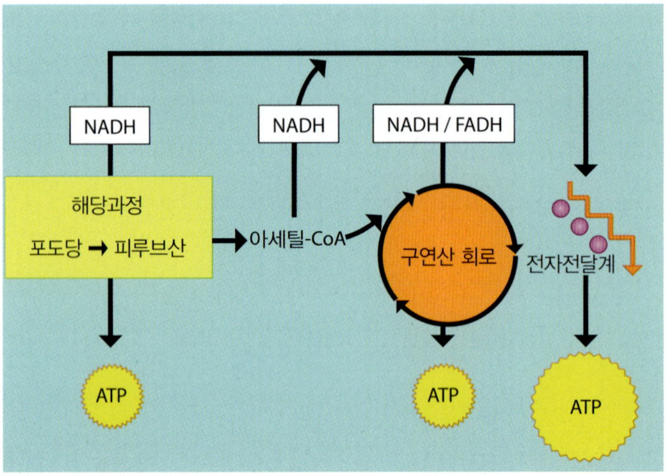

그림 3-24
세포호흡에서 해당과정과 구연산 회로

결과적으로 이 회로의 중요한 기능은 연료분자인 유기산들이 산화되면서 생성된 에너지를 ATP 분자로 전환하는 과정이다.

요약하면 산소호흡의 결과로 포도당을 분해하여 에너지를 얻는 과정으로 부산물로서 이산화탄소, 그리고 물을 생성하게 된다.

(3) 혐기성 호흡

혐기성 호흡은 산소를 필요로 하지 않는 호흡 과정이다. 산소호흡은 대부분의 ATP를 얻는 과정이다. 그러나 혐기성 호흡은 전자를 받는 수용체가 산소가 아니라 황산염, 질산염, 이산화탄소 같은 무기이온들이다. 그러므로 최종산물은 아질산염, 황화수소, 메탄가스 등이 생성된다. 혐기성 호흡의 예로서 정화조의 경우는 미생물이 유기물을 혐기성 상태에서 분해하므로 황화수소, 메탄가스 등이 발생하여 악취를 만들어 낸다.

발효(fermentation)는 무산소 상태에서 효모에 의하여 포도당이 해당과정으로 들어간다. 산소호흡에서의 해당작용은 피루빈산에서 끝나지만 발효에서는 전자를 받는 최종산물이 유기물이다. 효모에 의한 알코올발효 과정에서 전자를 받는 최종산물은 에탄올이다.

$$C_6H_{12}O_6 \rightarrow 2C_2H_5OH + 2CO_2$$

포도당 에탄올 이산화탄소

5) 핵산

고대의 인간이나 오래된 동물들의 사체에서 핵산의 일종인 DNA가 잔존하여 남아 있는 경우가 있다. 죽은 시체는 부패되지만 극소량의 DNA는 남아 있을 수 있다. 최근에는 분자생물학의 발달로 보존과학이나 고고학적인 연구의 측면에서도 DNA의 정보를 얻을 수 있다. 그러므로 고대 인간의 이동경로나 인류의 진화에 관한 연구에 크게 도움이 될 수 있게 되었다(**그림 3-25**).

(1) DNA구조와 유전정보

핵 내에 있는 전체 DNA를 **제놈 DNA(genomic DNA)**라 하며, 이는

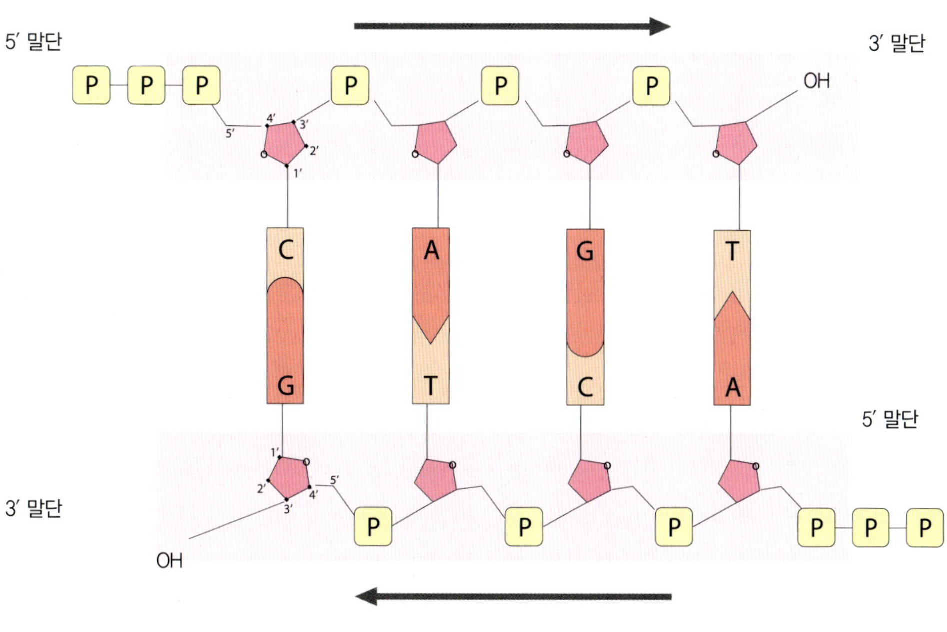

그림 3-25 두 가닥 DNA는 서로 역방향이다.

각 생물에 따라 특이하므로 모든 생물들의 제놈은 각기 크기, 형태, 그리고 특성이 다르다. 보통 모든 생물은 특유의 DNA에 **유전정보(genetic information)**를 가지고 있다.

DNA에는 유전정보를 가지고 있는 핵 내의 DNA(nuclear DNA; n-DNA)와 미토콘드리아에 존재하는 미토콘드리아 DNA(mitochondrial DNA; mt-DNA)가 있다(**표 3-4**).

표 3-4 DNA의 종류와 특성

DNA의 종류	특성과 기능
n-DNA(nuclear DNA)	세포의 핵 내의 염색체 속에 있으며 유전물질이 있음
mt-DNA(mitochondrial DNA)	세포의 미토콘드리아 속에 원형으로 존재

(2) RNA의 종류와 기능

DNA는 두 가닥으로 되어 있으나 RNA는 한 가닥이며, DNA의 T 염기 대신 RNA는 U 염기를 갖는 것이 다르다. 핵 내의 RNA는 DNA의 유전암호를 전달받아 단백질을 합성하는 중간 역할을 한다. 즉 DNA에 들어 있는 유전정보를 mRNA가 복사하여 세포질 내로 이동하여 생명활동에 필요한 단백질을 합성한다.

RNA에는 **전령 RNA**(messenger RNA; mRNA), **리보솜 RNA**(ribosomal RNA; rRNA), 그리고 **운반 RNA**(transfer RNA; tRNA)의 세 종류가 있다. 이들 RNA는 모두 세포질 내에 있다(**표 3-5**).

표 3-5 RNA의 종류와 특성

RNA의 종류	특성과 기능
mRNA(messenger RNA)	DNA의 유전정보를 복사하여 전달하여 주는 중간 역할
rRNA(ribosomal RNA)	단백질 합성 장소인 리보솜을 만드는 RNA
tRNA(transfer RNA)	단백질을 합성하기 위하여 아미노산을 운반하는 RNA

(3) 단백질 합성

인간의 염색체 속의 DNA에는 약 80,000개의 유전자가 있다고 한다. 각기 다른 고유의 유전자들은 고유의 염기서열을 갖고 있다. 이들 유전자는 생명체의 형태와 형질을 결정하는 암호를 포함하고 있다. 세포 내에서 일어나는 생화학적 반응을 하는 모든 단백질들은 이들 유전자에 의하여 만들어 진다. 이 단백질을 만드는 과정은 핵 속에 있는 유전자의 DNA로부터 시작된다.

DNA상에 유전정보를 저장하고 있는 **유전암호(genetic code)**는 3 염기 단위로 되어 있다. 3개의 염기가 한 특정한 아미노산을 암호하는 유전암호의 한 단위이므로 이 3 염기단위를 DNA상에서 **코돈(codon)**이라 한다.

핵 내에서 mRNA는 n-DNA에 있는 유전정보를 복사하는데 이를 RNA의 **전사(transcription)**라 한다. 전사된 mRNA는 핵으로부터 세포질로 이동한다. 세포질 내의 리보솜(ribosome) 위에서 mRNA는 특정한 아미노산을 하나씩 결합하여 polypeptides를 만든다. 이 과정을 유전정보의 **번역(translation)**이라 한다. 이때 아미노산을 운반하는 기능은 tRNA가 담당한다(**그림 3-26**).

전사		번역		
DNA	⟶	mRNA	⟶	단백질(protein)
(유전정보; 염기서열)		(유전정보의 전령)		(아미노산의 서열 결정)

상세히 설명하면 두 가닥의 DNA 중의 유전암호가 있는 한 가닥의 염기서열을 mRNA가 복사하는 **전사(transcription)**과정을 거친다. 핵 내에서 암호가 있는 DNA의 염기서열이 TAC GGC GTT이면 이것을 복사하는 mRNA의 염기서열은 상보적으로 복사되므로 AUG CCG CAA가 된

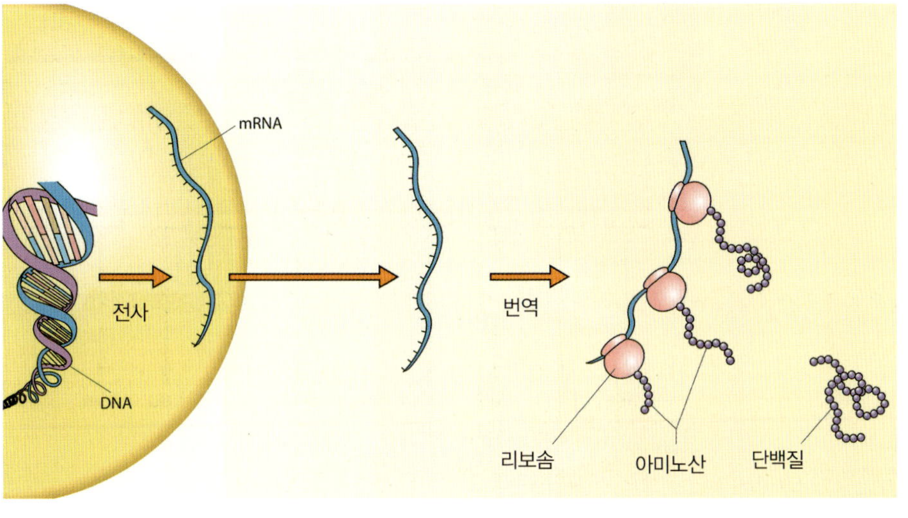

그림 3-26
유전정보의 흐름

다. **번역과정(translation)**의 시작은 mRNA가 핵으로부터 세포질로 이동한 다음 리보솜(ribosome) 위에 위치한다. 이 mRNA의 AUG에 해당하는 아미노산은 met, CCG에 해당하는 아미노산은 pro, 그리고 CAA의 아미노산 gln이 운반되어 와서 결합한다. 이때 아미노산을 운반하여 오는 것이 운반 RNA(transfer RNA)이다. 이렇게 순서대로 나열된 아미노산은 결합하여 met-pro-gln …와 같은 단백질(protein)을 합성한다. 이들 단백질은 생물이 필요한 모든 형태를 구성하는 구성 단백질이 될 수도 있으며, 어느 단백질은 모든 대사에 필요한 모든 기능을 하는 효소 단백질일 수도 있다(**그림 3-27**).

위와 같이 DNA 속의 유전정보를 중간 분자인 RNA를 통하여, DNA 정보의 순서대로 아미노산을 합성하여 단백질을 만든다. 이것을 DNA의 **형질발현**이라 한다. 이 형질발현된 단백질은 부모의 형태, 성격, 행동, 모든 체내의 대사에 이르기까지 다양하게 유전되어 나타낸다.

(5) 염색체와 핵형

인간의 보통 세포인 **체세포(somatic cell)**는 46개의 염색체를 갖고 있는데, 이들 염색체 속에는 두 가닥의 DNA가 포함되어 있다. 체세포 내의 46개 염색체 중에서 23개는 부친의 정자에서, 그리고 나머지 23개는 모친의 난자에서 온 것이다.

염색체 46개 중 44개는 **상염색체(autosome)**라 하고, 나머지 X 또는 Y

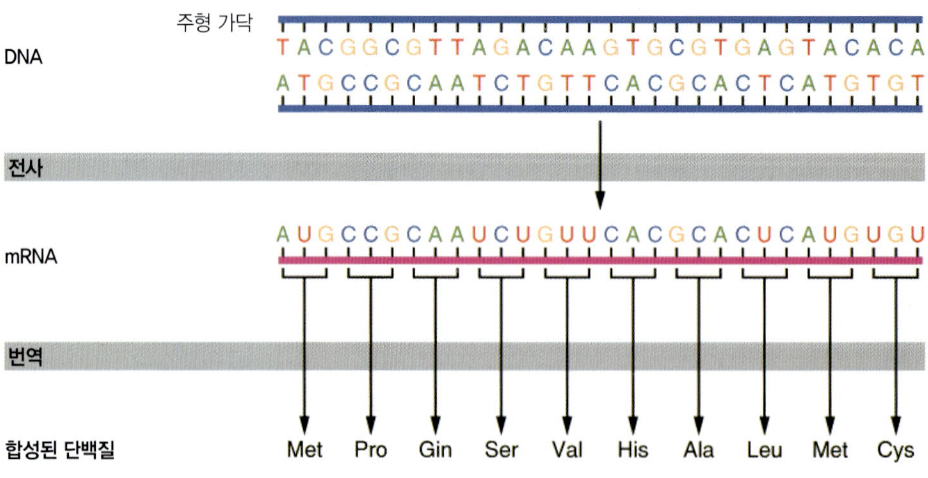

그림 3-27 DNA의 유전정보의 전사와 번역

염색체를 **성염색체(sex chromosome)**라 한다. 남자의 체세포는 상염색체 44개와 성염색체 XY를 가지고 있으며, 여자는 상염색체 44개와 성염색체 XX를 갖는다(**표 3-6**). 정자나 난자 같은 **성세포(sex cell)**는 체세포 염색체의 반 수만 갖고 있으므로 **반수체(haploid; n)**라 하고, 수정된 체세포는 그의 배수이므로 **배수체(diploid; 2n)**라 한다.

표 3-6 인간 체세포의 염색체 수(2n)

성별	상염색체 수	성염색체	염색체 수
남자	22 × 2 = 44	X, Y	46
여자	22 × 2 = 44	X, X	46

그러므로 **생식기관**에서 남자가 만드는 정자세포는 상염색체가 22개이고 성염색체는 X와 Y를 갖는다. 여성의 난자의 세포는 상염색체가 22개이고 성염색체는 X 염색체 2개를 갖는다(**표 3-7**).

표 3-7 인간 성세포의 염색체 수(n)

성별	상염색체 수	성염색체	염색체 수
남자	22개 22개	Y X	23개(n; 정자) 23개(n; 정자)
여자	22개 22개	X X	23개(n; 난자) 23개(n; 난자)

개인 체세포의 염색체 수는 배수체(2n)이다. 현미경에서 성인의 상염색체인 1번 염색체부터 22번 염색체, 그리고 성염색체인 X와 Y염색체를 인위적으로 나열하여 정리한 상태를 **핵형(karyotype)**이라고 한다(**그림 3-28**).

한 생물의 전체 유전정보를 가지고 있는 DNA나 RNA를 **제놈(genome)**이라 한다. 동물, 식물, 그리고 곰팡이(균류) 같은 2배체 또는 배수체(2n)의 생물은 반수체(n)가 제놈이 된다. 왜냐하면 같은 염색체가 한 쌍씩 있기 때문이다. 세균(bacteria)은 원래 반수체(n) 생물이므로 반수체(n)가 그대로 제놈이다.

핵 속의 염색체 속에 있는 DNA를 **핵 제놈(nuclear genome)**이라 하며, 미토콘드리아 속에 있는 DNA를 **미토콘드리아 제놈(mitochondrial genome)**이라 한다. 미토콘드리아 제놈은 짧은 원형의 DNA로 되어 있으므로 인간의 진화나 인간 집단 간의 비교 등을 연구하는 데 이용된다(**그림 3-29**).

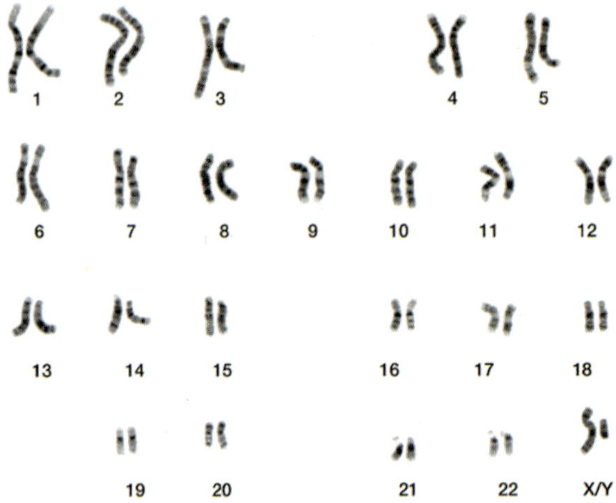

그림 3-28 사람의 남성 염색체의 핵형.

남녀 모두 상염색체(1~22번까지)는 각각 22쌍으로 동일하며, 성염색체만 다르다. 그림 아래에 성염색체가 XY를 가지고 있으므로 남성이다. XX를 가지고 있으면 여성이다.

- 대립인자와 단순 직렬 반복서열

배수체(2n)의 생물은 염색체가 2쌍이므로 염색체 위에 있는 유전자도 2개씩 있는 셈이다. 예컨대 9번 염색체상의 어느 위치에 혈액형 유전자는 2개가 있다고 가정하면, 9번 염색체 2개 중에서, 하나의 9번 염색체에는 우성 유전자(IA)가, 그리고 다른 9번 염색체에는 열성 유전자(Ia)가 위치할 수 있다. 이와 같이 9번 염색체 위의 IA, Ia 유전자 각각을 **대립유전자** 또는 **대립인자(allele)**라 한다. 이들 유전자는 유전적으로 우성과 열성을 나타내므로 대립이라고 표현한다.

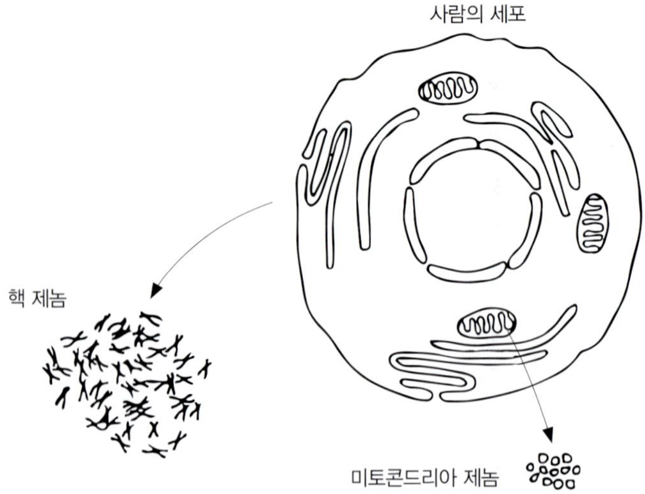

그림 3-29 사람의 핵 제놈과 미토콘드리아 제놈

단순 직렬 반복서열(simple tandem repeat; STR); GTGTGTGTGT------

DNA의 염기서열에는 특이하게도 **단순 직렬 반복서열(simple tandem repeat; STR) 또는 미세위성(microsatellites)**이라고 하는 구조를 가진 부분이 있다. STR은 인간 제놈(genome)에 약 10,000개가 존재한다. 예컨대 짧은 서열(GT)인 GTGTGTGTGT는 여러 번 직렬로 반복되어 있다. 어느 경우는 위의 반복단위GT)가 6~7번 반복된 것도 있는데, 이 같은 서열이 있으면 돌연변이가 발생되기 쉽다.

개인의 대립인자에도 단순 직렬 반복서열(STR)이 있는데 이것을 **STR 대립인자(allele)**라 한다. 각 개인은 특유한 **STR 대립인자(allele)**의 조합을 가지고 있으므로 이것을 각자의 **유전자 지문(genetic fingerprint)**이라고 한다. 따라서 각자 개인들마다 유전적 지문이 다르다.

(6) PCR

고대 사체를 발굴하여도 남아 있는 DNA 분자는 극소량만 남아 있기 때문에 성 구별, 친척관계의 추정이나 집단 내 유연관계 같은 생물학적 특성에 관한 정보를 규명하기가 어렵다. 그러나 DNA가 극소량이라도 대량 복제할 수 있는 **polymerase chain reaction(PCR)** 방법이 개발되었다. PCR은 DNA 조각을 반복적으로 복제하여 증폭하는 기술이다. 극미량의 DNA 조각을 DNA 중합효소(DNA polymerase), A,T,C,G 염기인 뉴클레오티드 단량체(monomer)들, 그리고 다른 성분들과 혼합하여 반응시키면 DNA가 복제되어 두 개의 딸 DNA를 생산한다. 복제될 때마다 DNA 양은 두 배로 증가된다. 이 같이 하여 몇 시간 안에 수많은 DNA를 증폭할 수 있다.

세포 속에는 n-DNA보다 mt-DNA가 비교적 많이 포함되어 있으므로 고대 생물의 시체에도 더 많은 양의 mt-DNA가 포함되는 경우가 있다. mt-DNA를 PCR 방법으로 복제하여 여러 가지 많은 연구를 수행할 수 있다.

PCR의 응용: PCR의 개발로 인하여 고대의 DNA 연구는 인류학과 고고학적인 관점에서 현대 인류의 진화에 관한 중요한 문제를 해결할 수 있는 정보를 제공할 수 있게 되었다. 생물학, 화학, 그리고 고고학 등과의 학제간의 연구를 통하여 지난 수백만 년 동안 인간의 조상과 유전적인 진화연구뿐만 아니라 고생물병리학, 고대의학분야, 식품 등 많은 다른 분야에도 중요한 정보를 제공할 수 있었다. 고대 DNA로부터 인체 내의 바이러스의 유전자도 검출한 예가 있다(Brown, 2000).

고대 미라의 뇌, 빙하에 얼어 있던 4만 년 된 매머드, 그리고 약 3,000만 년 전의 식물화석에서도 DNA를 증폭할 수 있다. 고대 무덤 속의 시체들에 남아 있는 DNA를 분석하여 가족 관계, 성 구별, 그리고 민족과 종족의 이동경로 등을 추정하는 연구도 보고되고 있다. 약 2,500만~3,000만년 된 호박(amber) 속에 묻혀 있던 흰개미 화석의 DNA를 PCR로 증폭하여 리보솜 RNA 유전자를 연구한 예도 있다.

Allaby 등(1997)은 약 3,000년 된 밀알에 있는 고대 DNA 분자의 평균 크기는 약 50~70bp 정도이었음을 실험을 통하여 확인하였다. 고대 DNA 분자가 짧은 길이만 남았어도 크게 문제가 안 된다. 왜냐하면 DNA 크기가 100~150bp만 되어도 PCR 기술을 이용하여 성의 결정이나, 친척 간 또는 집단 간의 유연성 등 생물학적 특성을 결정하는 충분한 정보를 얻을 수 있다는 것이다.

Brothwell과 Pollard(2001)는 고대 DNA에 관한 연구에서 인간, 동물, 식물들의 조직 DNA의 크기를 실험하였다. 이상의 결과를 정리한 자료는 **표 3-8**에서 보여주는 것과 같다.

표 3-8 고대 DNA가 포함된 물질들의 연대

물질의 종류		보고된 기간(년)
인간의 유해	뼈와 이	약 60,000
	미라	5,000
	늪지의 사체	7,500
동물 유해	뼈	25,000
	냉동된 매머드(mammoths)	40,000
	자연적으로 보존된 피부	13,000
	깃털	130
	동물 분변의 화석	20,000
식물의 물질	식물 표본	118
	숯이 된 물질	5,000
	건조한 유물	1,800

고대 DNA의 시료를 이용하여 사체의 남녀 성을 구별할 수 있다. Stone 등(1996)은 미국의 700년 된 매장된 장소에서 발굴된 20개의 인간 시체의 시료를 분석하여 모두 성을 구별하였다. 독일과 스위스의 세 장소에서도 1,500

년 된 매장된 30개의 시료를 분석하여 성을 결정하는 데 성공하였다. 그들은 독일의 다른 지역에서 발굴한 4개의 뼈(6,000~7,500년) 시료를 가지고 성을 결정하는 실험을 하였으나 한 개만 성공할 수 있었다.

PCR을 이용한 남녀의 구별은 다음과 같이 실험할 수 있다. 우선 적은 양의 DNA를 추출하여 PCR을 이용하여 증폭한다. 두 번째 단계로 X 염색체의 어느 특정한 부위의 346bp(base pair; 염기쌍)와 Y 염색체의 특정한 부위 550bp만을 다량 복제한다. 그 다음 젤(gel) 전기영동에서 시험하여 DNA 절편을 분리한다(**그림 3-30 A**). 이같이 하여 젤 위에 두 개의 절편(fragment)인 X 염색체의 346bp와 Y 염색체의 550bp를 확인한다. 그 결과 346bp 한 종류의 절편만 확인되면 XX의 성염색체를 가진 여자로 추정할 수 있다(**그림 3-30B의 1번**). 그러나 크기가 다른 2개의 절편을 나타내는 XY 염색체를 가진 사람은 남자임을 알 수 있다(**그림 3-30B의 2번**).

유전적 지문을 이용하여 부모와 자손 간의 가족관계를 확인할 수 있다.

사람의 염색체는 상염색체가 한 쌍씩 있다. 즉 1번 염색체가 2개, 2번 염색체가 2개, 3번 염색체가 2개씩 가지고 있는 셈이다. 두 개씩의 염색체 중 하나는 모친으로부터, 그리고 나머지 하나는 부친으로부터 온 것이다. 그러므로 각 사람은 STR I이 2개이고 STR II도 2개를 가지게 된다.

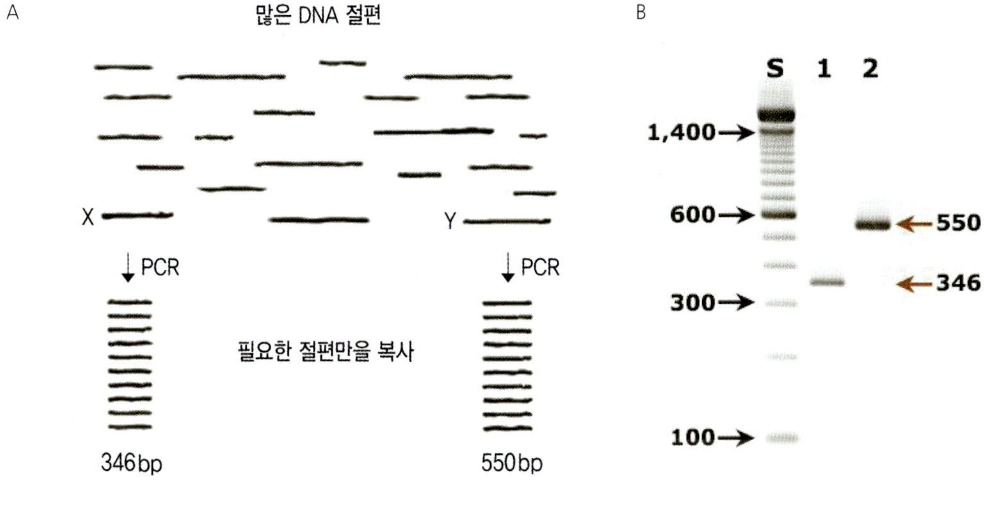

그림 3-30 PCR에 의한 DNA 절편의 복사(A)와 전기영동(B) 결과

2개의 STR의 유전에 관하여 예를 들어 본다. 아래에서 보는 바와 같이 같이 STR I은 GT-반복된 STR 대립인자가 4개 있다. 이들 4종류의 대립인자는 GT-반복이 5, 6, 7, 8 단위(unit)로 반복되어 있다. 그리고 STR II의 CA-반복된 STR 대립인자도 4개 있는데, 이것들은 CA가 9, 10, 11, 12 단위만큼 반복된 대립인자들이다.

STR 번호 I (GT 반복)

대립형질;	--GTGTGTGTGT --	(5 반복)
	--GTGTGTGTGTGT --	(6 반복)
	--GTGTGTGTGTGTGT --	(7 반복)
	--GTGTGTGTGTGTGTGT--	(8 반복)

STR 번호 II (CA 반복)

대립형질;	--CACACACACACACACACA--	(9 반복)
	--CACACACACACACACACACA--	(10 반복)
	--CACACACACACACACACACACA--	(11 반복)
	--CACACACACACACACACACACACA--	(12 반복)

그림 3-31을 보면 부친은 STR I 대립인자는 GT 반복수가 6번 가지고 있는 6(단위)과 반복수가 8번인 8(단위)을 가지고 있고, STR II 대립인자는 CA 반복수에 따라서 9(단위)와 10(단위)을 가지고 있다. 반면에 모친은 STR I의

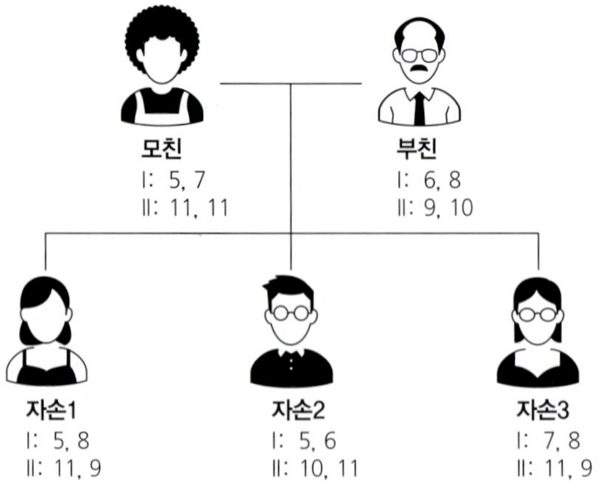

그림 3-31
STR의 유전자 지문

대립인자 5와 7을 가지고 있고, STR II에 대한 대립인자 11을 2개나 가지고 있다. 따라서 부친과 모친은 각기 다른 유전적 지문을 가지고 있는 것이다.

그러므로 자손들의 유전적 지문은 양친으로부터 물려받은 대립인자로 되어 있다. 예컨대 자손 1은 모친으로부터 STR I의 대립인자 5와 STR II의 대립인자 11을 받은 것이며, 부친으로부터는 STR I의 8 대립인자와 STR II의 9를 받은 것이다.

요약하면 **그림 3-31**에서 모친과 부친의 STR 지문은 **표 3-9**에서 보여주는 바와 같다.

표 3-9 STR 유전의 결과

대립인자	모친	부친
STR I의 GT 반복수	5, 7	6, 8
STR II의 CA 반복수	11, 11	9, 10

이와 같이 세 자손은 부모로부터 유전적 지문을 물려받은 것이다. 여기서 살펴보면 모두의 자손들은 확실히 STR II의 11을 가지고 있으며, 두 자손은 9를 가지고 있다. 만약에 양친과 세 자손과의 관계를 알지 못할 경우, 유전적 지문을 비교하여 보면 세 자손으로부터 두 양친의 대립인자를 확실하게 추정할 수 있다.

따라서 고대 인간의 시체들로부터 얻은 DNA를 STR 분석을 하여 보면 양친과 자손의 관계, 유전적 지문을 통하여 같은 자손들을 구별할 수 있고, 더 나아가서는 이 자손들의 공통 선조를 추정할 수 있다(Brothwell and Pollard. 2001).

이와 같은 방법으로 가축이나 재배식물의 제놈(genome)들도 STR을 가지고 있으며, 다른 다양한 뉴클레오티드 서열을 가지고 있으므로 위와 같은 연구를 할 수 있다.

아울러 PCR의 기술은 문화재 보존과학의 연구에도 대단히 중요한 발전의 기초가 된다. 유명한 벽화나 유화 같은 고귀한 문화재도 과거에 보관이 잘못되어 미생물이 침입하여 작품을 훼손했을 경우 이들 미생물이 남긴 극미량의 DNA를 분석하여 어느 종류의 미생물이 훼손하였는지 파악할 수 있다.

Schabereiter-Gurtner 등(2006)은 구석기 세대의 벽화와 동굴의 암석에 관련된 세균을 알기 위해 16S rDNA 유전자 서열을 PCR 기술로 증폭하여 분석하였다. 그 결과 무기영양세균과 유기영양세균의 다양한 종류를 발견할 수 있었다. 특별히 석기시대 벽화의 적색부분은 확실한 미생물의 흔적이 없는 부분이었음에도 이 시료에서 연구한 결과를 보면 그람음성세균인 *Aminobacter* sp., *Mesorhizobium* sp., *Sinorhizobium* sp., *Erythrobacter* sp., *Nitrospira* sp., 그리고 방선균인 *Streptoalloteichus* sp. 등의 희소한 세균들이 발견되었다. 그 당시의 미생물은 사멸하였으나 그 세균의 DNA는 극소량 남아 있었기 때문에 PCR 기술로 증폭하여 결과를 얻게 된 것이다.

Imperti 등(2007)은 고대 벽화의 적색 변색부분의 세균훼손에 관하여 연구하였으며, 그들은 중세 프레스코 위에 발생했던 적색 변색된 부위의 미생물의 침입을 분석하였다. 16S rRNA 유전자를 PCR 기술을 이용한 증폭시험을 통하여 분자생물학적 기술로 연구하여 매우 많은 종류의 진정세균과 원시세균이 발견하였다. 원시세균은 현대의 환경보다는 원시시대의 환경에서 생장하였던 세균들을 의미한다. 예컨대 원시시대의 메탄가스가 많았던 환경에서는 메탄을 이용하여 생장하였던 메탄세균들인 *Methanobacterium*과 *Methanobrevibacter* 있었다. 매우 온도가 높은 환경에서 생장할 수 있는 *Halococcus*와 *Halobacteria* 등의 수많은 고대에 살았던 세균들도 발견할 수 있었다. 이들 고세균이 검출된 것으로 미루어 보아 이들 세균이 벽화를 매우 오래 전에 훼손된 것으로 예상된다.

참고문헌

Allaby E.G., Dononghue K., Sallares R., Brown T.A.(1997). Evidence for the survival of ancient DNA in charred wheat seeds form European archaelogical sites. *Ancient Biomolecules,* **1**:119-129

Brothwell D.W., Pollard A.M.(2001). Handbook of Archaeological Science. Edited by John Wiley & Sons, Ltd.

Brown T.A.(2000). Ancient DNA applications in humam osteoarchaeology: achievements, problems and potential. Edited by Cox, M. and Mays, S. *Human Osteology in Archeology and Forensic Science,* 455-473. Greenwich Medical Media: London

Impert F., Caneva G., Cancellieri I., Ricci M.A., Sodo A., Visca P.(2007). The bacterial aetiology of rosy discoloration of ancient wall paintings. *Environmental Microbiology.* 9(11); 2894-2902

Schabereiter-Gurtner C., Saiz-Jimenez C., Pinar G., Lubitz W., Rolleke S.(2004). Phylogenetic diversity of bacteria associated with paleolithic paintings and surrounding rock walls in two Spanish caves. *FEMS Microbiology Ecology.* 47(2); 235-247

Stone A., Milner G.R., Paabo S., Stoneking M.(1996). Sex determination of ancient human skeletons using DNA. *American Journal of Anthropology,* **99**:231-238

Paabo S., Poinar D., Serre J., Hebler M., Kuch M., Hofreiter M.(2004). Genetic analysis from ancient DNA. *Ann. Rev. Genet.* **38**:645-679

Zvi G.(2007). The Nucleic Acids (Human traits; Genetic acid Evalution) in Archaeological chemistry (second editon). pp343-352, Wiley-Interscience A John Wiley & Son.

CHAPTER 04

훼손 생물의 종류와 특성

1. 세균

1) 세균의 일반적인 특성

세균(bacteria)은 핵막이 없는 **원핵생물(procaryote)**이며 단세포성이다. 반면에 핵막이 있는 **진핵생물(eukaryote)**에는 조류(algae), 균류(fungi), 그리고 지의류(lichens), 식물(plants), 동물(animals) 등이 포함된다. 바이러스(virus)는 크기가 미생물보다 더 작으며 세포가 아니다.

바이러스, 원핵생물의 세포와 진핵생물의 세포의 크기와 구조는 아래 그림과 같다(**그림 4-1**).

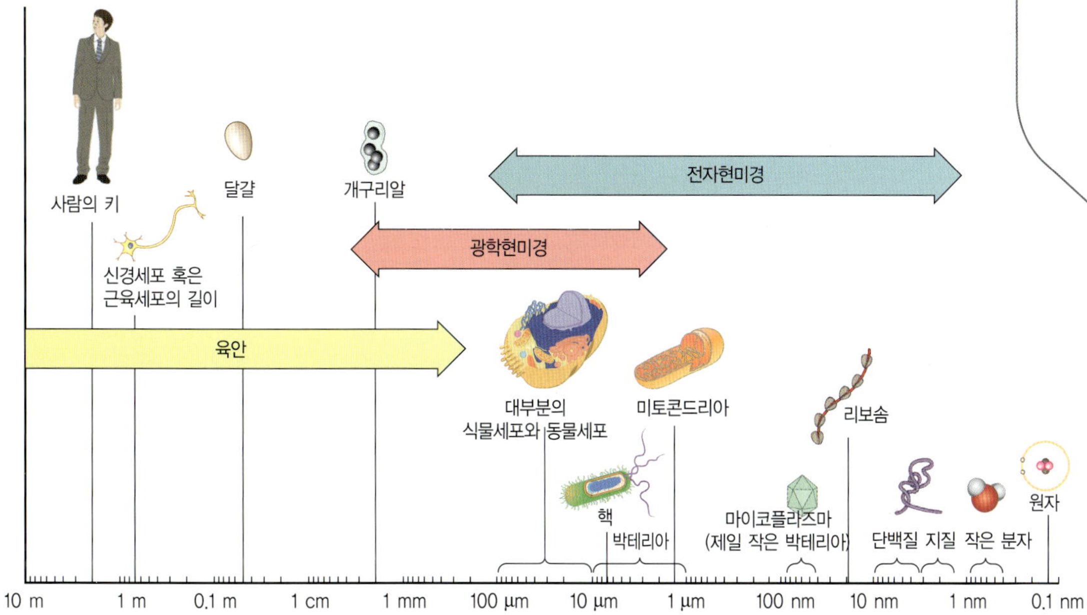

그림 4-1 세포크기의 상대적 비교

세균은 유기물을 에너지원으로 필요로 하는 **종속영양생물(heterotroph)**이나, **고세균(archaea)**은 극도의 환경, 즉 고온, 고염분, 그리고 고산성 등의 조건에서 생존할 수 있는 세균의 한 종류이다. 이들은 단세포이므로 현미경이나 전자현미경으로 관찰할 수가 있다.

세균은 약 900속(genus)으로 분류되며, 수많은 종(species)이 알려져 있다. 더구나 실험실에서 배양이 안 되는 세균의 종류는 알려진 것보다 훨씬 더 많다고 알려져 있다. 다시 말하면 배양이 안 되는 수많은 세균이 자연계에 분포되어 있다. 이들 세균을 배양할 수 없는 것은 자연환경에서 살고 있는 환경에 대한 지식을 실험실 내에서 재현할 수 없기 때문이다.

2) 형태와 구조

(1) 형태

세균의 세포 형태는 다양하다. 원형의 구균(coccus), 막대 모양의 간균(rod), 나선형의 나선균(spirilla), 꼬여 있는 형태의 스피로헤타(spirochete), 세포의 일부가 길게 신장된 모양의 부속지 세균(appendaged bacteria), 그리고 길고 가느다란 세포인 사상형 세균(filamentous bacteria) 등이 있다.

구균에는 한 개씩으로 되어 있는 단구균(monococcus), 2개씩 쌍으로 붙어 있는 쌍구균(diplococcus), 연쇄적으로 염주알처럼 연결된 연쇄상구균(streptococcus), 포도송이 모양의 포도상구균(staphylococcus), 그리고 사각형 모양으로 배열된 사련구균(tetrad) 등이 있다. 일반적으로 세균의 크기는 다양하여 0.1~1.5μm의 폭으로 길이는 10~15μm에 달한다(**그림 4-2, 그림 4-3**).

고세균(archaea)과 세균과의 차이점은 세포벽의 성분이 다르다. 대부분의 세균들은 펩티도글리칸(peptidoglycan)을 갖고 있지만 **고세균**은 슈도뮤레인(pseudomurein), 다당류, 단백질, 당단백질을 가지고 있다. RNA 중합효소의 소단위(subunit) 구성에서도 세균에서는 4개의 소단위이나 고세균은 8~20개의 소단위로 구성되어 있다.

(2) 세포벽

세균은 매우 미세하여 크기와 형태를 구별하기 어려우므로 분류하기도

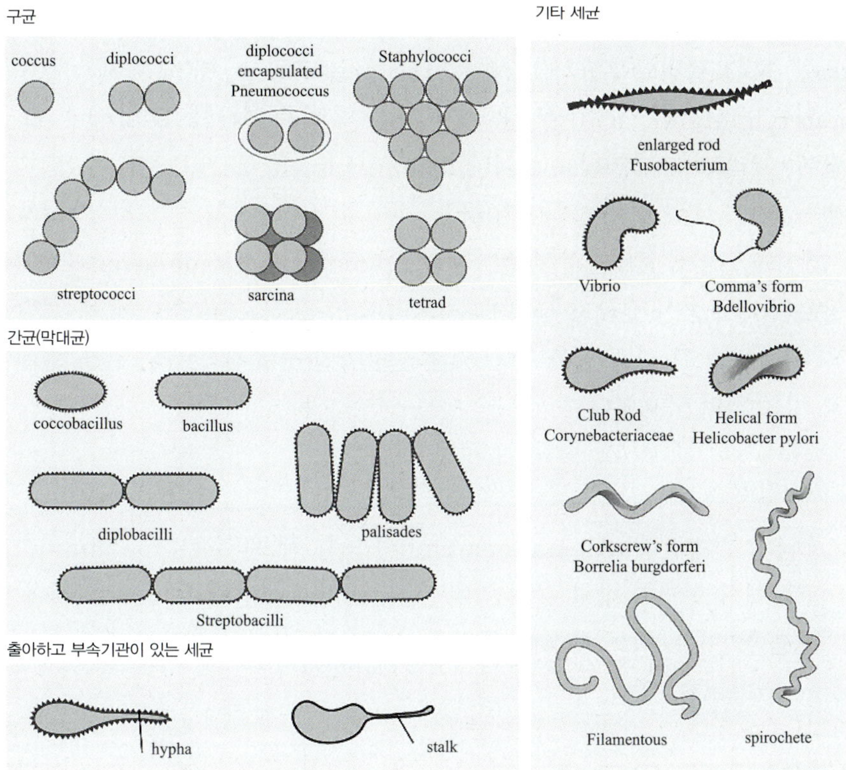

그림 4-2 세균의 형태

어렵다. 구별하기 위한 가장 편리한 방법은 **그람염색(gram stain)**이라는 특수한 염색법에 의하여 **그람양성(gram-positive)**과 **그람음성(gram-negative) 세균**으로 구별한다. 그람염색 반응에 의한 구별은 세포벽의 구조적 차이에 의한 것으로, 이 같은 분별하는 염색을 **분별염색(differential stain)**이라고 한다.

그람양성(gram-positive)과 그람음성(gram-negative) 세균의 세포벽의 구조는 세균의 세포벽(cell wall) 외벽의 주요 성분이 **펩티도글리칸(peptidoglycan)**과 **지질다당류(lipopolysaccharide; LPS)**로 구성되어 있다. 이 세포벽의 성분 차이를 이용하여 세균은 크게 그람양성과 그람음성(gram-negative)의 두 종류로 나눈다. 그람양성세균은 세포벽 표면의 펩티도글리칸과 결합하여 청색으로 염색되나, 그람음성세균은 세포벽 표면이 LPS(lipopolysaccharide)이므로 그람염색 반응으로 붉은색으로 염색된다.

그림 4-3 포도상구균

그람양성세균의 가장 외부 층에 있는 **펩티도글리칸(peptidoglycan)**은 N-아세틸글루코사민(N-acetoglucosamine)과 N-아세틸뮤람산(N-acetylmuramic acid) 두 종류의 당유도체와 L-알라닌, D-알라닌, D-글루탐산, 그리고 라이신(lysine)이나 diaminopimelic acid(DAP) 등 몇 개의 특별한 아미노산으로 구성되어 있다.

반면에 그람음성세균의 **지질다당층(lipopolysaccharide layer; LPS)**은 다당류와 지질층이 결합된 구조이다. 그러나 방선균(actinomyces)은 그람양성의 세균으로 긴 선 모양을 하고 있으므로 마치 균류의 균사와 같은 형태를 하고 있는 것이 특징이다.

(3) 원형질막

세균의 원형질막(plasma membrane) 또는 세포막(cell membrane)은 이미 3장에서 설명한 바와 같이 인지질(phospholipid)의 두 층으로 되어 있다. 원형질막에는 어느 특정한 물질을 운반하는 필수적인 막 단백질(membrane protein)이 있다.

(4) 편모와 운동

운동을 하는 세균은 **편모(flagellum)**의 활동에 의하여 이동한다. 편모(flagella)는 길고 끝이 돌출되어 있어서 다른 세포에도 부착할 수 있다. 편모를 기준으로 하여 세균을 구분할 수 있다.

편모가 없는 무편모성 세균(atrichous bacteria; atrichate)에는 시겔라(*Shigella*)가 있으며, 균체의 한 말단에만 한 개의 편모를 가진 단편모세균(monotrichate)은 비브리오(*Vibrio*)와 콜레라(*Cholera*)가 있다. 균체의 양쪽 말단에 한 개씩의 편모가 있으면 쌍편모세균(amphitrichate)으로, 그 예로는 스피릴라(*Spirilla*)가 있다. 균체의 한 쪽 또는 양쪽 말단에 다수의 편모가 모여서 되어 있는 속편모세균(lophotrichate)에는 슈도모나스(*Pseudomonas*)가 있다. 균체의 표면 주위에 많은 편모가 분포되어 있는 주편모세균(peritrichate)에는 살모넬라(*Salmonella*)가 있다(**그림 4-4**).

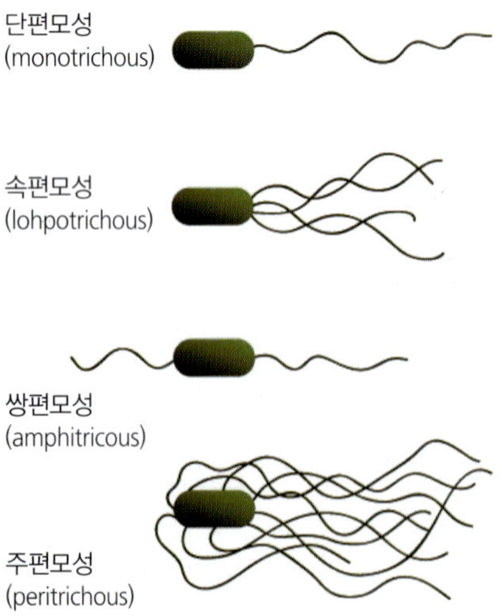

그림 4-4 편모의 종류

(5) 섬모

섬모(fimbriae)는 세균 표면에 있는 편모보다 짧으며 다수 분포되어 있다. 섬모는 단백질로 구성되어 있으며 특정 표면에 부착하는 역할을 한다. 특히 기질의 물질 표면에 생물막을 만드는 데 관여한다.

(6) 필리

필리(pilli)는 섬모보다 더 길고 세포 표면에 한 개 또는 몇 개만 존재한다. 어느 필리는 바이러스 입자의 수용체로 작용하므로 특정 바이러스가 침입하는 경로가 된다. 원핵생물의 접합(conjugation)과정에서 유전물질인 DNA가 전달되는 통로 역할을 하기도 한다.

(7) 협막

협막(capsules)은 세균이 세포 표면에 점질성 물질을 분비하여 자신의 세포벽을 둘러싸고 있는 물질이다. 이들 물질은 대부분 다당류이며 일부 단백질도 포함되어 있다. 협막의 물질을 **점질층(slime layer)**이라고도 한다. 협막은 자연에 존재하는 고체 표면에 부착하여 **생물막(biofilm)**의 세포층을 형성하는 주요한 역할을 한다. 또한 협막은 건조와 약제에 대하여 저항성이 있으므로 자신의 세포를 보호하는 역할도 한다.

(8) 내독성

내독성(endotoxin)은 세균이 세포 내에 포함하고 있는 독성물질을 말한다. 내독성은 주로 그람음성세균의 LPS 내의 lipid A와 관련이 있다. 이들 세균으로는 *Salmonella*, *Shigella*, *Escherichia* 등이 있다.

(9) 내생포자

내생포자(endospore)란 영양상태나 환경 조건이 좋지 않을 때 영양 세포 내에 만들어지는 포자를 의미한다. 어느 세균은 외부 조건에 따라서 다양한 형태로 분화한다. 이 내생포자는 세포의 외부에서 만들어지는 **외생포자(exospore)**와 구별된다. 주로 외생포자는 균류(fungi)에서 형성된다. 세균의 내생포자는 물의 함량이 낮고 포자의 외부 층이 두껍다.

내생포자는 열 저항성이 매우 높고 건조, 영양결핍, 방사선, 강산, 화학 살균제 등에 대해서도 저항성이 높으며 휴면상태로 장기간 생존할 수 있다(**그림 4-5**).

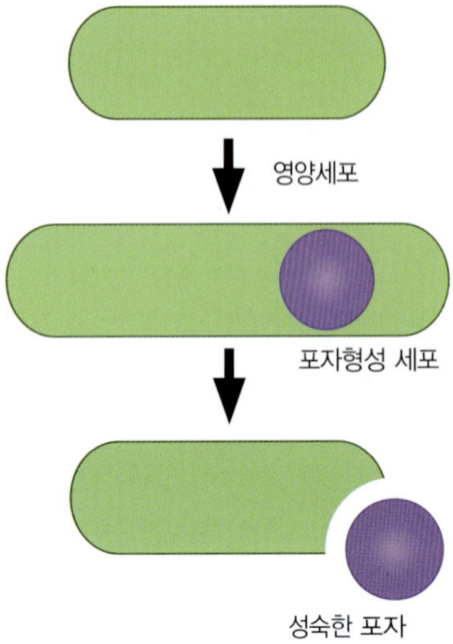

그림 4-5
세균의 내생포자 형성

내생포자의 형성 위치에 따라서 **말단(terminal)**, **준말단(subterminal)**, 그리고 **중심(central) 내생포자**로 구분한다. 주로 내생포자를 만드는 세균으로는 *Bacillus*, *Lactobacillus*, 그리고 *Clostridium*이 있다.

내생포자는 영양상태나 환경이 양호하면 다시 발아하여 영양세포로 전환된다. 이 과정은 **활성화(activation)**, **발아(germination)**, **생육(outgrowth)**의 3단계로 진행된다.

활성화는 내생포자를 열로 처리하여 쉽게 이루어질수 있으며 활성화된 포자는 충분한 수분과 아미노산 같은 특정 영양분의 존재 하에서 발아를 시작한다. 그 다음은 생육단계로 이어져 단백질, DNA, RNA 등의 새로운 물질을 합성한다.

내생포자가 휴면상태로 들어가면 내생포자는 적어도 수십 년 동안 또는 그 이상의 기간에도 생존이 가능하다고 한다. 본 저자는 수백 년 된 고서적에서 특수한 방법으로 배양하여 휴면포자의 세균을 발아시켜서 관찰한 결과 그 세균은 *Bacillus*이었음을 확인하였다. 고서적이나 고의류, 고건축물, 고가죽 예술품 등에서도 훼손하던 세균들이 휴면상태로 생존하고 있는 경우가 있을 것으로 추정된다.

3) 원핵세포와 진핵세포

원핵세포는 핵 속의 염색체 수가 반수체(haploid)이며, 무성생식으로 증식하고 미토콘드리아도 없다. 세균의 유전물질인 DNA는 완전한 염색체가 아닌 **뉴클레오이드(nucleoid)**라고 하는 곳에 있다. 이 세균의 DNA는 하나의 분자로 되어 있으며 원형의 고리 모양을 하고 있다. 어느 특이한 세균은 **플라스미드(plasmid)**라고 하는 고리 모양의 작은 DNA를 별도로 갖고 있다.

진핵세포의 구조와 기능을 원핵세포와 비교하여 정리한 결과는 다음 표에서 보여주는 바와 같다(**표 4-1**).

표 4-1 원핵세포와 진핵세포의 비교

특징	원핵세포	진핵세포
핵	없음	있음
염색체 수	반수체(n)	배수체(2n)
DNA	하나의 분자로 원형	다수의 분자로 염색체에 포함
리보솜	70S	80S, 소기관에는 70S
호흡계	원형질막, 메소솜	미토콘드리아
광합성 기구	없음	엽록체
세포벽 성분	펩티도글리칸	여러 종류의 다당류(식물, 조류, 균류 등)
세포내 소기관	없음	소포체, 골지체, 리소솜, 미토콘드리아, 엽록체
내생포자	있음	없음
세포분열	이분법	유사분열
생물군	세균, 원시세균	조류, 균류, 식물, 원생동물, 동물

4) 생장과 증식

세균의 **생장(growth)**이란 세포의 수적인 증가를 의미한다. 미생물 세포들의 생장이 유지되는 것은 개체군(population) 속에서 계속되는 생장에 의해서만 가능하다. 좀 더 넓은 의미에서 미생물의 생장은 개체군 내에서의 세포 수 증가로 정의된다.

(1) 세포분열과 증식

세균의 생식은 암수 개체가 별도로 있어서 유성생식을 하지 않고 이분법에 의한 무성생식을 한다. 일반적으로 세균세포는 하나의 세포가 2개의 새로운 세포로 분열하는 **이분법(binary fission)**에 의하여 증식(multiplication)한다(**그림 4-6**).

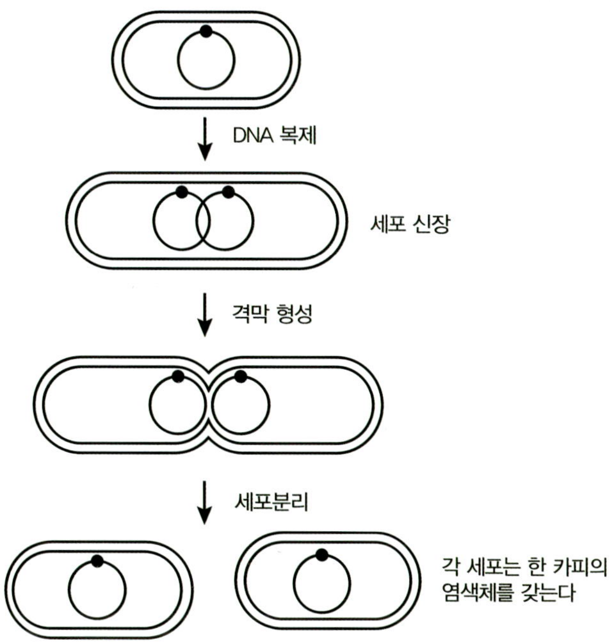

그림 4-6 간균의 이분법에 의한 증식과정

(2) 개체군의 생장

세균세포가 분열하는 동안 세포의 모든 구성 성분도 두 배로 증가된다. 한 개의 세포가 2개의 세포로 되는 것을 **세대(generation)**라 하고, 이때 소요되는 시간을 **세대시간(generation time)** 또는 **배가시간(doubling time)**이라고 한다. 세대시간은 미생물마다 다르다. 대부분 세균의 경우 최적 생장 조건에서 세대시간은 1~3시간이다.

(3) 세균의 생장주기

세균의 개체군 생장은 밀폐된 용기 안에서 배양하는 **회분배양(batch culture)**으로 측정한다. 세균의 생장은 최초에는 영양분의 공급이 충분하여 생장이 잘 일어나지만 계속하여 지속적으로 일어날 수가 없다. 전형적인 집단의 생장곡선은 **유도기(lag phase)**, **지수 증식기(exponential phase)**, **정지기(stationary phase)**, 그리고 **사멸기(death phase)**로 구분된다(**그림 4-7**).

유도기는 새로운 배양액에 미생물을 접종하면 처음에는 일정기간 동안 생장이 원활하지 못하다. 이 시기를 유도기라고 한다. 이어서 생장이 왕성한 지수증식기를 거치게 되며, 더 계속 생장하면 영양분이 소비되어 생장이 증가하지 못하는 정지기를 맞이하게 된다. 결국에는 세균의 증식은 감소하게 되어 세균은 사멸기에 들어가게 된다. 대부분의 경우 세포가 사멸된 후에는 세포 자체의 **용균(lysis)**이 일어난다.

아래 **표 4-2**에서 보는 바와 같이 하나의 세포가 2개의 세포로 되는 세대시간은 30분이다. 이 같은 세대시간은 변하지 않고 5시간까지 계속되었다. 이와 같이 개체군 내의 세포수가 일정한 기간에 2배 즉 2^n로 증가하는 생장을 지수생장(exponential growth)이라 한다.

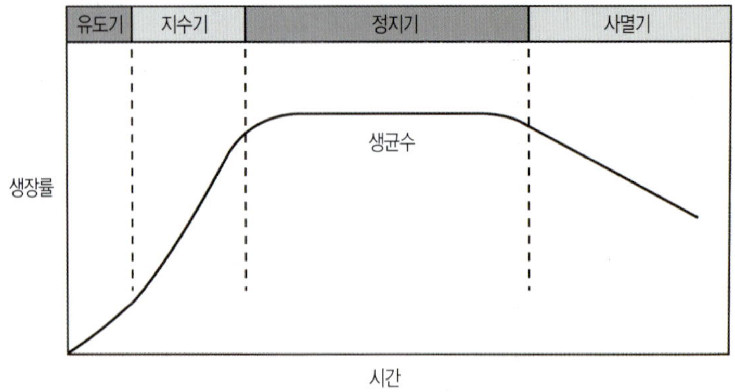

그림 4-7
세균 개체군의 전형적인 생장곡선

표 4-2 미생물의 생장 속도(지수생장)

시간(h)	총 세포수	시간(h)	총 세포수
0	1	4	256(2^8)
0.5	2	4.5	512(2^9)
1	4	5	1,024(2^{10})
1.5	8	5.5	2,048(2^{11})
2	16	6	4,096(2^{12})
2.5	32	.	.
3	64	.	.
3.5	128	.	.

5) 세균의 영양과 기질

세균은 대사활동을 하기 위하여 여러 종류의 영양소를 필요로 한다. 그러나 모든 영양소는 같은 양으로 필요한 것은 아니다.

탄소성분으로 아미노산, 지방산, 유기산, 당, 염기 등에 포함되어 있으며, 이들 성분은 유기물 합성에 필요하다. 질소는 단백질, 핵산, 다른 세포구성 성분 등의 구성 성분에 중요하다. 이와 같이 세포에 많이 필요로 하는 영양소를 **대량영양소(macronutrient)**라 하며, 이 대량영양소에는 C와 N를 포함하여 P, S, K, Mg, Ca, Na, Fe 등이 있다(**표 4-3**). 그러나 비교적 소량만 필요로 하는 **미량영양소(micronutrient)**로는 Cr, Co, Cu, Mn, Mo, Ni, Se, Zn 등이 있다.

표 4-3 세균의 대량영양소

성분	영양소
탄소(C)	CO_2, 유기화합물
수소(H)	H_2O, 유기화합물
산소(O)	H_2O, O_2, 유기화합물
질소(N)	NH_3, NO_3^-, N_2, 유기질소 화합물
인(P)	PO_4^{3-}
황(S)	H_2S, SO_4^{2-}, 유기황화합물, 금속황화합물(FeS, CuS, ZnS, NiS 등)
칼륨(K)	K^+, 또는 K염
마그네슘(Mg)	Mg^{2+}, 또는 Mg염
나트륨(Na)	Na^+, NaCl, 기타 Na염
칼슘(Ca)	Ca^{2+}, $CaSO_4$, 기타 Ca염
철(Fe)	Fe^{2+}, Fe^{3+}, FeS, $Fe(OH)_3$, 기타 Fe염

미량영양 원소들은 돌, 모르타르, 벽돌 성분에 포함되어 있으므로 미생물 생장에 좋지 않은 기질이 될 수 있다. 그러나 대기의 먼지와 유기물이 축적되고 높은 습도의 조건이 되면 세균을 포함한 미생물들이 생장할 수도 있다.

6) 대사적 다양성

모든 생물체들은 지구환경에 적응하면서 진화과정을 거치면서 살아간다. 세균도 다양하게 생존하여 온 진화의 결과물이라고 할 수 있다. 미생물의 다양성은 세포의 크기, 형태, 대사방식, 세포분열, 극한 환경에 대한 적응, 그리고 병원성 등에서도 나타난다. 모든 세포들은 에너지를 얻는 과정에서도 환경에 대한 적응의 과정으로 나타난다. 생물들은 자연계에서 에너지를 얻는 몇 가지 방법으로 진화 내지 적응하여 왔다.

모든 생물의 세포들은 자연계에서 3가지 방법으로 에너지를 얻을 수 있다. 햇빛, 무기화합물, 유기화합물을 이용하는 **광영양생물, 화학무기영양생물**, 그리고 **화학유기영양생물(종속영양생물)**로 분류한다.

세균은 에너지를 얻는 방법에 따라 **독립영양생물**(**autotroph**)과 **종속영양생물**(**heterotroph**)로 나눌 수 있다(**그림 4-8**).

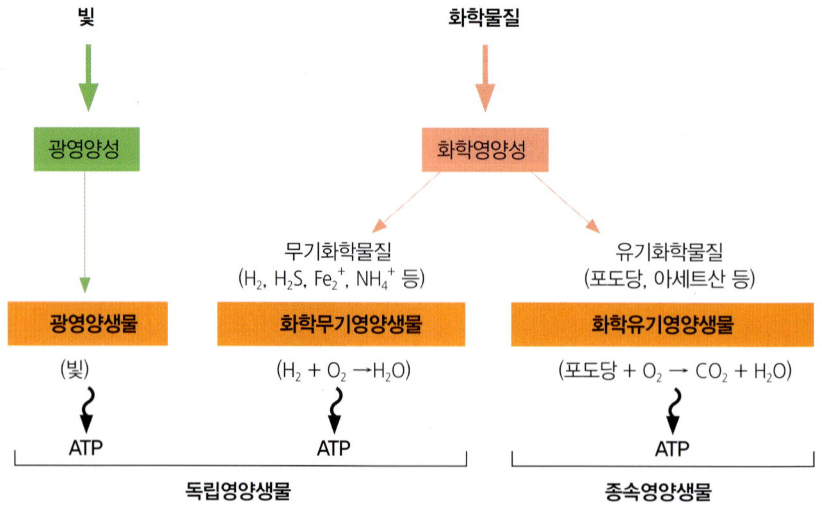

그림 4-8 에너지를 얻는 방법에 의한 생물의 구분

독립영양생물: ① 광독립영양생물
② 화학무기영양생물
종속영양생물: 화학유기영양생물

(1) 독립영양생물

독립영양생물(autotroph)은 독립적으로 유기물을 합성하기 위하여 빛 에너지, 이산화탄소나 물, 그리고 몇 종류의 염 같은 단순한 무기화합물을 이용하여 에너지를 얻어 생장하는 생물을 의미한다. 여기에는 **광독립영양생물**과 **화학무기영양생물** 가지가 포함된다.

① **광독립영양생물(photoautotroph)**은 화합물을 에너지원으로 하지 않고 빛을 에너지원으로 이용하는 생물이다. 시안세균이나 조류, 지의류, 식물 같이 색소가 있어서 에너지를 흡수하여 광합성 과정을 통하여 ATP를 만든다. 빛과 CO_2로부터 유기물을 합성하므로 **1차 생산자(primary producer)**라 부른다. 이와 같이 녹색식물처럼 자신이 유기화합물을 합성하는데 이산화탄소나 물, 그리고에너지원으로 빛을 사용하므로 **광독립영양생물**이라 한다.

② **화학독립영양생물(chemoautotroph)**은 주변 환경에서 유황이나 철 같은 간단한 무기물로부터 화학반응을 통하여 에너지를 얻는 세균으로 **화학무기영양생물(chemolithotroph)**이라고도 한다. 무기화합물을 산화하여 ATP형태의 에너지를 얻는 **화학무기영양생물**은 유기물 대신 무기물을 전자공여체로 사용하여 에너지(ATP)를 생성하여 사용한다. 이 세균들은 무기화합물로부터 독립적으로 에너지를 얻는 생물이므로 **독립영양생물(autotroph)**에 속한다. 이들 세균에는 유황산화세균, 질화세균, 철세균, 수소세균 등이 있다.

- **유황산화세균(sulfur-oxidizing bacteria)**은 유황을 산화하여 에너지를 얻는 세균이다. 이 세균은 석조문화재의 보존에 가장 위험한 세균으로 알려져 있다. 이들 세균은 대기 중으로부터 온 H_2S, S, thiosulfate(SO_3^-)를 산화하여 황산(H_2SO_4)을 만들 수 있기 때문이다. 이 황산은 강산으로 석회석을 강하게 분해하는 능력이 있다. 이들 세균 중에서 *Thiobacillus*와 *Thiomicrospira*는 sulfide를 직접 황산으로 산화하므로 대리석으로 된 미술품에 매우 위험하다.

- **질화세균(nitrifing bacteria)**은 질소화합물을 질산으로 전환하여 에너지를 얻는 세균이다. 이때 생성된 질산은 석조물질을 분해하는 역할을 한다. 이들 세균에는 암모니아 산화 또는 질화세균인 *Nitrosomonas*, *Nitrosococcus* 등이 있으며, 이들은 암모니아를 질산으로 만든다. 이들 세균에 의한 전체적인 반응과정을 **질화작용(nitrification)**이라 한다.
- **수소세균(hydrogen bacteria)**은 토양이나 물에서 발견되며, 에너지원으로 수소분자를 이용하여 CO_2를 유기탄소로 전환시킨다. 이들 세균은 거의 대부분이 화학무기영양생물로서 에너지원으로 무기물을 이용하지만, 유기물을 사용할 수 있는 능력도 있다. 수소세균으로는 그람양성세균인 *Bacillus*가 있으며, 그람음성세균으로는 *Pseudomonas*, *Paracoccus*, 그리고 *Alcaligenes*가 이에 포함된다.
- **철세균(iron bacteria)**은 Fe^{2+}에서 Fe^{3+}로의 호기성 산화에 의하여 에너지를 얻는다. 더구나 이 세균은 종종 철로 된 미술품에서 발견되며, pyrite (ferric sulphide)가 포함된 석조문화재나, 프레스코, 그리고 벽화에서도 발견된다. 산성 환경에서는 *Thiobacillus ferrooxidans*가 주로 발견된다. 이들 세균은 주로 철이온을 이용하지만, 전자공여체로서 유황화합물을 이용하여 생장할 수 있다.

(2) 종속영양생물

종속영양생물(heterotroph)은 보통 다른 생물이 만든 유기영양분을 이용하여 필요한 에너지를 얻는다. 탄소원을 포도당이나 유기산 같은 유기물로부터 얻으므로 **화학유기영양생물(chemoorganotroph)**이라고도 한다. 대부분의 세균과 균류는 여기에 포함되며 에너지원으로 죽은 생물체를 이용하는 **분해자(decomposer)** 역할을 한다.

종속영양생물에는 세균과 균류가 있으며, 이들은 유기물로 구성된 예술품을 분해한다. 유기물에는 탄수화물, 단백질과 지질 등의 기본물질 등으로 구성된 화합물들이 있다. 유기물의 예술품 위에 종속영양세균은 콜로니를 형성하여 효소의 활성으로 유기물 물질을 직접 분해할 수 있다.

이들 세균에는 단백질을 분해하는 세균, 섬유소 분해균, 전분 분해균, 그리고 지방분해 세균 등이 있다. 기질물질이 가죽 제품과 같은 단백질이면 단백질분해 세균을 세포 외부로 분비하여 단백질을 분해하여 에너지를 얻는다. 단백질은 최종에는 아미노산으로 되고 이는 구연산 회로로 들어가 에너지를 만들 수 있다.

특이하게도 많은 수의 종속영양세균 중에는 방선균의 역할도 중요하다. 그 이유는 방선균이 항생물질을 만들어 내어 주변의 다른 종류의 미생물 발생을 억제할 수 있기 때문이다.

종속영양세균은 유기물로 구성된 기념물이나 벽화에서 종종 발견된다. 대부분이 그람양성으로 *Bacillus*, *Brevibacterium*, *Micrococcus*, *Clostridium*, *Frankia*, *Blastococcus*, *Staphylococcus*, *Streptomyces* 등이 있다.

또는 위의 **그림 4-8**과 같이 빛을 이용하여 에너지를 얻는 광영양성과 화학물질로부터 에너지를 얻는 화학영양성으로 나누어 구분할 수도 있다.

7) 세균의 생태학적 특성

많은 생물은 주변의 환경 변화에 대하여 영향을 받는다. 모든 미생물의 생장을 조절하는 중요한 인자로는 온도, pH, 수분 및 산소들이 있다. 따라서 이 같은 환경을 조절하여 미생물의 생장을 억제할 수 있을 것이다.

(1) 온도

온도는 생물의 생장에 크게 영향을 미친다. 온도가 상승하면 세포의 화학적 및 효소의 반응이 보다 빠른 속도로 이루어지기 때문에 생장이 빨라진다. 그러나 어느 온도 이상에서는 세포기능이 급격히 감소하여 생장이 멈추게 된다. 예컨대 일반적으로 42℃ 이상의 온도에서는 세포의 특정 단백질이 비가역적으로 변성되어 세포의 생명은 위험에 처하게 된다.

모든 미생물은 생장이 일어나지 않는 **최저온도(minimum temperature)**, 생장이 가장 왕성한 **최적온도(optimum temperature)**와 그 온도 이상에서는 생장이 일어나지 않는 **최고온도(maximum temperature)**가 있다. 이 세 가지 온도를 **기본온도(cardinal temperature)**라 한다.

여러 미생물의 기본온도는 매우 달라서 어느 미생물은 4℃의 최적온도를 갖는 것도 있고 어떤 미생물은 거의 100℃에서 최적온도를 갖는 것도 있다. 이와 같이 각 미생물마다 최적온도는 일정하지 않다. 그러나 일반적인 미생물의 전형적인 생장가능 온도 범위는 30~40℃ 정도이다.

지구상의 미생물은 넓은 범위의 온도에서 생장하지만 최적온도를 기준으로 하여 미생물을 구분할 수 있다. 낮은 온도를 최적온도로 하여 생장하는 **저온생물(psychrophile)**, 중온에서 최적의 생장을 하는 **중온생물(mesophile)**, 고온에서 최적으로 생장하는 **고온생물(thermophile)**, 그리고 극히 높은 온도에서 생장이 왕성한 **초고온생물(hyperthermophile)**이 있다(**그림 4-9**).

중온성 미생물은 온대 및 열대의 육지와 수계환경에서 발견된다. 전형적인 중온생물인 대장균(*E. coli*)의 최적온도는 39°C이고 최저온도는 8°C이며 최대온도는 48°C이다.

저온생물은 최적온도가 15°C 이하이며 최고 온도는 20°C 이하이고 최저 온도는 0°C 이하인 생물이다. 저온생물은 극지방이나 심해의 항상 추운 조건에서 생장하며 실온에 노출되면 단시간 내에 사멸된다.

현재까지 잘 알려진 저온생물에는 극지방의 얼음 또는 빙하에서 생장하는 조류 등이 있다. 빙산의 표면에서 특이한 붉은색이나 초록색으로 생장한다. 생장이 0°C에서 잘 일어나지만 최적온도가 20~40°C인 **내냉성(psychrotolerant)** 미생물은 더 광범위하게 분포되어 있으며 냉장고(4°C) 속에 보관하는 과일, 채소, 육류, 우유 등의 식품은 물론이고 온대지방의 토양이나 물에서도 쉽게 분리할 수 있다. 내냉성 생물에는 세균 이외에도, 조류, 균류, 그리고 원생동물의 여러 종류가 있다.

순수한 물은 0°C에서, 그리고 바닷물은 -2.5°C에서 결빙이 일어난다. 그러나 결빙(freezing)은 연속적으로 발생되지 않으므로 어는 온도보다 훨씬 낮은 온도에서도 얼지 않는 적은 양의 물이 항상 고여 있게 마련이다. 이런 상태에서 액체상태의 물이 존재하는 한 미생물의 생장은 기능하다. 냉장으로 미생물의 생장을 억제하지만 사멸시키지는 못하는 이유이다. 세포의 생장 약

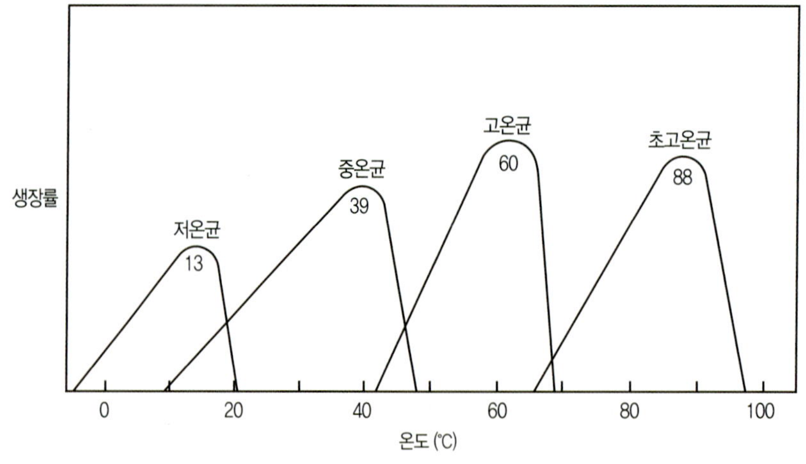

그림 4-9
생장온도에 의한 미생물의 구분

-30°C에서 정지하지만 효소의 반응은 매우 천천히 일어난다. 생화학 반응의 낮은 한계온도는 약 -40°C이다.

최적온도가 45°C 이상인 미생물을 **고온성생물**이라 하며 80°C 이상인 미생물을 **초고온생물**이라고 한다. 대부분의 온천수의 온도는 90°C 이상의 끓는점에 가까운데, 이 같은 환경하에서도 생존하고 있는 미생물들이 발견되었다.

(2) pH와 미생물의 생장

모든 미생물은 각각 최적의 생장을 위한 pH 범위를 가지고 있다. 대부분의 자연계의 pH는 5~9이므로 이 범위의 pH를 갖는 미생물들이 가장 많다. pH 값이 2 이하이거나 9 이상인 환경에서 생장하는 미생물의 종류는 많지 않다. 낮은 pH에서 가장 잘 생장하는 미생물을 **호산성생물(acidophile)**이라고 한다. 일반적으로 균류는 세균보다 내산성이 큰 경향이 있다. 대부분 균류의 최적 pH는 5 이하이며 어느 종은 pH가 2에서도 잘 생장한다. 호산성인 세균에는 *Acidithiobacillus*, *Sulfolobus* 등이 있다.

높은 pH 10에서 최적의 생장을 보이는 미생물을 **호알칼리성생물(alkaliphile)**이라고 한다. 이들 미생물은 소다 호수, 탄산염이 풍부한 토양 등의 염기성이 높은 서식지에서 발견된다. 잘 알려진 호알칼리성 세균으로는 *Bacillus* 종들이 있다.

(3) 물과 수분활성도

물은 생명체가 가장 많이 필요로 하는 기본적인 액체이다. 자연계에서 물의 가용성은 미생물의 생장에 영향을 미치는 중요한 인자이다. 수분의 가용성(availability)은 환경이 보유하고 있는 물의 양뿐만 아니라 물에 포함된 염, 당 및 다른 용질의 농도에 의하여 결정된다.

수분의 가용성은 일반적으로 물리학적 용어인 **수분활성도(water activity)**로 표시한다. 수분활성도가 가장 높은 순수한 물은 용질의 농도가 가장 낮으며, 수분활성도가 높다고 하는 것은 용질보다 물의 함량이 많다는 의미이다.

물의 농도가 높은 곳, 즉 수분활성도가 높은 곳에서 낮은 곳으로 물은 확산된다. 대부분 세포의 세포질은 외부보다 용질의 농도가 높기 때문에 물이 세포 내로 확산되어 들어온다. 따라서 물이 미생물 세포의 막을 통하여 들어오면 세포벽에 압력이 가하게 된다. 이 압력을 **삼투압**이라 한다.

(4) 호염생물

염분농도가 높은 조건에서는 삼투효과가 중요하다. 바닷물은 3%의 소금과 다른 종류의 무기물질을 포함하고 있다. 대부분의 바다에 서식하는 미생물은 바닷물의 수분활성도 조건에서 최적의 생장을 할 뿐만 아니라 나트륨 이온(Na^+)을 특이적으로 요구한다. 이 같은 미생물을 **호염 생물(halophile)** 이라 한다.

대부분의 미생물은 수분활성도가 매우 낮은 환경에서는 죽거나 탈수가 되어 휴면상태로 들어간다. 그러므로 식품산업에서는 미생물의 생장을 억제하기 위하여 소금이나 설탕 같은 용질을 사용한다. 그러나 높은 당 농도에서 살 수 있는 미생물인 **호삼투성 생물(osmophile)**이 있는가 하면 매우 건조한 환경에서도 생장할 수 있는 **내건성 생물(xerophile)**도 있다.

미생물이 낮은 수분활성도의 조건에서 생장할 수 있는 것은 세포 내부의 용질의 농도를 증가시켜서 주위로부터 물을 들여올 수 있기 때문이다.

(5) 산소와 미생물의 생장

대부분의 미생물은 산소가 있어야 생장하지만 어느 종류의 미생물은 산소가 없는 조건에만 살 수 있는 것도 있다. 산소는 물속에서 아주 적은 양만 용해되므로 물이나 습지가 많은 곳, 특히 유기물이 많은 곳에서는 미생물의 호흡활동으로 인하여 쉽게 산소가 부족하게 된다. 반대로 진흙, 강바닥의 침전물층, 폐수 슬러지, 늪과 습지 등은 거의 무산소인 상태로 존재한다. 이러한 무산소 조건에서도 많은 양의 미생물들이 생장하고 있다.

- **산소의 요구:** 미생물에 따라 산소의 요구와 내성이 서로 다르다. 산소의 영향에 의한 미생물을 여러 가지 군으로 나눌 수 있다. **호기성 생물(aerobe)**은 대기의 산소분압이 21%에서 생장할 수 있으며 산소호흡을 한다. 대부분의 미생물들은 호기성균에 속한다. 많은 호기성균 중에는 영양분과 배양조건이 주어지면 산소가 있거나 없어도 모두 생장하는 **통성호기성(facultative) 생물**이 있다. 반면에 어느 생물들은 산소가 없는 무산소 상태에서만 생장하는 **혐기성 생물(anaerobe)**도 있다(**그림 4-10, 표 4-4**). 여기에 속하는 *Clostridium* 속의 세균은 토양, 호수의 바닥과 장내에 살고 있으며 종종 통조림을 부패시키기도 한다.

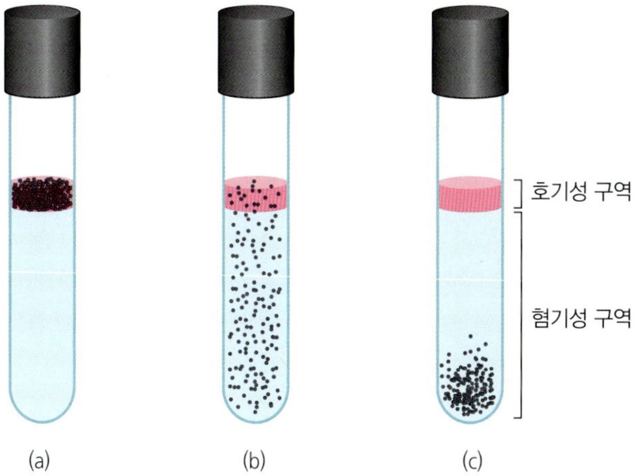

그림 4-10
미생물의 생장과 산소
(a) 호기성생물
(b) 혐기성생물
(c) 통성호기성생물

표 4-4 미생물과 산소와의 관계

종류	산소와의 관계	대사형태	세균
호기성			
절대	절대로 필요함	호기성 호흡	*Micrococcus luteus*
통성	필요치 않으나 있으면 더 잘 생장	혐기성 호흡 및 발효	*Escherichia coli*
혐기성			
내기성	필요치 않음	발효	*Streptococcus pyrogenes*
절대	유해하거나 죽는다	발효와 혐기성 호흡	*Methanobacterium formicicum*

(6) 극한의 환경

미생물은 지구상의 어느 장소에서도 생존한다. 일부 미생물들은 극한의 환경에서도 살아가는데, 이 같은 미생물을 **극한생물(extremophile)**이라고 한다. 이들은 주로 대부분의 고세균들이 여기에 속한다. 초고온, 낮은 온도, 높은 pH와 낮은 pH, 고압력, 고염분 등의 환경에서도 살아남을 수 있다.

8) 세균 생장의 제어

(1) 열 멸균

열 멸균은 미생물을 사멸시키는 가장 일반적인 방법이다. 매우 높은 온도에서는 단백질을 포함한 대부분의 거대분자들은 **변성(denaturation)**이 일어나므로 구조가 변화하여 그 기능을 상실하게 되므로 생명을 잃게 된다.

열을 이용하여 미생물을 사멸시키는 효능으로 주어진 온도에서 미생물집단을 1/10로 감소시키는데 여기에 소요되는 시간을 **1/10 감소시간(decimal reduction time)**이라고 한다.

어떤 세균은 내생포자(endospore)를 만들어 온도에 대해 내성이 높다. 영양세포와 내생포자가 있는 어느 세포는 열에 대한 내성이 매우 다르다. 예컨대 고압멸균기에서 온도가 121°C일 때 열 내성이 높은 내생포자의 1/10 감소시간 D 값은 4~5분이나 영양세포의 경우는 65°C에서의 D 값은 0.1~0.5분 정도로 낮다. 이런 차이 때문에 효과적인 열 멸균기는 내생포자까지 모두 사멸할 수 있도록 설계되어 있다.

따라서 **가압멸균기**(autoclave)는 고압 하에서 증기를 주입하여 온도를 121°C까지 높일 수 있다. 이 조건에서 완전한 멸균에 필요한 시간은 약 10~15분간이다.

(2) 방사선 멸균

여러 가지 방사선 중 파장이 220~300nm 사이의 자외선(UV)은 충분한 에너지를 갖고 있어 세포 내의 DNA를 변화시키거나 파괴시켜 유전물질을 파괴하여 생물을 사멸시킬 수 있다. 그러므로 실험실의 무균실 내에 모든 미생물은 살균하기 위하여 자외선 등을 설치한다.

(3) 화학적 생장 제어

우리는 가정이나 직장 등에서 미생물의 생장을 억제하기 위하여 화학제품을 사용한다. **항미생물제(antimicrobial agent)**는 미생물의 생장을 억제하거나 사멸하는 천연물이나 합성된 화합물이다. 항미생물제에는 첫째 무생물환경이나 체외표면에 사용하는 화학멸균제, 감염방지제, 살균제, 소독제 등이 있으며, 두 번째로는 산업 환경에서 사용하는 항미생물제가 있다.

멸균제(sterilant; sterilizer)는 열이나 방사선을 적용하기 어려운 물체에서 오염원의 제거나 멸균을 위해 사용된다. 예컨대 온도계, 비닐관, 위생기구 등은 열에 약하므로 ethylene oxide, formaldehyde, 과산화수소 등과 같은 화학제를 사용한다(**표 4-5**).

감염방지제(disinfectant)로는 에탄올이나 양이온 세제 등이 있다. 이것들은 바닥, 책상, 벽, 실험대 같은 무생물에만 사용한다.

살균제(sanitizer)는 미생물을 완전히 사멸시키지는 못하더라도 세포수

표 4-5 미생물의 소독제, 멸균제, 살균제의 용도

약제	용도	작용 기작
소독제		
알코올(60~85%)	국부 소독제	지질의 용해 및 단백질의 변성
페놀 화합물	비누, 로션, 화장품, 탈취제	세포막 파괴
양이온 세제, 4차 암모니움	비누, 로션, 감염방지제	세포막의 인지질 파괴
과산화수소	국부 소독제	산화제
요오드 화합물 용액	국부 소독제	단백질의 요오드화, 산화제
멸균제, 감염방지제, 살균제		
염소가스	상수의 감염방지제	산화제
황산구리	상수의 조류감염 방지제	단백질의 침전
Ethylene oxide	플라스틱 같은 온도에 약한 물질들의 살균제	알킬화제
포름알데히드	표면의 감염방지제, 멸균제	알킬화제
Glutaraldehyde	2% 용액을 멸균제 및 감염방지제로 사용	알킬화제
과산화수소	멸균제로 이용	산화제
염화수은	실험대 표면, 의료용 기구의 감염방지	단백질의 SH기와 결합
오존	음용수의 감염방지제	강산화제
페놀 화합물	실험대 표면의 감염방지	단백질의 변성

를 안전한 수준으로 줄여주는 약품이다.

소독제(antiseptics, germicide)는 미생물의 생장을 억제하거나 사멸시키는 약제로 대표적인 것이 에탄올이다. 이 약품은 살아 있는 조직에 처리하여도 될 정도로 약한 약품들이다.

문화재 보존의 분야에서 미생물을 제어하기 위하여 사용되는 것은 항미생물제들이다. 이 화학적 제어에 적용되는 산업제품으로는 제지, 피혁, 플라스틱, 섬유, 목재 등이 있다. 이들 제품에 사용되는 화학적 제어성분들은 **표 4-6**에서 보여주는 바와 같다.

표 4-6 항미생물제의 산업적 이용

산업	화학제	용도
제지	수은함유 유기물, 페놀류	가공 중 미생물 생장 억제효과
피혁	중금속, 페놀류	미생물 생장 억제
플라스틱	양이온 세제	플라스틱의 액체성 분산물에 세균억제
섬유	중금속, 페놀류	천막과 텐트 같은 섬유질의 미생물 부패방지
목재	중금속, 페놀류	목재 제품의 부패 방지
금속 가공	양이온 세제	절단용 액체 유탁액에 세균 생장 억제

2. 균류

1) 균류의 특성

(1) 균류의 세포

균류(fungi)는 핵막이 있는 **진핵생물**로서, 엽록체가 없는 **종속영양생물**이며 **유기영양생물**이다. 균류는 식물과 여러 가지 면에서 다르다.

① **세포벽:** 대부분의 균류 세포벽은 식물의 세포벽 성분과 다르게 단단한 **키틴(chitin)**으로 되어 있으며 일부의 균류는 **섬유소**로 구성되어 있다.

② **핵:** 균류의 제놈은 다른 진핵생물의 것보다 작아서 12~88Mbp로 다양한 종류로 되어 있다. 예컨대 양송이(*Agaricus brunnescens*)의 반수체의 제놈의 크기는 3.42×10^7 뉴클레오티드 쌍으로 되어 있다. 이것은 대장균(*Escherichia coli*)의 약 8배 정도이지만, 반수체(N) 인간 세포의 약 1% 정도이다.
특이하게도 효모(*Saccharomyces cerevisiae*)의 세포 내에 약 2μm 정도가 되는 환상의 DNA 분자인 **플라스미드(plasmid)**가 있다. 이 플라스미드는 사상균에서도 발견되는데, 규칙적으로 존재하는 DNA 분자 이외에 미토콘드리아에도 2종류의 플라스미드가 있다.

③ **세포내 소기관:** 소포체는 보통 비교적 드물게 분포하고 있으며 배설과 세포벽을 형성하는 물질과 관련이 있다. 미토콘드리아, 리보솜, 골지체 등의 세포내 소기관은 다른 진핵세포의 것과 유사하다. **리소좀(lysosome)**은 기주 세포벽을 분해하며, 자낭포자낭을 분해하여 자낭포자를 방출하게 하는 역할을 한다. 리보솜은 진핵세포의 80S로 되어 있다.

(2) 균사와 영양섭취

① 균사

종속영양생물(heterotroph)인 균류는 죽은 사체의 유기물을 섭취하는 **부생(saprotroph)**이나, 살아 있는 식물에 **기생(parasite)**한다. 주변 환경으로부터의 영양흡수는 **균사(hypha)**로 한다. 균사는 주변의 유기물을 분해하는 여러 가지 종류의 효소를 분비하여 그 유기물을 분해함으로써 저분자의 분해산물을 흡수한다(**그림 4-11**).

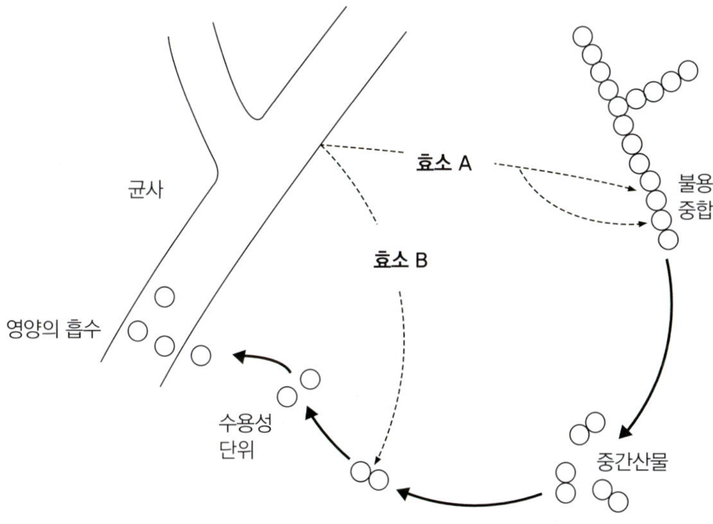

그림 4-11
균류에 의한 영양분의 흡수와 소화

균류는 여러 종류의 구조와 영양계를 가지고 있다. 효모(yeast)와 같은 단세포 생물에서부터 비교적 복잡한 구조를 가진 사상형의 생물도 있다. 대부분의 균류는 **균사(hypha; 복수는 hyphae)**라고 하는 미세한 가지가 있는 **사상형(filamentous)** 모양을 하고 있다. 이 균사는 포자가 발아하여 발생된다. 균사는 좁은 관과 같은 모양을 하고 있으며 직경은 2~12μm의 두께이다. 균사가 모여서 이루어진 전체를 **균사체(mycelium; 복수는 mycelia)**라 한다.

균사에는 하나의 세포에 한 개의 핵이 있는 **단핵균사(monocytic hyphae)**와 여러 개의 핵이 있는 **다핵균사(coenocytic hyphae)**가 있다. 균사는 주변의 영양분을 흡수하며, 식물의 세포 속에까지 침투하여 양분을 흡수한다. 식물세포 속에 들어간 균사를 **흡기(housetoria)**라고 한다(**그림 4-12**).

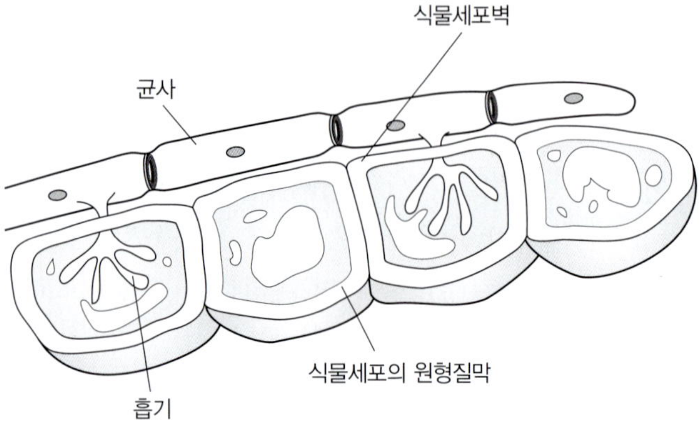

그림 4-12
식물세포 내의 영양분을 흡수하는 특수한 균사(흡기)

대부분의 균류들은 많은 종류의 유기물을 이용할 수 있는 부생(saprophytic)으로 생태학적으로 중요한 역할을 한다. 균류는 유기물질을 이용하여 에너지를 얻어 생장하는 **유기영양생물**로서 대사과정을 통하여 필요한 자신의 유기물질을 생합성한다.

② **자실체와 균핵**

균류의 유성생식 과정에서 균사는 생장하여 **자실체(fruiting body)**를 만든다. 자실체는 **자낭균(ascomycetes)**과 **담자균(basidiomycetes)**의 구조적 특성을 나타내기도 한다. 영양 균사체는 좋지 않은 환경에서 생존하기 위하여 **균핵(sclerotia)**과 **뿌리형균사체(rhizomorph)**를 만든다. 이것에는 여러 가지 형태가 있으며 풍부한 영양분을 포함하고 있다. 이 균핵 구조는 불리한 환경조건에서 휴면하는 상태로 있다가 생장조건이 양호하면 발아한다. 이들 구조는 종종 훼손된 문화재에서 발견되기도 한다. 균핵 구조의 형성은 콜로니 형성에 대단히 중요하며, 어느 물질 위에서나 오래 견딜 수 있으며, 예술품의 훼손을 주도하는 경우도 있다.

균핵은 식물의 뿌리와 비슷한 구조이다. 이 구조의 주요 기능은 균사를 형성하여 기질 속으로 침투한다. 이들 구조는 주로 목재 부후균의 담자균으로부터 만들어진다. 또한 종종 습기가 있는 목재물질에서 발견되기도 하지만 석고반죽, 벽화, 지하 환경의 치장벽토세공(stuccowork)에서도 발견된다.

③ **멜라닌 색소**

균류의 색소인 멜라닌(melanine)은 균사의 세포벽에 포함되어 있다. 이 색소는 여러 화학적 및 물리적인 요인인 UV 방사선, 감마선(δ), x선과, 그리고 효소의 공격에 대해 내성이 있다. 이 같은 내성의 능력은 멜라닌의 화학적 성질에 의한 것으로, quinone과 hydroquinone의 조합을 형성하여 자유라디칼에 의하여 받은 손상을 최소화하기 때문이다. 세포벽의 이 멜라닌 색소는 석조문화재의 훼손 과정에서 기질 내로 균류가 침투하는 데 도움을 준다.

(3) 생식

대부분의 균류는 유성생식과 무성생식의 두 가지 방법을 통하여 많은 수의 포자를 생성하여 번식한다. 포자는 주로 바람이나 물에 의하여 먼 거리까지 운반될 수 있으며 영양분이 있는 습한 장소에 도달하면 발아하여 새로운 균사체를 형성한다.

① 유성생식

유성생식(sexual reproduction)은 2개의 반수성(n) 배우자 세포가 결합하여 이루어진다. **배우자(gamete)**는 단세포이며 운동성이거나 비운동성이거나, 혹은 성세포일 때도 있다. 일반적으로 유성생식 과정에서 두 가지 교배형의 **반수체(haploid; n)**의 균사체는 유성생식을 위한 신호전달분자를 방출한다. 그리고 각기 교배형을 향하여 생장하여 융합한다.

유성생식의 **수정방법**에는 여러 가지 방법으로 이루어진다. ① **동형접합자(isogamete)** 간의 **동형접합(isogamy)**, ② **이접합자(anisogamete)** 사이에 의한 **이형접합(anisogamy; heterogamy)**, ③ 암수 **배우자낭(gametangia)**과 ④ **가근(rhizoid)** 간의 융합, 그리고 ⑤ 비운동성의 **난자(egg)**와 배우자 세포 간의 **난접합(oogamy)**으로 이루어진다(**그림 4-13**).

배우자의 결합으로 수정이 이루어지면 **원형질융합(plasmogamy)**된다. 이 원형질융합은 수정된 2개의 핵이 아직도 결합하지 않은 상태이므로 **핵상**

그림 4-13 균류의 유성생식 방법

으로 표시하면 N+N이며 이 상태를 **이핵성 반수체(dikaryotic haploid; N+N)**라고 한다.

원형질융합이 완료된 다음 두 개의 핵은 융합하는데 이를 **핵융합(karyogamy)**이라고 한다. 원형질융합과 핵융합 사이의 기간은 균류의 종에 따라 다르며 몇 시간에서 며칠 내지 수년이 걸리는 것도 있다. 두 개의 핵이 핵융합을 하면 유전적으로 완전한 **이배체(diploid; 2N)**가 된다. 이배체는 성숙하여 **배우자낭(gametangia)**이 되는데, 여기서 **감수분열(meiosis)**에 의하여 다시 **반수체(haploid; N)**인의 배우자를 만든다.

이와 같이 균류의 생활사 중 암수의 구별이 있어서 유성생식하는 세대를 **완전세대(perfect stage)** 또는 **유성세대(telomorph: sexual stage)**라 한다.

배우자낭(gametangia) → 감수분열 → 배우자(gamete; N) → 수정(fertilization) → 원형질융합(plasmogamy; N+N) → 핵융합(karyogamy) = 접합체(zygote; 2N) → 배우자낭

② **무성생식**

많은 종류의 균류는 무성적으로 번식할 수 있다. 약 20,000여 종의 균류는 무성적으로만 번식한다고 알려져 있다. 포자가 발아하여 생긴 반수체(N)의 균사체는 유성생식을 하지 않고 그대로 생장하여 **포자과(sporocarp)**을 만들고 여기에서 포자를 형성하여 방출한다. 이 같은 포자를 **무성포자(asexual spore)** 또는 **분생자(conidium**; 복수는 **conidia)**라 한다. 특별히 무성생식을 하는 **불완전균류(imperfect fungi)**는 **무성세대(anamorph; nonxeual stage)**만 하는 균류이다.

병꼴균류, 접합균류, 자낭균류, 그리고 담자균류 등은 **완전세대(perfect stage)**인 **유성세대(teleomorph)**와 불완전세대인 **무성세대(anamorph)**의 두 가지의 단계를 포함하므로 **전성세대(holomorph)**를 갖는다고 한다(**그림 4-14**).

2) 균류의 종류

전통적으로 균류를 분류하는 기준에는 여러 가지가 있다. 세포학적과 형태학적 특성, 그리고 생활사와 배우자, 배우지낭, 포자체, 포자의 구조적 특

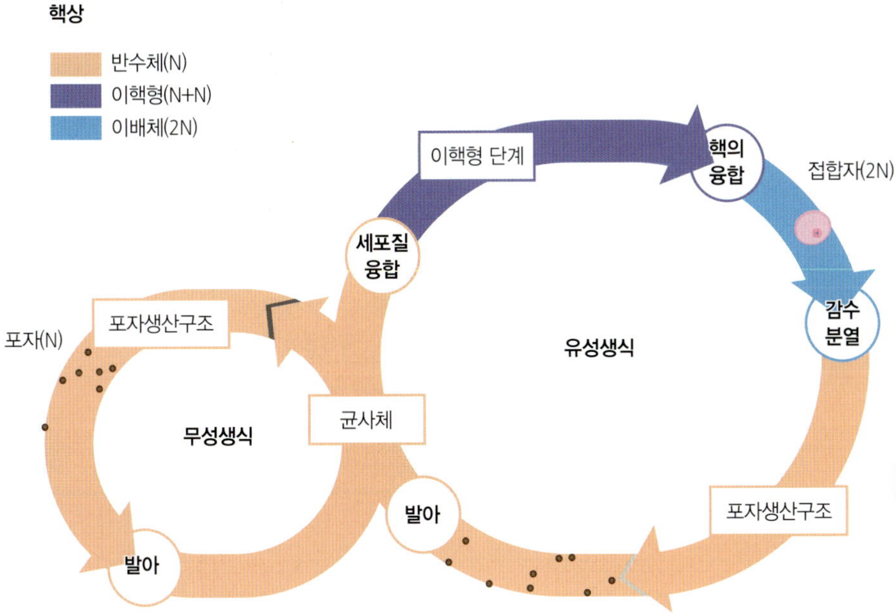

그림 4-14 균류의 생활사; 유성생식과 무성생식

성에 기초를 두고 있다. 최근에는 생화학적, 유전학적 그리고 분자생물학을 이용한 균류에 관한 정보에 의하여 분류하기도 한다.

균류의 서식처가 수생인 경우는 편모가 있는 **유주자** 또는 **유주포자(zoospore)**로 번식하는 병꼴균문이 있다. 육상에서 포자로 번식하는 접합균문, 자낭균문, 담자균문, 불완전균문 등이 있다(**표 4-7**).

(1) **병꼴균문**(Chytridiomycota)

종속영양균류 중에는 유일하게 유주자와 같은 운동성 편모운동을 하는 특성이 있다. 이들 균류는 생활주기 중 생존을 위하여 물이 필수적으로 필요한 기간이 있다. 대부분의 종들은 유주자 또는 유주포자(zoospore)에 편모가 있어서 호수나 개천의 물속에서만 생활하며 어떤 종은 진흙이나 습기가 많은 토양 속에 산다. 일부는 육상에서 부패한 식물이나 동물에서 영양을 얻는 부생균류이지만, 식물과 동물의 기생생물로 서식하든가 공생관계의 상대로 하여 살아간다. 이들이 어디에 살든지 유주포자가 움직일 수 있도록 최소한의 물이 필요하다. 다른 균류처럼 키틴질의 세포벽을 가지며 균사로 균체를 형성하거나 구형 세포로도 존재한다(**그림 4-15**).

병꼴균(chytrids)은 형태가 병 모양을 하고 있으며 호수와 습기가 있는 토양의 어느 곳에도 존재한다. 병꼴균에는 약 1,000종이 있으며, 이들은

표 4-7 균류의 분류 요약

균류계(Kingdom Fungi)

병꼴균문(Chytridiomycota) ┐
접합균문(Zygomycota) │ 유성생식
자낭균문(Ascomycota) │
담자균문(Basidiomycota) ┘
불완전균문(Deuteromycota): 무성생식

균류의 문	유성생식 특성
병꼴균문(Chytridiomycota) 	편모가 있는 유영성 포자 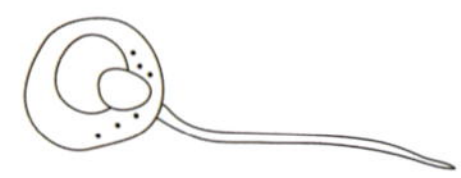
접합균문(Zygomycota) 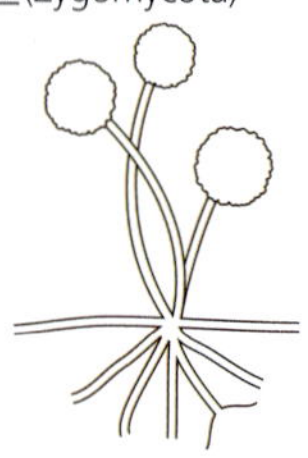	유성세대로서 접합포자낭 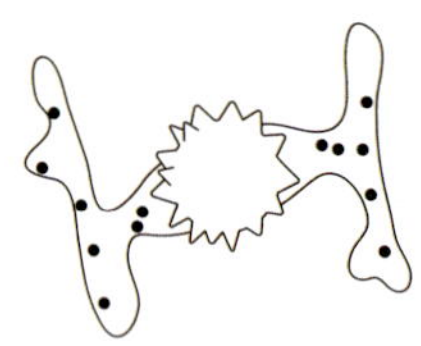
자낭균문(Ascomycota); 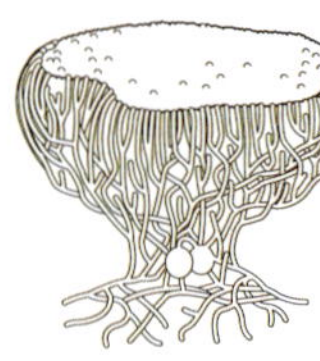	자낭 속의 유성 자낭포자 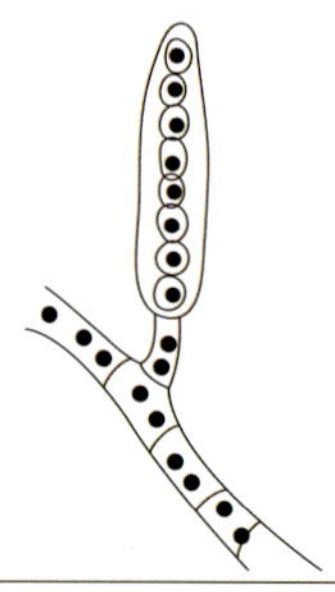
담자균문(Basidiomycota) 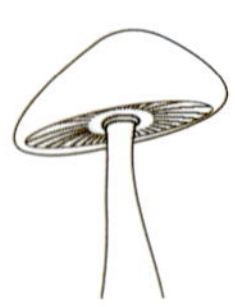	담자기 속의 유성 담자포자 

* -mycota는 분류학적으로 균문(菌門)이라고 함.

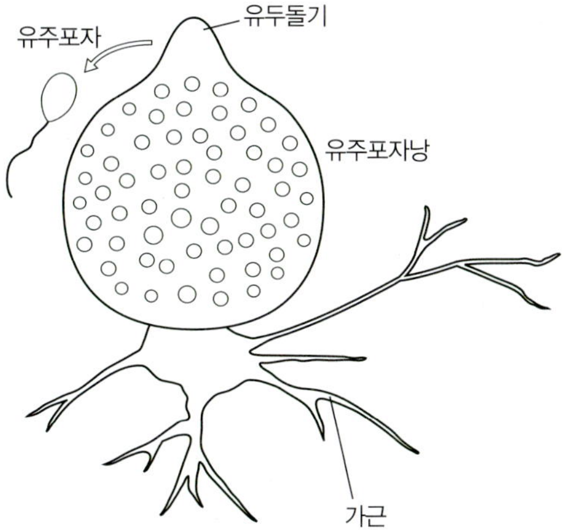

그림 4-15
병꼴균의 형태

분해자이며 일부는 다른 생물에 기생한다. 균류 중에서 가장 간단한 구조를 하고 있다.

병꼴균의 유주자의 형태는 한 개의 **민꼬리형(whiplash)** 편모가 포자의 뒤쪽의 후단(posteriorly)에 연결되어 있다. 유주자는 **유주자낭(zoosporangium)** 속에서 발생된다. 이 균류는 이외에도 기부조직과 **가근(rhizoid)**으로 되어 있다.

유성생식은 네 가지 방법으로 이루어진다. ① **동형접자(isogamete)** 간의 **동형접합(isogamy)**, ② 이형접합자(**anisogamete**) 사이에 의한 **이형접합 (anisogamy)**, ③ 암수 배우자낭 간의 융합, 그리고 ④ **가근(rhizoid)**의 접합으로 이루어진다.

동형접합자란 유주자의 편모가 동일한 모양의 접합자를 말하며, **이형접합자**란 편모의 형태가 다른 접합자를 말한다. 예컨대 이형접합자란 한 쪽 유주자의 편모는 짧으나 다른 쪽 유주자의 편모는 길다. 유성생식은 교배형이 다른 배우자인 유주자가 접합을 하여 원형질융합(N+N)을 거쳐 핵융합을 하여 완전한 **접합자(zygote; 2N)**를 만드는 것이다. 이 접합자는 성숙하여 포자낭을 형성하며 그 속에서 감수분열하여 많은 수의 **유주자(N)**를 형성한다. 이들 유주포자는 발아하여 다시 배우자낭을 형성한다. 전체 생활주기가 수일밖에 안 걸리지만 대부분의 종은 무성생식으로 지낸다.

대표적인 병꼴균류에는 *Synchytrium*, *Allomyces*, *Blastocladiella* 속 등이 있다.

(2) **접합균문**(Zygomycota)

접합균류는 유성생식 과정에서 **접합포자(zygospore)**를 형성하는 특징이 있다. 대부분의 접합균류는 토양 속에서 식물 퇴적물에서 영양분을 흡수하여 사는 부생미생물이다. 일부 접합균류는 곤충에 기생하기도 하고 저장 중인 곡물, 빵, 복숭아, 딸기, 고구마와 같은 식품이나 과일이나 채소 등을 부패시킨다. 이들 균류는 식물이나 동물 사체에 부생하며 유기산, 색소, 발효식품, 알코올, 스테로이드 등을 만든다.

대부분의 접합균류는 격막이 없어서 다른 균류와 구별된다. 접합균류는 특이하게도 **가근(rhizoid)**으로 영양분을 흡수하며 이 가근은 밑으로 기어가는 **포복균사(stolon)**를 만든다(**그림 4-16**). 이 균사는 횡적으로 퍼져나가서 균사의 정단에 **포자낭(sporangium)**을 형성한다. 포자낭 속에는 반수체(N)인 **포자낭포자(sporangiospore)**를 만들어 성숙하게 되면 이들 포자는 터져서 외부로 발산된다.

검은빵곰팡이(*Rhizopus stolonifer*)의 생활사는 접합균류의 전형적인 생활사를 갖는다.

① 유성생식

유성생식은 암수의 **배우자낭(gametangium; 복수는 gametangia; N)**이 결합하여 두꺼운 벽의 **접합포자(zygspore; N+N)**가 되어 원형질융합을 한 다음 핵융합을 하여 2N이 된다. 그리고 감수분열을 하여 N 상태의 접합

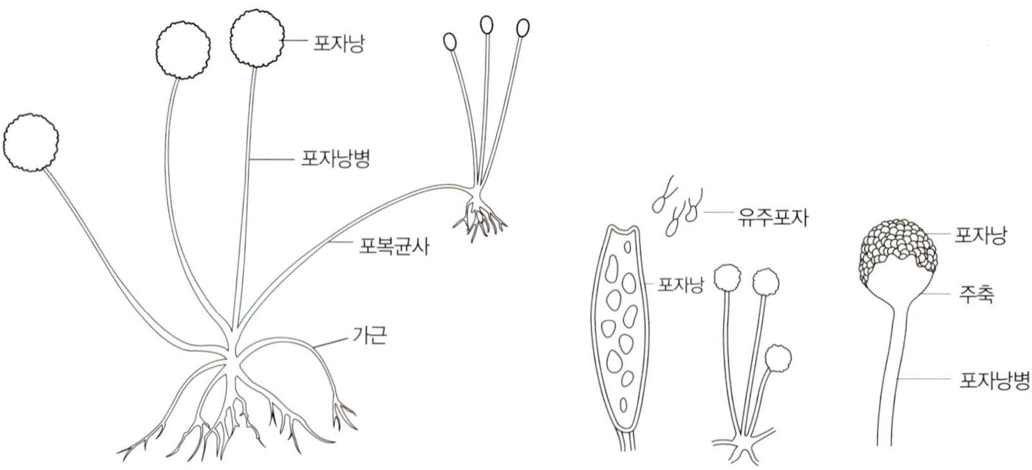

그림 4-16 접합균의 형태

포자를 만든다. 이 접합포자는 발아하여 **포자낭(sporangium)**을 만들고 그 속에 다시 **포자낭포자(sporangiospore)**를 만든다. 이들 포자가 발아하여 균사체를 형성하는데, 균사체는 교배형이 다른 (+)균사체와 (−)균사체로 분화되어 각기 다른 배우자낭을 만든다(**그림 4-17**).

② 무성생식

무성생식 포자는 포자낭 속의 포자낭포자이다. 이 포자는 환경이 양호하면 발아하여 균사체를 만들고 생장하여 **가근(rhizoid)**으로 양분을 흡수하고 **포복균사(stolon)**로 횡적으로 퍼져나가며 **포자낭병(sporangiophore)** 위에 포자낭을 만든다. 우리가 자주 볼 수 있는 접합균류는 보통 무성세대의 구조를 관찰하는 것이다.

털곰팡이(*Mucor*)는 과일이나 빵과 같은 음식물을 분해하여 흰색의 솜털과 같이 육안으로도 보이나 좀 더 생장하면 검은색의 포자낭포자를 만든다. 접합균류에는 *Mucor*, *Rhizopus*, *Phycomyces*, *Absidia* 속 등이 있다.

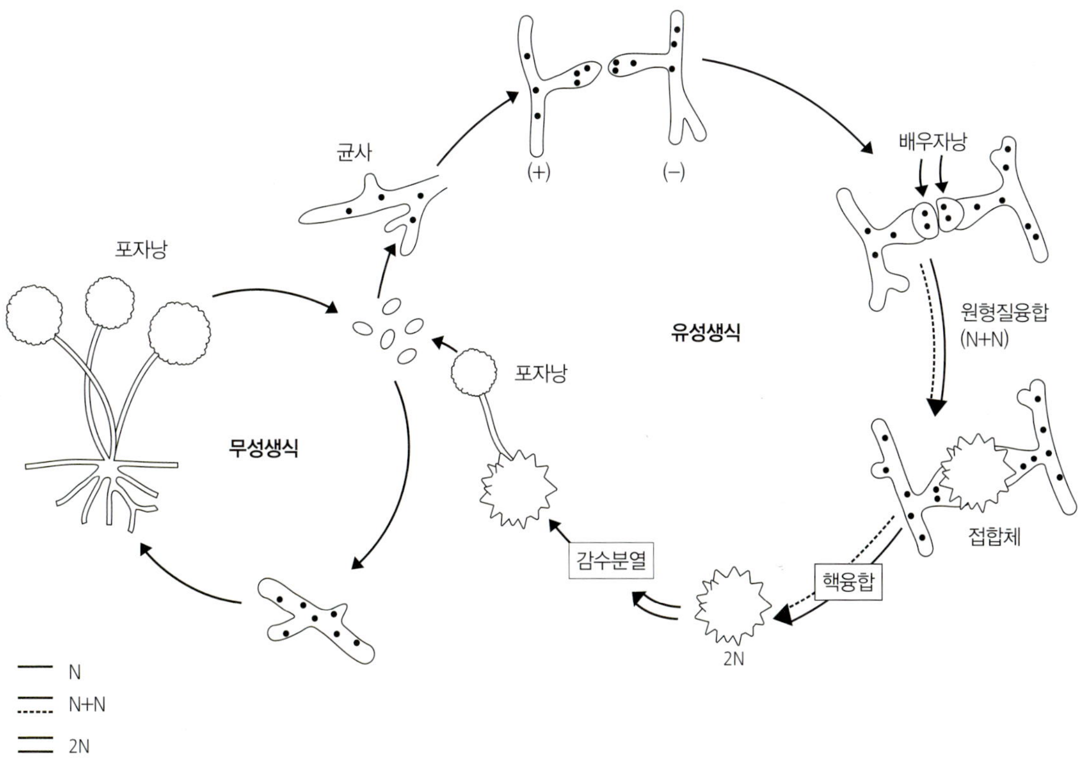

그림 4-17 접합균류의 생활사

(3) **자낭균문**(Ascomycota)

자낭균류는 포자 형성기관이 **자낭(ascus)**으로 이루어진 균류를 말한다. 자낭을 포함하고 있는 **자낭과(ascocarp)**의 모양이 컵 모양이나 주머니 같은 형태이므로 이 균류를 **자낭균류(ascomycetes; sac fungi)**라 한다(**그림 4-18**).

자낭균류는 약 30,000종으로 육상, 담수, 해양 등 다양한 서식지에 존재한다. 많은 수의 자낭균류는 파괴적인 식물 병원균으로 생존하고 있다. 인간에 피해를 주는 피부병의 원인균인 무좀과 백선은 자낭균이다.

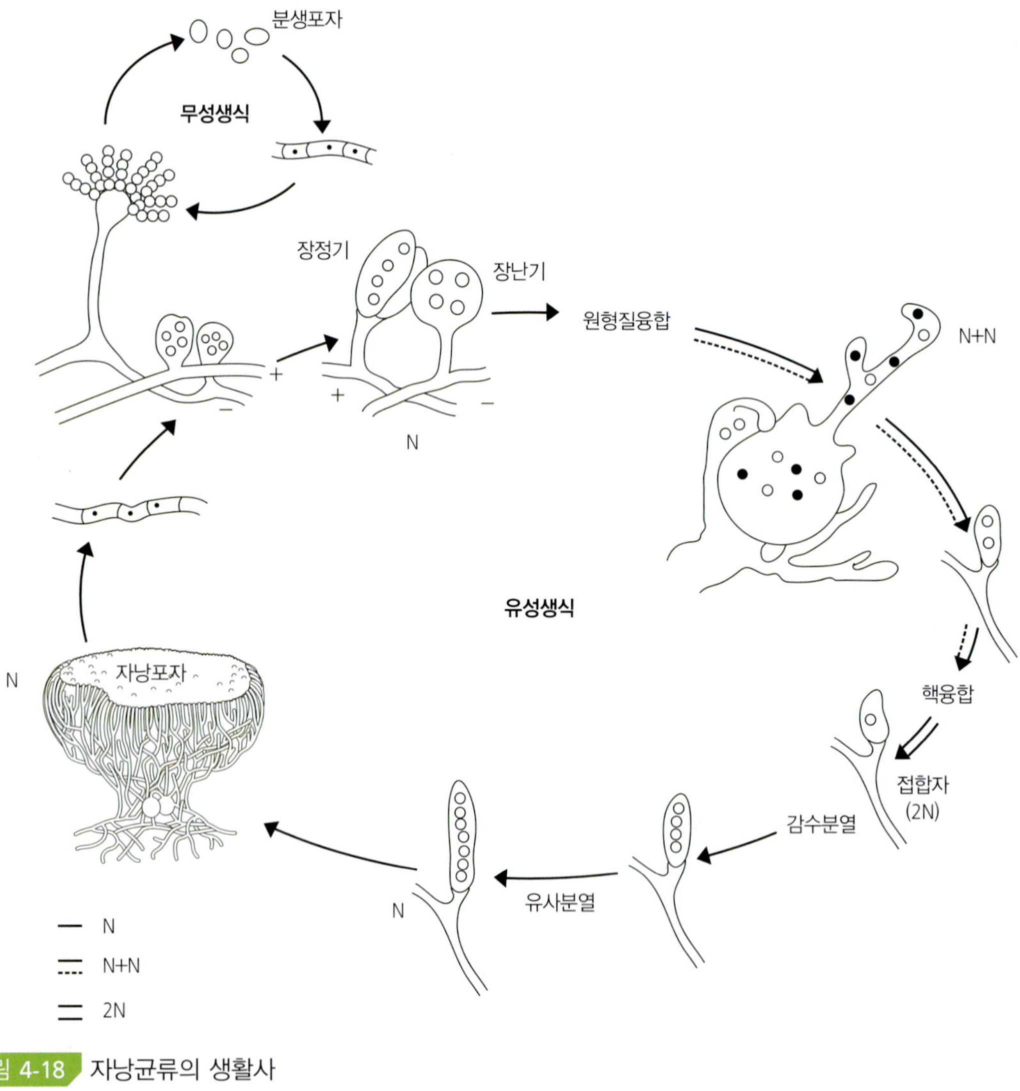

그림 4-18 자낭균류의 생활사

자낭균류의 유성생식 과정의 특징은 주머니 모양의 **자낭(ascus)**에서 유성포자인 **자낭포자(ascospore)**를 4~8개 생성한다. 접합균류와는 다르게 대부분의 자낭균류는 자실체인 **자낭과(ascocarp)**에서 자낭을 만드는 유성생식 단계를 가진다. 자낭을 만드는 자낭과는 몇 가지 유형은 다음과 같다.

① **나자기(apothecium)**는 자낭이 노출되어 있는 자낭과로서 그 안에서 자낭을 만든다(예; *Peziza*). ② **피자기(perithecium)**는 자낭이 다소간 둘러싸여 있으나 성숙하면 자낭포자가 나갈 수 있는 구멍(ostiole)이 있다(예; *Neurospora*). ③ **폐자기(cleistothecium)**는 완전히 밀폐되어 있어서 하나 혹은 그 이상의 자낭이 들어 있다(예; *Aspergillus* 또는 효모). ④ **소방(locule)**이란 **자좌**(stroma) 안의 빈 공간을 소방이라고 하며 그 안에 자낭을 만든다(예; *Dothidea*)(**그림 4-19**).

어떤 종류는 약간의 자좌조직으로만 싸여 있는 하나의 소방을 형성하는데, 이것은 외관상으로 자낭각과 매우 유사하여 **위자기(pseudothecium)**라고 한다(예; *Pleospora*). *Taphrina*는 자실체가 없이 노출된 자낭(naked asci)을 만드는 구조를 하고 있다.

① 자낭과(ascocarp)의 구조

자낭과 내부의 기부에서 **자낭(asci)**이 생성되며 **측사(parahysis)** 또는

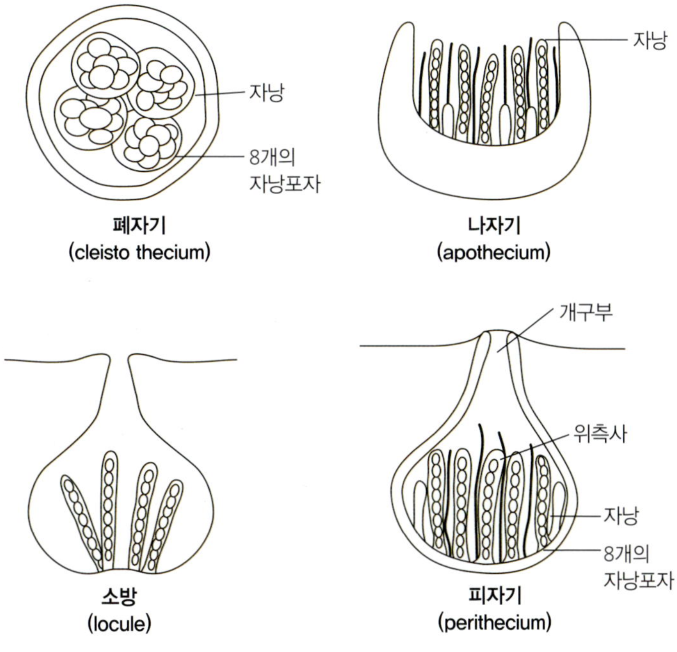

그림 4-19
자낭과의 구조와 종류

위측사(pseudoparaphysis)가 자낭과 함께 평행하게 생성된다. 그리고 상부의 **개구부(ostiole)**의 안쪽에는 **공사(periphysis)**가 있다.

나자기의 횡단면의 구조는 상부의 공기에 노출된 면으로 자낭과 측사가 있는 **자실층(hymenium)**이 있고 그 하부에 **자실하층(subhymenium)**, **수질외피층**, 그리고 가장 하부에 **외피층**으로 구성되어 있다.

② 유성생식과 무성생식

자낭균류도 접합균류와 비슷한 유성세대와 무성세대의 생활사를 거친다. 자낭에서 나온 자낭포자(N)는 자연 환경에서 발아하여 균사체를 만든다. 교배형이 다른 균사체가 융합하여 유성생식이 시작된다. 그 결과 생긴 **원형질융합**에서는 각각 두 부모로부터 온 2개의 반수체 핵을 가진 2핵성(N+N) 상태이다. 이 2핵성 균사체의 세포는 많은 수의 자낭으로 발생한다. 자낭 내부에서 **핵융합**에 의해 2N의 핵이 된 다음, 다시 감수분열하여 4개의 자낭포자(N)를 만든다.

무성생식 과정은 균사체가 발아하여 무성포자를 만든다. 이 포자가 발아하여 다시 균사체(N)를 형성한다.

자낭균류의 종들은 크기와 구조가 복잡하여 단세포인 효모로부터 복잡한 구조의 곰보버섯이나 주발버섯 등이 있다. 찻잔버섯(cup fungi), 갈색균핵술잔버섯, 들주발버섯 등은 나자기가 크게 생장하여 육안으로도 관찰할 수 있다(**그림 4-20**). 이밖에도 흰가루병균(powdery mildew), 곰보버섯(morels), 송로버섯(truffles), 밤나무줄기마름병(chestnut blight), 사과잎꼬임병균(apple scab), 복숭아잎 꼬임병균(peach leaf curl), 그리고 맥각병균(ergot) 등이 있다. 효모(yeast)는 폐자낭각 내의 자낭 속에서 4~8개의 자낭포자를 형

갈색균핵술잔버섯(*Dumontinia tuberosa*)

들주발버섯

그림 4-20
자낭균류

성한다.

(4) **담자균문**(Basidiomycota)

담자균류는 포자형성기관이 **담자기(basidium)**로 이루어진 모든 균류을 말하며 담자기 안에 보통 4개의 **담자포자(basiospore)**를 갖는다.

담자균문에는 약 15,000종이 알려져 있다. 목이류, 녹병균, 깜부기병균, 선반버섯류, 버섯류, 말불버섯류 등의 균류가 여기에 속한다. 일반적으로 육안으로 보이는 **자실체(fruiting body)**의 형태는 포자가 있는 **담자과(basidioma)**이다. 담자균류는 목질과 다른 식물의 중요한 분해자이다. 어떤 담자균류는 목질에 풍부한 복잡한 중합체인 리그닌(lignin)을 잘 분해한다. 대부분의 구름버섯은 살아 있는 나무의 목질을 분해하는데, 나무가 죽은 후에도 계속 분해한다.

① 유성세대와 무성세대

담자균류도 무성세대와 유성세대가 있다. 무성생식 과정은 **그림 4-21**에서 보는 바와 같이 균사체가 발아하여 무성포자를 만든 다음 발아하여 다시 균사체(N)를 형성한다.

유성세대는 교배형이 다른 두 가지 종류의 균사체가 교배하여 원형질융합을 하여 형성된 균사체는 2핵성(N+N)이 된다. 이 균사체는 **담자과**라고 하는 정교한 **자실체**를 생성한다. 양송이버섯이나 표고버섯 등은 담자과의 자실체를 보는 것이다. 담자과 안의 수많은 **담자기(basidium)**에서 핵융합을 하여 이배체 핵(2N)으로 되고 그것이 감수분열을 하여 수많은 반수체(N)인 **담자포자**라고 하는 유성포자를 생성한다. 하나의 담자기에는 4개의 담자포자(N)를 만들어 외부로 배출하게 된다. 이렇게 하여 성숙한 수많은 담자포자는 비, 눈, 바람이나 동물들의 이동에 의하여 외부로 발산된다(**그림 4-22**).

접합균류(zyomycetes), 자낭균류(ascomycetes), 담자균류(basidiomycetes) 그리고 불완전균류(deuteromycetes)는 분류학적 명칭이 아니고 일반적으로 사용하는 명칭이다.

담자기와 그 상부에 위치한 담자포자를 포함하여

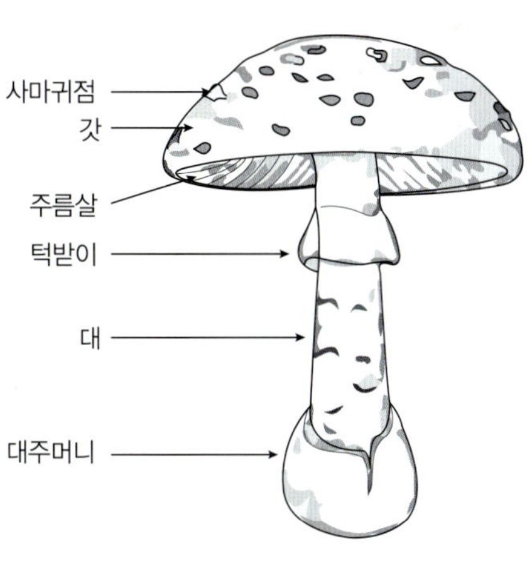

그림 4-21 버섯의 자실체

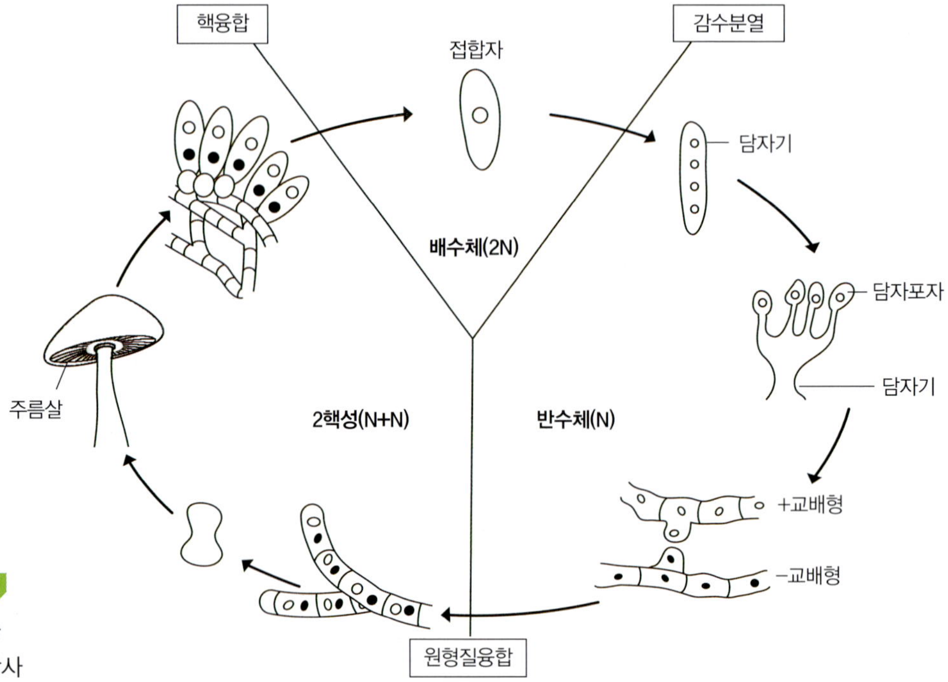

그림 4-22
담자균류 중 버섯의 생활사

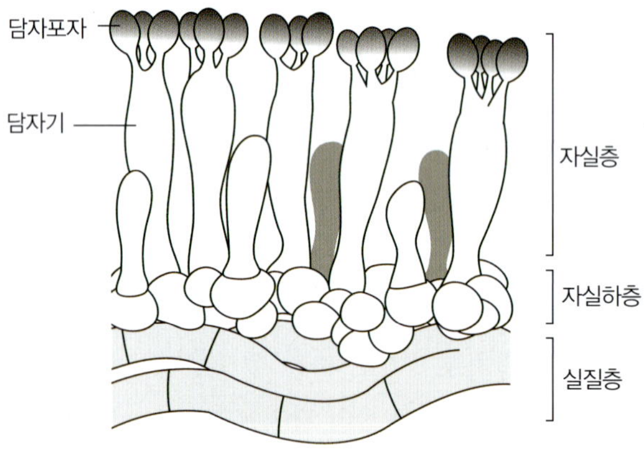

그림 4-23
자실층의 횡단 구조

자실층(hymenium)이라 하고 그 하부를 **하부자실층(subhymenium)**, 그리고 가장 하부의 조직을 **육질(trama)**이라 부른다(**그림 4-23**).

② 주름버섯류

전형적인 **주름버섯류**의 형태는 위 그림과 같이 **갓(pileus)**, **주름살(gill)**, **대(stipe)**, **턱받이(annulus)**, **대주머니(volva)** 등으로 구성되어 있다.

주름버섯류는 자실층의 포자형성기관이 **주름살(gill)**로 이루어져 있는 버섯류를 말하며 느타리버섯, 표고버섯, 송이버섯, 양송이버섯과 같이 식용으로 가능한 종류가 있다. 그러나 야생에서 서식하는 대부분의 버섯은 맹독성이 있어서 식용으로 사용할 수 없으므로 특별한 주의를 하여야 한다.

주름버섯류는 담자기의 형태에 따라서 분류한다. 여러 가지 형태의 단실 담자기와 다실 담자기의 형태는 **그림 4-24**에서 보는 바와 같다.

달걀버섯 분홍느타리

그림 4-24 주름버섯류

③ **민주름버섯류**

민주름버섯류는 자실층에 **주름살**(gill)이 없고 그 대신 구멍이나 관으로 되어 있는 균류를 말한다. 이들 균류의 대부분은 선반 모양이나 산호 모양을 하고 있다. 구름버섯, 싸리버섯, 영지버섯, 말뚝버섯 등이 있다(**그림 4-25**).

이들 균류는 거의 대부분이 식물 잔해물이나 살아 있는 식물의 목질부에 기생하기도 한다. 식물세포벽의 섬유소나 리그닌을 분해할 수 있기 때문에 식물 목질부 분해에 중요한 역할을 한다. 대부분의 민주름버섯류는 목재와

말뚝버섯 벽돌빛뿌리버섯

그림 4-25 민주름버섯류

목제의 제품을 파괴하는 것으로 알려져 있다. 그 중에서 **백색부후균(white rot fungi)**은 기주의 섬유소와 리그닌을 분해하여 목재를 흰색으로 만드는 균으로 목재는 대부분 분해되어 흰색을 띤다. **갈색부후균(brown rot fungi)**은 기주의 섬유소를 주로 분해하여 목재를 갈색으로 변하게 하는 균류이다.

(5) 불완전균문(Deuteromycota)

① 불완전균의 특성

유성세대가 없고 무성세대만 있는 균류를 **불완전균류** 또는 **불완전균(imperfect fungi)**이라고도 한다. 무성생식에 의해 생성된 포자를 **무성포자(asexual spore)** 또는 **분생포자(conidium; 복수는 conidia)**라 한다.

불완전균류에는 약 17,000종 이상이 기록되었으며 많은 종들은 생태적으로 또는 경제적으로 중요하다(**그림 4-26**). 이들 균류는 모든 서식지에서 다양한 형태로 생장한다. 대부분 토양에 부생적으로 서식하며 일부는 식물과 동물에 기생한다. 이 균류의 일부인 사상균은 상업적으로 유용한 대사산물을 생산하는데, 치즈, 항생제, 그리고 다양한 유기산등을 생산하는데 사용된다.

대부분의 불완전균은 자낭균류 또는 담자균류에 속하는 균류의 무성세대의 균류들이다.

자낭균류와 담자균류는 **유성세대(teleomorph)**와 **무성세대(anamorph)**

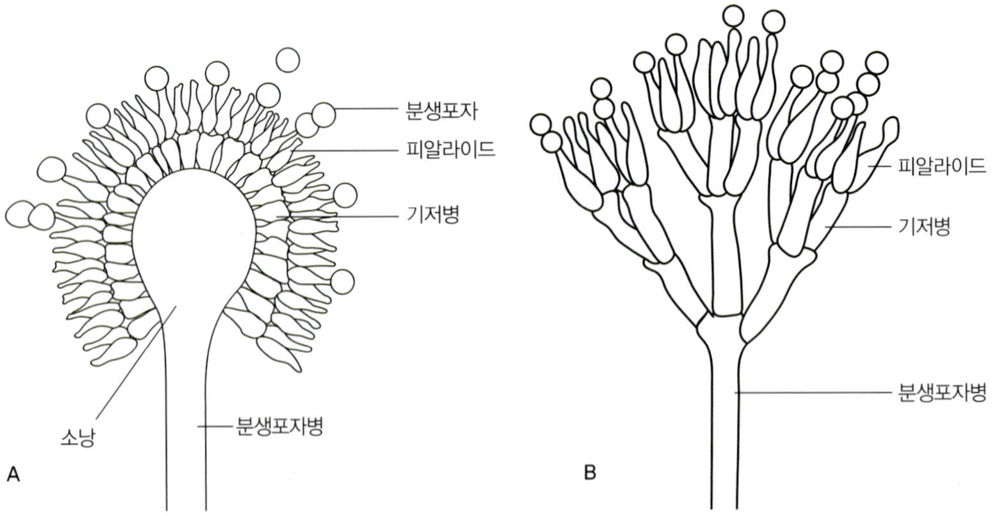

그림 4-26 불완전균류: A는 *Aspergillus niger*, B는 *Penicilium* sp.

를 함께 가지고 있는 완전한 생활주기인 **전성세대(holomorph)**를 가지고 있다. 불완전균 *Penicillium emersonii*는 무성세대이므로 불완전균이지만 유성세대인 자낭의 구조가 발견되어 자낭균류의 *Talaromyces emersonii*로 종명이 바뀌었다. 또한 불완전균인 *Curvularia intermedia*도 자낭구조가 발견되어 완전세대인 *Cochliobolus intermedius*로 종명이 완전히 변경되었다(**표 4-8**).

표 4-8 불완전균류의 유성세대로의 종명 변경의 예

무성세대(nonsexual stage)	유성세대(sexual stage)
Penicillium emersonii	*Talaromyces emersonii*
Penicillium javanicum	*Eupenicillium javanicum*
Curvularia intermedia	*Cochliobolus intermedius*

② **번식방법**

불완전균류의 번식방법은 무성포자에 의하여 번식한다.

- **출아법(budding)**은 단세포가 출아하는 방식으로 번식하는 것으로 불완전균류의 일부인 단세포성의 효모류가 있다. 대부분의 균사체형인 *Candida albicans*도 출아법으로 번식한다.
- **후벽포자(chlamydospore)**는 생장조건이 좋지 않으면 후벽포자를 형성하여 번식한다. 후벽포자는 체세포가 변형되어 원형의 세포가 되고 두꺼운 세포벽이 형성되는 것이다. 일반적으로 불완전균이 환경이 좋지 않을 때 후막포자를 만들어 번식한다.
- **분열포자(oidia)** 또는 **분절포자(arthrospore)**는 균사의 격막이 분열되면서 균사의 상부에서부터 순서적으로 떨어져 나가 포자가 생긴다. 분절포자로 번식하는 예로는 *Geotrichum*이 있다.
- **분생포자(conidium; 복수는 conidia)**는 무성포자라고도 하며 균사에서 생장한 **분생자(conidiophore)** 위에 형성된다. 대부분의 불완전균류는 분생포자에 의하여 번식한다(**그림 4-27**).

③ **분생포자의 발생과정**

불완전균류의 체계적인 분류는 유성생식기관이 없으므로 분류기준이 매우 어렵다. 그러므로 분생포자의 형성과정의 발생형태를 기초하여 여러 가지 체계가 제안되었다. 분생포자의 발생과정은 전자현미경으로 미세구조를 관찰하여 두 가지 방식으로 알려졌다.

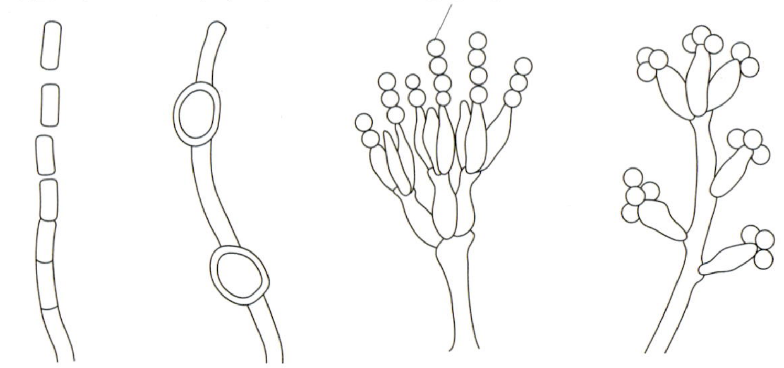

그림 4-27
불완전균의 포자 형태

엽상체형 발생(thallic development): 분생포자의 발생이 균사의 격막이 생겨서 마디가 형성되어 말단으로부터 세포가 떨어져 나간다. 이러한 형태의 발생하는 분생포자를 **분열포자(oidia)** 또는 **분절포자(arthrospore)**라 한다(**그림 4-28**).

출아형 발생(blastic development): 대부분 사상균의 무성포자 또는 분생포자의 발생은 **출아형(blastic)**으로 이루어진다. 균사의 말단부위가 풍선과 같이 부풀어 오르게 되어 말단에서 새로운 원주형의 형태가 생성된다. 이 원주형의 말단부위가 팽창하게 되고 세포벽이 두꺼워지고 격막이 생겨서 분생포자가 형성되어 외부로 떨어져 나간다. 따라서 세포벽의 안쪽에서 세포를 만들어 말단으로 밀어 올리는 출아형 분생포자를 형성한다(**그림 4-29**).

발생과정의 어느 단계에서나 어떤 환경조건에서 *Sarcynomyces petricola*와 같은 종은 단세포의 효모와 같은 형태를 유지하고 있으며 출아방식으로 번식을 한다.

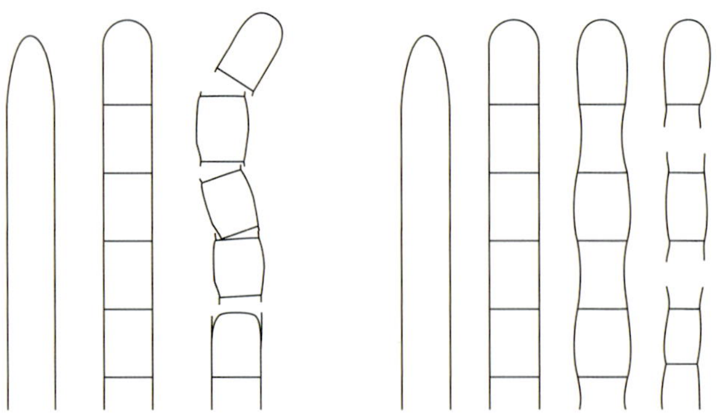

그림 4-28
엽상체형(thallic) 발생과정

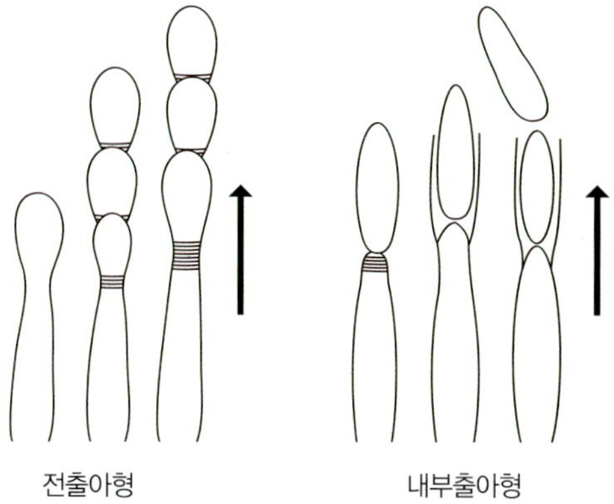

그림 4-29 출아형(blastic) 발생과정

④ **불완전균류의 분류**

불완전균류는 유성세대가 없으므로 인위적 또는 형태적, 그리고 발생학적인 기초 위에서 분류할 수 있다.

- 출아균강(Blastomycetes)

효모와 같이 출아하여 번식하는 종류로서, 효모와 유사한 형태의 *Cryptococcus neoformans*와 *Candida albicans*가 포함된다.

- 분생포자균강(Coelomycetes)

이 균류의 특징은 분생포자가 분생포자각(pycnidium)과 분생포자반(acervulus) 내에서 생성된다(**그림 4-30**).

- 불완전 사상균강(Hyphomycetes)

불완전균류 중에서 대부분이 이 사상균류에 속한다. 포자과가 없으며, 균사체만을 형성하므로 보통 **사상균(hyphomycetes; filamentous fungi)**이

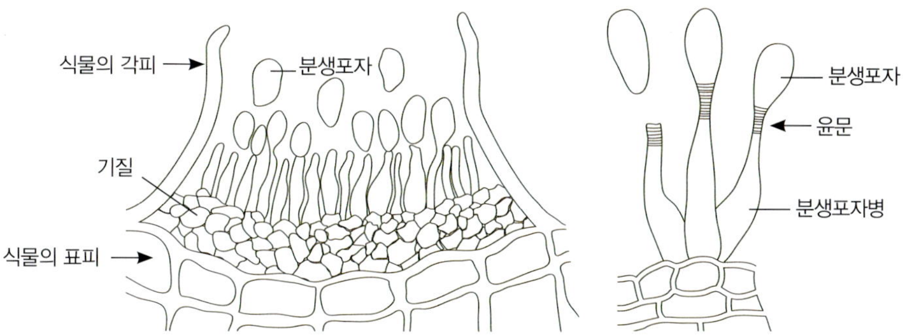

그림 4-30 *Cryptoclicne betularum*의 분생자층(acervulus)을 통한 분생포자의 발생(왼쪽)과 윤문과정을 통한 분생포자의 생성(오른쪽)

라고 한다. 이들 균류는 일반적으로 크게 두 종류로 나눈다.

균사가 투명하거나 엷은 색의 균류를 **밝은색 균류(moniliaceous fungi)**라 하며, 균사나 분생포자가 어두운 색이거나 검은색의 균류를 **암색분생포자 균류(dematiaceous fungi)**라 한다.

사상균류의 밝은색 균류는 대부분의 사상균으로, 대표적인 속명은 *Penicillium*, *Aspergillus*, *Curvularia*. *Cladosporium*, *Alternaria*, *Trichoderma* 등이 있다.

암색분생포자 균류: 불완전균류에서 어느 종류의 균류들은 어두운 색깔의 분생포자와 분생포자병을 가진 사상균류가 있다. 이들 균류는 식물과 동물의 병원균이 대부분이며 식품을 부패시키거나 종이, 종이로 만든 제품, 플라스틱, 직물, 목재 등을 훼손시킨다.

이들 사상균류에는 약 295속이 발견되었다. 균사는 종종 뭉쳐서 **균핵(sclerotia)**을 만든다. 이 균핵은 어둡고 두꺼운 벽을 형성하며 단단하게 짜여 있는 균사를 가지고 있다. 어느 경우는 쿠션형의 **자좌(stroma)**를 만들기도 한다.

불완전균류에 의한 문화재의 손상은 대단히 그 범위가 넓고 다양하게 이루어지고 있다. 유리나 도자기 등을 제외한 대부분의 문화재 재질들은 불완전균류의 공격을 피할 수 없다. 석조, 지류, 목재, 의류, 가죽 등 대부분의 문화재를 포함하여 실내인 박물관 환경과 실외환경에 노출된 문화재는 더욱 균류의 공격 위험에 노출되어 있는 상태이다.

⑤ 조직분열형 균류

암색분생포자 균류 중에서 생장하기에 어려운 환경조건에서도 생장이 가능하고 문화재 훼손과 가장 관계가 있는 균류가 조직분열형 균류이다. 이 **조직분열형 균류(meristematic fungi)**는 유성생식이 아닌 엽상체형 발생의 방식에 속하는 것으로 조직분열로 생장한다. 이들 어두운 암색의 균류는 주로 자낭균(ascomycetes)으로 적어도 3가지의 목(order)으로 분류된다. Chaetothyriales, Dothideales, Pleosporales 등의 무성포자균류가 이 범위에 속한다. 말단의 바로 뒤의 세포가 분열 확장하여 길이 생장을 한다. 이 같은 분생자병이 **조직분열형 생장**(meristematic growth)을 하는 균류를 **조직분열형 균류**라 한다(**그림 4-31**).

이들 자낭균의 속에는 *Coniosporium*, *Trimmatostroma*, *Sarcinomyces*,

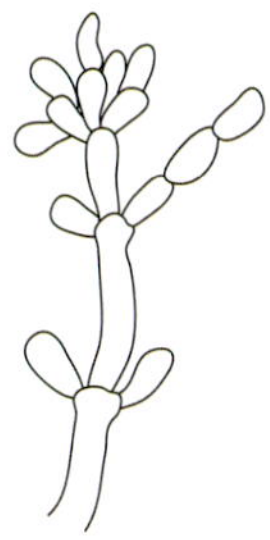

출아포자

효모

그림 4-31
조직분열형 균류

Capnodium 그리고 *Phaeosclera* 등이 있다. 특이하게도 이들 자낭균의 무성 세대인 분생자병의 길이 생장은 벽이 가로로 절단되면서 조직이 분열한다.

조직분열을 하는 검은색의 균류들은 다양한 종류가 있다. 일반적으로 옅은 초록을 띤 검은색의 멜라닌 색소를 만드는 능력이 있으며, 조직이 분열되어 생장하는 특성을 가지고 있다.

이들 균류의 생장으로 세포벽은 두꺼워지며 그 내부에는 멜라닌이 축적되고 포자가 형성된다. 이 과정은 발아하는 동안 보호효과가 있으며 환경 스트레스에 대해서도 잘 견딜 수 있게 한다. 이들 균류가 생성되는 것은 어려운 환경조건에 대한 생물의 반응의 결과로 추정된다. 멜라닌을 만들고 조직분열로 생장을 하면 강한 태양광선, 물과 영양의 부족, 그리고 실외의 석조문화재 위에서의 악조건과 같은 극한 환경에서도 내성을 갖게 된다.

조직분열로 생장하는 검은색 균류는 자연상태의 암석 위에서 대단히 늦게 생장하며 1~2개월이 되어야 작은 검은색 콜로니(60~100μm)를 형성할 수 있다. 더구나 이들 균류는 매우 다양한 형태를 가지며 대단히 부족한 기질이나 빈영양 조건에서도 생장할 수 있다. 또한 고온, 자외선 과다노출과 삼투스트레스(40%) 등과 같은 여러 종류의 환경 스트레스에 대한 내성도 가지고 있다.

따라서 실외에 노출된 여러 종류의 문화재를 보호하기 위한 장치를 하였더라도 이들 균류의 공격을 쉽게 받을 수 있다.

종합적으로 균류의 구조 및 생식특성을 비교하면 **표 4-9**에서 보는 바와 같다.

표 4-9 균류의 특성 비교

균류	대표적인 속명	균사체	유성생식	무성생식
병꼴균문	*Chytriomyces* *Allomyces*	무격막	접합자 1. 배우자 접합 2. 배우자낭 접합 3. 가근의 접합 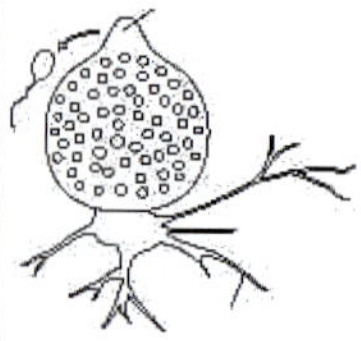	편모가 있는 유주포자 
접합균문	*Mucor* *Rhizopus*	무격막	접합포자: 교배형이 다른 2개의 균사체의 접합 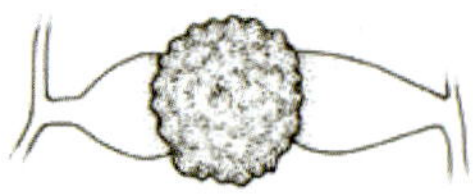	포자낭포자: 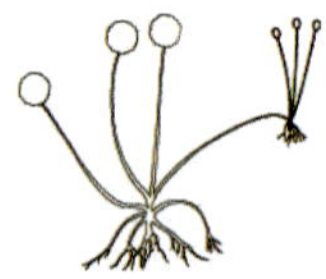
자낭균문	*Eurotium* *Talaromyces* *Chaetomium*	격막	자낭포자 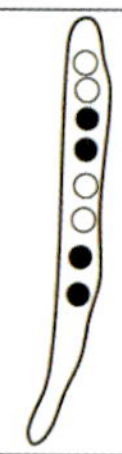	무성포자: 내생포자
담자균문	주름버섯류 *Agaricus* *Russula* 민주름버섯류 *Corticium* *Polyporus*	격막: 연결고리 	담자기 위의 담자포자 	무성포자: 외생포자
불완전균문	*Penicillium* *Aspergillus* *Cladosporium* *Trichoderma*	격막	없음	분생포자: 외생포자 

3) 균류의 생태학적 특성

주로 부생하는 균류들은 광범위하게 분포되어 있으며 그 종류도 대단히 다양하다.

균류의 생장은 궁극적으로 포자의 형성 여부를 결정하는 환경요인에 의해 영향을 받는다. 이들 중 중요한 요소는 균류가 생장할 수 있는 기질인 영양분이 있어야 한다. 그리고 환경요인인 물, 산소의 이용가능성, 그리고 pH 및 온도 등이 균류의 발아, 발생 그리고 생장에 중요한 역할을 한다.

(1) 영양분의 흡수

다양한 화합물이 균류의 영양분으로 사용된다. 균류는 다른 생물체에서 자연적으로 생성된 화합물질을 이용하는 **종속영양생물**로 주변에서 영양분을 섭취한다. 이들 화합물질의 양분은 생장과 대사활동을 유지하는 데 사용된다. 균류는 유기화합물, 무기물질, 비타민 그리고 그 외의 다른 생장요소를 영양분으로 이용한다(**그림 4-32**).

균류는 여러 종류의 **탄소원**을 사용할 수 있는 능력이 있다. 탄소원으로는 6탄당(hexoses), 5탄당(pentose), 유기산, 지방산, 아미노산, 단백질, 섬유소, 헤미셀룰로스(hemicellulose), 그리고 리그닌(lignin)과 같은 다당류 등이 있다. 리그닌은 주로 담자균류의 일종인 백색부후균들이 탄소원으로 사용된다.

균류는 환경에 있는 영양소와 직접 접촉한다. 균사 주변의 용액에 용해되어 있는 저분자물질인 당류와 아미노산은 균사에 의하여 직접 흡수될 수 있다. 그러나 전분, 섬유소 및 단백질 등의 큰 분자의 불용성 중합체는 직접 흡수되지 않으므로 소화를 거쳐야만 한다.

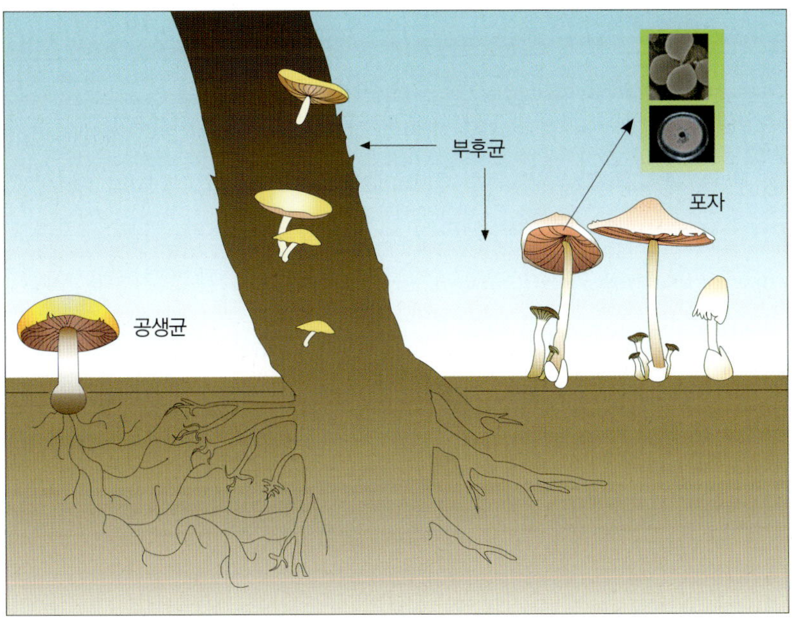

그림 4-32
버섯류의 생태

균류의 효소: 다량 분자의 영양분은 **세포외 효소**에 의하여 공격을 받는다. 균류의 소화효소도 거대한 유기물질을 간단한 구성물질로 쪼개는 가수분해 반응을 제어한다. 소화효소는 아주 특이적이어서 특정 분자의 가수분해만 할 수 있다. 큰 중합체를 완전히 분해하기 위하여 최종적으로 간단한 수용성 분자가 유리될 때까지 여러 가지의 효소가 관여하는 단계를 거쳐야 한다. 마지막으로 균류는 간단한 분자만을 흡수한다. 이 간단한 분자는 일단 세포내로 흡수되면 **세포내 효소**의 작용으로 대사활동에 참여하게 된다.

대사과정은 일반적으로 모든 고등 생물에서 일어나는 해당작용, 크렙스 회로 등의 호흡 과정을 통하여 에너지를 얻는 것과 동일하다.

많은 균류는 광범위한 대사활동을 하며 영양분이 부족한 빈영양 조건에서도 생장할 수 있다. 이 같은 능력 때문에 *Cladosporium* 같은 균류는 가끔 fresco의 분해에도 관여한다. 이때에 먼지 입자들이 표면 위에 낙하되어 유기물질이 침적되면 더욱 분해에 도움이 될 수 있다.

(2) pH

균류는 상대적으로 넓은 pH 범위에서 생장할 수 있다. 대부분의 균류는 호산성이므로 일반적으로 pH가 4~6 사이에서 최적의 생장을 한다. 그러나 많은 균류는 pH 2~9에서도 생장할 수 있다. 최적의 pH는 균체 내의 많은 종류의 효소 활성에 대단히 중요하다. 예를 들면 섬유소분해효소(cellulase) 복합체의 최적 pH는 6.4~8.2의 범위에서도 활성을 갖는다.

효모와, *Aspergillus*, *Penicilium*, *Fusarium* 등은 pH 2.0에서 생장할 수 있으므로 내산성(acid-tolerant)이지만, 배양 시의 최적 pH는 대개 5.5~6.0이다. pH 1.0이나 2.0 이하에서 생장할 수 있는 호산성균류(acidophile)는 산성의 탄광 폐기물 같은 특이한 환경에서 발견되는데, 이들의 대부분은 효모류이다. pH 10 정도의 강알칼리성 환경에서 증식할 수 있는 균류는 *Cladosporium*, *Fusarium*, *Penicilliuim* 같은 사상균에서 발견되는데, 이들은 내알칼리성(alkali-tolerant)에 가깝다.

표 4-10은 몇 종류의 균류가 pH에 의하여 생장이 변화하는 결과를 보여주고 있다.

표 4-10 순수배양에서 pH에 의한 균류의 생장(%)

균류	pH						
	3	4	5	6	7	8	9
Cladosporium herbarum	30	–	50	95	20	25	30
Stachybotrys chartarum	10	20	60	95	–	90	93
Pythium oligandrum	5	20	70	96	93	5	–

(3) 산소

거의 모든 균류들은 호기성이므로 그들의 생장에 적어도 산소를 필요로 한다.

자연계에서는 **호기성균류**가 공기층의 표면 가까이에서 생장하는 것을 쉽게 발견할 수 있다.

① **절대호기성균(obligate aerobes)**: 많은 균류는 절대호기성균이다. 대기 중 산소의 부분 압력보다 훨씬 낮으면 그들의 생장은 급격히 감소한다. 호기성균류는 호흡 과정에서 전자수용체로 산소를 필요로 하기 때문에 산소가 중요하다.

② **통성호기성(facultative aerobes)**: 효모류와 *Fusarium oxysporum*, *Mucor hiemalis*, *Aspergillus fumigatus* 등이다. 이들은 호기적 환경에서 생장할 뿐 아니라 당을 발효시킬 때 혐기적 조건에서도 생장할 수 있다. 이들 균류는 대단히 낮은 산소분압에서도 생장할 수 있으므로 **미호산성균(microaerophiles)**이라고도 한다. 물속에 있는 목재의 연부후균이나 부분적으로 물속에 파묻혀 있는 고고학적 유물인 유기물질을 분해하는 균류들은 이 같은 특성을 갖는다.
산소가 적은 깊은 토양, 정체된 물에 잠긴 조건에서도 생장이 가능한 **통성혐기성 균류**(facultative anaerobes)도 있다.

③ **절대적 발효성(obligate fermentative)**: 소수의 수생균류는 절대적 발효성이다. 이들은 산소의 유무에 관계없이 생장할 수 있지만 항상 발효로부터 에너지를 얻는다. 이 발효의 기질은 주로 물속에서 발견된다. 여기에는 병꼴균인 *Blastocladia ramose*가 있다.
그러나 포자형성은 대기 중에 있는 산소, 이산화탄소, 또는 휘발성물질에 의해 영향을 받는다.

(4) 수분과 상대습도

자연계에서의 생장하는 균류는 습한 환경에서 가장 많이 발견되지만 건조한 환경에서도 생장할 수 있다. 생물이 생장하기 위하여 필요한 물의 활성(a_w)은 세균보다도 균류에서 더 낮다.

순수한 물은 식물 같은 물이 적은 쪽으로 이동한다. 즉 큰 자유에너지를 가진 높은 농도의 물은 저농도로 물 분자가 이동하여 평형에 도달하면 물은 낮은 자유에너지 상태로 된다. 이와 같이 물이 가지고 있는 이용 가능한 에너지(potential energy)를 **수분포텐셜(water potential)**이라고 한다.

(5) 온도

온도는 많은 대사와 생리과정, 그리고 생식과정을 조절하므로 생물의 생장속도를 결정하는 중요한 생장 요인이다. 온도의 상승은 효소의 활성과 화학반응 활성을 증가시키는 효과가 있다.

대부분의 균류는 10~40°C 사이의 온도범위에서 잘 생장하기 때문에 **중온성(mesophiles)**에 속한다. 중온성 균류의 유성생식에 필요한 최적온도는 대략 20~25°C이다. 그러나 다른 종들은 더 높은 온도에서나 더 낮은 온도에서도 생장할 수 있다. 예컨대 *Cladosporium herbarum*은 종종 지하 환경에 있는 프레스코의 훼손 생물로 알려져 있으며 온도는 약 10°C 변동에도 생장할 수 있다. 그러나 온도에 대한 내성의 범위는 대단히 넓어서 0°에서 40°C나 된다.

균류 생장을 위한 온도범위와 최적온도는 종에 따라 다양하다. 비교적 낮은 온도인 20°C 이내에서 생장하는 균류가 있는가 하면 *Cladosporium herbarum* 같이 -3°C에서 40°C까지의 범위내에서 생존하는 균류도 있다. 30°C에서부터 62°C의 고온에서까지 생장하는 *Thermomyces lanuginosus*도 있다.

균류가 문화재에 손상을 주는 중요한 요인은 수분과 온도이다. 균류는 여러 가지의 효소 활성을 가지고 있으며 습기가 낮은 조건에서도 생장할 수 있는 능력이 있다. 그러므로 균류는 페인팅, 직물, 종이류, 가죽류, 동물의 털, 기름, 카제인, 풀, 그리고 그 외 다른 재료로 만든 역사적인 예술품을 파괴할 수 있다. 석조기념물의 풍화작용은 석조의 표면이나 내부에 생장하는 균류에 의하여 심하게 증가될 수 있다.

(6) 빛

빛이 균류의 생식에 미치는 영향은 대단히 복잡하다. 빛은 거의 모든 균류의 포자형성에 영향을 미치며 생식구조나 포자의 형성을 유도하거나 억제시킨다. 빛에 대하여 나타내는 반응에 따라 균류를 몇 가지 그룹으로 나눌 수 있다. ① 빛에 뚜렷하게 반응하지 않는 균류, ② 빛에 노출되면 포자형성이 감소나 억제되는 균류, ③ 포자를 형성하기 위하여 빛이 필요한 균류, ④ 완전한 암흑 상태에서도 포자를 형성할 수 있으나 빛을 조사하면 포자를 더 많이 형성하는 균류, ⑤ 포자형성을 위하여 빛이 필요한 균류 등이 있다.

빛은 생식구조의 형성에 영향을 미치거나 생식구조의 굴광성 운동의 방향을 조절하기도 한다. 빛에 대한 반응은 같은 종이라도 균주에 따라 다르며, 같은 균주 내에서도 분화단계나 포자형태가 다르면 광을 요구하는 것이 다르다. 빛의 강도, 기간, 종류, 등은 생식에 대한 중요한 역할을 한다.

균류의 생식에 미치는 파장은 근자외선, 자색, 또는 청색 영역(약 320~490nm) 등이다. 경우에 따라서는 황색, 적색, 적외선 같은 장파장이 생식에 영향을 미친다. 더구나 균류는 특정 파장에는 반응하나 어떤 파장에는 반응하지 않는 등 복잡한 반응을 나타낸다. 예컨대 *Botrytis cinerea*의 분생포자형성은 청색광에 의하여 억제되지만 적외선에 노출되면 다시 원상태로 되돌아간다.

일반적으로 균사의 생장은 빛의 영향을 받지 않지만 생장하는 균사체는 빛을 받으면 후에 생식에 영향을 준다. 광은 세포 내에 있는 특정 색소인 **광수용체(photoreceptor)**에서 흡수된다. 광수용체가 광을 받아서 여러 가지 과정을 통하여 반응할 때까지의 단계는 복잡하다.

반면에 태양광선을 장시간 강하게 쪼여주면 UV 성분의 산화작용에 의하여 살균작용의 효과가 있다. 그러나 세포벽에 멜라닌을 포함한 균류는 균사가 투명한 균류에 비교하여 볼 때 방사선에 대한 내성이 높다.

(7) 균류와 문화재

유기물 공예품을 훼손하는 균류는 기질에 맞는 효소를 만들어 분해한다. 더구나 예술품 물질 위에서 균사가 발생하면 균사의 침투로 인한 물리적이고 기계적인 손상을 입게 된다. 균류의 균사가 성숙하면 포자를 만들어 번식하지만, 환경이 좋지 않은 조건에서는 휴면상태로 된 후 조건이 양호하면 발아하여 다시 균사를 생성한다.

균류는 문화재의 훼손에서 대단히 중요한 역할을 한다. 아마도 이 균류에 의한 손상을 피해갈 수 있는 물질은 없다고 말할 수 있다. 균류는 유기물을 영양으로 직접 사용할 수 있으며, 무기물을 간접적으로 사용할 수 있다. 몇몇 종은 다당류와 단백질 같은 유기물질을 강하게 분해할 수 있다. 더구나 균류는 여러 가지 환경조건에서도 적응하는데, 특히 지하의 공간, 교회, 박물관, 도서관, 기록물보관소 같은 역사적인 공예품과 예술품이 보관되어 있는 환경은 균류의 발생에 이상적인 서식처가 될 수 있다.

3. 조류

1) 조류의 특성

조류(algae)는 광합성하는 **광독립영양생물(photoautotroph)**로서 현미경적 크기의 단세포성 조류부터 길이가 수십 미터의 다세포성 해조류에 까지 다양하다.

조류에는 원핵생물인 **남조류** 또는 **시안세균(cyanobacteria)**과 일반적으로 잘 알려진 진핵생물인 조류가 있다(**표 4-11**). 후자의 조류에는 규조류, 녹조류, 홍조류, 갈조류 등이 포함된다.

남조류(blue-green algae)는 세균처럼 세포벽이 펩티도글리칸(peptidoglycan)으로 되어 있다. 남조류의 전통적인 명칭은 남색으로부터 유래된 것이다. 이 남색은 남조소인 **피코시아닌(phycocyanin)**의 청색소와 엽록소 a의 노란색의 혼합에서 온 것이다.

조류는 여러 종류의 **광합성 색소**인 엽록소(chlorophyll) a, b, c, 갈색조(fucoxanthin), 피코시아닌, 피코에리트린(phycoerythrin) 등을 포함하고 있으며, 특별한 저장물질인 전분(starch), laminalin, paramylon 등이 있다. 점질성의 세포벽 성분은 기질에 부착하여 기질을 훼손하는 기본 물질이기도 하다.

표 4-11 남조류와 조류의 비교

특성	남조류	조류
핵의 유무	원핵생물	진핵생물
세포소기관	없음	편모, 엽록체, 미토콘드리아, 골지체 소포체, 리보솜
색소	엽록소 a, 피코시아닌	엽록소 a, b, c. 갈색소 피코시아닌, 피코에리트린
종류	남조류 또는 시안세균	규조류, 녹조류, 홍조류, 갈조류

2) 형태적 다양성

(1) 세포구조

단세포의 조류인 남조류는 원핵생물이므로 정교한 세포기관이 없으나 마치 다세포의 생물처럼 활력 있는 기능을 가진다.

다세포의 조류는 유사분열로 증식하여 조직과 복잡한 기관이 없는 **엽상체(thallus)**라는 영양체를 갖는다. 그러나 홍조류처럼 더 진화한 형태에서는 고등식물과 비슷한 형태적 분화를 한 조류도 있다. 진핵 조류는 편모, 엽록체, 미토콘드리아, 골지체, 소포체, 리보솜 등을 가진다.

엽상체의 형태는 사상형의 것도 있으며, 잎 모양, 관 모양, 그리고 얇은 조각으로 된, 또는 다층으로 된 형태로 기질에 부착되어 서식하는 종류도 있다. 엽상체에는 세포벽에 점액성 다당류를 비롯하여, 섬유소, 자일란(xylan), 그리고 만난(mannan) 등의 유기물 성분을 포함한다.

(2) 체세포 형태

조류는 작은 단세포에서부터 크고 복잡한 다세포성의 범위에까지 다양하다. 진핵 조류는 7가지 유형의 체세포 형태가 있다. ① 편모성 단세포, ② 편모세포의 군체, ③ 팔멜라(palmella) 집합체, ④ 무편 모세포의 군체, ⑤ 아메바형 변형체성 군체, ⑥ 사상체, ⑦ 유조직 엽상체 등으로 다양하다. 또한 조류는 크기에 따라서 소형조류(microalgae)와 대형조류(macroalgae)로 구분한다.

3) 생리적 특성

대부분의 조류와 원핵 남조류는 절대적인 광합성 생물로 광선이 없으면 생장할 수 없다. 그러나 어느 종은 광선 없어도 여러 가지의 유기물을 이용하여 화학독립적으로 생장할 수 있다. 광선의 존재 하에서 광합성도 하고, 동시에 화학물질을 이용하여 생장할 수 있는 종도 있다. 광합성에서 생성된 여러 종류의 전분 같은 다당류 등은 조류세포 내의 정상적인 대사기능에 사용될 수 있다. 호흡대사과정으로 CO_2를 생성하여 세포 내에 탄산(carbonic acid)을 형성하게 한다. 아울러 세포에서 분비된 산 대사산물은 용해작용으로 암석의 표면을 훼손시킨다.

기본적인 영양요소로는 N, P, K, S, Ca, Fe, Mg, 그 외의 미량원소들을 필요로 한다. 질소는 여러 가지 무기물 형태인 NO_3^-, NO_2^-, NH_4^+로 동화하기도 하며, 유기물인 요소(urea), 아미노산으로도 전환한다.

4) 생식

(1) 무성생식

단세포 조류는 간단한 2분법의 세포분열을 통하여, 또는 여러 가지 종류의 내생포자를 만들어 무성생식을 한다. 다세포의 조류와 콜로니를 형성하는 조류에서의 생식은 엽상체가 절단되어 여러 조각으로 나누어져서 번식한다.

(2) 유성생식

수컷과 암컷 배우자의 세포질과 핵 융합으로 수정을 하여 유성생식을 한다. 수정된 **접합자(zygote)**는 2n의 염색체를 가진다. 이 접합세포가 감수분열하여 반수체(n)의 배우자를 만들고, 이것이 발아하여 반수체의 **배우체(gametophyte)**를 만든다. 이 배우체는 암수의 각기 다른 편모를 가진 배우자를 만든다.

유성생식은 동형배우자 접합(isogamy)과 이형배우자 접합(heterogamamy), 그리고 난접합(oogamy)으로 한다(**그림 4-33**).

그림 4-33 조류의 세 가지 형의 유성생식

5) 조류의 종류

(1) 남조류

남조류(blue-green algae)는 광합성을 하며, 원핵생물이므로 세균으로 분류하여 **시안세균(cyanobateria)**이라고도 한다.

① **광합성 색소:** 남조류는 엽록소 a(chlorophyll a; green)와 남조소인 피코시아닌(phycocyanin; blue)을 포함하므로 남색을 띤다.

② **세포벽:** 시안세균은 진핵 조류와 다르게 세포벽이 펩티도글리칸(peptidoglycan)으로 되어 있으며, 그 외부에는 당지질(lipopolysaccaharide)로 둘러싸여 있다. 이들 세포벽층에는 젤라틴의 기질이 있어 협막과 칼릭스(calyx)와 점액물질로 덮여 있는 **세포외 중합물질**(extracellular polymeric substance; EPS)이 포함되어 있다.

③ **형태:** 남세균은 사상체와 비사상체로 나눈다.

- **비사상체**는 단독 또는 군체를 이룬다. *Gloeocapsa*와 *Microcystis*(남색덩이말) 등이 있다.
- **사상체**는 사상형으로 흔들말(*Oscillatoria*), 꼬인말(*Spirulina*), 아나바에나(*Anabaena*), 구슬말(*Nostoc*) 등이 있다. 사상체 남세균은 **이질세**

그림 4-34 남조류

포(**heterocyst**)와 **아키네트**(akinete)의 특별한 세포내 구조물의 유무로 다시 나누어진다(**그림 4-34**).

④ **생식**

남세균의 생식은 기본적으로 영양생식을 한다. 대부분 무성생식인 이분법(n)으로 한다. 그러나 악조건의 상태에서는 zygote(2n)를 만들고 봄이 되면 감수분열하여 반수체(n) 상태의 세포를 만드는 유성생식을 한다.

(2) 규조류

대부분의 **규조류(돌말류; diatom)**는 단세포성이며 광합성을 할 수 있는 조류이고, 실리카를 함유하는 유리와 같은 규산질의 독특한 세포벽을 갖는다. 많은 종들의 돌말껍질은 복잡한 구조를 하여 아름다운 형태를 하고 있다. 담수와 해수 환경에서 규조류가 매우 많이 서식한다.

껍질에 있는 정교한 무늬의 구멍을 통하여 물질이 원형질막 내로 이동한다. 유일하게 배우자에서 편모가 나타나지만 많은 규조류는 껍질의 홈을 통하여 점액질이 방출되어 활주운동을 하는 방식으로 움직인다.

규조류는 식물의 광합성 경로와 비슷한 기작으로 광합성을 하는 독립영양생물이다. 광합성 색소로는 엽록소 a와 b를 가지며 높은 농도의 카로티노이드(카로틴과 크산토필)를 가지고 있어서 노란-갈색을 띤다. 돌말의 특성은 **돌말껍질(frustule)**이라는 특유의 규산질 세포벽을 가지고 있으며 편모가 없는 영양체 세포이다.

규조류는 유사분열 이후 세포질분열을 하는 무성생식을 한다. 규조류 껍질은 화석 광물에서 흔하게 발견된다.

이들은 단세포, 세포연쇄 또는 작은 군체를 이루어 기질에 부착하여 서식한다. 항상 습기가 있는 석재의 기념물이나 예술품, 그리고 야외에 있는 삼층석탑, 마애불상 같은 석조문화재에서 종종 발견된다.

종류: 돌말류의 분류는 주로 뚜껑의 구조와 무늬를 근거로 하여 두 그룹으로 나눈다. 하나는 원형 모양의 **중심돌말류(centric diatom)**로 방사선으로 배열된 무늬를 가지고 있다. 다른 하나는 **깃돌말류(pennate diatom)**로 껍질의 긴 축을 중심으로 좌우대칭으로 배열된 무늬를 가진다(**그림 4-35**).

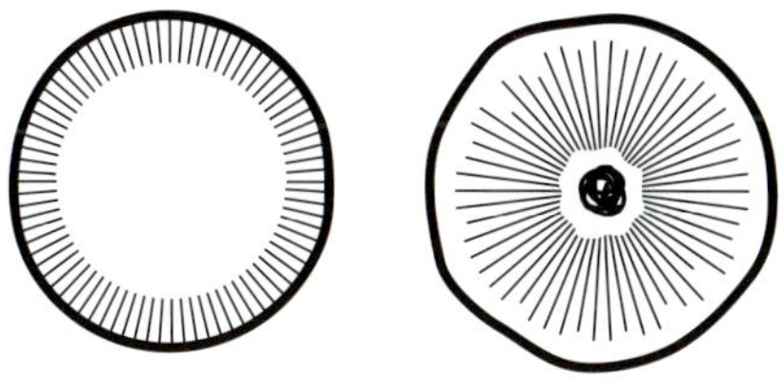

A: 중심돌말류(central diatom)

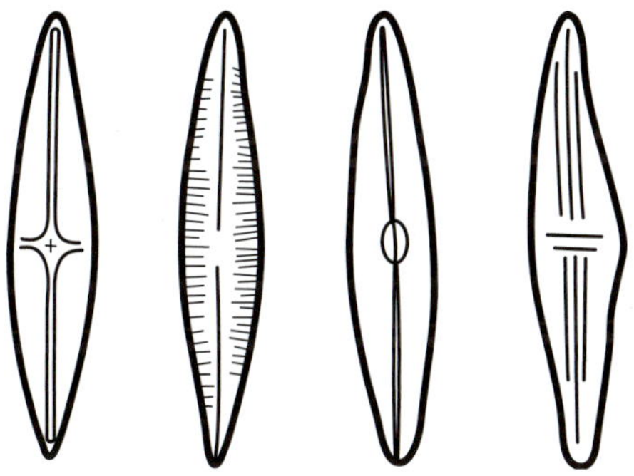

B: 깃돌말류(pennate diatom)

그림 4-35 규조류

(3) 녹조류

① **광합성**

녹조류(green algae)는 식물과 동일한 광합성 색소를 이용하여 광합성을 하는 독립영양생물이다. 주요 광합성 색소는 엽록소 a와 b이며 카로티노이드 색소는 엽록체 외부에 축적되어 있다(**그림 4-36**).

② **세포벽**

보통 섬유소로 구성되어 있으며 여러 층으로 되어 있다. 어느 종은 외피가 다당류로 덮여 있는 관계로 점질성이 있으며, 종종 탄산칼슘으로 된 외피에 의하여 단단한 형태로 유지되기도 한다. 녹조류는 광합성 색소, 저장 탄수

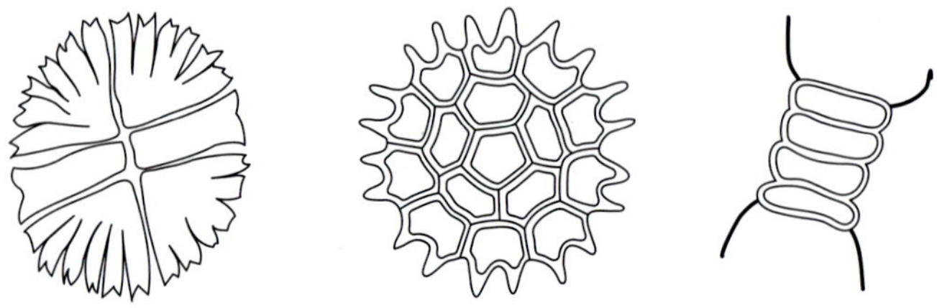

그림 4-36 녹조류

화물, 엽록체의 구조와 편모의 유무에 의하여 구별된다.

③ 형태와 종류

녹조류에는 단세포성의 구형(coccoid), 편모를 가진 운동형, 편모가 없는 비운동형, 콜로니 형성을 하는 종을 비롯하여, 다세포성의 사상 엽상체를 가진 형태, 얇은 잎 모양, 관상의 모양의 다양한 구조와 형태를 가진 다양한 종이 포함된다.

이들은 주로 담수에 서식하며, 그들의 구조와 크기도 다양하다. 다세포로 된 녹조류들은 사상이나 관상 또는 잎 모양의 엽상체를 가진다.

소형조류(micro-algae)는 주로 담수생으로 클라미도모나스(*Chlamydomonas*), 클로렐라(*Chlorella*), 뗏목말(*Scenedesmus*) *Pediastrum*, *Micrasterias* 등이 있다(**그림 4-36, 그림 4-37**). 이들은 주로 대부분 무성생식을 하는데 ㉠ 유주자가 방출되어 번식하는 방법과 ㉡ 이분법으로 한다. 유성생식으로는 해캄(*Spirogyra*)처럼 접합(conjugation)으로 한다.

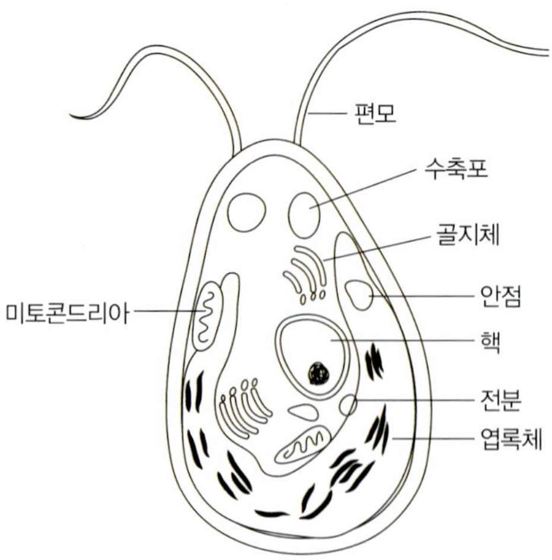

그림 4-37 클라미도모나스

대형조류(macro-algae)는 주로 해수에 분포되어 있으며 정상적인 생활사에 의하여 번식하다. **유편모** 조류인 단세포성의 클라미도모나스(*Chlamydomonas*), 군체로 모인 좁쌀공말(volvox) 등이 있으며, 무편모 조류로는 뗏목말(*Scenedesmus*), 알주머니말(*Oocystis*), 붓뚜껑말(*Oedogonium*) 등이 있다.

④ **생식**

생식(reproduction)은 배우자(gamete)와 유주자(zoospore)를 만들어 유성생식과 무성생식으로 한다.

(4) 홍조류

홍조류(red algae)는 배우자나 포자는 편모가 없고 특징적으로 핑크-적갈색을 띠고 있다. 적갈색을 띠는 색소에는 홍조소인 **피코에리트린(phycoerythrin)**과 남조소인 **피코시아닌(phycocyanin)**, 그리고 엽록소 a와 d를 포함하고 있다.

홍조류는 거의 작은 해조류들이다. 담수의 호수나 하천 또는 토양에서 발견된다. 대부분의 홍조류는 모래나 바위의 기질에 부착하여 생장하지만 몇 종들은 플랑크톤의 형태로 생장한다. 대부분이 유영생활을 하지만 일부는 다른 조류나 식물에 부착하여 사는 기생생물이다.

대부분의 홍조류는 다세포로 대형 미역 같은 갈조류만큼 크지는 않지만 식용으로 하는 김(*Porphyra*)도 여기에 속한다. 극히 몇몇 홍조류는 단세포성으로 사상체 모양이다. 엽상체의 기부는 단단한 기질에 부착하여 생장 분화한다. 세포벽 구성물질은 섬유소이나, 어떤 홍조류는 만난(mannan)이나 크실란(xylan; xylose 중합체)으로 되어 있다. 일부는 탄산칼슘의 침전물로 구성된 단단한 벽을 갖는다.

홍조류의 번식은 2배체의 포자체와 반수체의 배우체가 번갈아 나타나는 복잡한 생식주기를 갖는다. 편모가 없는 관계로 해류 속에서 만나 접합하도록 배우자를 방출한다.

이들 홍조류는 드물게 지면 위에 노출된 석재 예술품들의 훼손 생물로 발견된다. 또한 산발적으로 물이 있는 기념물이나 대단히 습기 있는 지하 환경에서도 산발적으로 서식한다.

(5) 갈조류

갈조류(brown algae)는 가장 크고 복잡한 조류이다. 갈색을 나타내는 갈조류는 모두 다세포성이며 대부분 해양조류로서, 해초라 불리는 종들이 많다. 광합성을 하는 독립영양생물이며 엽상체는 주로 사상체이며 유조직성이다. 현미경적인 형태로부터 50m 또는 그 이상 생장하는 대형 다시마류(giant kelp)에 이르기까지 크기가 다양하다.

① **색소:** 갈조류의 갈색을 나타내는 것은 엽록소 a, c 그리고 갈조소(fucoxanthin)의 색소 때문이다.

② **서식:** 갈조류는 거의 대부분이 수온이 낮은 온대나 한대의 해안 연안에 서식한다. 주로 대형조류는 해안 연안에서 생장한다.

갈조류의 생활주기는 복잡하고 반수체와 배수체 세대가 나타난다. 육안으로도 볼 수 있는 큰 구조는 2배체(2n)인 **포자체(sporophyte)**이며, 이 포자체에서 감수분열이 일어나 반수체의 포자가 생성된다. 편모로 운동하는 이 포자는 발아하여 유사분열을 거듭하여 반수체(n)의 **배우체(gametophyte)** 세대를 형성한다. 대부분의 배우체는 그 지름이 수 센티미터에 불과한 다세포성의 구조이다. 배우체에서 반수체인 난자와 정자의 배우자가 만들어진다. 유사분열로 만들어진 배우체의 세포들이 분화하여 편모를 가진 유영하는 정자세포나 비운동성인 난자로 된다. 정자와 알세포가 융합하여 2배체인 접합자가 형성되는 난접합을 한다. 이 접합자가 유사분열하여 2배체인 포자체 세대로 생장한다.

갈조류의 종류에는 다시마류(laminaria), 갈파래류(ulva), 그리고 모자반류 등이 있다.

이상과 같이 **표 4-12**에서 조류를 종류별로 비교하여 나타내었다.

6) 생태적 다양성

조류와 남조류는 지구상에 널리 분포되어 있다. 이들은 담수와 해수 같은 수질환경에서 특히 많이 분포하고 있으며 육상에서도 서식하며 대부분이 광합성을 하는 **자가영양생물(autotroph)**이다. 드물게는 무기물을 사용할 수 있는 **종속영양생물(heterotroph)**로 물질을 전환하는 역할도 한다. 담수나 해수에 사는 조류는 부유성인 **식물플랑크톤**(phytoplankton)과 저서성인 **저**

표 4-12 조류의 종류별 비교

조류	형태	색깔	색소 성분	편모	서식환경과 구조특성
남조류		청록색	엽록소 a, 남조소(phycocyanin)	무	해수와 담수, 원핵세균(시안세균), 세포벽은 펩티도글리칸, 질소고정 *Anabaena*, *Nostoc*, *Oscillatoria*
규조소	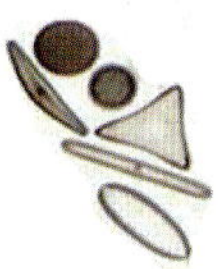	연록- 갈색	엽록소 a,c 갈조소(fucoxanthin)	무	해수와 담수, 규산의 세포벽, 점액질 분비, 단독, 여러 가지 군체 *Cymbella*, *Navicula*, *Cyclotella*
녹조류		녹색	엽록소 a,b	유, 무	담수와 육상: 단세포, 군체, 다세포 사상체 *Scenedesmus*(< 0.03mm), *Volvox*, *Chlamydomonas*
홍조류		적-갈색	엽록소 a,d, 홍조소(phycoerythrin)	무	주로 해양서식, 일부는 담수서식 다세포사상체와 엽상체 *Bangia*, *Porphyra* Ceramium
갈조류		갈색	엽록소 a,c, 갈조소(fucoxanthin)	유	주로 수온이 낮은 온대나 한대의 해안 연안에 서식. 다시마류, 갈파래류, 모자반류 등

서조류(benthic algae)로 구분한다. 육상환경에서 습기 있는 토양이 서식처인 **토양조류**(terrestrial algae)도 있다.

(1) 서식지

조류는 서식지에 따라서 크게 담수 저서성 조류와 토양조류로 구분한다.

① **담수 저서성 조류**

담수의 다양한 수중 기질에서 서식하는 조류를 저서성 조류라 한다. 담수성 서식지는 호소, 습지, 못(pond) 등이다. 이들은 형태적으로 비편모성 세포로부터 사상체까지 다양하며, 때로는 엽상체를 이루기도 한다. 빛과 영양분은 식물플랑크톤과 같이 담수조류들의 분포도와 밀도에 영향을 미친다. 저서성 조류에는 깃돌말류(pennate diatom), 물먼지말류(desmids), 흔들말(*Oscillatoria*) 등이 있다.

② **토양조류**

일반적으로 **토양조류(terrestrial algae)** 또는 **기중조류(aerial algae)**는

극도의 환경에서 휴면기로 생존한다. 대부분 토양조류는 다양한 생식구조를 가지고 있으며, 물이 있으면 편모가 있는 유주자로 번식하며, 건조 시는 **부동포자(aplano-spore)**나 **포낭(cyst)** 등으로 휴면한다. 어떤 조류는 다른 생물과의 공생관계를 통하여 육상 환경에 적응하기도 한다. 몇몇 조류는 균류는 지의류(lichens)와 연합하여 균류와 공생 관계를 갖는다. 토양조류에는 주로 녹조류와 남조류가 대부분이며, 광선이 풍부한 토양표면이나 토양의 밑에서 생장한다. 일반적으로 녹조류는 산성토양에서 그리고 남조류는 알칼리성 토양에서 더욱 잘 자란다.

조류는 유기물을 합성하여 토양을 비옥하게 하며, 질소를 고정하는 남조류는 질소화합물을 합성하여 주변에 공급한다. 대부분의 토양조류는 점질성 물질을 생성하여 남조류, 균류, 지의류, 이끼류 등과 같이 **생물막**(biofilm)을 형성한다.

토양조류 중 많은 **기중조류(aerial algae)**는 충분한 습기와, 또는 일시적이든 영구적이든 습기가 충분히 존재하면 나무껍질이나 눈 위에서 목재, 바위, 벽 등의 여러 가지 기질 위에서 생장한다.

대부분의 조류는 단독으로 자유로이 분포하지만, 어느 조류는 공생(symbiont)으로 살고 있는 것도 있다. 일반적으로 광합성 생물인 조류의 분포는 광선, 온도, 염분, 물의 흐름, 영양분 등의 환경요인과, 포식, 경쟁, 대립 등의 생물학적 요인, 그리고 이들 요인 간의 상호작용에 의하여 영양을 받는다. 광도와 온도, 습도는 육상조류의 생산량을 조절하는 중요한 요인이다.

(2) 빛

빛은 수계환경에서 조류와 남조류의 생장에 영향을 주는 주요한 환경요인이다. 더구나 빛의 강도와 질은 생물의 생장과 다양한 색깔에 영향을 준다. 빛의 강도가 높으면 노란-오렌지색소인 카로티노이드 색소의 합성을 증가 시킨다. 빛의 강도가 낮으면 남조류에서는 피코빌리 단백질 색소의 생성이 감소된다.

(3) 물

규조류(돌말류)는 물에 사는 조류이지만, 대부분의 기질 위에서 콜로니를 형성하는 조류와 남조류는 최적의 생장을 위해서 또는 대사활동을 하기 위해서 매우 높은 비교습도를 요구한다. 암반 위에서와 같이 건조한 조건에서의 세포는 물을 잃게 되어 축소되지만, 세포벽의 점질초로 건조를 극복할 수 있다.

(4) 온도

온도 역시 남조류와 조류의 발생을 조절하는 중요 요인이다. 일반적으로 중온성 남조류의 생장을 위한 최적온도는 조류보다 더 높다. 남조류는 25~35°C에서 최대의 생장을 하며 조류는 20~30°C에서 잘 생장한다. 그러나 온도가 매우 낮은 북극지방의 많은 지역의 흰 눈 위에서 *Chlamydomonas* sp.가 분포하였으며, 오렌지색과 적색의 carotenoid의 색소를 생성하는 것으로 알려져 있다. 반면에 열대지역의 노출된 암반 위에 서식하고 있는 남조류들도 고온의 환경에 잘 적응하면서 분포하고 있음이 확인되었다.

(5) pH

조류의 종류별 생장에 있어서도 pH가 크게 영향을 준다. 어느 정도의 산성 환경에서 남조류가 발생하지만, pH가 4~5 이하의 서식처에서는 완전히 발생하지 않는다. 그러나 대부분의 진핵 조류들은 이 같은 산성조건에서 생장이 왕성하다. 일반적으로 남조류는 알칼리성 환경에서 잘 생장하지만, 녹조류, 돌말류, 홍조류 등은 산성토양에서 잘 생장한다.

(6) 조류와 문화재

광합성 미생물인 조류와 시안세균은 보통 실외에 위치한 석조기념물에 서식하여, 건축의 작품, 프레스코, 그리고 벽화 등의 문화재에서 콜로니를 형성한다. 육상조류는 건축물이나 석조예술품 같은 기질 위에서 부착하여 정착하여 생장할 수 있다. 다양한 종류의 조류들이 함께 분포하여 광합성 색소를 생성하므로 여러 가지 색깔인 녹색, 적색, 회색, 노란색, 흑색, 오렌지색, 갈색 등의 색깔을 나타낸다.

암석의 기질 표면 위에 착생하여 생장하는 조류를 **암석외재생(epilithic)**이라 하고, 암석 내부의 갈라진 틈이나 공간 내부에서 생장하는 **틈암석내재생(chasmoendolithic)**의 조류, 그리고 암석의 내부에까지 침투하여 서식하는 **암석내재생(endolithic)**의 조류로 구분한다.

암석의 표면 위에 생장하는 광합성 조류는 직접적으로 파괴적인 작용을 하지는 않으나, 이들의 생명 활동에 의하여 물질의 성질에 불필요한 변화를 가져 오게 한다. 그러므로 석조 건물 위의 조류의 존재는 훼손 생물로 피해를 줄 수 있을 뿐만 아니라 미적인 외형을 변형시킬 수 있다.

단세포인 사상체 모양의 남세균의 여러 종류는 기념물 위에나, 실외환경이나 인공조명에 노출된 작품에 분포하고 있다. 동굴 속의 조명시설이 있는 지하의 환경에도 대부분의 남조류를 비롯하여 황색조류, 녹색조류 등이 풍부하게 분포되어 있다.

문화재를 훼손하는 대부분의 조류는 전 세계에 분포하고 있으며, 특히 담수의 서식처에 일반적으로 분포하고 있다. 육상의 지표면에 서식하는 종은 보통 건물표면과 석재로 된 예술품에서 발견된다. 조류의 발생이 상당한 양의 물에 의존하기 때문에, 돌말류는 수계환경과 축축한 토양에서 발견되며, 토양과 연결된 실외 지역에 있는 석조예술품에서도 발견될 수 있다.

조류는 습기와 빛이 적당하면 바위, 벽돌, 석고 등의 표면, 벽화, 석재, 회벽, 동굴 등의 표면은 조류생장에 적당한 기질이 된다. 사막이나 고산 지대, 극지 등 불모지에서도 조류는 바위 속에서 생존을 계속할 수 있다. 이와 같은 암석의 내부에 착생하는 **암석내재생**(endolithic) 조류들은 대개 공 모양의 남조류나 녹조류들이 있다. 이들 남조류는 oxalic acid를 분비하여 대리석을 공격하여 calcium oxalate dihydrate의 침전을 생성한다.

4. 지의류

1) 지의류의 특성

지의류는 균류와 조류가 공생하는 엽상체의 형태를 말하며, 이들 두 생물들이 뒤엉켜서 하나의 단일 엽상체를 만든 것이다. 지의류의 균류 성분을 **공생균류(mycobiont)**라 하고 조류 성분을 **공생조류(phycobiont)**라 하며 이는 광합성을 하므로 **광생명체(photobiont)**라고도 한다. 지의류의 성분인 균류는 장소와 무기물을 조류에 제공해 주고, 조류는 광합성으로 합성한 포도당을 제공하여 서로 공생한다.

지의류는 자연상태에 위치한 마애불, 석탑, 탑비, 당간지주, 석등 등의 석조문화재 위에서 가장 많이 발견되는 생물이다. 지의류는 이들 석조기념물의 표면에 서식하여 색깔의 변화와 기질을 손상시키는 생물훼손의 중요한 역할을 한다.

2) 엽상체의 구조와 성분

(1) 엽상체의 구조

대부분의 지의류는 3개의 기본적인 층으로 구별된다. 피층(cortex), 광합성 조류의 층, 그리고 수질로 되어 있다(**그림 4-38**).

피층(cortex)은 엽상체 표면을 싸고 있어서 외부에 대하여 보호의 역할을 한다. 보통 친수성 점질물질 안에 묻혀 있는 균사가 엉켜서 만들어진 것이며, 다른 미생물 침입에 대한 기계적인 장벽의 역할을 한다. 또한 피층은 빛의 통과, 가스의 교환, 그리고 물의 흡수를 위한 기본적인 역할도 한다.

광합성 조류층에는 상부 피층의 바로 아래에 공생 광합성 조류의 세포가 있다. 이 조류는 가스 교환과 적당한 양의 빛을 받을 수 있는 가장 적합한 위치에 자리 잡고 있다.

수질(medulla)은 공생 광합성 조류의 세포 아래에 위치하고 있다. 이 수질은 균류의 균사들이 서로 연결되어 있는 구조이며 그 두께가 다양하고 다소간 소수성이다. 이 수질은 엽상지의류에서는 하면 피층과 연결되며, 고착지의류에서는 직접 기질과 접촉된다. 전반적으로 수질의 구성은 공생 균류가

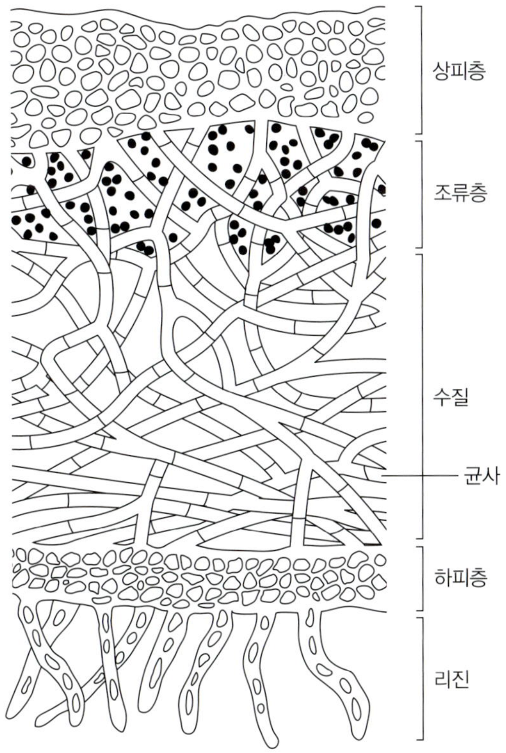

그림 4-38 엽상지의류의 횡단면

양적으로 광합성 조류보다 대부분을 차지한다.

층으로 된 엽상체를 갖고 있지 않은 다른 지의류는 광합성 조류의 세포가 엽상체의 모든 두께에 걸쳐서 전반적으로 퍼져 있다. 이 경우 공생 균류의 균사와 조류의 세포 사이의 공간은 물로 부풀어 오른 점질물질로 채워져 있다. 그리하여 엽상체에 젤라틴의 견고한 특성을 갖게 해 준다. 이 같은 지의류에서 양적으로 우세한 파트너는 일반적으로 광합성 조류이다.

(2) 균류 성분

지의류 내에서 공생하고 있는 **균류 성분(fungal component)**은 **피층(cortical layer)**과 **수질층(medullary layer)**을 포함하며 지의류의 대부분을 차지한다.

모든 균류(약 15,000~18,000종)의 21% 이상이 지의류화되어 자연계에 널리 분포되어 있다. 지의화된 균류 중 자낭균류는 98%, 담자균류는 약 2%를 차지한다. 이들 공생하는 균류 중 대부분의 균류(85%)는 단세포 또는 사상체의 녹조류와 공생을 하고 있으며, 반면에 약 10% 균류은 남조류인 시안세균과, 그리고 3~4%의 균류는 녹조류와 남조류와 함께 공생한다.

지의류화되어 서식하는 균류는 그 종이 한정되어 있으며 이들 종은 독립적으로 생존할 수 없다. 이들 균류와 함께 공생하는 조류는 극히 소수이며, 이들 역시 독립생활을 못한다. 따라서 이들 균류와 조류는 공생으로 하여 지의류의 상태로만 생존이 가능하다.

(3) 조류 성분

지의류의 **조류 성분(algal component)**은 광합성을 하여 포도당을 합성하여 균류 성분에 탄수화물의 영양분을 공급하여 주므로 **공생조류(phycobiont)** 또는 **광생명체(photobiont)**라고 한다.

현재까지 지의류의 공생조류(phycobiont)는 오직 40속 정도가 확인되었으며, 그중 15종은 *Nostoc* 같은 시안세균인 남조류이다. 대부분의 광합성 생물들인 조류는 분류학적으로 정상적으로 자유롭게 살고 있는 무리이다. 그러나 가장 널리 분포된 지의류에 있어서 동반자인 *Trebouxia* 속의 녹조류 같은 몇 종은 독립적으로 서식할 수 없다. 그러므로 공생하는 광합성 생물인 조류들은 몇 종의 지의류에서만 확인되었을 뿐이다.

한 종류의 균류는 한 종류의 조류와 공생하든가, 또는 두 종의 조류와 공생할 수 있다. 특이하게도 어느 균류는 어느 한정된 조류만을 선택하여 공생한다. 이같이 광합성 조류에 대한 균류의 선택성은 균류마다 다르며, 이 같은 선택적 공생 현상은 유전된다.

엽상체 내의 균류와 조류 성분의 분포는 양적으로 차이가 있다. 이들은 비교적 낮은 정도로 분화하여 서로 분리된 층을 만든다. 따라서 지의류 엽상체의 구성은 동형조직과 이형조직 엽상체로 되어 있다.

3) 엽상체의 생장형

형태학적으로 지의류는 서식 습성을 기초로 하여 나누면 3가지 큰 그룹인 **고착(crustose)형**, **엽상(foliose)**, 그리고 **수지상(fruticose)** 지의류로 나눌 수 있다. 그 외에도 작은 비늘과 같은 인편모양의(squamulose) 구조 등의 엽상체도 있다.

일반적으로 고착지의류는 기질에 납작하게 붙어 있으며, 엽상체 전체의 아래 표면이 기질에 견고하게 접착하여 손상 없이 쉽게 떼어 낼 수 없다. 지의류의 약 45%를 차지하는 엽상과 수지상 지의류는 더 복잡한 형태로 총체적으로 크기가 크기 때문에 **대형지의류**(macrolichens)라고 한다. 이들은 엉성하게 기질에 붙어 있어서 쉽게 제거할 수 있다

(1) 고착지의류

고착지의류(crustose lichens)란 기질의 표면 위에 나무 껍질과 같은 모양을 형성한다. 고착 지의류는 미분화된 동형조직 엽상체를 만든다. 고착 엽상체는 기질에 가깝게 붙어서 껍질처럼 보인다. 이 지의류에는 하층의 피층(cortex)이 없고, 수질(medulla)의 균사는 기질 안으로 침투한다. 고착지의류는 부스럼 딱지 모양의 형성, 표면에 여러 갈래로 나누어져서 불규칙한 거북등 모양, 거북등 모양의 돌기, 중앙부위가 융기되어 방패 모양 형성, 그리고 가장자리 주변부위가 잎 모양을 한 각질층의 형태 등으로 형태적인 변화가 심하다(**그림 4-39**).

일반적으로 석조 기념물에 피해를 주는 지의류의 대부분은 고착지의류이다. 암석의 내부의 안으로 생장하는 종을 **암석내재성 지의류(endolithic lichens)**라 한다. 암석내 지의류의 공생균류와 공생 광합성 조류들은 탄산염 기질을 용해할 수 있어서 기질내로 수 mm 깊이 까지 침투할 수 있다. 그러므로 이들의 생활 방식은 지의산으로 암석을 용해하여 균사와 조류가 기질내

그림 4-39
고착지의류

로 침투한다. 어떤 지의류는 석영까지도 용해할 수 있으며, 콜로니와 엽상체의 형성은 오직 사암과 석회암 같은 연한 암석에서만 나타난다. 암석이나 목재내부에 침투하는 지의류는 기질을 변색하고 종종 자실체를 만들어 육안으로 관찰할 수 있다.

(2) 엽상지의류

엽상지의류(foliose lichens)는 잎이나 넓은 잎 모양을 한 엽상체를 말하며, 이 엽상체는 기질에 엉성하게 붙어 있으며 쉽게 떼어낼 수 있다. 이 엽상체는 고도로 진화된 형태로 그의 크기나 모양이 다양하다. 엽상체는 잎이 가지를 쳐서 잎 모양의 형태가 위와 아래로 겹쳐 있는 구조를 하고 있다(**그림 4-40**).

엽상지의류는 균류의 균사가 4개의 층으로 되어 있다. **상부 피층(upper**

그림 4-40
엽상지의류

cortex), **조류층(algal layer)**, **수질층(medulla)**, 그리고 **하부 피층(lower cortex)**으로 되어 있다. 특히 엽상체는 **위근(rhizine)**에 의하여 기질에 붙어 있지만 기질에 단단히 부착되어 있지 않다.

종종 가장 아래의 표면에는 위근 이외에 **섬모(cillia)**, 또는 **솜털(tomentum)** 등이 붙어 있어서 엽상체가 기질에 부착을 도와주는 역할을 한다. 엽상지의류는 이들 부속 기관 이외에 **분아(soredia)**, **열아(isidia)** 등을 가지고 있어서 영양 번식을 한다.

엽상지의류에는 *Anaptychia*, *Heterodermia*, *Parmelia*, *Physcia* 그리고 *Xanthoria* 속 등이 있다.

(3) 수지상 지의류

수지상 지의류(fruticose lichens)는 작은 나무와 유사한 엽상체를 하고 있으며 하나의 부위에서만 기질에 부착한다. 나무와 같이 여러 개의 분지가 있는 것이 특징이다. 이 분지는 일반적으로 작은 관목 같은 형태로 생장한다. 작은 *Cladonia*는 오직 1 또는 2mm가 되지만 *Usnea*는 5m의 길이로 생장한 종류도 있다. 보통 토양 지의류인 *Cladonia*와 같이 2차적으로 엽상체를 만들어 표면에서 수지상으로 올라온 구조를 **포테디아(potedia)**라고 하며, 토양지의류인 *Stereocaulon*의 수지형 구조를 **위포테디아(pseudopotedia)**라고 한다(**그림 4-41**).

내부 구조는 방사상이며, 보통 횡단으로 절단하면 원형으로 보인다. 가장 외층은 균류의 균사로 조밀하게 되어 있는 피층이 있으며, 그 안쪽에는 남세균이나 조류의 층이 위치하고 있다. 그 내부에는 균사의 수질이 있으며 하부

그림 4-41
수지상 지의류

피층도 있다. 중앙에는 균체로 되어 있는 중앙을 지탱하여 주는 중심지주가 있다.

(4) 인편형 지의류

인편형 지의류(squamulose)는 작은 비늘과 같은 구조를 하고 있으며 하부 피층이 없다. 약간의 지의류는 엽상체의 일부가 기질로부터 떨어져서 **인편(squamulose)**을 형성한다. 이들은 마치 고착지의류와 비슷하며, 상부 피층은 있으나 하부 피층은 없다. 예로는 *Normandina pulchella* 등이 있다.

4) 영양체의 구조

지의류는 여러 가지 종류의 영양체 구조(vegetative structure)에 의하여 구별된다. 여러 가지의 영양구조에는 분아, 열아, 위근, 솜털(tomentum), 섬모(cilia) 등이 있다. 어느 종은 이들 영양구조를 포함하고 있다.

(1) 분아

분아(soredia)는 균사에 싸여 있는 몇 개의 조류세포의 덩어리로 피층은 포함되지 않는다. 각 분아의 직경은 25~100μm의 크기이다. 이들은 수질과 조류층에서 유래된 것으로 조류세포가 너무 과대하게 생장하여 피층을 파괴하고 생긴 구멍을 통하여 밖으로 분출되어 나온 것이다. 분출된 분아의 덩어리를 **분아체**(soralia)라고 한다(**그림 4-42**). 분아를 생성하는 지의류와 만들지 못하는 종류가 있다.

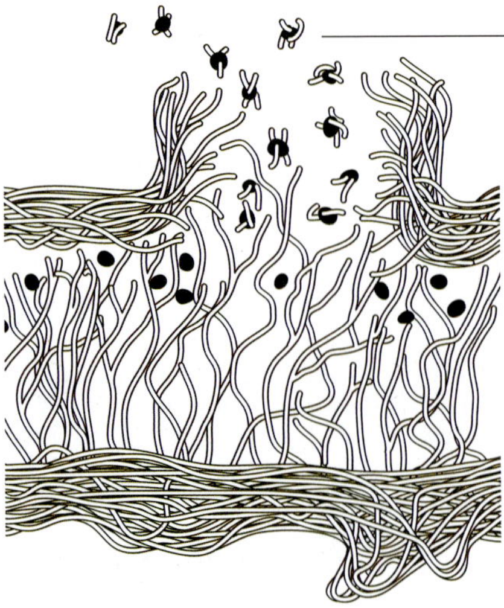

그림 4-42
분아(soredia)

(2) 열아

열아(isidia)는 상부 피층이 파괴되지 않고 그대로 외부로 돌출된 구조를 말하며, 원통형의 손가락 같은 모양을 한 형태이다. 그 내부에는 조류세포와 균류 조직이 다소 포함되어 있다. 이 구조는 엽상체의 일부분으로 쉽게 부서지기 쉽다. 크기는 0.01~0.3mm의 직경으로 높이도 같은 크기 정도이다. 기본적으로 영양번식을 하지만 표면적을 증가시켜서 엽상체의 동화작용을 도와주는 역할을 하는 것으로 추정된다(**그림 4-43**).

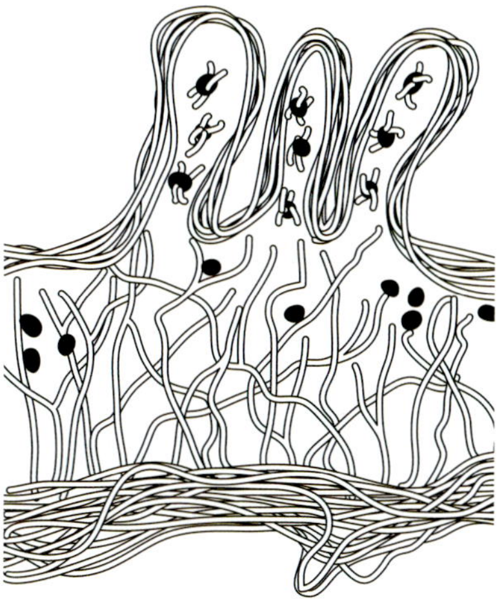

그림 4-43 열아(isidia)

(3) 위근

위근(rhizine)은 검은색의 균사의 단단한 끈과 같은 구조로 하부 피층으로부터 유래되어서 엽상체를 기질에 부착하게 한다. 간단한 위근은 가지가 없는 종류로부터 여러 개의 가지가 있는 것도 있다.

- **솜털(tomentum)**은 털과 같이 형태이며 지의류의 아래 면에 붙어 있다.
- **섬모(cillia)**는 솜털(토멘텀)과 구조는 같으며 지의류의 측면에 부착하고 있다.
- **포데디아(podetia)**는 수지상 지의류처럼 엽상지의류의 일차 엽상체(primary thallus) 위에 생장한 나뭇가지 모양의 이차 엽상체(secondary thallus)를 말한다(예; *Cladonia*). 그러나 *Usnea*는 같은 수지상 지의류이지만 처음부터 수지상 형태로 생장하므로 이차 엽상체가 아니다.

5) 생리학적 특성

(1) 광합성

지의류 공생에 있어서 공생균류는 광합성 조류를 위해서 적당한 조명을 제공하고, 가스교환을 촉진시키며, 생장이 활성화되도록 조절한다. 그리하여 공생 균류는 광합성 조류가 광합성해서 만들어진 탄수화물을 얻는다. 파트너인 조류는 포도당을 만들어 균류에게 영양분을 공급해 준다. 또한 남조류인 시안세균은 공기 중의 질소를 고정하는 능력이 있으므로 질소화합물을 합성하여 균류에 전달한다. 광합성 조류의 세포들을 엽상체로부터 분리하여 떼어내면 이들 유기물질의 생산이 현저히 감소한다.

(2) 생장

지의류는 가장 느리게 생장하는 식물로 알려져 왔다. 대부분의 지의류는 연평균 직경이 0.1~10mm의 생장을 한다. 그러나 서식환경에 따라서 종마다 생장의 정도 차이는 다양하다. 북미의 California에서 긴 수지상 지의류인 *Ramalina* 종은 연간 생장은 2~4cm의 가장 빠른 생장을 하는 것으로 알려져 있다. Hale(1961)은 엽상지의류인 *Parmelia rudecta*는 연간 생장이 약 4cm 직경의 생장을 한다고 보고하였다. 지의류는 연간 생장하는 나이테 모양의 형태를 관찰할 수 있으므로 엽상체의 전체 나이도 추정할 수 있다.

(3) 대사

기본적인 유기 식품과 비타민은 조류가 광합성을 통하여 합성하면, 그 일부를 균류와 조류가 이화작용에 사용된다. 엽상체의 조류층은 당, 질소화합물, 인산 등을 대단히 빨리 흡수하지만 이들 대사산물은 단백질 합성과 탄수화물 합성하기 위하여 대단히 느리게 사용된다. 그 결과 영양분의 저장이 오랫동안 엽상체 내에 유지된다. 이 같은 늦은 대사로 인하여 지의류가 장기간 기아인 상태에서도 살아남을 수 있다.

암석에 서식하는 지의류는 기질로부터 무기물을 이용할 수 있다. 빗물은 유기물과 무기물을 포함하고 있어서 엽상체 내의 남조류가 대기 중의 질소를 합성하는 데 도움이 된다.

광합성 조류의 세포들은 균류의 균사에 의하여 공생균류와 연결되어 있다. 더 진화된 형태에서는 이 연결장벽을 통하여 물질의 흐름이 이루어진다. 지의류의 이차 페놀 대사간물들을 일반적으로 지의산이라고 한다. **지의산**(lichenic acid)은 물에 대한 용해성이 낮고, 공생균류의 균사 표면에 축적된다. 이 지의산은 여러 가지 생물학적 기능을 수행하는데, 항생물질 활성, 포자와 식물 씨의 발아를 억제하고, 공생 광합성 조류를 보호하기 위하여 자외선을 흡수하며, 양이온을 착화작용으로 기질로부터 유출시키는 역할도 한다. 또한 착화작용은 암석 표면의 생물훼손 과정을 촉진하는데, 이때 생긴 무기물은 두 공생체의 생장에 필요한 미량영양분의 흡수에 도움이 된다.

지의류는 호흡작용의 과정에서 발생되는 옥살산, 시트르산(citric acid) 등의 유기산과 여러 종류의 아미노산을 만들어 암석을 훼손한다.

6) 생식

지의류의 엽상체는 자연계에서 주로 무성적인 또는 영양번식에 의하여 퍼져 나간다. 이들은 특이한 분아(soredia), 열아(isidia), 그리고 인편에 의하여 번식하여 새로운 엽상체를 다시 만들 수 있다. 이들 전파체(propagule)는 쉽게 바람, 물, 그리고 동물에 의하여 쉽게 퍼져 나간다. 아울러 환경조건이 좋으면 유성생식에 의한 번식도 함께 일어난다.

(1) 유성생식기관

공생관계에서 균류만이 보통 유성생식 능력이 있다. 따라서 유성생식은 균류의 생식방식대로 진행되며 자실체인 자낭포자와 담자포자 등으로 이루어진다(**그림 4-44**).

자낭균류와 공생을 하고 있는 지의류의 유성생식은 **자실체**(fruiting body)를 포함한 **자낭과(ascocarp)** 내에서 **자낭포자(ascospore)**를 형성하여 이루어진다. 이들 지의류는 자낭과의 발생이 수질이나 하층 조류층에서 만들어진다. 보통 나자기(apothecia)나 피자기(perithecia)의 표피 위에 노출되어 나타난다. **나자기(apothecia)**는 전형적으로 개방된 디스크 모양이나 컵 모양의 구조이다(**그림 4-45**). 자실층은 얇은 층의 자낭이 있고 측사가 내부에 자낭과 평행하게 줄지어 있다. 하나의 자낭으로부터 강하게 돌출하여 나온 자낭포자는 8개로, 자실체 내에서 자유로운 상태로 있다가 외부로 퍼져 나간다. **피자기(perithecia)**는 플라스크 모양의 구조 안에 위치하며 보통 1mm

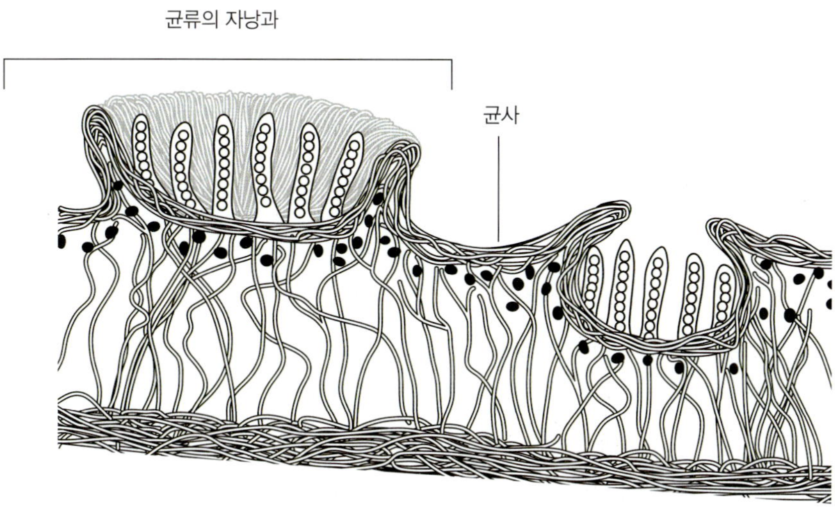

그림 4-44 지의류의 유성생식 기관

그림 4-45
지의류의 유성생식기관인 나자기

의 직경 크기이다. 자실층은 내부 표면에 있으며 그 안에 자낭이 있고, 여기에서 나온 자낭포자는 정단의 구멍을 통하여 외부로 튀어 나가게 된다.

만약 자낭균 대신에 **담자균류**라면 담자기(basidium) 위의 담자병(strigma)에서 담자포자(basidiospore)를 만든다. 이 담자기는 자실체인 담자과(basiocarp)에서 형성된다. 자실체는 일반적으로 오랫동안 계속하여 만들어지며, 보통 포자의 발산은 계절적으로 상승하였다가 감소하는 경향이 반복된다.

(2) 유성생식

공생지의류의 유성생식은 보통 포자형성으로 이루어진다. 지의류에서는 균류만이 포자를 형성하여 유성생식으로 번식한다. 만약 공생균류가 자낭균이라면 자낭각의 자낭포자가 발아하여 교배형이 다른 2종류의 균사를 만든다. 이 균사들은 교배하여 원형질 융합과 핵융합을 거쳐서 자실체인 자낭각을 만든다. 일반적인 자낭균의 유성생식과 동일하게 유성생식을 한다. 또한 공생균류가 담자균류라면 담자균류위 유성생식 과정과 같다.

엽상체에서 발아한 자낭포자는 적당한 조류세포와 결합하여 지의류화를 형성한다. 이 단계를 통하여 2차적으로 재구성된다. 미세 분생포자는 무성적으로 지의류화가 되지 않는 다른 번식체이다. 이 분생포자는 발아하여 새로운 엽상체를 만들 수도 있다.

(3) 무성생식

지의류의 생식은 복잡하여 유성생식과 무성생식 세대에 관한 확실한 과정은 확실하지 않은 상태이다. 엽상체의 생장이 대단히 느리고 공생균류의 자실체형성이 어렵기 때문이다. 지의류 내의 공생조류는 무성생식인 이분법으로 증식한다.

영양번식체(vegetative diaspores)는 지의화된 구조로 조류와 균류 성분이 함께 포함되어 있으며 함께 행동한다. 이들 영양번식체로는 보통 2개의 파트너를 포함한 분아(soredia)나 열아(isidia), 인편(squamules), 작은 잎 형태(lobules), 엽상체의 절편 등을 말한다. 이들의 특별한 영양 번식체의 형성과 방출에 의하여 영양번식이 이루어진다.

이 영양번식체들은 바람, 물, 동물과 새에 의하여 전파될 수 있다. 이들 번식체는 일반적으로 엽상과 수지상 지의류에 많이 있으며, 잘 발생된 번식체를 갖는 경향이 있으나 고착지의류는 비교적 적은 편이다.

7) 생태적 특성

(1) 생장의 특성

지의류의 생장은 주변의 환경과 종의 특성에 따라 일정하지 않다. 특별히 어려운 환경조건에서 지의류의 생존 능력은 일반적으로 대단히 제한된 생장을 한다. 그러나 일반적으로 지의류의 연간 체중의 증가는 1% 미만이다. 개체의 수명은 고착지의류가 엽상지의류와 수지상 지의류보다 더 길고 개체에 따라서 수 세기나 되는 것도 있다. 고착지의류의 생장은 방사상으로 그리고 원형 모양으로 생장하기 때문에 식물의 나이테처럼 나이에 대한 정보를 얻을 수 있다.

(2) 온도

지의류는 매우 심한 환경 스트레스에 대한 내성을 가진다. 열대지방의 50°C 이상의 고온과 수개월 또는 수년 간의 건조한 환경에서도 잘 적응하여 서식하고 있으며, 북극지방의 극히 추운 저온환경의 툰드라지역에서도 다른 식물보다 잘 적응하여 서식한다. 또한 건조한 조건에서 매우 강도가 높은 태양광선에 대한 내성도 특이하다. 이들 내성의 특성들은 지의류가 종적으로 높은 고도에까지 분포하는 것으로도 알 수 있다. 특별히 지의류는 살기 어려운 환경에서는 다른 생활형으로 콜로니를 변형하여 서식할 수 있다.

(3) 기질

대부분의 지의류의 종들은 서식처에 대한 모든 정보가 알려져 있다. 어느 종은 서식처를 선호하지 않으나, 대부분의 종들은 특별히 좋아하는 서식처가 있다. 지의류는 여러 가지 종류의 물질 위에서, 토양, 목재와 나무껍질, 그리고 유리, 플라스틱, 세멘트, 알루미늄, 철판 등의 인위적인 물질 위에서도 생장할 수 있다. 그렇지만 지의류는 대부분 암석 물질 위에서 발견된다.

암석의 물리적인 구성성분과 강도와 구조, 암석의 화학적인 성분의 특성, 그리고 위치하고 있는 지역의 환경 등은 다양한 지의류 군집의 발생을 결정하는 요인이 된다. 이 같은 물리적인 특성은 지의류에 의하여 암석 성분의 상당한 변화를 가져 오게 한다. 보통 바위와 암석 벽 위에 서식하는 종을 **암반생육성(saxicolous)** 종이라 한다.

암석으로 만든 작품이 실외에 노출되어 있으면 풍화작용을 많이 받게 된다. 따라서 이들 작품들 표면에 매우 비슷한 지의류가 분포하게 된 것은 주변의 환경과 영향이 있기 때문이다. 그리고 정상적으로 나무의 껍질이나 목재 위에서 서식하는 **수피생육성(corticolous)** 종과 **목질생육성(lignicolous)** 종이 별도로 있으며, 이들 종은 토양, 이끼류, 다른 지의류 위에서 서식하기도 한다.

(4) 물

매우 건조한 환경에서도 지의류가 콜로니를 형성하는 능력은 지의류가 습도에 대하여 잘 적응하기 때문이다. 지의류는 장기간의 건조에는 엽상체가 현저하게 수축하지만 수분이 보충되면 확장된다. 이 같은 환경이 반복되어도 지의류 자신에 손상을 받지 않는다. 물이 부족하면 대사적으로 정지된 상태로 들어가 휴식상태로 된다. 지의류의 이 같은 현상은 선태식물과 유사하다. 그러나 고등식물은 살아남기 위하여 일정한 물의 함량을 항상 유지하여야 한다.

지의류에서 시안세균을 가진 **시아노지의류**(cyanolichens)와 녹조류를 가진 **녹색지의류**(chlorolichens) 사이에는 생리적 차이점이 있다. 시아노지의류는 대사활성을 위해 물을 요구하지만 녹색지의류는 오직 대기 습도만으로도 활성을 갖는다. 이 현상은 이들 생물의 분포에서 확인할 수 있다. 습기 있는 공기 이동이 많은 지역에서 녹색지의류의 분포가 높으며, 해안가와 산의 정상은 물의 농축현상이 발생하는 지역이지만 녹색지의류가 풍부하게 분포한다.

(5) 대기의 성분

기질의 특성 이외에 지의류는 특별히 미기후의 대기 상태에 영향을 많이 받는다. 대부분의 종들은 공기 오염에 민감하므로 이들 종은 오염지역이 아닌 곳에서만 생장한다. 오염의 주 물질은 ① SO_2, ② 디젤 기름, 석유 등 ③ 농업용 화학농약의 살포 등이 있다. 그러므로 지의류는 큰 도시 주변, 주요 도로, 그리고 여러 가지 오염원이 있는 주변 지역에서 거의 발견되지 않는다. 그러나 매연과 석유 가스에 내성이 있는 지의류에는 고착지의류인 *Candelariella vitellina*, *Lecanora conizaeoides*, 그리고 *L. dispersa* 등이 있다.

(6) 지표생물

지의류 엽상체는 다년생으로 안전하고 장기간 생존할 수 있는 구조를 가지고 있다. 고등식물처럼 왁스의 각피와 기공 같은 보호적인 구조가 없기 때문에 공기 중의 오염물질을 전체 잎 위에서 효율적으로 대단히 잘 흡수한다. 이들 오염물질은 균사의 벽에 강하게 결합하고, 조류의 활발한 대사에 심한 손상을 주어 사멸할 수도 있다. 또한 이들 독성물질은 엽록소를 파괴하여 불가역적인 산화 과정으로 세포벽의 투과성을 파괴하기도 한다.

지의류는 SO_2와 NOx 같은 대기오염물질과, 그리고 독성금속물질에 대하여 예민하게 반응하므로 생물모니터링으로 사용되기도 한다. 이와 같이 환경이나 생태계의 건강한 상태를 감시하는 생물의 종을 **지표생물(bioindicator)**이라 한다. 도시 중심부는 SO_2의 농도가 높지만 도시에서 멀리 떨어져 있는 지역에서의 SO_2 농도는 낮다. 이 농도 차이에 따라서 지의류의 지표종의 분포도 다르게 나타난다.

그러므로 식물표면에 생장하는 지의류 종을 대기 오염의 생물지표와 생물농축과 같은 환경 생물모니터링 연구에 널리 사용된다.

5. 식물

1) 식물의 특성

식물은 진핵생물이며 **광독립영양생물(photoautotroph)**로서 광합성을 하여 자신의 생장에 필요한 유기물을 합성한다. 식물은 지표면을 안정화시켜 주어 다른 생물들의 서식처를 제공해 준다. 또한 식물은 산소의 제공원이며, 결과적으로 육상동물들에게 먹이를 제공해 준다.

육상식물의 진화는 반수체(배우체; n) 세대가 우세한 식물로부터 포자체(2배체; 2n) 세대가 우세한 식물로의 진화의 방향으로 진행되어 왔다. 육상식물은 녹조류로부터 시작하여 육상 환경에 적응하면서 선태식물, 양치식물, 겉씨식물 그리고 속씨식물로 진화된 것으로 추정하고 있다.

녹조류 → 선태식물 → 양치식물 → 겉씨식물 → 속씨식물

2) 세대교번

식물은 **반수체(n)와 2배체(2n)** 세대를 반복하는데, 이러한 현상을 **세대교번(alteration of generation)**이라고 한다(**그림 4-46**). 2배체의 세대는 감수분열하여 반수체의 포자를 형성하는데, 이를 **포자체(sporophyte)**라 한다. 반수체 세대는 배우자를 만드는 **배우체(gametophyte)**를 형성한다. 식물이 육지에 적응하면서 반수성의 배우체 세대는 작고 단순해지면서 생장기간도 짧아졌지만, 이와는 반대로 2배체의 포자체 세대는 크고, 복잡해지면서 세대기간도 길게 진화되었다. 이끼류는 포자체가 녹조류의 것보다 약간 더 크고 오래 살지만, 관다발식물의 포자체는 배우체에 비하여 아주 크고, 복잡하며 더 오래 산다.

3) 선태류

(1) 구조와 형태

선태류(bryophyte)는 진핵생물로 광합성을 하며 작은 포자를 가진 비관

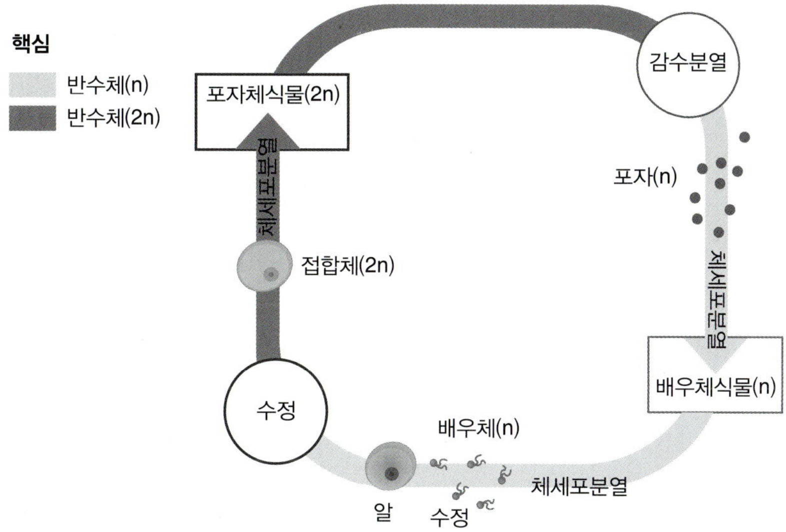

그림 4-46
식물의 세대교번

다발식물이며, 초본식물이다. 지구상에 약 12,000종이 있으며 전 세계에 분포한다. 선태류는 크게 **각태류(hornwort)**인 **솔이끼류**, **태류(liverwort)**인 **우산이끼류**, 그리고 **선류(mosses)**인 **이끼류**로 나눈다.

고등식물처럼 선태류는 엽록소 a, b 그리고 카로티노이드의 광합성 색소를 가지고 있다. 광합성 산물인 전분을 저장하고 있으며, 세포벽은 섬유소이다. 이끼식물은 지표면을 안정화시켜서 다른 생명체들에게 서식지를 만들어 준다.

일반적으로 선태류의 작은 엽상체는 물, 무기물, 그리고 합성된 물질을 수송하는 특별한 조직이 없으므로 건조한 조건에서 잘 적응되어 있다. 그러나 대부분의 선태류는 물과 밀접한 생물이므로 습한 환경에 분포하고 있다.

솔이끼류와 우산이끼류는 암석 위에서 콜로니를 형성할 수 있다. 이들은 기질에 가근의 구조로 침투하여 생장하면서 암석을 분해할 수 있다. 시멘트벽에 많은 종류의 이끼종이 생장하는데, 이들은 은회색 빛깔을 띤다. 오래된 시멘트에 서식하는 이끼류는 거의 두 종류이다. 하나는 쿠션 이끼인 *Grimmia pulvinate*이며, 또 하나는 *Torula muralis*로 오래된 시멘트 위에 매우 많이 분포하며, 보통 초록색으로 크기는 보통 이끼보다 더 크다. 목재 위에 서식하는 나무 모양의 이끼류는 *Leucolepis menziesii*로 대부분이 나무 그루나 썩은 가지에 분포한다.

보통 이끼류로 불리는 선태식물은 몸의 체제나 생활방식이 수중생활에서 육상생활로 옮겨가는 중간 단계의 특성을 나타내는 식물이다. 주로 그늘진 습지나 바위에서 살며 엽록체를 갖고 있어 광합성을 한다. 관다발이 없고 꽃이 피지 않고 포자로 번식한다. 그러나 뿌리는 가근(뿌리 모양 구조)이고 줄기와 잎 모양의 부분은 관다발을 가진 식물의 구조처럼 발달하지 않았다. 선태식물의 조직은 목질소를 포함하지 않으므로 보통 20cm 이하의 작은 크기이다.

(2) 생식과 생활사

포자체의 포자낭(2n)은 감수분열에 의하여 포자를 형성하여 방출한다. 이들 포자는 발아하여 **수컷 배우체(n)**와 **암 배우체(n)**를 만든다. 수컷 배우체의 정단에 장정기를 만들어 유영하는 정자를 방출한다. 암 배우체의 장난기에서 난세포를 형성한다. 정자(n)는 유영하여 난세포(n)와 수정하여 접합자(2n)를 만들고 성숙하여 포자체를 만든다. 이 **포자체**는 성숙하여 정단 부위에 성숙한 포자낭(2n)을 만든다(**그림 4-47**).

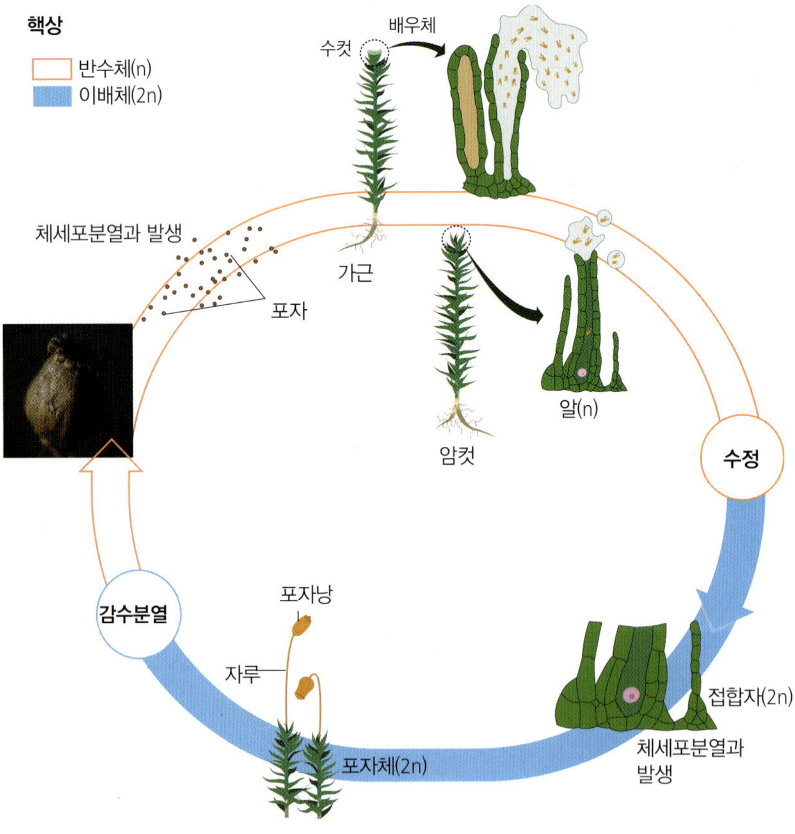

그림 4-47
이끼류의 생활환

(3) 선태류의 종류

① 우산이끼류

우산이끼류(liverwort)는 태류에 속하며 우산 모양을 한 엽상체로 기질에 붙어 생장한다. 배우체의 편평한 모양 때문에 엽상체로 부르기도 한다. 우산 이끼류의 배우자낭은 작은 나무 같은 배우체의 줄기와 같은 자루(柄)에 의하여 위로 발달한다. 포자체를 관찰하려면 돋보기가 필요하며 포자체는 짧은 자루와 원형의 포자낭을 갖는다. 가근은 엽상체의 밑에 붙어 있으며 기질로부터 영양분을 흡수한다(**그림 4-48**).

그림 4-48 우산이끼

② 솔이끼류

솔이끼류(mosses)는 **각태류**에 속하며 솔잎 모양의 구조를 하고 있으며, 뿌리, 줄기, 잎이 구별되는 것처럼 보이지만 관다발이 분화되어 있지 않고 엽상체가 없다. 배우체는 수평적이 아닌 수직적으로 생장한다. 높이는 보통 1mm~2cm의 범위인 것도 있지만 보통은 15cm 이내이다(**그림 4-49**).

배우체는 서로 모여 이끼류의 융단구조를 이룬다. 잎은 주로 세포 한 층의 두께이지만 복잡한 잎의 구조를 갖기도 한다. 어렸을 때는 녹색이고 광합성을 하지만 포자방출기에 이르면 갈색 또는 적갈색으로 변한다.

그림 4-49 솔이끼

배우체(n)의 구조는 가근(rhizoid), 줄기, 잎의 부분만으로 되어 있다. 자연계에서 보는 것은 보통 배우체인 생장형으로 같은 종끼리 서로 붙어서 서식한다. 이들은 보통 기질에 붙어 있는 작은 녹색 쿠션의 구조이다. 이들은 연중 내내 생존하며 광합성 능력이 있으므로 독립적으로 살 수 있다.

포자체(2n)는 광합성 능력이 없기 때문에 배우체에 의지하여 기생하며 크기가 작고 생존기간이 짧다. 포자체는 가느다란 자루에 의해 초록색의 엽상 배우체에 붙어 있는 것을 볼 수 있다. 그 정단에는 **포자낭(sporangium)**이 있다.

③ **이끼류**

이끼류(mosses)는 선류라고도 하며 대표적인 종에는 물이끼가 있다. **물이끼**(sphagnum)는 보통 볼 수 있는 엽상체로 작고, 초록색이며 잎 모양을 하고 있는 이끼식물은 배우체이다. 이 종은 건조에 적응하고 천이-주도 산성화 능력을 가진 생태적으로 탁월한 습지식물이다. 또한 넓은 범위의 pH, 양이온 농도, 습하고 건조, 음지와 양지, 해안가와 육상, 추운 곳과 따뜻한 곳 같은 환경에 분포한다. 이들 종은 양이온 교환 능력, 건조에 대한 내성, 물 보유능, 습도에 따른 다른 광합성 반응 등을 포함하고 있다. 자연상태의 서식처에서 이들 이끼류는 어떤 이온을 흡수하고 다른 이온은 분비한다. 습지는 이끼류에 의하여 산성화가 되고 혐기성 상태가 된다. 이 같은 산성은 세균이나 균류의 생장을 억제한다.

따라서 이끼의 오래된 아랫부분은 느리게 분해되는데, 결과적으로 부분적으로 죽은 조직은 다른 식물의 잔해와 섞여서 이끼 쿠션을 형성한다. 이 쿠션 같은 주조는 천천히 압축되고 해를 거듭할수록 단단해져서 단단한 어두운 색의 물질을 형성하는데 이것이 이탄(peat)이다. 그러므로 **이탄 이끼**라고 한다.

물이끼류는 습기 있는 젖은 환경에서 생장하는 식물이지만 건조에 대하여 적응되어 있으며, 산성화하는 능력이 있어서 식물의 천이를 주도한다. 이들 종은 넓은 범위의 pH에서와 따뜻한 곳이나 추운 장소에까지 다양하게 분포된다. 높은 언덕이나 낮은 부위, 젖은 그리고 건조한, 그늘진 곳이나 태양광선이 쪼이는 부위에도 서식한다. 물이끼는 물의 농도에 따른 광합성 반응이 다르게 나타낸다(**그림 4-50**).

물이끼류는 부드러운 형태와 다소간 단단한 퇴적암의 형성에 중요한 역할을 한다. 수중 환경에서 이끼와 약간의 조류는 광합성을 하여 자신의 영양분을 만들고 부산물로서 이산화탄소가 발생된다. 이 이산화탄소는 물에 용해되어 있는 중탄산칼슘(calcium bicarbonate)과 반응하여 $CaCO_3$를 만든다. 이 탄산칼슘은 물에 불용성이므로 침전이 침전되는데, 이것이 생물을 표면을 피복하여 세밀한 형태를 만들게 한다. 이 같은 반응으로 중탄산칼슘이 존재하는 수중환경에서는 이끼류가 석회석 침전물 형성에 중요한 역할을 할 수 있다.

그림 4-50
물이끼(sphagnum)

$$Ca(HCO_3)_2 \rightarrow CaCO_3 + H_2O + CO_2$$

고고학적 유적지에서의 벽 위에 분포하는 선태류는 현무암 바위, 토양 표면, 관다발식물의 줄기 위 등에서도 발견되었다. 거의 대부분의 식생은 솔이끼 종류로 짧은 카페트와 같은 생활형을 보여준다. 이들 이끼류는 건조한 조건, 중간 조건, 그리고 습기가 충분한 조건에서 생존할 수 있다. 실제로 악조건 지역에서 어느 이끼 종은 다른 생물보다 제일 먼저 서식하는 선구적인 역할을 한다.

(4) 생태 및 서식환경

바람에 의한 가벼운 포자가 비산하여 이끼류가 전 세계에 분포하고 있다. 이끼류는 습한 산림 속이나 습지에 흔하게 서식하고 있다. 어떤 이끼 종류는 높은 산 정상, 툰드라, 사막과 같은 극한 환경에서도 서식한다. 또한 매우 춥고 건조한 환경에서도 생존할 수 있는데, 이는 수분이 존재할 때는 재흡수할 수 있기 때문이다. 그러나 관다발식물은 이와 같은 건조한 상태에서는 거의 살 수 없다.

① **물**: 대부분의 이끼 종들은 지의류처럼 습기가 없는 노출된 바위 위에 제일 먼저 콜로니를 형성할 수 있는 생물로 알려져 있다. 이끼류는 물을 흡수하는 뿌리가 없으므로 공기의 습도에 크게 의존한다. 대부분의 이끼류는 생장하기 위하여 많은 물을 필요로 하지 않는다. 그러므로 일반적으로 이끼류는 가뭄이 장기간 계속되는 동안 고온이나 태양 방

사선에도 잠복기 형으로 살아남을 수 있는 능력이 있다.

잎과 같은 부분은 죽은, 비교적 큰 넓적한 물을 저장하는 세포로 구성되어 있다. 이들 세포는 특이한 높은 물-보유능을 가지고 있다. 이끼의 젖은 덩어리는 건조한 질량의 약 20배나 된다. 이끼류는 건조에 대한 내성이 있다. 일반적으로 이끼류는 건조한 조건에서는 물을 잃어버려서 흰색의 쭈그러진 모양을 하여 휴면상태로 되었다가, 비가 오면 젖은 조건이 되면 생명이 활기를 찾아 초록색으로 회복한다.

어느 종류의 물이끼류는 쿠션과 같은 카페트 모양의 형태는 주변 서식 환경의 변화에 주요한 요인으로서 중요한 역할을 한다. 이 형태는 증산율을 감소시키는 강한 능력을 가지므로 가장 많은 양의 물을 축적할 수 있다.

② **빛의 강도**: 대부분의 이끼류는 식물보다 빛을 덜 필요로 하지만 낮은 빛의 강도에서도 광합성 활동을 할 수 있도록 적응되어 있다. 어느 이끼는 동굴의 입구에도 생장할 수 있으며 동굴 내부에 설치된 조명하에서도 생리적으로 적응하여 생장할 수 있다. 언덕의 미세한경에서 빛의 강도 차이는 남쪽과 북쪽의 기울기에 따라 생긴 그늘진 조건에서 이끼류의 분포는 다르게 나타낸다. 이들의 엽상체는 어두운 조건과 낮은 온도에 적응하도록 변형한다.

③ **온도**: 이끼류는 전형적으로 고온이나 건조기에도 살아남을 수 있지만 습기가 많은 환경에서 발견된다. 많은 이끼류는 영구적인 손상 없이도 온도 차이에 대하여 적응 능력이 강하다. 육상 생태계에서 이끼류는 토양 붕괴를 예방하며, 특별히 열대에서, 온대, 그리고 툰드라 지역에서도 서식한다. 극 지역의 툰드라에서 이끼류는 생태계의 50~90%를 차지한다. 이끼류는 35~40°C의 고온의 조건에서는 광합성률이 높아진다.

④ **pH**: 이끼류에 있어서 pH 값은 생장에 가장 영향을 많이 주는 요인이다. 기질의 대한 pH의 영향은 선태류의 종에 따라 매우 다양하다. 이탄(peat)을 만드는 물이끼(sphagnum)는 토양이 산성인 습기가 많은 환경에서 잘 생장한다. 이 조건에서 세포벽 내에 있는 콜로이드 물질이 분비된다. 여러 종류의 *Sphagnum* spp.가 서식하는 습지의 pH는 3.6~7.8의 범위이다.

⑤ **지표생물(bioindicator)**: 이끼류는 고등식물처럼 물과 영양분을 흡수

하는 뿌리가 없고 가근 비슷한 기관이 있다. 잎 모양의 조직이 직접 물과 영양분을 대기로부터 흡수하고 중금속 같은 오염물질도 흡수한다. 그러므로 환경 지표로서 선태류는 외부 환경의 변화에 대한 이들 생물의 높은 감수성를 나타낸다. 이들 환경 지표종이 도시 환경에서는 발견되지 않는 것은 도시 주변에 오염 침전물이 존재하고 있다는 것을 의미한다. 이탄 이끼는 생태학적으로 중금속 공해를 감시하는 지표생물로 이용된다.

4) 관다발식물

(1) 관다발식물의 특성

관다발식물(vascular plant)은 관다발 조직을 갖는 식물을 말하며, 관다발 조직은 **목질부**(물관부)와 **사관부**(체관부)의 두 가지 종류의 조직으로 구성되어 있다.

목질부(xylem) 조직은 대부분의 물과 유기염류의 통로 역할을 한다. 모든 관다발식물의 물관은 뿌리로부터 물과 무기염류를 운반하는 튜브 형태의 세포인 **가도관(tracheid)**을 갖는다. 관다발식물에서 물을 수송하는 세포는 **목질화(리그닌화)**로 되어 있으며, 이 세포벽에는 페놀류의 다당체인 **리그닌(lignin)**으로 보강되어 있다. **체관부(phloem)는** 수송세포가 관상으로 위아래로 배열되어 당, 아미노산, 유기화합물들의 수송에 관여한다.

목질화된 관다발 조직은 체관부와 물관부 사이에 **형성층(cambium)**이 있으므로, 크게 생장할 수 있다. 이들 식물을 **목본식물**이라 한다(**그림 4-51**). 반면에 **초본류**는 관다발 조직에 형성층이 없으므로 목부를 형성할 수 없으므로 크게 생장할 수 없다.

① **목질부(xylem)**는 수분통도 조직(water-conducting tissue)으로 섬유소(cellulose), 리그닌(lignin)을 함유하는 2차 세포벽인데, 물과 물에 용해된 물질의 이동통로이다. 이 조직에는 물관(vessel element)과 헛물관(tracheid)이 있다.

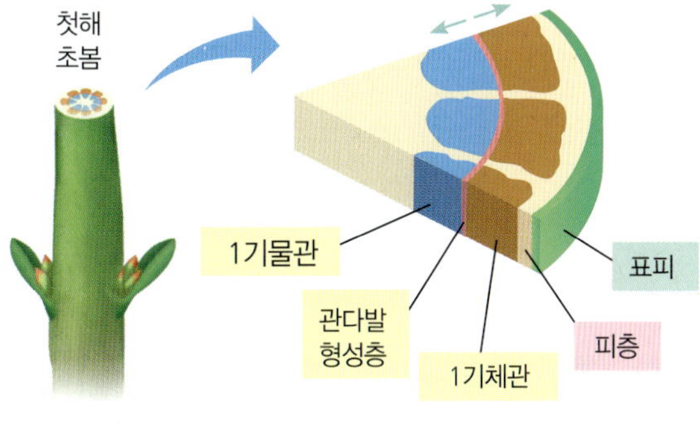

그림 4-51 나무 목재줄기의 생장

② **체관부(phloem)는** 양분통도 조직(food-conducting tissue)의 1차 세포벽으로, 체관절로 되어 있다. 세포벽 양끝에 구멍이 있는 체판(sieve plate)이 있으며 이 체판을 통하여 당, 유기물, 무기이온 등이 이동된다. 최소 한 개의 반세포(companion cell)가 있어서 사부의 대사를 조절하는 역할을 한다.

③ **유관속형성층(vascular cambium)**은 물관부와 사부 사이에 위치하며 이 형성층이 외부로 생장한다(**그림 4-52**).

유관속(관다발)의 구성은 **외부-물질부(xylem)-형성층(cambium)-체관부(phloem)-목부의 내부**의 순서로 되어 있다.

육상식물은 **관다발** 또는 **유관속조직(vascular tissue)**의 유무에 따라 나눌 수 있다. 대부분의 식물들은 복잡한 관다발 조직계를 가지는 **관다발식물(vascular plant)**에 속한다.

모든 식물 중 대부분의 관다발식물은 씨(종자)가 없는 **양치식물(pterophyte)**과 종자(씨)로 번식하는 **종자식물(seed plant)**이다. 그 중 대부분의 식물은 후자에 속한다. 종자(seed)란 배가 보호막 내부에 싸여 있어서 외부의 영양을 공급받는 기능을 가진다.

종자식물은 종자 성숙 시 일련의 조직막에 싸여 있는지의 유무에 따라서 겉씨식물과 속씨식물로 나뉜다. **겉씨(나자)식물(gymnosperm)**은 종자

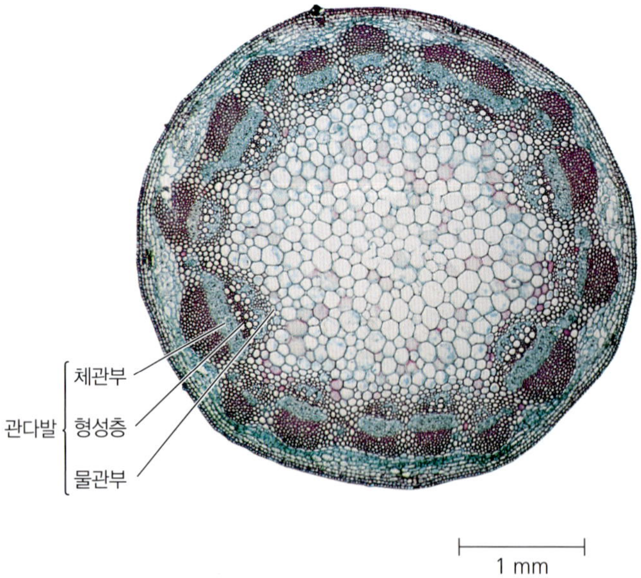

그림 4-52
줄기의 관다발계

가 조직막에 싸여 있지 않는 노출된 종자를 갖는 식물이다. **속씨(피자)식물(angiosperm)**은 종자가 씨방이라는 조직 내부에서 발생하여 성숙되는 것으로 모든 꽃이 피는 현화식물은 여기에 속한다.

관다발식물
- 양치식물
- 종자식물
  - 겉씨식물
  - 속씨식물

관다발식물의 복잡한 뿌리는 생장하는 동안 기질 위에 강하게 압력을 가할 수 있다. 뿌리는 다양한 특성이 있으므로 석조문화재, 건축물, 그리고 기념물에 심하게 물리적 및 기계적인 손상을 줄 수 있다.

(2) 생식 특성

전형적인 속씨식물의 생활사를 보면 포자체의 꽃은 수배우자와 암배우자를 생산한다. 수배우체는 꽃밥의 소포자 내에서 감수분열하여 많은 수의 소포자 화분을 만든다. 한편 암배우체는 씨방에서 감수분열하여 4개의 대포자를 만들지만 1개를 제외하고 나머지는 퇴화된다. 이 세포는 유사분열을 하여 8개의 핵을 갖는다. 수정관으로 들어온 하나의 정자는 난세포와 수정하고, 다른 하나는 배젖을 형성하는 세포와 수정한다. 이때 두 번 수정하므로 **중복수정**이라 한다.

(3) 양치식물

양치류는 관다발은 있으나 종자를 만들지 못하는 다년생의 초본이다. 종종 토양 밑에서 변형된 줄기구조로 뿌리의 역할을 한다.

양치식물에는 고사리, 쇠뜨기, 그리고 속새 등을 포함한다. 대부분의 고사리류는 열대와 온대성 지역의 토착식물이다. 어느 종들은 극지방과 산지의 툰드라, 소택지와 황야지역에까지 적응하여 서식한다. 고사리는 큰 잎을 가지며, 이 잎은 포자체이다. 이 포자체(2n)가 성숙하면 포자낭을 만들고 그 속에 수많은 포자(n)가 생성된다. 고사리의 잎은 작게 나누어진 깃털 모양으로 복합적인 관다발 조직을 가진다.

하나의 엽상체는 코일 모양으로 꼬인 끝이 자라면서 확장된다. 대부분의 고사리 줄기는 땅속줄기이다. 땅속줄기의 길이에 따라서 뿌리가 나온다. 일부 종은 한 계절에 잎이 끝나지만 어떤 종들은 몇 년 동안 생장한다. 땅속줄기는 수 세기 동안 살 수 있다.

(4) 겉씨식물

겉씨식물(gymnosperm)은 침엽수의 종류들이다. 밑씨가 노출된 상태, 즉 노출된 종자를 가진 관다발식물로 포자체가 우세하다. 관다발 내에 형성층이 있어서 목부를 계속하여 형성한다. 소철, 은행나무, 소나무를 비롯한 침엽수가 여기에 속한다.

(5) 속씨식물

속씨식물(angiosperm)은 꽃과 열매 속에 종자가 있는 식물로 포자체가 우세한다. 꽃이 피는 현화식물과 외떡잎식물과 쌍떡잎식물이 있다. 꽃은 아름다운 모양, 색, 냄새 등으로 곤충을 유인하여 암술과 수술을 접촉하여 수정하게 한다. 속씨식물은 매우 다양한 형태적 특성이 있다. 거대한 나무에서부터 일년생 풀, 관목, 착생, 그리고 다육성의 시물에 이르기까지 다양하다.

관다발식물에서 보통 3가지의 영양기관을 볼 수 있는데, 여러 가지 기능과 형태를 가진 뿌리, 줄기, 잎이다. 이들 기관은 꽃과 종자의 번식 구조와 관련이 있다.

① **뿌리(root)**는 여러 가지 기능을 가지고 있다. 뿌리 끝의 정단에서 토양 속의 물과 염분을 흡수하며 식물체를 고정시키고 저장물질을 축적할 수 있다. 뿌리계는 곧은 뿌리(taproot), 주 뿌리와 2차 뿌리로 되어 있으며, 다발성 뿌리를 갖는 것도 있다. 곧은 뿌리는 더 깊이 생장하여 건축 공예품들을 위험하게 할 수 있다. 보통 식물뿌리의 표면은 산성으로 암석과 같은 단단한 무기물을 용해하여 침투할 수 있다. 식물뿌리의 배출물(exudate)은 환경스트레스에 대한 적응과 내성을 나타낼 수 있는 중요한 역할을 한다. 근권의 미생물 생장에 영향을 미칠 수 있으며, 토양의 무기물을 용해시키고, 킬레이트화하는 역할도 한다. 앙코르 왓트의 사원에 서식하는 목본식물은 뿌리가 수백 년 동안 생장하여 사원의 석조유물을 심하게 파괴하고 있다.

② **줄기(stem)**는 광합성 기관과 번식 기관인 잎과 뿌리와 잎을 연결시키는 역할을 한다. 줄기에는 통도조직인 목부 도는 목재, 사부, 그리고 인피가 위치하고 있다.

③ **잎(leaf)**은 보통 잎은 좁은 모양에서 넓은 형태로 다양하다. 잎은 표면층으로 덮여 있고 왁스 표면, 큐틴으로 보호되어 있다. 또한 잎 뒷면에는 기공세포가 있어서 가스교환을 할 수 있다. 잎의 내부에는 유조직이 있어서 광합성과 증산작용을 한다.

㉠ **일년생 초본류**는 봄에 싹이 터서 생장이 시작되었다가 가을에 생장하고 끝나 버린다. 씨가 발아하여 영양생장을 하고, 번식을 한 다음 식물은 죽게 된다. 보통 일년생 초본은 작지만 외부에 노출된 석조문화재에 분포하여 심하게 손상을 줄 수 있다.

㉡ **다년생 초본류**는 민들레처럼 수 년 동안의 생활사를 갖는다. 어느 종은 육상 부분은 없어졌지만 지하의 싹에 의하여 생존할 수 있다. 여러해살이풀은 땅 아랫부분에 뿌리, 줄기, 양분을 저장하는 덩이뿌리, 덩이줄기, 뿌리줄기, 비늘줄기가 있다.

㉢ **관목**은 목질 식물로 수직으로 생장하지 않고 수평으로 퍼져나가며, 가지가 많아 숲을 이루고 있다.

㉣ **나무**는 일반적으로 목질이 발달하고 줄기에 있는 관다발(형성층)의 분열에 의해 목부(물관부)가 비대하게 생장한다. 수목의 피층과 목부를 구성하는 세포는 리그닌이 침투하여 섬유소와 결합하여 단단한 구조로 탄성이 있다. 잎이 매년 떨어지는 것을 낙엽수와 계절에 관계없이 잎이 지지 않는 상록수가 있다. 잎이 뾰족한 것은 침엽수, 넓은 것은 활엽수 등으로 나눈다.

목질 식물은 가지가 있으며 보통 크기가 상당히 크며 확장된 뿌리를 가지고 있다. 특별히 침투성이 강한 아카시아식물은 가지를 만들어 지하 깊이까지 침투할 수 있다.

식물군의 형태비교를 **표 4-13**에 나타내었다.

5) 생태학적 특성

자연에 노출된 암석이나 기념물 위에서 생장하는 초본과 목본 식물들은 어려운 환경에서도 생존할 수 있는 특별한 생태생리학적인 특성을 갖고 있다.

(1) 환경에 대한 적응

각 식물의 특성은 환경에 반응하여 기질과의 관계, 그리고 가해식물과 주

표 4-13 식물군의 형태비교

관다발 유무	비관다발식물	관다발식물			
식물종류	선태류	양치식물	종자식물		
			겉씨식물	속씨식물	
초목본류	초본	초본	목본	초본	목본
번식기관 특성	배우체 우세	포자체 우세	밑씨: 노출	밑씨: 씨방벽 속	
관다발 내 형성층	–	무	유	무	유
예	솔이끼	고사리	은행나무	배추, 무우	상수리나무
형태	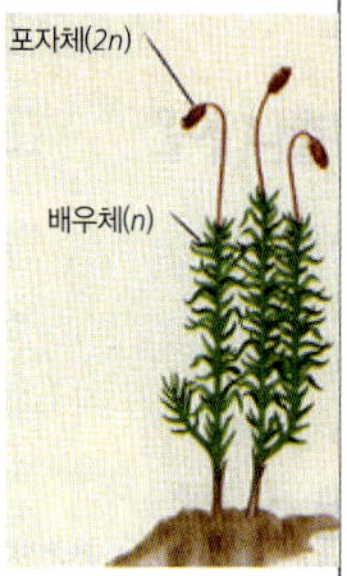				

변 여러 생물들 사이에서 경쟁하여 생존할 수 있다. 자연상태의 석탑이나 마애불을 훼손하는 식물은 주변 환경에 적응하여 생존한다. 음지조건인 습한 환경에는 초본이나 목본 식물의 생장이 왕성하여 석조문화재나 목재 등에 용이하게 부착하여 문화재의 기질을 훼손한다. 따라서 어느 환경에서 현존하는 각 종의 식물개체수와 그 분포는 주변 환경조건에 적응하여 생태학적인 평형에 도달하게 된 결과로 볼 수 있다.

초본식물의 뿌리, 줄기, 잎은 환경의 특성에 의하여 생장이 특별하게 변화할 수 있다. 건조한 환경에서는 초본식물의 구조의 변화를 만들게 한다. 몇 년 동안의 건조한 조건에서는 잎 크기가 감소되었으며, 어느 기관 내에 물과 영양분을 저장한다. 이용할 물이 충분히 있는 지역에서는 뿌리의 생장과 지하줄기의 생장이 촉진되지만 최악의 조건에서는 에너지를 소비하는 대사율은 감소된다.

식물의 적응은 생리학적, 그리고 생화학적 기작을 통하여 이루어질 수 있다. 식물은 장기간 물을 유지할 수 있는 구조의 변화 기작을 가지고 있다. 선인장 같은 다육식물은 특수한 조직이 있어서 극도의 건조 조건에도 물을 보유할 수 있다.

(2) 빛

식물은 생존하기 위하여 빛에 대하여 몇 가지의 기본적인 반응을 한다.

광합성: 식물은 빛의 에너지를 광합성을 통하여 화학에너지로 전환한다. 이 에너지는 식물세포 내에 포도당이나 과당 같은 당의 화학결합 속에 저장되어 있다. 식물은 생장하기 위하여 당을 분해하여 대사작용을 한다. 광합성으로부터 식물의 생장에 필요한 초록색, 노란색, 오렌지색 같은 색소와 각종 비타민 등을 합성한다. 그 외의 생장에 필요한 여러 가지 유기물 성분을 합성한다.

주광성: 광선이나 빛에 대한 식물의 이동을 주광성이라고 한다. 식물은 빛이 쪼이는 방향으로 기울어진다. 생장호르몬이 식물 줄기에서 만들어져 식물의 줄기나 잎을 광선이 쪼이는 방향으로 이동하게 한다. 창문 쪽으로 화분의 식물이 기울어지면서 생장하는 것을 볼 수 있는 것은 빛에 대한 주광성 때문이다.

생장: 식물은 빛을 받아 생장하고 분화하며 밤과 낮, 그리고 덥고 추운 계절에 따라서 반응한다. 봄의 온화한 기온의 조건에서 빛을 받으면 생장하기 시작하고 여름의 강한 빛을 받으면 왕성하게 생장한다. 광선이 약하여 기온이 추어지기 시작하면 잎이 시들어지면서 떨어진다. 잎이 없는 상태로 얼지 않게 겨울을 지낸다. 다시 말하면 식물은 빛의 환경 변화에 대하여 생존을 위한 반응하는 특성이 있다.

(3) 온도

식물의 생장은 직접적으로 온도에 영향을 받는다. 식물의 종류에 따라서 생장 온도가 다르다. 열대식물은 고온에서, 그리고 한대식물은 생장 최적온도가 낮을 것이다. 식물은 광합성을 통하여 유기물을 합성하여 생장한다. 따라서 식물의 생장은 어느 정도 광합성에 의존한다고 할 수 있다. 광합성의 효율에도 최적온도가 있다. 북방림의 이끼류는 15°C에서, 그리고 사막의 관목은 44°C에서 최고의 광합성을 한다. 따라서 식물의 종에 따라서 광합성률이 다르다.

식물은 온도에 대한 체온조절 기작이 있다. 고온의 조건에서는 잎에서 물의 증발을 통하여 열을 내리는 생리적인 기작이 있다.

(4) 물

물도 식물생장에 직접적으로 중요한 요인이다. 물은 광합성을 비롯한 모든 생리대사 활동에 필요하다. 물은 식물의 체온조절을 하는 데 중요한 역할을 한다. 식물은 생장에 필요한 물을 뿌리로 흡수한다. 건조한 토양에서 식물의 뿌리는 물을 흡수하기 위하여 깊이까지 자란다. 반면에 습한 곳에서는 식물의 뿌리는 얕게 침투하여 뿌리는 짧게 생장한다. 그러므로 기질의 물 함량에 따라서 식물의 뿌리 생장이 다르게 나타난다. 고고학적인 유적지가 건조한 조건이라 하더라도 식물의 뿌리는 오히려 깊이까지 침투할 수 있으므로 위험하다.

(5) 천이

암석 위에 발생된 생물들은 천이가 발생한다. 초기에는 세균이나 균류가, 또는 조류나 지의류가 분포한다. 대기의 분진을 흡수하는 이끼류가 나타나고, 유기물질의 양이 증가되면 보통 작은 일년생의 초본식물이 발생한다. 그리고 최후에는 목본식물들이 발생하여 서식하게 된다. 고고학적인 유적지에 발생된 초본류가 왕성하게 성숙하여 있을 때, 풀베기를 하여 잡초를 제거한 후, 먼저 발생하는 식물은 일년생 초본이다.

(6) 오염물질

인위적인 오염은 일반적으로 주어진 환경 내에서 서식 생물들이 평형에 도달하는 것을 파괴한다. 오염물질은 어느 식물들의 생장에 피해를 주어서 모두 사멸하게 한다. 오염물질에 대한 가장 내성인 식물종은 피해는 입지만 겨우 생장이 유지된다. 그러나 후에 이 종만이 다시 생장이 시작되어 새로운 평형상태에 서서히 도달할 수 있다.

그러나 다른 종류의 오염물질들은 식물에 작용할 수 있다. 예컨대 이산화황은 공기 중의 습기가 있으면 황산으로 변화하여 식물을 사멸시킬 수 있다. 질산 화합물을 비롯한 환경 오염물질에 대한 식물들의 내성은 종류마다 다르다.

참고문헌

Andrus R.E.(1986). Some aspect of *Sphagnum* ecology. *Canadian Jour of Botany*. 64(2):416-426

Brock T.(1973). Low pH limit for the existence of blue-green algae: Evolutionary and ecological implication. *Science* **179**(**4072**):480-483

Burkhard B.(1999). Ecology and diversity of rock-inhabiting cyanobacteria in tropical regions. *European Jour. of Phycology*. **34**(**4**);361-370

Coupland R T., Johnson R E(1965). Rooting characteristics of native glassland species in Saakatchewan. *Jour of Ecology*. **53**(**2**);475-507

Crispim C A., Gaylarde C C.(2005). Cyanobacteria and biodeterioration of cultural heritage; A review. *Microbial Ecology*. 49; 1-9

Deacon J.(2006). Fungal Biology. Blackwell Publishing. Co.

Ellis M. B.(1971). Dematiaceous hyphomycetes. Commonwealth Mycological Institute, England

Hale M E.(1961). Lichen Handbook; A Guide to the Lichens of Eastern North America. Smithsonian Institution, Washington, D. C.

Hoffmann L.(1989). Algae of Terrestrial Habitats. *The Botanical Review*, 55(2):77-105

Lamenti G., Tiano P., Tomaselli L.(2000). Biodeterioration of ornamental marble statues in the Boboli Garden, *Jour. Applied Phycology*. 12;427-433

Moore-Landecker E.(1996). Fundamentals of the Fungi. Prentice Hall International, Inc.

Mulec J., Kosi G.(2009). Lampenflora algae and methods of growth control. *J. Cave Karst Stud 71*(2):109-115

Mulec J., Kosi G.(2009). Lampenflora algae and methods of growth control. *Jour. of Cave and Karst Studies* 71(2): 109-115

Muller T., Bleib W., Martin C-D., Rogaschewski S.(1998). Snow algae from northwest Svalbard: their identification, distribution, pigment and nutrient content. *Polar Biol*. 20: 14-32

Nash, T.H.(1996). Photosynthesis, respiration, productivity and growth. *in Lichen Biology*. ed. pp. 88-120. Cambridge: Cambridge University Press

Nash, T.H., Gries. C.(2002). Lichens as bioindicators of sulfur dioxide. *Symbiosis*. 33:1-21

Nimis P.L., Pinna D., Salvadora O.(1992). Licheni e Conservazione dei Monumenti. CLUB, Bologna

Ortega-Calvo J J., Arino X., Hernandez-Marine M., Saiz-Jimenez C.(1995). Effects affecting the weathering and colonization of monuments by phototrophic microorganisms. *The Science of the Total Environment* 167; 329-341

Philip S.(1998). A Biology of the Algae. WCB/McGraw-Hill

Thomas H. N.(1996). Lichen Biology. Cambridge University Press

Tulay E., Kara R., Cakan H., Duzenli A.(2008). Bryophytes on the archaeological site of Tilmen Hoyu, Gaziantep. *Inetern. Jour. of Botany*. 4:297-302

CHAPTER 05

무기물 문화재의 훼손 과정

1. 석조문화재

1) 석조문화재의 성분과 종류

우리나라의 문화재 중에서 가장 큰 비중을 차지하고 있는 것은 석조문화재이다. 이 석조문화재는 우리 민족의 역사적, 고고학적, 과학적 그리고 문화적으로 가치가 있을 뿐만 아니라, 우리 조상들의 얼과 창조성을 담고 있는 고유한 문화유산이다.

석탑, 석불, 비석 마애불 등의 국보 및 보물급의 석조문화재는 건축시기가 선사시대로부터 조선 말기에 이르기까지 다양하다. 암석이나 돌은 재질의 특성상 매우 견고하고, 심한 기후의 변화에도 장기간 동안 다른 재질의 문화재보다 안전할 뿐만 아니라 비교적 장기간 보존할 수 있는 장점이 있으므로 역사적으로 돌(stone)을 문화재 건축에 사용해 왔다(**그림 5-1**).

내구성 면에서 석조문화재가 우수하여 비교적 안전하다고 생각되지만 영구적으로 안전한 것은 아니다. 아무리 내구성이 강하다 하여도 대부분의 석조문화재는 실외의 자연계에 장기간 노출되어 있으므로 태양광선, 습도, 온도, 대기오염원 등의 물리학적, 화학적, 그리고 생물학적 요인 등의 변화하는 환경에 의하여 풍화와 훼손이 발생할 수 있다. 대부분의 우리 석조문화재는 축조시기가 수백 년의 장기간이므로 풍화를 심하게 받고 있어서 원래의 형태보다 크게 훼손되어 있다.

우리나라의 석조문화재를 구성하고 있는 암석의 종류에는 **화강암(granite)**이 대부분이고, 그 외에 섬록암(granite-diorite), 사암(sandstone), 화강편마암(granite-gneiss), 섬록암(diorite), 응회암(tuff), 정판암(slate), 대리암(marble), 석회암(limestone) 등이 있다. 화강암의 주성분은 SiO_2(72%)이며, Al_2O_3 (14.4%), K_2O(4.12%), Na_2O(3.69%), CaO(1.82%), FeO(1.68%),

다보탑

부여정림사지 5층 석탑

그림 5-1 우리나라 석조문화재

그리고 몇 종류의 무기물들이 소량 포함되어 있다.

이탈리아, 독일, 프랑스, 영국, 크로아티아 등의 유럽 국가들의 석조문화재로는 주로 **석회암(lime stone)**으로 주성분이 탄산칼슘($CaCO_3$)이다. 특이하게 이탈리아의 대리석 암석의 특성은 암석 자체가 매우 아름답고 예술작품을 만들기에 적합하며 자연계에서도 용이하게 변하지 않는 장점이 있다. 또한 이탈리아 암석을 예술작품에 사용하는 이유는 암석이 조밀하고, 단단하며, 여러 가지 외부요인에 대하여 내성이 강하며, 미관상 좋고, 작업성, 색깔 등이 다른 물질보다 우월하기 때문이다. 대리석이나 사암은 보통 건축이나 조각에서 장식용 마감으로 사용하기에 좋은 재료이다.

그러므로 서양에서 석조문화재의 건축에 주로 사용되는 암석에는 대리석($CaCO_3$)이나 석회암을 포함하여 치장벽토(stuccos), 벽토(plasters), 회반죽을 비롯하여, 타일이나 벽돌 등도 포함된다. 우리나라에는 화강암이 대부분이므로 고대로부터 건축된 석조문화재는 화강암으로 되어 있다.

암석은 생성에 따라서 **화성암**, **마그마암**, **변성암**, 그리고 **퇴적암**으로 구분할 수 있다.

퇴적암(sedimentary rock)은 보통 층으로 된 침전물로 형성한다. 입자들이 규칙적으로 퇴적된 사암(sandstone), 석영사암(quartz sandstone), 미각력암(microbreccia), 경사암(greywacke), 장석질사암(arkose)이 있고, 일관성 없이 불규칙하게 형성된 모래(sand)도 있다.

생물학적 내지 물리화학적으로 형성된 암석에는 **탄산염암석(carbonate rock)**이 있다. 이 암석은 여러 가지 유래에 따라서 방해석(calcite), 선석(aragonite), 백운석(dolomite) 등으로 구분된다. 유기물 유래의 암석은 수중 동물의 뼈와 식물의 잔해가 축적되어 만들어진 것이다. 이들 중 석회석(limestone)은 화폐석(nummolitic), 적색 암모나이트(red ammonitic), 산호형(coralliferous), 다공체(madreporitic), 난형(oolitic), 그리고 두석(pisolitic) 등의 석회석이 있다.

물의 증발과 염이 축적되어 만들어진 **퇴적화학암**에는 증산암(evaporite)인 석고(gypsum), 암염, 경석고가 있으며, 탄산염, 탄산암(석회석, 백운석), 그리고 규산암이 있다. 물속의 CO_2의 용해도가 낮으면 $CaCO_3$로 변형되는데, 이것이 물속 생물들의 표면에까지 침전되기도 한다.

2) 석조문화재의 훼손 생물

석조문화재에는 시안세균, 조류, 지의류 같은 광합성으로 에너지를 얻는 **광독립영양생물(photoautotroph)**들이 서식하기 시작한다. 초기 단계에서 석조기질의 성분인 무기물을 이용하여 에너지를 얻는 **화학무기영양생물**들도 암석표면 위에 발생한다. 이들 세균으로는 암모니아, 아질산, 유화수소, 그리고 유황원소 같은 무기화합물을 산화하여 얻은 에너지를 이용할 수 있다.

먼저 서식하고 있는 생물들은 주변에 유기물을 분비하며, 사멸하면 유기잔여물을 축적한다. 이들 유기물을 이용하여 에너지를 얻어 생존하는 **화학유기영양생물(chemoorganotroph)**인 세균과 균류들이 그 후에 생장하게 된다.

위에서 설명한 바와 같이 암석에 서식하는 생물들을 에너지를 얻는 상태에 따라서 아래와 같이 독립영양생물과 종속영양생물로 구분할 수 있다.

(1) **독립영양생물**(autotroph)

이미 설명한 바와 같이 독립영양생물은 유기물에 의존하지 않고 독립적으로 광선이나 무기물로부터 에너지를 얻어 서식하는 생물이다.

① **광독립영양생물(photoautotroph)**: 광합성 생물; 시안세균, 조류, 지의류, 식물

② **화학무기독립영양생물(chemolithoautotroph)**: 무기화합물을 산화하는 질화세균, 유황세균, 철세균

(2) 종속영양생물(heterotroph)

유기물에 의존하여 서식하는 생물로 화학유기영양생물(chemoorganotroph)이라고도 하며 세균과 균류가 이에 속한다.

3) 화학무기독립영양생물

화학무기독립영양 세균(chemolithoautotrophic bacteria)은 환원된 무기화합물을 에너지원으로 이용하는 생물로서 탄소원으로 CO_2를 사용한다. 에너지원으로 이용하는 무기화합물로는 암모니아를 비롯하여 질소화합물, 황화수소(H_2S), 유황화합물, Fe^{2+}, 수소, 일산화탄소 등이 있다.

(1) 질화세균

유기물의 분해에서 나오는 암모니아 또는 아질산염(nitrite)을 산화하여 얻어지는 자유에너지(free energy)를 이용하여 CO_2를 균체성분으로 고정시키는 세균을 **질화세균(nitrifying bacteria)**이라 하며 이 과정을 **질화작용(nitrification)**이라 한다. 한편 질화세균은 대기 오염물질로부터 유래된 다른 질소화합물을 산화하여 아질산과 질산을 만들기도 한다(**그림 5-2**).

질화작용은 자연계에는 질산화세균의 연속적인 두 단계로 이루어진다. 암모니아-산화세균(ammonia-oxidizing bacteria)에 의한 암모니아를 아질산(nitrite)으로 변환하는 과정과 아질산-산화세균(nitrite-oxidizing bacteria)에 의한 아질산을 부식력이 강한 질산(nitric acid)으로 전환하는 과정으로 나눈다.

① **암모니아의 산화(ammonium oxidation)**

암모니아는 *Nitrosomonas europaea*, *Nitrosococcus nitrosus*, *Nitrosovibrio tenuis*. *Nitrosospira briensis* 등의 질화세균들에 의하여 아질산(NO_2^-)으로 산화된다. 이 과정은 ammonia monooygenase가 촉매한다.

$$2NH_3 + 3O_2 \rightarrow 2NO_2^- + 2H^+ + 2H_2O$$

위 반응에서 생성된 아질산은 석회암 중의 양이온인 calcium과 결합하여 calcium nitrate($CaNO_3$)를 형성하여 석회암을 훼손시킨다.

② **아질산의 산화(nitrite oxidation)**

암모니아가 산화되어 생성된 아질산(nitrite; NO_2)은 *Nitrococcus mobilis*, *Nitrobacter* sp. 등의 세균에 의하여 질산염(nitrate; NO_3)으로 산화된다.

$$2NO_2^- + O_2 \rightarrow 2NO_3^-$$

질화세균(nitrifier)은 생성된 질산으로 암석 중의 무기물인 Na와 Ca와 반응하여 $NaNO_3$, $CaNO_3$ 같은 대사산물을 생성하여 암석을 훼손한다. 암석으로 만든 예술품들도 ammonium sulfate, nitrate 등을 포함한 먼지가 축적되어 암석이 파괴되는 사례가 있다. 먼지 속에서 아질산이 생성된 후에 다음 단계로 질산을 생성하여 암석을 훼손한다. 차량이나 토양, 그리고 공해물질로부터도 아질산이 발생하면 암석 중의 Ca와 반응하여 용해성인

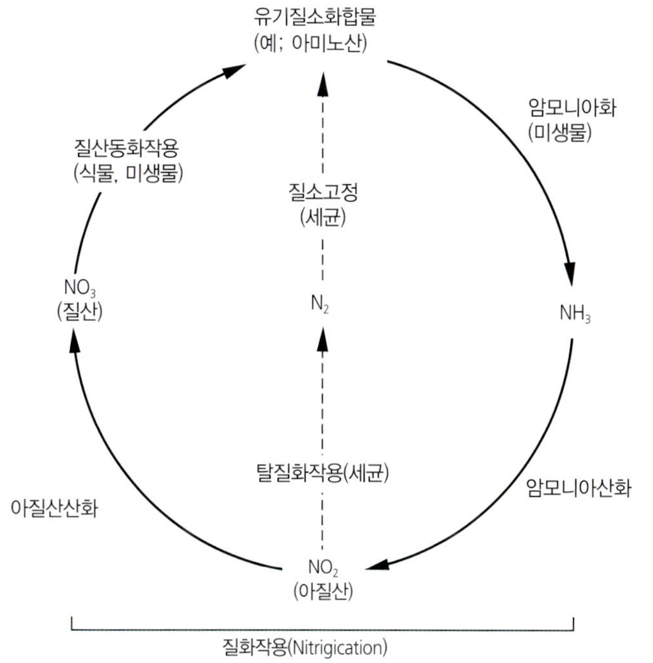

그림 5-2

질소 환. 유기질소 화합물로부터 질소 가스로의 전환 과정

$CaNO_2$(calcium nitrite)가 생성된다. 이 같은 질화세균에 의한 연속적인 반응에 의해 사암이 심하게 훼손된다.

(2) 유황세균

암석 위의 유황화합물들은 **유황산화세균(sulfur-oxidizing bacteria)**인 *Thiobacillus thiooxidans*, *T. thioparus*에 의하여 황산염(sulfate)으로 전환된다(**그림 5-3**). 이 황산염은 강산이므로 암석 중의 $CaCO_3$와 반응하여 $CaSO_4$를 생성하게 되므로 칼슘이 암석으로부터 이탈하게 된다. 따라서 이들 유황산화세균은 암석의 1~2cm 깊이에서도 서식하는 경우도 있다. 이 황산염은 암석의 탄산탈슘과 반응하여 **석고(gypsum; $CaSO_42H_2O$)**를 생성한다. 화강암인 경우는 $SiSO_4$를 생성한다.

암석 위에는 유황이나 유황화합물은 거의 없으나 대기 중의 SO_2 또는 토양 중의 다른 유기 유황화합물들이 암석 위에 축적될 수 있다. 이 같은 유황무기물을 미생물들이 이용할 수 있다. 이탈리아의 대리석과 석회석에서 많은 양의 유황-산화 세균들이 종종 발견되었으며, 사암으로 된 독일의 기념물에서도 많은 수의 화학유기영양생물(chemoorganotroph)인 균류와 질화세균이 발견된 예가 있다.

유황화합물에는 S^{2-}(H_2S), S^0, $S_2O_3^{2-}$(thiosulfate), SO_3^{2-}(sulfite) 등이 있다. 이들 화합물은 유황산화세균인 *Thiobacillus thiooxidans*, *T. thioparus*에 의해 에너지원으로 이용되는데, 유황산화세균은 유황화합물을 산화하여 SO_4^{2-}(sulfate)를 생성하면서 얻어지는 에너지를 이용한다.

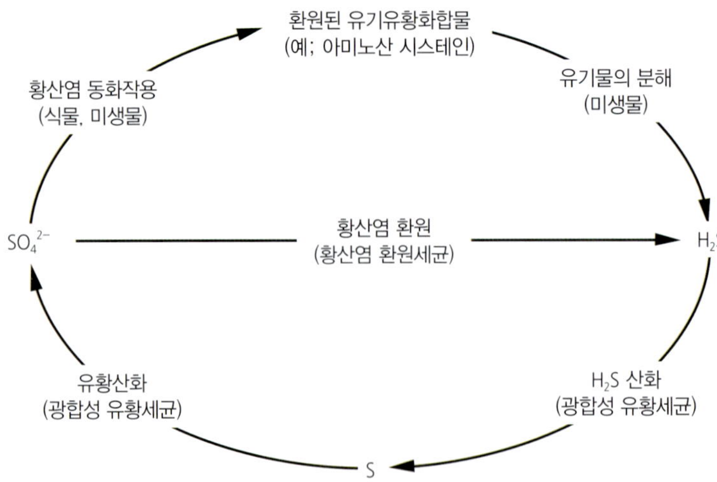

그림 5-3

유황 환. 유기유황화합물로부터 유황을 거쳐 다시 원래로 돌아오는 전환 과정

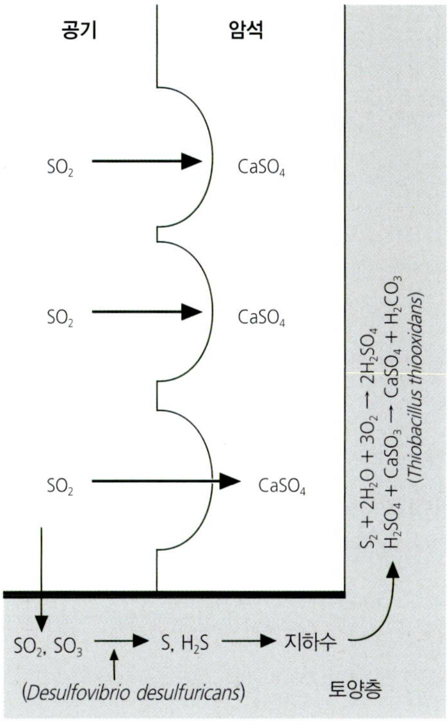

그림 5-4
유황의 전이로 인한 암석 표면층의 훼손 기작

암석의 유황산화세균에 의한 훼손 과정은 이미 설명한 바와 같이 암석 위의 유황화합물의 산화에 의하여 발생하지만 암석이 위치한 토양의 유황세균들에 의하여도 심하게 훼손될 수 있다.

공기 중의 이산화황(SO_2)은 직접 암석 표면을 훼손할 수 있다. 토양 속에 수많은 세균인 유황환원세균(*Desulfovibrio desulfuricans*)은 혐기성 조건에서 이산화황(SO_2)을 황과 H_2S로 전환한다. 토양 속의 *Thiobacillus thiooxidans*는 지하수를 따라 벽에까지 올라와 유황을 전환하여 황산염으로 전환시킨다. 황산염은 암석의 표면의 칼슘을 $CaSO_4$로 전환하여 암석 표면을 훼손한다(**그림 5-4**).

(3) 철 산화세균

화학독립영양생물(chemoautotroph)들 중에서 철 산화세균은 제1철 이온(Fe^{2+})을 제2철 이온(Fe^{3+})으로 산화시킬 때 발생되는 에너지를 이용하여 생장한다. 제2철 이온은 용해도가 낮은 수산화제2철인 $Fe(OH)_3$의 침전물을 형성한다.

$$Fe^{2+} \rightarrow 2Fe^{3+} + e^{-}$$

예컨대 *Thiobacillus ferroxidans*가 $FeSO_4$를 산화하는 반응 과정은 다음과 같다.

$$12FeSO_4 + 3O_2 + 6H_2O \rightarrow 4Fe_2(SO_4)_3 + 4Fe(OH)_3$$

(4) 유기산에 의한 암석의 훼손

화학무기영양세균들은 citric, 2-ketogluconic, tartaric acid 등의 유기산을 생성한다. 이들 유기산은 암석의 Si, Al, Ca, Fe, Mg, Mn 등의 금속원소와 반응하여 **착화합물(complexes)**을 형성한다. 이들 유기산은 방해석, 백운석, 선석, 그리고 화강암 등으로부터 많은 다른 무기물을 공격하여 피해를 입힌다. 또한 유기산은 **화강암**으로부터는 Ca, K, Al 등을 용출(leaching)시켜서 화강암을 심하게 훼손한다.

4) 종속영양생물

유기물에 의존하여 에너지를 얻는 생물을 **종속영양생물(heterotroph)**이라 한다. 여기에 속하는 균류와 세균은 유기물을 이용하므로 **화학유기영양생물(chemoorganotroph)**라고도 한다.

(1) 세균

암석 위에서 발견되는 대부분의 세균들은 **종속영양세균(heterotrophic bacteria)**으로서 *Arthrobacter*, *Bacillus*, *Clavibacter*, *Aureobasidium*, *Rhodococcus*, *Brevibacterium*, *Micrococcus*, *Streptomyces* 등이 있다. 이들 세균은 보통 토양에서 생존하지만 암석의 표면에서도 종종 발견된다.

① 세균에 의한 암석의 분해 기작

세균에 의한 암석의 분해 기작에는 acidolysis, alkalysis, chelation, enzyme action, 산화환원, 이온 흡수와 교환 등에 의하여 암석을 훼손한다. 대부분의 종속영양세균들은 무기물을 용해시킬수 있는 유기산을 만들 수 있다. 여러 가지 유기산에 의하여 화강암으로부터 Ca, K, Al 등이 용해되어 훼손될 수 있다. 이들 유기산에는 *Clostridium*과 *Bacillus* spp.가 생성하는 개미산, 초산, butyric, 유산 등이 있다.

② **환경오염물질의 영향**

공기 중의 SO_2, NOx, aliphatic hydrocarbon, 방향족탄화수소(aromatic hydrocarbon) 등은 암석 위에 서식하는 미생물 상에 영향을 미친다. 공기 중에 오염물질이 많으면 미생물의 다양성과 밀도를 감소시키는 효과가 있다.

암석 표면에 유기산이 축적되면 pH가 낮아져서 **acidolysis**에 의하여 용해성인 칼슘농도가 증가된다. 암석 내부에 서식하는 세균은 단당류, 2당류, 알코올류, 아미노산 등을 생성하여 암석과 반응을 유도하여 훼손을 일으킨다.

③ **Silicate와 silicon의 훼손**

세균과 균류은 화강암의 성분인 규산염(silicate)과 aluminosilicate의 풍화작용을 다음과 방법으로 촉진한다.

㉠ Chelation: 대사활동을 통하여 gluconic acid 등의 유기산이 생성된다. 이들 유기산은 chelation에 의하여 암석 중의 silicate와 반응하여 용해성인 siliconate의 착화합물를 만들어 암석을 훼손한다.

㉡ 산에 의한 훼손: 다수의 세균과 균류는 무기산이나 유기산을 만들어 silicon 무기물을 용해시킨다. 유기산은 염산이나 질산보다 장석을 용해시키는 효과는 더 강하며, 유황산화 세균이 만든 황산은 concrete에 있는 aluminosilicate를 심하게 훼손할 수 있다.

㉢ Alkaline에 의한 훼손: Silicate나 aluminosilicate는 Al-O와 Si-O 결합이 불완전하므로 알칼리 조건에서 쉽게 용해된다. 많은 수의 세균들, 특히 *Sarcina ureae*는 단백질이나 요소(urea)로부터 암모니아를 방출하여 주변을 알칼리성으로 변화시켜주므로 하석(nepheline), 사장석(plagioclase), 석영(quartz)을 분해할 수 있다. Silicate는 비교적 약알칼리성에 안전하지만 chelation에 의하여 훼손될 수 있다.

㉣ 다당류와의 반응: 균류와 세균에 의하여 방출되는 세포외 다당류는 siloxane과 반응하여 더 용해성인 유기 siloxane을 만들 수 있다. 이 반응은 산성 조건에서 잘 일어난다. 무기물의 표면 위의 세포외 다당류는 물의 보유시간을 증가시켜 화학반응을 촉진함으로써 silicate 풍

화를 더욱 심화시킬 수 있다.

ⓜ 건조에 의한 풍화: 대부분의 미생물들은 건조에 내성을 나타내는 화합물을 생성한다. 이들 물질은 글리세롤, 만니톨, α-glycerylglucose, sucrose 같은 polyol이다. 이 polyol은 암석의 무기물 구조의 사이에 끼어들어가 팽창된다. 이 팽창은 암석의 스트레스를 유도하여 물리적인 풍화를 촉진하게 된다.

④ **석회석과 사암의 훼손**

지구 표면의 대부분의 퇴적암에는 shale, 사암, 석회석(limestone)이 있는데, 이것들은 규산염(silicate), 실리카(silica), 그리고 생물학적인 탄산칼슘(calcium carbonate)으로 구성되어 있다. 석회석과 사암은 보통 건축 재료로 사용된다. 이들 암석은 세균, 균류, 그리고 조류가 생성하는 유기산(acid)에 의하여 훼손될 수 있으며, 균류와 광독립영양체의 생장에 의한 기계적인 침투에 의하여도 손상된다. 미생물의 생장형태는 암석의 표면 또는 암석 내부에 서식한다. 표면의 변색은 암석의 표면이나 내부에 미생물이 콜로니를 형성하기 때문이다.

암석 위의 **생태학적 천이**는 최초에 시안세균, 조류, 지의류 같은 광영양생물의 콜로니가 형성되고, 그 다음 유황세균과 질화세균 등의 화학무기영양생물이 생장하게 된다. 이들 생물의 생장으로 인하여 충분한 영양분과 죽은 세포들이 축적하면 최종적으로 종속영양세균과 균류들이 발생한다.

(2) 균류

종속영양 균류(heterotrophic fungi)는 유기물을 이용하므로 화학유기영양 균류(chemoorganotrophic fungi)라고도 한다.

① **기계적인 훼손**

균류의 균사는 암석의 깊이까지 침투하여 암석표면을 훼손한다. *Trichothecium*은 석회암에 콜로니를 형성하여 균사가 수 mm까지 암석 내부로 침투할 수 있다. 흑색의 *Alternaria*도 암석에 견고하게 부착하여 깊이까지 침투한다. 균류의 세포가 생장하면 세포내 팽압이 높아지게 되어 주변 암석에 심하게 압력을 주어 훼손을 일으킬 수 있다.

지중해 주변의 석조유물의 대리석과 석회석 위에 생긴 생물에 의한 구멍은 회색 균류의 미세 콜로니와 연관이 있다. 이들 균류는 암석을 침투하여 표면이나 내부에 콜로니를 형성하여 작은 구멍을 만들 수 있다.

② **생화학적 손상**

균류는 유기물과 무기물을 생성하여 암석과 같은 무기물도 훼손시킨다. 균류는 문화재의 암석이나 기념물의 예술적 가치를 손상시키며, 변색하여 검은색 점을 형성하기도 하며, 심하면 암석 표면이 박리되어 손상을 주기도 한다.

㉠ **유기산:** 많은 종류의 균류는 유기산을 분비하여 석회석, 화강암, 대리석 등의 암석을 용해시킨다. 균류 중의 사상균은 옥살산이나 citric acid를 생성하여 대리석, 석회석, 화강암, 현무암 등을 훼손한다. 특별히 심하게 풍화된 암석에 서식하는 균류들은 여러 가지 유기산 중에서 옥살산과 citric acid를 생산하여 금속이온과 silicate를 용해시킬 수 있다.

사상균에 의한 사암, 화강암, 그리고 석회암의 생화학적인 풍화 기작에 대해서도 상세히 알려져 있다. *Penicillium*은 대사산물로서 많은 양의 옥살산, citric acid, gluconic acid를 생성하여 규산염, 운모, 장석, 방해석, 그리고 백운석 등을 심하게 훼손한다. 이 균류는 암석 중의 Ca, Mg와 유기염을 형성하기도 하지만, ferric oxalate와 calcium citrate 같은 화합물을 만들어 화강암과 사암을 손상시킨다(**그림 5-5**).

사암이나 프레스코의 훼손 부위에 *Penicillium*, *Aspergillus*, *Cladosporium*, *Alternaria*, *Aureobasidium* 그리고 *Torula* 등의 균류가 생장하는데, 이들 균류는 유기산을 분비하여 기질을 훼손한다. *Botrytis*,

그림 5-5
예천 개심사지 오층석탑의 균류 피해
(도진영 박사 제공)

Mucor, *Penicillium*, *Trichoderma* 같은 균류들은 citric acid, 옥살산을 생성하여 암석의 무기물을 용해한다.

킬레이트화: 앞에서 언급한 유기산에 의한 암석의 훼손은 결과적으로 킬레이드화에 의한 것으로 밝혀졌다. 훼손된 사암에서 생장하는 *Aspergillus niger*는 옥살산, gluconic acid, citric acid를 생성하여 암석 중의 여러 가지의 무기물을 킬레이트화(chelation)하여 암석을 용해한다는 보고가 있다. 산성을 선호하는 *Aspergillus*과 *Penicillium*은 oxalic, gluconic, malic, citric acid 같은 여러 종류의 유기산을 만든다. 이들 유기산은 킬레이트제(chelating agent)로 작용하여 암석 중의 칼슘을 calcium salts로 전환하여 암석을 손상시킨다.

특별히 균류가 분비하는 oxalic acid는 초기부터 암석을 심하게 부식시킨다. 유기산 중 tartaric, gluconic, glyoxylic, oxalic, citric, fumaric, pyruvic, succinic, malic, propionic acid 등도 킬레이트 작용(chelating action)으로 암석으로부터 양이온을 이탈시킬 수 있다.

암석으로 만든 석조기념물 위에 서식하는 균류는 유기산을 분비하여 Ca^{2+} 이외에도 Fe^{3+}과 Al^{3+}의 3가 양이온까지 킬레이트화할 수 있다.

㉡ **양이온 이동**: 몇 종류의 균류는 망간과 철을 이동시켜서 암석을 훼손시켜 피각(crust)과 박리를 일으킬 수 있다. 균류의 특수 구조인 **siderophore**(철이온-특수 리간드)은 암석으로부터 양이온을 이동시켜서 흡수하는데, 그 결과 사암의 기념물이 쉽게 훼손되어 피각과 박리를 발생한다는 보고가 있다.

㉢ **효소(enzyme)**: 여러 종류의 균류의 효소는 철이나 망간을 직접적으로, 또는 간접적으로는 산화하여 균사 위의 표면에 **외피형성**(**incrustation**)을 하는 능력이 있다. 더구나 이들 균류는 매우 건조한 기후에서 파티나를 만드는 역할을 할 수 있다.

㉣ **무기물의 생성**

- 옥살산염(oxalate): 균류는 보통 옥살산을 만들어 두 가지 종류의 칼슘옥살염(calcium oxalate)을 만든다. 하나의 화합물은 **weddellite** (CaC_2O_4 $2H_2O$)이고 두 번째 화합물은 **whewellite**(CaC_2C_4 H_2O)이다. 균류의 옥살산은 Ca 이외에도 다른 금속인 Cd, Co, Cu, Mn, Pb, Zn 등의 무기물과도 반응하여 옥살염을 만든다. 이와 같은 화학

표 5-1 균류와 지의류에 의한 옥살염과 무기물 생성

무기물	균류의 균사	지의류 엽상체	주요 서식 생물
Cadmium oxalate (CdC_2O_4)	인산카드뮴과 함께 배양한 균류	–	*Alternaria* sp.
Calcite($CaCO_3$)	종유석이나 석회석에서 생장한 균류	안산암과 타일에서 생장한 지의류	*Caloplaca aurantia* *Penicillium* sp.
Cobalt oxalate (CoC_2O_4)	코발트화합물에 배양한 균류	–	*Aspergillus niger*
Desert varnish (MnO and FeO)	석회석과 화강암 위의 균류	–	*Alternaria alternata*
Lead oxalate (PbC_2O_4)	납화합물과 함께 배양한 균류	–	*Aspergillus niger*
Manganese oxalate (MnC_2O_4 $2H_2O$)	망간과 함께 배양한 균류	망간광산에서 생장한 지의류	*Aspergillus niger*
Moolooite (CuC_2O_4 nH_2O	인산구리와 함께 배양한 균류	구리가 포함된 바위	*Lecidea inops*, *Aspergillus niger*
Weddellite (CaC_2O_4 $2H_2O$)	석회석 위에 생장한 균류	사문석이나 구리가 포함된 바위	*Lecanora* spp.
Whewellite (CaC_2C_4 H_2O)	석회석에서 생장한 균류	사문석 바위	*Lecanora* spp.
Zinc oxalate (ZnC_2C_4 $2H_2O$)	산화 아연에서 생장한 균류	–	*Aspergillus niger*

반응에 의하여 균류와 지의류의 엽상체가 생성하는 옥살염(oxalate)과 무기물의 종류는 **표 5-1**에서 보여주는 바와 같다.

- 탄산염(Carbonate): 균류와 세균을 포함한 생물들은 호흡 과정을 통하여 CO_2를 생성하여 탄산을 만든다. 이 탄산은 암석 중의 Ca을 이탈시키는 역할을 한다. 균류가 생성하는 탄산은 망간과 철 등을 산화환원 과정을 통하여 암석의 표면으로부터 무기물 성분을 분리시킨다.

$$CO_2 + H_2O \rightarrow H_2CO_3$$
$$H_2CO_3 + CaCO_3 \rightarrow Ca^{2+} + 2HCO_3$$

균류와 지의류는 탄산염을 통하여 무기물을 분해하고 침전시키는 중요한 역할을 한다. 아래 **그림 5-6**에서 보는 바와 같이 **oxalate-carbonate**

cycle에서 옥살산은 Ca-oxalate로 $CaCO_3$의 석회석을 용해할 수 있다. 석회암 주변의 균사는 CO_2를 생성하여 탄산을 만들어 낸다. 이 균사는 쉽게 옥살산도 만들어 외부로 분비한다. 이 탄산과 옥살산은 석회암의 칼슘(Ca)과 반응하여 $CaCO_3$을 만들어 균사의 세포 내로 흡수된다. 결과적으로 석회석으로부터 Ca은 이탈되어 석회석은 훼손되지만, 반면에 균사는 석회화가 된다.

균류에 의하여 방해석(calcite; $CaCO_3$)이 생성된다. 이 과정은 균류가 옥살산을 만들어 Ca-oxalate의 침전을 하는 간접적인 과정에서 이루어진다는 것이다. 또한 균류는 호흡 과정을 통하여 발생된 CO_2를 carbonic acid로 전환시켜서 silicate 분해를 증가시킨다.

종합적으로 정리하면 균류는 유기산, 무기산, 알칼리성 물질, complexing agent를 생성하여 석회석, 대리석, 화강암, aluminosilicate, 그리고 silicate를 분해한다.

ⓑ **색소(pigment)**: 균류가 생성하는 **색소와 유기산**은 석조문화재의 암석 위에 변색과 여러 가지의 훼손을 일으킨다. 화강암과 사암으로 되어 있는 석조건축물 위에 미생물의 생물막이 생기는데, 여기에는 여러 종류의 균류가 콜로니를 형성하고 있다. 이들 균류 중에는 대부분이 멜라닌을 만드는 암색분생포자의 균류이다. 이들 균류는 석조건축물의 변색과 기계적인 박리현상을 일으킨다. 균류는 유기산을 생성하여 암석의 깊이까지 침투한다. 이 균류가 생장하면서 회색, 흑색, 적갈

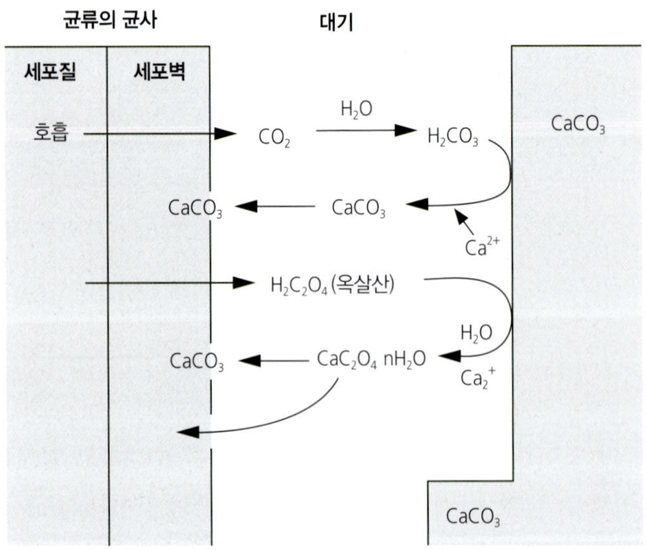

그림 5-6

석회암 환경에서 균사가 석회화되는 기작.

$H_2C_2O_4$; 옥살산(oxalic acid), $CaC_2O_4 \cdot nH_2O$; 칼슘옥살염(calcium oxalate)

색, 갈색 등의 색소를 생성하여 암석 위의 예술품의 미적 가치를 손상시키게 된다.

균류, 방선균, 그리고 시안세균들도 어두운 색소인 멜라닌을 생성하여 암석의 표면 구조 위에 변색을 발생시킨다. 검은색깔의 Dematiaceae는 암석을 변색하여 가장 많은 손상을 주는 균류로 알려져 있다. 암석 표면에서 생장하고 있는 많은 균류들은 특별히 태양광선을 직접적으로 받아 **멜라닌(melanin)**의 흑색 색소를 만든다. 이 멜라닌은 UV 복사선, x선, γ선 등의 물리적인 요인에 대하여 균류 자체의 보호적인 역할을 한다. 이 같은 검은색깔의 균류를 **조직분열형 흑색 균류**(meristematic black fungi)라고 한다. 이들 균류는 오래된 화강암의 표면이나 기념비 등에서 생장한다. 이들 균류에는 *Aureobasidium*, *Acrodictys*, *Coniosporium*, *Exophiala* 등이 있다.

사상균(hyphomycetes)과 coelomycetes를 포함하는 많은 불완전균류는 토양과 공기 중에서 발견되며 이들 중 어느 균류는 멜라닌을 만든다. 주로 암석에서 생장하면서 멜라닌을 만드는 균류에는 *Alternaria*, *Cladosporium*, *Aureobasidium*, *Penicillium*, *Aspergillus*, *Fusarium* 등이 있다. 이들 균류는 훼손된 벽화에서 많이 발견된다.

근대화 이후로 대기 중에 화석연료로부터 발생되는 고농도의 미세입자들이 석조건물의 표면에 흡수되어 회색-검은색으로 변색되는 경우가 종종 있다. 이 유기오염물질의 층은 종속영양미생물(세균과 균류)의 생장을 위한 영양원으로 작용하게 되어 2차적인 훼손 과정으로 발전하게 된다. 흡수된 오염물질은 다양한 유기물질로 주로 지방산과 탄화수소이며, 이들 물질은 직접적으로 암석표면의 성질을 변화시킨다.

③ 생물막

생물막(biofilm)은 여러 종류의 생물로 구성되어 있으며 복잡하게 암석을 손상시킨다. 생물막은 습기가 많고, 기질에 견고하게 고착되어 있으며 단백질과 탄수화물을 포함한 점액물질을 분비하여 물의 확산을 감소시킨다. 생물막 내에서의 생화학적인 손상으로 acidolysis, 산화, 착화합물 형성 등이 있다. 기계적인 기작으로는 물의 농도 변화에 의한 팽창과 수축작용으로 기질이 더욱 손상을 받게 된다.

④ **생물천공(biopitting)**

어두운 색깔의 균류는 석회석(limestone) 내부로 심하게 침투하여 **생물천공(biopitting)**을 만들 수 있다. 생물천공은 건조하고 고온과 저온 등의 환경에서 특별히 중요하다. 생물천공 내의 균류는 고온, 건조, 삼투적 스트레스에 강하게 내성을 나타낸다. 생물천공을 만드는 균류가 석조건축물 표면에 서식하면 대단히 늦게 생장하지만 구멍을 만들기 때문에 주요한 예술적 작품을 손상시킨다.

이들 균류의 균사는 백운석과 방해석 결정체에 침투할 뿐만 아니라 암석의 표면을 부식시킬 수 있다. 이들 균사는 특이하게도 사상형 구조를 가지고 있어서 기질 안으로 침투를 심하게 할 수가 있는데, 어느 암석 내부로 침투하는 균사는 천공현상을 만들기도 한다.

5) 광독립영양생물

(1) 조류와 시안세균

광독립영양생물은 빛을 에너지원으로 이용하는 생물로, 여기에는 시안세균과 조류를 포함한다. 암석 위에 최초로 광합성하는 광합성독립영양생물은 시안세균(cyanobacteria)으로 암석 위에 콜로니를 형성된다. 시안세균과 조류는 독립적으로 광합성을 통하여 이산화탄소만을 탄소원으로 이용하여 생장할 수 있으므로 **광독립영양생물(photoautotroph)**이라고도 한다.

이들 생물은 기계적인 방법과 화학적인 방법으로 암석을 훼손시킨다. 점차 생물막이 형성되면 유기물이 축적되어 종속영양생물이 발생한다. 습기와 건조가 반복되면 훼손은 더욱 촉진된다.

① **분포**

실외의 암석에 분포하는 조류로는 시안세균, 녹조류, 규조류 등으로 구성되어 있다. 석조유물에 주로 서식하는 시안세균으로는 *Nostoc*, *Microcoleus*, *Gloeocapsa*, *Chroococcus* 등이며, 그 다음은 녹조류로 *Chlorella*, *Klebsormidium* 등이 있으며, 규조류로는 *Navicula*, *Nitzschia*가 일반적으로 분포하고 있다(**그림 5-7**). 그 외 홍조류는 대단히 드물게 분포한다. 페인트 건축물에도 많은 수의 조류가 분포하고 있다.

유럽의 실외에 널리 분포된 석조문화재 위에 살고 있는 광독립영양 미생

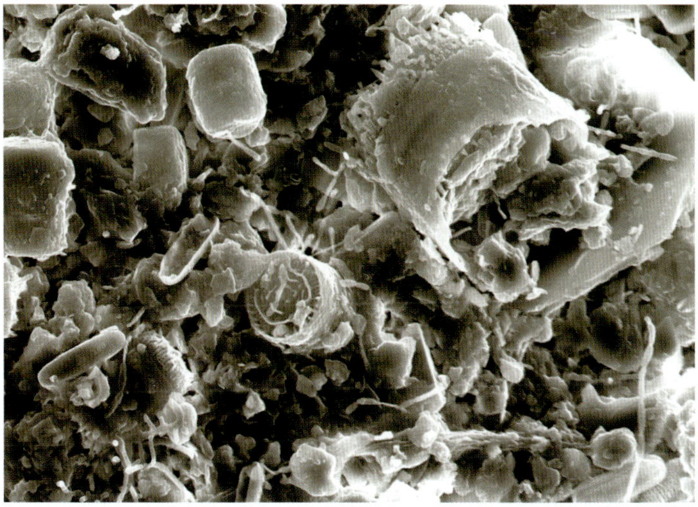

그림 5-7
경주 석빙고에 서식하는 규조류
(도진영 박사 제공)

물들은 종이 다양하다. 실제로 약 200종의 시안세균, 녹조류, 규조류가 발견되었다. 멕시코, 볼리비아, 브라질, 페루, 아르헨티나의 벽화에서 발견된 **조류**는 많은 종류의 녹조류, 규조류 등이 대부분이었다.

암석 틈의 속에 사는 암반내생 조류들은 암석 내에서 콜로니를 형성한다. 틈 속 내부로 이들 조류를 포함한 여러 종류의 생물들이 생장하면서 생체량이 증가하여 표면을 위로 밀어내어 껍질을 떨어지게 한다. 스코틀랜드의 사암 성벽에 생장하는 조류들은 암석의 물리적인 분해를 유발하였는데, 이들 조류들은 유산(lactic acid)을 분비하여 착화합물을 형성하여 칼슘이온을 제거하여 화학적인 분해를 유도하였다.

칼슘의 이탈로 인한 암석의 용해작용은 칼슘을 만드는 시안세균에 의하여 이루어진다. 이들 시안세균은 칼슘을 탄산칼슘 상태로 다당류의 생물골격 위에 다시 침전된다.

산성 규산암석(화강암, 편마암)을 선호하는 조류를 **호규산성 조류(silicotrophic algae)**라 하고 이들 조류에는 주로 녹조류(green algae)가 있다. 석회석과 대리석 같은 알칼리성 암석에 주로 서식하는 조류를 **호석회성 조류(calcitrophic algae)**라 하며, 이들 조류로는 남조류(blue-green algae)가 있다.

우리나라의 야외 석조유물에 분포하는 조류로는 *Chroococcus*, *Oscillatoria*, *Lyngbya*, *Scytonema*, *Rhodoplax*, *Gloeocapsa*, *Anabaena*, *Microcystis* 등이 있다. 민 등(2001)은 한국의 서울 동쪽 교외에 위치한 동구릉 중의 건원릉, 경릉, 휘릉, 현릉과, 서쪽 교외에 있는 서오릉의 왕릉 주변의 석조유물, 그리고 서울의 동남쪽 약 40km에 위치한 신륵사의 석조유물을 훼손하고 있는 남조류와 녹조류를 조사하였다. 그 결과 시안세균으로는 *Oscillatoria angustissima*, *Oscillatoria formosa*, *Synecocystis pevalekii*, *Synecoccus elongatus*가 분리되었으며, 녹조류에는 *Chlorococum hyphosporum*, *Coelastrum microporum*, *Klebsormidium flaccidum*, *Stigeoclonium tenue*, *Coelastrum microporum*, *Chlorella vulgaris*, *Chlamydomonas actinochloris*가 서식하고 있음을 확인하였다. 이와 임(2008)은 고달사 원종대사 혜진탑, 여주 창리 삼층석탑, 신륵사 보제존자 석종비와 죽산리 오층석탑 그리고 안성시 죽산리 삼층석탑 등 다섯 석조문화재를 대상으로 기중조류의 분포를 밝히고, 기중조류의 분포에 따른 중요 석조문화재를 훼손하고 있는 조류를 다음과 같이 보고하였다(**그림 5-8**).

남조강(Cyanophyceae): *Chroococcus turgidus*, *Chroococcus varius*, *Lyngbya maior*, *Microcystis marginata*, *Microcystis protea*, *Synechococcus lividus* *Synechocystis aquatilis*, *S. pevalekii*

녹조강(Chlorophyceae): *Chlorococcum infusionum*, *Chlorella ellipsoidea*, *Cylindrocystis gracilis*, *Klebsormidium crenulatum*, *K. dissectum*, *K. flaccidium*, *Mesotaenium chlamydosporum*, *Protococcus viridis*, *Stichococcus minutissima*, *Trebouxia* sp., *Trentepohlia* sp., *Ulothrix zonata*

돌말강(Bacillariophyceae): *Nitzschia brevissima*

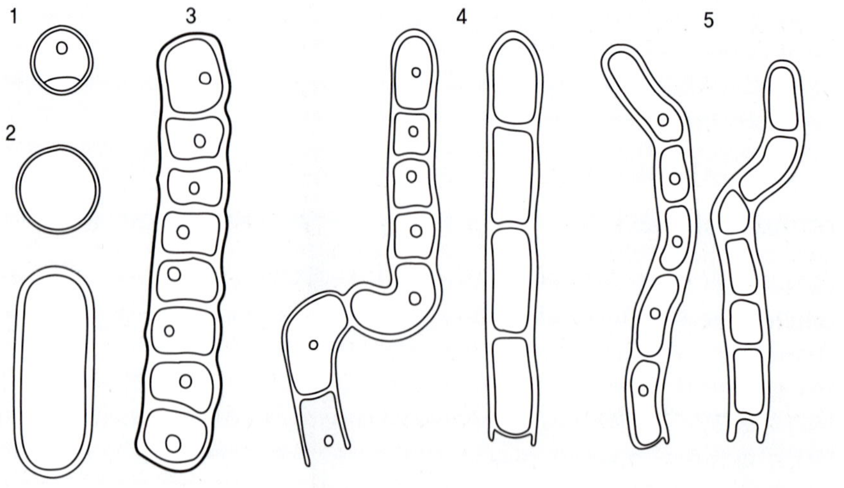

그림 5-8 석조문화재 훼손 조류

1: *Chlorococcum influsionum*, 2: *Cylindrocystis gracilis*, 3: *Klebsormidium crenulatum*, 4: *Klebsormidium dissectum*, 5: *Klebsormidium flaccidium* (Scale bar: 10 μm). (이옥민 교수 제공).

② 조류에 의한 암석의 훼손

시안세균은 **광합성 미생물**로서 조류와 같이 생장하지만 유기물질을 필요로 하지 않는다. 시안세균은 건조와 강우가 반복되는 환경에서 노출된 암석 표면 위에 특별히 선구적인 생물로서 생태학적으로 대단히 중요하다. 대부분의 시안세균은 강력한 자외선에도 내성이 있으며, 그늘진 환경을 좋아한다. 이 같은 환경은 더욱 태양광선을 피할 수 있어서 습도를 유지할 수 있으며, 새와 박쥐 등의 분변으로 유기물 영양이 축적되어 시안세균의 서식에 양호하다. 주요 시안세균으로는 *Xenococus*, *Synechocystis*, *Gloeocapsa* 등이 자주 발견된다. 이들 시안세균은 석회석을 용해하여 기질의 깊이까지 침투할 수 있다.

시안세균은 석회질의 암석의 손상을 다음과 같이 발생시킬 수 있다.

㉠ 시안세균은 작은 갈라진 틈 속에 부착하여 생장한다.

㉡ 세포의 질량이 물을 흡수하여 팽창하면 암석구조 내의 압력이 증가된다.

㉢ 세포주위에 탄산염과 옥살염(oxalates)의 침전물이 생성된다.

㉣ 외부로부터 먼지, 화분 등의 분진이 유입된다.

㉤ 부분적으로 시안세균의 세포가 사멸하고 종속영양 세균, 균류, 그리고 미세 동물들이 발생한다.

③ 유기산에 의한 훼손

조류와 같은 **화학독립영양생물(chemoautotroph)**들은 암석으로부터 철(Fe^{2+}), 규소(Si^{2+}), 그리고 망간(Mn^{2+})의 양이온을 산화에 의하여 제거할 수 있다. 그 결과 산화물의 축적으로 변색을 유발하게 된다.

조류와 시안세균의 세포는 유기산을 생산하여 암석 중 무기물의 풍화를 촉진한다.

화학독립영양생물들은 많은 종류의 유기산을 만들어 화학반응에 의하여 양이온을 제거하며, 킬레이트작용(chelating action)을 통하여 암석으로부터 양이온 금속을 제거한다. 이들 유기산은 2-ketogluconic, lactic, glycolic, oxalic, acetic, pyruvic citric, succinic, gluconic, galacturonic acid로 Ca, Cu, Ni, Mn, Si 그리고 다른 금속과 직접 반응하기도 하며, 여러 가지의 양이온과 착화합물을 만든다. 해수에 서식하는 조류는 산성대사산물인 유기산으로부터 CO_2를 생성한다. 이 이산화탄소는 생체 내의 용액 속에서 암석 훼손을 유도한다.

$$CaCO_3 + H_2CO_3 \rightarrow Ca(HCO_3)_2$$

위 반응에서 생성된 산성 $Ca(HCO_3)_2$는 $CaCO_3$ 보다 100배나 더 물에 잘 용해된다.

또한 환경오염물질인 SO_2, NO_x, 지방족 탄화수소, 방향족탄화수소들은 암석 위의 미생물 상에 영향을 준다. 일반적으로 오염물질은 미생물의 다양성이나 밀도를 현저하게 감소시킨다.

④ **세포외 중합물질**

암석 위에 존재하는 염들은 미생물들과 상호작용하여 **세포외 중합물질(extracellular polymeric substances; EPS)**을 증가시켜서 습도의 보유능력을 증가시킨다. 물리적인 염과 여러 종류의 미생물들이 혼합하여 생장하면 훼손은 상승적으로 증가할 수 있다.

석재 기념물에 서식하는 대부분의 남세균은 젤라틴물질을 많이 분비하여 기질의 생물학적 훼손을 유발시킨다. 이 세포외 점액물질은 부풀었다가 부피가 감소하기 때문에 기계적인 압력이 생긴다. 이 결과로 기질의 구멍 크기를 변형시키고, 분포, 수분함량의 변화, 그리고 온도의 변화에도 영향을 미친다. 또한 이들 물질은 강력한 광복사선인 자외선을 막아주며, 기질에 접착하기 쉽게 해주고, 물의 보습 기능을 유지하게 하여 생물막 형성을 도와준다. 이들 점액물질의 화학적 성질은 음성으로 하전된 다당류로 구성되어 있으므로 석재를 용이하게 훼손할 수 있다. 이 같은 점질물질은 유기물의 영양분이 되어 2차적으로 세균이나 균류 같은 종속영양생물의 생장을 도와줄 수 있다.

⑤ **색소의 생성**

석조건축물의 표면에 시안세균과 조류의 생장은 직접적으로 미적 내지 예술적 가치를 훼손시키게 된다. 광합성에 의한 생물막은 회색, 흑색, 갈색, 적색, 또는 녹색 등으로 이들 색깔은 서식생물의 종과 주변 환경조건에 따라서 다르게 나타날 수 있다. 습도, 온도, 그리고 빛의 노출 정도는 조류와 시안세균의 생장과 색소형성에 영향을 줄 수 있다. 건조한 조건에서는 생물막은 일반적으로 회색이며, 반면에 습기가 많은 지역에는 종종 녹색이다. 사상형의 조류인 *Trentepohlia*는 건축물에 대단히 많이 분포한다. 이 조류는 적당한 조건에서 세포 내에 오렌지, 적색의 카로티노이드를 저장하고 있으며, 이 종은 핑크색 또는 오렌지색의 생물막을 만든다. 그러나 시안세균과 조류층

표면 위에 두터운 균류가 생장하면 종종 흑색을 나타낸다. 암석 위에 생장한 *Haematococcus pulvialis*는 적색을 띤다.

⑥ 파티나

일반적으로 암석 주변의 미생물들인 **세균, 균류, 조류** 등이 암석 위에 콜로니를 형성하면 여러 종류의 파티나, 변색, 그리고 구멍(pitting) 같은 변화를 만들게 된다.

미생물 유래의 **파티나(patina)**는 실외의 석조문화재 위에서 발생된다. 파티나는 여러 색으로 검은색에서 베이지색, 녹색, 갈색, 오렌지색 등으로 다양하다. 파티나의 구조는 미세구조이며 두껍다. 파티나의 특성은 기본적으로 조류 파티나 같은 생물막에서부터 단단한 피각(crust)에 이르기까지 다양하다. 이 단단한 피티나의 주성분은 일반적으로 방해석(calcite)으로 옥살산칼슘인 석영, 석고 등으로 구성되어 있다.

주로 광합성하는 미생물로 구성된 **조류 파티나(algal patina)**는 생물막으로 되어 있으며, 조류 외에 시안세균, 균류, 방선균, 그리고 원생생물 같은 생물들도 포함되어 있다. 녹색, 검은색, 노랑, 자색, 적색 등의 피티나는 생물군집의 형태, 발생단계, 그리고 조류의 생장단계에 따라서 발생되는 색깔이 다르게 발생된다. 예컨대 적색을 띠는 파티나의 색깔은 조류의 적색으로부터 발생된다.

그람음성세균, 시안세균, 조류, 그리고 균류들은 그들이 생성하는 색소에 따라서 각기 다른 색의 파티나를 만든다. 대리석 위에서 서식하는 그람음성세균들은 오렌지색을 만들 수 있다.

생물훼손 과정을 기본으로 하여 파티나를 3가지로 구분할 수 있다.

생물막, 부식된 표면, 피각(crust) 등의 형태에 따라서 ① 암석의 종류, ② 입자의 크기, 다공성의 깊이와 구멍의 크기, 물의 함량 등의 암석의 특성, 그리고 ③ 미생물상의 분포와 형태 등으로 나눌 수 있다.

⑦ 천공

천공(pitting)은 크기가 다양하며 많은 수의 막힌 구멍으로 훼손의 한 형태이다. 구멍의 직경에 따라서 소형 천공(0.5~20μm), 중형 천공(20μm~1mm), 대형 천공(1mm~2cm)으로 구분한다. 일반적으로 소형 과 중형 천공은 생물에 의하여 만들어졌기 때문에 **생물 천공(biopitting)**이라고 한다. 소형 구멍은 **시안세균, 녹조류, 균류**의 암석 내 서식에 의한 작용으로 발생된다.

암석 내부에서 서식하고 있는 훼손 생물은 시안세균, 녹조류, 지의류 같은 광합성적 생물이다. 그러나 세균과 분절형 균류인 화학유기영양생물들과도 서로 종종 연관될 수도 있다. 콜로니의 밀도, 최대의 침투, 그리고 단위 면적당 생체량은 암석 내 서식 종에 따라 다르다. 일반적으로 침투의 깊이는 수십에서 수백 micron에 이른다. 일반적으로 시안세균과 녹조류는 약 100~300μm이며, 어느 사상균은 수 mm까지나 된다.

지의류 엽상체의 침입으로 암석이 분해되는 것 이외에도 암석 내부 서식하는 지의류는 자낭과의 발생으로 기질에 피해를 입힌다. 지의류 내의 자낭과는 암석의 내부에서 생장하여, 표면의 외부로 돌출하여 포자를 방출한다. 이들 지의류가 사멸하면 암석 표면은 중간형의 구멍을 만든다. 밀도가 높은 구멍들은 물의 작용으로 더 커질 수 있다.

대형의 구멍은 많은 기념물에서 가끔 드물게 발견된다. 많은 경우에 이 같은 대형 구멍(pitting)은 미생물들에 의하여 만들어지지 않으나, 한때 이미 세균, 조류, 그리고 균류가 이 구멍 속에서 생장하여 다른 비생물적 요인과 함께 상승작용으로 구멍이 더욱 커지게 된 것으로 추정된다.

(2) 지의류에 의한 암석의 훼손

암석에 가장 많이 서식하는 생물은 대부분이 **지의류(lichens)**이다. 고착 지의류는 최초의 선구자의 역할을 하는데, 이 지의류 내의 공생균류의 균사가 암석의 틈에 침투하여 점차적으로 대단히 작은 입자를 만들어 낸다. 이는 지의류가 암석의 일부분을 용해함으로서 발생된다. 처음에 지의류는 암석의 표면을 비교적 그 양은 적지만 조금씩 손상을 유발한다(**그림 5-9**).

① 분포 및 생태

지의류의 생장에 요인이 되는 태양광선에 노출 정도, 기질의 성분, 주변 영양분의 유무와 같은 요인을 조절하면 지의류의 훼손에 대한 예방이 가능하다.

지의류는 특이하게도 암석의 특성에 따라서 착생하여 생장하는 종류가 다르다. 암석의 종류인 석회암, 화강암, 규소암석 등에 주로 서식하는 지의류는 **표 5-2**에서 보여주는 바와 같다.

그림 5-9
정림사지 오층석탑의 지의류 현미경사진 (도진영 박사 제공).

표 5-2 지의류의 암석에 대한 착생 특이성

종명	착생하는 암석
석회암	*Lecidia confluens* *Lecidia fuscurubens* *Acarospora* *Lecanora crassa*
규소암석	*Rhizocarpon geographicum* *Xanthoria parietina*
화강암	*Chiodectron sanguinum* *Chiodectron rubrociutum* *Cladonia destrica*

한국의 여주 신륵사의 화강암 다층전탑에서 서식하고 있는 지의류는 아래와 같이 고착지의류에 *Lecanora* sp., *Lecidea* sp., *Diphloschistes* sp., *Pertusaria* sp., *Thelotrema* sp.가 있으며, 엽상지의류에 *Xanthoparmelia orientalis*, *Collema* sp. *Physcia* sp., *Physconia* sp., *Parmotrema* sp., *Lepraria* sp., *Phaeophyscia* sp., *Chrysothrix* sp.,가 있으며, 그리고 수지상 지의류에는 *Ramalina yasudae*, *Cladonia ochrochlora*가 관찰되었다(민 등, 2001).

㉠ **암석 외재성(endolithic) 지의류**. 석회석, 대리석, 사암, 화강암, 벽돌 등의 표면에 주로 고착지의류와 엽상지의류가 분포한다. 엽상체가 서식하여 침투하는 것은 기질의 암석학적 특성과 성분에 영향이 있다.

석회암과 사암에 지의류의 균사는 최고 침투 깊이는 10mm까지 침투하여 암석의 표면을 변화시킨다. 이들 지의류는 옥살산을 다량 만드는데, oxalate의 양과 분포는 지의류의 종과 기질의 종류에 따라 다르다. Ca-oxalate는 지의류의 가장 흔한 생물에 의하여 만들어진 무기물이며, 암석 중의 금속이온인 Mn, Cu, Mg, Fe, Si, Al 등이 oxalic acid와 반응하여 쉽게 염을 만든다.

㉡ **암석 내재성**(epilithic) **지의류:** 암석의 내부에 서식하는 내재성 지의류는 종에 따라 다르다. 보통 석회질의 암석에서는 암석 내 서식 지의류가 주로 분포한다. 이들 암석 내 생장하는 지의류는 물의 이동 상태인 흡수와 증발상태에 따라 영향을 받는다. 이들 지의류에 의한 훼손은 동결-융해의 반복적인 과정에서 더욱 촉진된다. 암석내 서식 지의류는 Ca-oxalate를 만들지 않는 특성이 있다(**그림 5-10**).

균류 → 공생체 ← 녹조류, 시안세균

↓

지의류

↓

암석 서식 지의류

↙ ↘

암석 외재성 지의류　　암석 내재성 지의류

1. 고착지의류
2. 엽상지의류
3. 수지상 지의류

그림 5-10 서식환경에 의한 지의류 종류

또한 지의류의 분포는 암석의 성분과 관련이 있다. 산성 암석에는 *Parmelia*가 주로 생장하고, 염기성인 규산염의 암석에는 *Xanthoria parietina*가 우점종이며, 석회석의 암석에는 오직 *Acarospora*와 *Lecanora crassa*가 서식하는 특성이 있다.

암석 내부에 서식하는 지의류 중에서 암석의 갈라진 틈이나 균열된 틈 사이에 서식하는 지의류를 **chasmolithic lichens**라 한다. 일반적으로 암석의 틈 사이에는 주로 고착지의류가 서식한다.

암석 표면 위의 지의류에 의한 영향은 암석 위에 무기물 반점을 만들기 시작한다. 지의류는 이 암석의 무기물을 규산질의 유기화합물로 전환하여,

알루미늄과 철 화합물의 침전을 지의류의 하부조직에 부착시킨다. 또한 지의류의 엽상체 내에도 결정형의 유기산염을 형성할 수 있다.

② 훼손 과정

지의류에 의한 훼손 과정은 다음과 같다.

- 고착지의류가 암석 위에 처음 부착하여 발생한다.
- 공생균류의 균사는 암석 틈에 침투한다.
- 지의류의 세포로부터 유기물을 분비하여 암석의 일부를 용해시킨다.
- 털과 비슷한 가근은 뿌리와 같은 역할을 하여 암석을 파괴하여 고운 입자로 변현시킨다.
- 지의류의 왕성한 생장은 2차적으로 이끼류의 발생을 초래한다.

③ 기계적인 훼손

지의류 중에서 특별히 엽상지의류와 고착지의류의 종들은 암석에 대하여 기계적인 힘으로 피해를 준다. 물 흡수와 균사의 침투로 인하여 엽상체의 수축과 팽창으로 구멍이 커지고 암석의 응집력이 약화된다. 지의류의 공생균류의 균사는 방해석이나 석영 같은 단단한 무기물에도 침투할 수 있다. 기질에 침투하는 깊이는 종에 따라 다르고, 암석의 다공성, 물리화학적인 훼손, 무기물의 조성 등에도 영향이 있다. 지의류에 의한 암석에로의 침투는 약 10mm까지 다양하다.

고착지의류는 혈암, 편암, 편마암, 석회암, 그리고 흑요석 등에 서식하면서 기계적인 작용으로 암석의 무기물 입자들을 떼어낸다(**그림 5-11**). 암석 내 기질이 표면층에서 훼손되는 것은 표면에 서식하는 고착지의류의 엽상체의 팽창과 수축에 의하여 발생된다. 이들 지의류에는 *Lecidea*, *Lecanora*, *Rhizocarpon*, 그리고 *Aspicilia* 속의 고착지의류 등이 있다. 암석 표면 위의 간접적인 흠집의 생성은 지의류 조직의 수축에서 기인하기도 하지만 기질로부터 단단한 탄소화물질의 갑작스런 분리로 발생되기도 한다.

결과적으로 지의류의 균사는 기계적으로 기질에 침투하여 표면의 풍화를 촉진한다. 몇 종류의 지의류는 암석 내부의 15mm까지 침투하였으며, 그 결과로 구멍(pitting)을 형성한다, 아마도 시안세균이 구멍형성에 관여하는 것으로 보인다. 이 물리적인 훼손은 균사와 가근의 침투, 그리고 엽상체의 팽창과 축소의 의하여 더욱 촉진된다.

그림 5-11
터키의 트로이 유적의 고착 지의류

여러 가지의 연구 결과로 보아 무기물 기질의 풍화 과정은 물리적 방법보다 생물학적 과정이 더 많이 이루어진다고 알려져 있다.

④ **생화학적인 훼손**

㉠ 유기산

지의류에 의한 암석의 무기물의 화학적인 분해는 대단히 천천히 장기간 동안에 이루어진다. 지의류는 광합성과 호흡활동을 통하여 CO_2를 발생시킨다. 이 이산화탄소는 엽상체에 남아 있는 물과의 반응에 의하여 탄산이 만들어진다. 이들 지의류는 옥살산 같은 유기산, 지의산 등을 분비하는데, 이들은 효과적인 착화합물을 만든다. 유기산으로는 옥살산, citric, gluconic, 2-oxogluconic, 2-oxoglutaric, glyoxylic, oxaloacetic, fumaric acids 등을 생성한다. *Caloplaca*, *Lecanora*, *Parmelia*, *Cladonia* 등은 용해성인 유기산을 만들어 암석 중의 양이온과 착화물을 형성한다.

$$CaCO_3 + \text{oxalate} \rightarrow \text{Ca-oxalate}$$

이와 같이 착화합물을 만들게 되므로 암석으로부터 양이온인 K^+, Na^+, Mg^+, Ca^+, 그리고 규산염을 제거한다.

주로 화학적인 훼손은 고착지의류에 의하여 이루지고 있으나, 일부 엽상지의류도 훼손하는 역할을 할 수 있는 것으로 알려져 있다. 이 같은 훼손으로 대리석, 석회석의 기념탑이나 석조건물에 분포하는 지의류는 적색에서 갈색

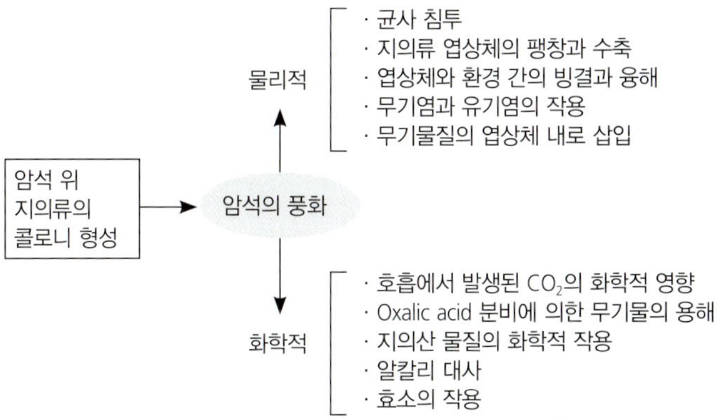

그림 5-12 암석 위에서 지의류에 의한 생물, 물리, 화학적 영향

의 파티나를 만든다.

ⓛ 옥살산

지의류가 만드는 유기산 중에서 **옥살산(oxalic acid)**은 주로 착화합물을 만드는 특성이 있으며, 가장 쉽게 암석을 변형시키는 유기산이다. 옥살산은 세포의 호흡대사 중 중간산물로서 Krebs cycle 과정에서 oxaloacetate로부터 만들어진다.

암석 위의 옥살산은 calcium oxalate의 결정체로 관찰할 수 있다. 이 화합물은 옥살산과 탄산칼슘 사이의 반응에 의하여 형성된 것으로 거의 불용성이다. 이 화합물은 지의류 표면 위나, 엽상체의 내부, 지의류와 기질 사이, 또는 균사가 파고 침투한 기질의 내부에까지도 침전물로서 남긴다. 지의류는 자신이 만든 옥살산과 다른 무기물과의 반응으로 magnesium oxalate, manganese oxalate dihydrate, anhydrous ferric oxalate, 그리고 hydrous copper oxalate(moolite) 등을 형성한다. 이들 화합물은 지의류 체내에 포함되어 있다. 옥살산의 생성의 정도는 지의류 종에 따라 다르다. 일반적으로 옥살산 생성은 지의류의 연령에 따라 증가하며, 규산질에 부착된 지의류보다 석회질에 생장하는 지의류에서 더 많다.

옥살산칼슘(calcium oxalate)은 지의류 내의 종양과 같은 산물이며, 이에는 두 가지 형태의 수화물인 whewellite(Ca-oxalate H_2O)와 weddelite(Ca-oxalate $2H_2O$)가 있다. 이 두 가지 종류의 수화물의 생성은 지의류의 종 특이성에 의하여 다르며, 이 무기화는 생물학적으로 발생된다.

결과적으로 지의류는 유기산인 옥살산을 생성하여 암석의 무기물을 훼손을 유도한다. 그 외에도 지의류 엽상체 밑에 유기산은 암석 표면 위에 크고 작은 **구멍(pitting)**을 형성한다. 특이하게도 암석 속에서 서식하는 지의류는 옥살산이 없다.

ⓒ **피각의 형성**

석회석의 피각은 **석고(gypsum**; $CaSO_4 2H_2O$)와 오염물질이 혼합된 층으로 되어 있으며 그 구조는 위치하고 있는 상태에 따라서 변한다. 피각은 복잡한 물리적인 특성을 가진다. 확산에 대한 내성을 나타내며, 물 흡수의 증감, 습도와 염의 흡수, 열에 의한 팽창 등이 있다. 젖음과 건조가 반복되면서 팽창과 수축현상이 일어난다. 사암 위에서의 흑색과 오렌지색의 피각은 무기물 성분인 Ca-oxalate 염과 먼지, 그리고 생물로부터 유래한 성분들로 구성되어 있다. 피각에는 균류와 지의류가 만든 멜라닌과 비정상적인 생물막도 포함된다.

흑색 피각(black crust)은 숯, 먼지 등의 흑색과, 무기물의 석고, 그리고 대리석 위에 적색과 노란색의 변색된 유기물을 포함하고 있다. 이 변색유기물은 암석에 서식하는 지의류와 균류, 방선균 등에 의하여 생성된 카로티노이드, 멜라닌, 변색된 엽록소에 의하여 변색된 것이다. 그 외에도 흑색 피각은 오염된 물질로부터 생긴 Fe, Mn, 그리고 Pb 색소도 포함된다고 알려져 있다.

ⓓ 지의산의 역할

지의류는 특유의 많은 종류의 유기화합물을 분비한다. 이 화합물은 물에 녹지 않으며, 균사표면을 결정체로 덮는다. 이들 화합물은 중성에서 약간 산성 페놀 화합물이나 지방화합물들과, shikimic acid, mevalonic acid, acetate-malonate, 그리고 amino acid 유래의 화합물들로 구성되어 있다. 이들 복잡한 화합물들을 일반적으로 **지의산(lichenic acid)**이라고 한다.

지의류는 초기에 지의산을 분비하여 화학적인 반응으로 암석을 풍화시킨다고 알려져 있다. 지의산은 옥살산과 같이 착화합물을 생성하여 지의류의 엽상체에서 여러 종류의 대사산물인 유기화합물을 축적한다. 이들 지의산은 생물훼손으로 피해를 입은 암석 안에서 발견되므로 이들 화합물이 기질의 훼손에 직접적으로 관여한 것으로 예상된다.

지의산은 매우 용해성이며 화강암의 규산염과 킬레이트 화합물을 형성(chelating)하여 암석을 훼손한다.

⑤ **지의류에 의한 암석의 보호작용**

가장 재미있는 사실은 지의류가 다른 생물의 공격에 대하여 보호적인 역할을 한다는 것이다. 어느 경우에는 암석에 부착한 엽상체는 고농도의 대기오염물질에 대하여도 효과적인 보호역할을 한다고 알려져 있다(Nimis 등, 1992). 저자는 실제로 우리나라의 전국의 석탑과 마애불 등의 석조문화재를 조사한 적이 있다. 그때 어느 석탑은 심하게 훼손되어 있으나 지의류가 붙어 있는 부위는 비교적 양호하게 보존되어 있는 상태를 관찰할 수 있었다.

이와 같이 어느 특정한 지역에서는 암석의 기념물 위에 생장하는 지의류는 때로는 암석 표면의 보존에 유익하게 작용하는 것으로 확인되었다. 실제로 지의류가 없는 암석 표면 부위는 풍화가 심하게 관찰되었으나 지의류로 덮여 있는 암석 표면은 오히려 현저하게 보존되어 있다. 이 같은 보호 기작은 지의류가 기질과 환경 사이에 장벽의 역할을 하여 물의 교환 기능을 감소시켜 물의 침입을 예방하는 암석의 자연적인 풍화를 막아줄 수 있는 것으로 추정된다.

지의류의 생장이 없는 부위에서는 **박리(exfoliation)**, 염의 **백화현상(efflorescence)**, 조각 형성, 분말 등의 훼손 현장이 더 넓게 분포되어 있다. 이 결과는 지의류가 없는 암석 표면이 더 심하게 풍화가 이루어진다는 가설을 뒷받침해 준다.

따라서 심하게 많은 다공성의 암석에 서식하는 지의류는 물, 바람, 해수의 분무물질, 그리고 오염물질과 같은 대부분의 대기 요인에 대하여 어느 정도의 보호적인 역할을 해 준다. 암석 내부에 서식하는 지의류는 암석 표면 위에서 방수역할을 하는 것 같으며 만약 이 지의류가 사멸하면 암석은 친수성으로 변하게 되는 것 같다.

그러나 이러한 지의류의 보호적인 역할은 일반적인 결과가 아니라 어느 특정 지역의 환경과 기후조건에 따라서 경우에 따라서 한정된 사례에 불과하다.

⑥ **지의류의 제어 방안**

암석 내 서식하는 지의류가 있을 때는 살생물제(biocide)를 처리하여 제거하는 방법은 피하여야 한다. 왜냐하면 처리 후에는 깊이 있는 지의류에는 효과가 없을 뿐만 아니라 지의류가 사멸하여 죽은 생물체는 영양분이 되어 종속영양세균과 균류가 발생하기 쉬운 것도 2차적인 훼손이 되기 때문이다.

(3) 식물

① 선태류와 관속식물

선태류인 솔이끼와 우산이끼류, 그리고 관속식물들은 암석으로 된 건물이나 문화유적지에 환경이 좋으면 생장이 왕성하다. 이끼류인 선태류는 습기가 많은 지역에는 풍부하게 분포하고 있으며, 이 같은 조건에서는 관속식물 역시 다양한 종들의 생장한다. 이들의 생장 조건은 충분한 물의 함량, 광합성을 위한 적당한 광선의 조명, 물을 보유할 수 있는 적당한 수 기질의 다공성 등으로, 이 같은 환경이면 선태류의 가근이나 관속식물의 뿌리가 침투하기가 용이하다(**그림 5-13**).

이끼류의 콜로니 형성은 암석의 화학적 특성에 좌우된다. 이끼류 역시 로마의 문화유적지나 우리나라의 자연상태에 노출된 마애불이나 석탑 등에 다양하게 분포되어 있다. 매우 건조한 조건에도 생존할 수 있는 종들이 대부분이다. 이들 종은 대기로부터 분진을 흡수하여 암석을 분해하는 역할을 촉진한다.

관속식물은 기질 위에 이미 시안세균, 조류, 지의류, 이끼류 등이 생장하여 기질이 구조적으로 더 변화하여 불안전한 상태로 된 다음에 생장할 수 있다. 일반적으로 마애불 위의 최초 관속식물은 초본류가 생장하기 시작한 다음 천이 과정으로 목본식물이 생장하게 된다.

석조문화재의 식물에 의한 훼손 기작에는 기계적과 화학적인 두 가지가 있다.

그림 5-13
석탑 하단부의 이끼류

② **기계적인 훼손**

이끼류는 기질에 기계적인 피해를 준다. 일반적인 이끼류인 *Tortula muralis*의 가근은 석회암을 5mm까지 침투하기도 한다. 이끼류의 화학적인 훼손은 이끼류가 대사활동을 위하여 기질로부터 칼슘이온을 섭취하는 과정에서 발생한다.

식물의 뿌리는 주로 벽돌과 암석, 또는 벽을 덮고 있는 석고 반죽의 아래 부위에 주로 생장한다. 대단히 단단한 암석이라도 물리화학적으로 훼손의 결과로 응집력이 감소되어 있으면 식물이 콜로니를 형성할 수 있다. 뿌리가 생장하고 방사상으로 두꺼워지면 강한 압력이 발생하여 기질에 심한 피해를 줄 수 있다. 가장 심하게 목본식물이 석조문화재를 파괴한 예로는 캄보디아의 유명한 불교사원인 앙코르 왓트에서 볼 수 있다(**그림 5-14**).

역사 유적지 주변에 대형식물이 생장하면 간접적인 피해가 발생된다. 문화재 주변에서 생장하는 대형 나무는 태양광선을 막아 주어 음지 조건을 조성하여 상대습도를 증가시킨다. 결과적으로 문화재 주변의 대형 나무와 관목 등이 음지를 만들어 주면 문화재의 피해는 줄게 된다.

③ **생화학적인 훼손**

식물의 호흡 과정을 통하여 생성된 탄산은 뿌리 끝에서 외부로 분비되어 주변을 산성화로 전환된다. 이 탄산은 암석의 양이온을 용출시키는 킬레이트 화합물을 형성한다. 거친 땅에서 자라는 식물들의 pH는 약 5~6이나 재배하는 식물의 뿌리 끝에서는 약 3~4이다. 어느 식물들은 식물로부터 분비된 유기화합물의 분비로 인하여 암석의 색이 변할 수 있다.

그림 5-14
식물뿌리에 의한 석조문화재의 피해

황폐한 기질 위에 보통 최초로 발생하는 식물은 하등식물이다. 대기로부터의 분진이 축적되고 사멸된 미생물들의 유기물이 축적되면 솔이끼와 우산이끼류가 발생된다. 이끼류의 물리화학적 작용은 대단히 미약한 상태이다. 왜냐하면 이들은 정상적인 뿌리를 갖지 못하고 가근만이 있어서 직접 암석 표면에 접촉하지 않는다. 그러나 이끼류의 Ca^{2+} 이온을 축적하는 능력으로 훼손될 수 있다. 하등식물은 습도를 유지하여 주는 효과가 있으므로 왕성한 생장을 할 수 있다. 이끼류의 생장은 무거운 쿠션을 형성하므로 빗물을 보관할 수 있으므로, 결과적으로 암석의 표면 손상을 증가시킨다.

고등식물은 진정한 뿌리계를 가지고 있으므로 기질을 손상시키는 중요한 역할을 한다. 이들 뿌리의 생장에 의하여 물리적인 압력이 가해질 수가 있으며, 뿌리털로부터 생성되는 산(acid)과 분비물(exudate)에 의하여 화학적인 훼손도 유발될 수 있다. 암석이나 토양의 콜로이드의 입자에 포함된 금속 양이온은 뿌리털의 H^+ 이온과 접촉하게 된다. 결과적으로 silicate와 carbonate 구조를 공격하게 된다. 뿌리에서 분비된 유기분비물 중에는 chelating 산인 2-ketoglucoic, oxalic 그리고 citric acid도 있으므로 착화합물도 생성될 수 있다.

높은 온도 기후조건 하에서 거친 토양에서 생장하는 대부분의 식물은 초본이거나 관목종이다. 심한 강우와 높은 온도의 열대기후에서 크고 작은 식물의 영양생장은 석조유물에 매우 심한 훼손을 일으킬 수 있다. 어느 경우에는 특히 암석에 생장하는 식물의 뿌리는 대단히 단단한 기질 속으로 침투할 수 있다. 목본류의 뿌리가 깊게 침투하여 지하구조를 파괴할 수 있으며, 벽의 붕괴와 함께 벽에 부착된 벽토(plaster)가 떨어져 나갈 수 있다.

석회질 암석의 생물에 의한 훼손은 식물에 의하여 발생된다. 이들 식물은 많은 양의 칼슘을 자신의 세포에 축적한다.

6) 암석 표면의 생태학적 천이

초기에 암석 위에 지의류가 착생하여 생장하기 시작한다. 식물에 의한 단계적인 생태학적 천이 과정은 다음과 같은 과정으로 이루어진다.

- 초기의 지의류(lichen) 착생
- 유기물 축적
- 기질의 물 보수능(water holding capacity)의 증가

- 이끼류의 발생
- 초본류의 생장
- 초기 목본류의 생장

(1) 광영양생물

일반적으로 암석 위의 미생물 콜로니는 **광영양생물(photoroph)**로부터 시작된다. 이들 생물은 영양분이 고갈된 암석표면 위에 생물막을 형성한다. 종종 세균, 시안세균, 그리고 조류 외에 지의류에 의하여 시작된다. 따라서 지의류는 암석에 콜로니를 형성할 수 있는 선구자의 종으로 행동한다. 암석 위에서 처음 생장하는 지의류는 대부분 고착지의류이다. 이 고착지의류의 엽상체는 암석 위의 표면에 발생될 수 있으며, 또는 암석의 내부에 서식하기도 한다.

조류, 시안세균, 그리고 조류, 이끼류의 생장과 대사활성은 빛과 습도, 온도와 같은 자연환경에 의하여 조절된다.

암석 외재성 광영양미생물(epilithophototroph)은 암석의 표면에 생장할 수 있으며 또는 **암석 내재성 광영양미생물(endolithophototroph)**은 구멍 속 수 mm까지 침투하여 서식할 수도 있다. 어느 경우의 광영양생물은 태양광선으로부터 강력한 UV-복사선과 건조가 심한 조건에서도 두꺼운 암석의 수 mm까지 콜로니를 발생할 수 있다.

광영양생물은 암석의 훼손에 관여하는데, 색소를 생성하여 미적으로 손상을 주며 생물막도 형성하여 피해를 주게 된다.

광영양생물은 석회석과 대리석 위에 특별히 부식성인 유기산을 분비하므로 생물훼손 과정이 진행된다. 세포 내로 유황과 칼슘을 흡수하고 축적하여 훼손을 유도하여 암석 구성 무기물을 변형시킨다. 균사와 뿌리의 침투로 발생한 구멍이 커지게 되어 화강암 위의 암석물질로부터 돌의 입자를 잃게 된다. 이 같은 침투는 습기와 건조가 반복되므로 무기물의 격자를 약화시키는 생물막이 생장하면서 더욱 심해진다.

광합성에 의한 생물량(biomass)이 축적되면 풍부한 유기영양분이 공급되어 종속영양 미생물을 발생시키게 된다. 광영양생물은 탄수화물, 단백질, 대사산물 등을 분비하여 암석 위에 복잡한 미생물군집형성을 촉진시킨다.

(2) 유황 산화세균과 질화세균

석조건축물에 **유황 산화세균과 질화세균**의 콜로니 발생은 환원된 유황과 질소화합물이 있어야 한다. 유황산화 세균인 *Thiobacillus*의 생물훼손은 사암에서 처음 발견되었으며, 대리석에서 유황산화 세균의 콜로니도 발견되었다. 질화세균의 역할은 암석 위의 질산의 축적과 관련이 있다.

(3) 종속영양생물

종속영양생물은 암석 위에 이미 발생한 미생물들이 생성한 유기물을 사용한다. 미생물의 발생과 죽음이 연속적으로 진행되면서 대기로부터 암모니아와 인산화합물이 암석 표면을 풍부한 영양상태로 만들어 주면 종속영양미생물의 발생을 유도하는 생장요인(growth factor)이 된다. 먼지와 강우에 의하여 생긴 침전물, 그리고 공기오염으로부터 여러 종류의 입자와 가스형의 유기화합물, 그리고 유기적 생물체 등의 축적으로 영양은 더욱 풍부하게 된다.

화학유기영양 세균은 암석의 미생물 상을 조절하는 생물로, *Arthrobacter*, *Clavibacter*, *Rhodococcus*, *Brevibacterium*, *Micrococcus*, *Streptomyces* 등이 있다. 이들 세균은 부식활성에 의한 암석의 손상, 생물막을 형성하여 무기물 구조의 물리화학적 성질을 변화시킨다.

화학유기영양 균류는 암석 위에 특별히 피각(crust)을 만든다. 이들은 균사의 생장과 생물 부식 활성에 의하여, 그리고 유기산이나 무기물을 형성하는 양이온 특히 철과 망간의 산화에 의하여 암석의 내부로 침투할 수 있다. 이들 균류에는 *Exophiala*, *Penicillium*, *Aspergillus*, *Cladosporium*, *Aureobasidium*, *Ulocladium* 그리고 *Phoma* 등이 있다.

훼손 활성은 암색균류가 멜라닌을 분비하여 암석 표면을 변색시킨다. 더구나 여러 종류의 다당류는 암석구조에 기계적인 변형을 유도하기도 한다.

(4) 식물의 발생

암석 표면에 유기물이 풍부한 조건이 계속되면 토양화가 진행된다. 따라서 일반적인 공기로부터 표면에 은화식물이 발생하고 고등식물이 생장하여 최종에는 더욱 완전한 생태학적 서식처가 형성된다.

7) 석조문화재의 생물에 의한 훼손 결과

암석 위에서 서식하는 지의류, 조류, 균류, 세균류에 의한 암석의 손상 내지는 피해상황을 요약하면 **표 5-3**에서 보여주는 바와 같다.

표 5-3 생물에 의한 석조문화재의 훼손 기작과 훼손 결과

훼손 생물	훼손 기작	훼손 결과
암석 표면 서식 지의류	- 물리적(지의류 리진의 침투) - 화학적(지의산, 유기산) - 고착지의류는 젖으면 팽창되고 고온에서 축소되는 물리적 훼손	- 암석에서 알맹이와 입자의 분리 - 침투 구조 주변의 화학적 부식
암석 표면에 서식하는 조류, 균류, 시안세균	- 주로 화학적인 광합성으로 암석 표면을 용해하여 알칼리화하며, 작은 입자로 떨어져 나감	- 암석의 용해, 또는 석영과 규산염도 용해가능 - 표면 생물막의 보호작용으로 풍화요인(염)의 화학적 전이를 막아줌 - 여러 가지 색소의 생성 - 파티나의 생성
암석의 갈라진 틈에 사는, 암석 내부에 사는 시안세균, 조류, 종속영양세균류, 균류	- 물리적(팽창운동)과 EPS를 통한 화학적 작용 - 고온의 상태에서 보호색소(melanine)을 만듦	- 박리(박락), 절단, 구멍의 증가 - 표면의 평행으로 갈라지고, 틈을 통하여 물과 화학물질이 이동하며, 이것이 더 크게 침투되어 암석 표면 물질이 분리됨 - 색소의 생성
암석 속에 사는 지의류, 균류, 세균류	- 리진과 균사의 침투 - 매우 작은 콜로니로 퍼짐 - 유기산과 옥살산 등에 의한 화학작용 - 팽압과 EPS에 의한 물리화학적 작용	- 깊은 침투(몇 cm까지) - 구멍, 균열, 천공이 커짐 - 표면의 피각의 형성
암성 표면 서식 식물	- 물리적 압력 - 유기산에 의한 훼손 - 분비물에 의한 훼손	- 암석에 깊게 침투, 파괴 암석의 균열

2. 금속

1) 금속의 구조와 성분

금속은 열과 전기 전도성이 높고 퍼짐성이 있으며 때로는 광택을 띠는 물리적 특성을 보여준다.

화학적으로 견고한 금속원자는 전자를 잃고 양이온이 되려고 하는 경향이 있다. 견고한 상태에서 금속원자들은 체계적인 방식으로 비교적 가까이 위치해 있다. 이들 원자들은 공동의 전자로 둘러싸여 있으며, 이들 원자와 전자구름 사이의 정전기적 상호작용에 의하여 서로 결합되어 있다. 이런 결합을 **금속결합(metallic bond)**이라 한다.

예를 들면 결정구조에서 **구리원자**의 정렬은 **그림 5-15**에서 보는 바와 같이 견고한 구리 구조에서 각 원자는 가까운 이웃원자에 의해 서로 둘러싸여 있다. 이 원자들의 외각 전자(electron)들은 이웃하고 있는 원자핵과 결합하고 있다. 전자들은 어느 특정한 핵과 결합된 것이 아니고 원자들 사이에 낮은 농도의 전자전하 구름의 형태로 퍼져 있다. 따라서 견고한 금속은 양이온 중심과 주변 공간을 덮고 있는 전자구름 형태로 되어 있다. 이들 전자는 양이온의 중심과 약하게 결합되어 있다. 그러므로 이들 전자는 쉽게 이동이 가능하므로 **자유전자(free electron)**라 한다(**그림 5-15**).

금속결합 원자들의 2차원적인 구성도 내부의 양이온을 가지고 있는 원은 양이온 중심을 표시하며, 양이온 중심 주위의 전자 전하구름은 퍼져있는 원자가 전자를 의미한다.

그림 5-15 금속의 일반 구조
구리 금속의 일반 구조로 결정체 내의 원자 배열을 보여주고 있으며, 각 구리원자는 다른 구리원자와 결합하여 결정체 구조를 하고 있다. 양이온 핵의 주변에 원자가 전자가 전자전하의 구름형태를 하고 있다.

2) 합금

예술가의 목적에 맞는 금속물질은 단 하나의 금속으로 구성되어 있는 것도 있지만, 합금인 것이 더 많다. 두 원소로 되어 있는 이원합금도 있으며, 합금이 세 가지 또는 네 가지 원소로 되어 있는 합금도 있다.

유럽의 중세 말까지 가장 일반적인 금속은 구리, 철, 금, 은, 납, 주석 등이다. 이들 금속은 청동이나 땜납 만드는 데 주로 사용되었다. 모든 금속은 잘 정리된 결정형 구조로 되어 있다.

인간이 만든 최초의 합금은 bronze(청동기 시대)로 구리와 주석(Sn)으로 만든 것이다. 고대에는 청동의 주석 함량을 약 10%로 일정하게 첨가하여 사용하였으나, 현대에는 사용하고자 하는 용도에 따라 다르다. 예컨대 종을 만들 경우 21%까지 높일 수 있다. 청동은 다른 원소인 납, 주석, 알루미늄 등을 첨가하여 만들 수 있다(**표 5-4**).

표 5-4 합금의 종류와 성분

금속	첨가 원소	합금의 명칭
철	탄소 탄소, 니켈 탄소, 크롬 탄소, 망간 탄소, 텅스텐 크롬	보통 강철 니켈 강철 크롬 강철 망간 강철 텅스텐 강철 스테인리스 강철
구리	아연 주석 납 알루미늄	황동(놋쇠) 청동 청동 알루미늄 청동
납	주석 안티몬, 주석	땜납 활자합금
니켈	크롬 구리	니크롬 모넬

우리나라의 금속문화는 기원전 4, 5세기경에 중국대륙의 한족에 의하여 전래되었거나, 몽고 일대에서 흉노족이 만주지방으로 이동하면서 전한 것으로 추정된다. 우리 조상들은 금석병용시대를 거쳐 청동기문화와 철기문화를 거치면서 근대에 이르게 되었다.

금속유물은 인간생활과 직접 관계가 있는 생활도구, 무기류, 불교와 일반 공예류, 그리고 경제활동의 기본인 금속 화폐류의 네 가지로 나눌 수 있다. 가장 귀하고 소중한 금과 은은 생활도구와는 별도로 중요시되고 있었으며, 식기류, 촉대, 수렵용구, 농기구 등의 많은 종류가 있다.

불교에 관련된 가장 오래된 신라시대의 상원사의 범종(725년)을 비롯하여, 신라 성덕대왕을 기리기 위해 만든 성덕대왕 신종, 일명 에밀레종(AD 742~771 제작)은 구리와 주석의 합금인 청동의 금속예술품이다(**그림 5-16**). 백제금동대향로는 1993년 12월에 부여 능산리 절터에서 발굴되었다. 백제가 부여로 도읍을 옮긴 후 정치적 안정을 되찾은 7세기 초에 백제인들의 정신세계와 공예 및 미술문화가 함축되어 있는 백제의 예술작품이라 할 수 있다(**그림 5-17**).

고려 인종(1234년)때 금속활자를 만들어서 상정예문을 간행하였으나 이 금속활자는 현재 전해지지 않는다. 고려 우왕 3년(1377년)에 흥덕사에서 세계 최초의 금속활자를 만들어 직지심체요절을 인쇄하였으며 이 인쇄본은 프랑스 국립도서관에 보관 중이다.

금속화폐로서는 삼한시대에 철화를 사용하였다는 기록이 있으며, 996년(성종15)에 철전을 주조하였다는 보고가 있으며, 1910년경에 개성의 고려 고

그림 5-16
성덕대왕의 신종
(문화재청 자료)

그림 5-17
백제금동대향로
(문화재청 자료)

분에서 무문철전과 동전이 발굴되었다. 고려시대의 주화로서 개원통보, 동국중보, 동국통보, 해동원보, 해동통보 등이 있었으며, 조선시대에는 상평통보 등을 사용하였다.

우리나라 금속문화 유물과 유적은 전국적으로 분포되어 있으며 고고학적인 측면에서는 많은 연구가 이루어졌으나, 금속유물보존에 대한 연구는 거의 없다가 1970년대 이후에 점차 관심을 갖게 되었다.

금속의 합금사용은 근래에 와서 더욱 활발하게 여러 분야에서 활용하고 있다.

3) 미생물에 의한 금속의 부식

미생물에 의한 금속의 부식은 미생물이 금속표면에 콜로니를 형성하여 금속표면을 더욱 전기화학적인 부식을 촉진하는 것이다. 따라서 미생물에 의한 부식과 화학적 부식의 차이를 구별하는 것은 매우 어렵다. 특별히 호기성 환경에서, 두 과정이 서로 촉진작용을 하기 때문이다. 금속의 미생물 부식에는 호기성과 혐기성 세균에 의하여 이루어진다.

(1) 호기성 미생물에 의한 부식

① 금속 부식의 기전

금속표면에서는 최초에 호기성 미생물군집이 발생된다. 호기성 세균에 의하여 금속표면에 생물막이 생기면 금속표면의 산소농도는 낮아지게 된다. 즉 Fe 표면의 미생물 생물막 내에서 복잡한 대사관계로 두꺼운 생물막 아래에서는 산소가 부족하게 된다. 이 반응에서 산소가 부족한 지역은 전자를 양극 부위로 방출하여 **음극**(anode) 부위로 된다. 반면에 이 전자는 **양극**(cathode) 부위에서 물과 산소와 결합하여 OH^-를 생성한다. 음극 부위에 작은 혹(tubercle)이 발생하는데, 이것은 Fe가 산소와 물과 반응하여 $Fe(OH)_3$의 침전물을 만든 것이다. 이 혹 아래의 작은 음극 부위는 심하게 부식되어 구멍을 만든다.

- **대사산물**; 금속표면 위에 콜로니가 형성되면 대사 과정의 생성물들에 의하여 금속이 부식된다. 미생물은 대사산물인 이산화탄소, 유황, 암모니아, 황화유황(H_2S), 세포외 중합체(EPS)의 생성, 그리고 oxalic, succinic, citric, fumaric, gluconic acid 같은 유기산을 방출하여 금

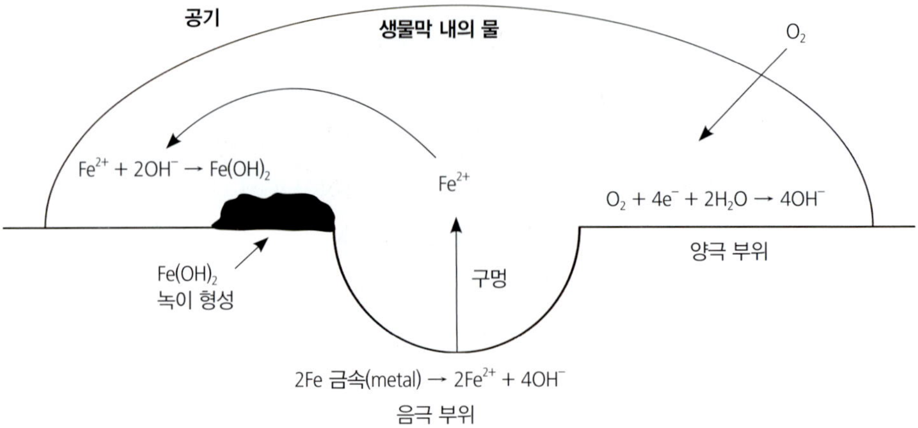

그림 5-18 금속표면의 부식형성 기작

속을 부식시킨다.

생물막 내의 세포외 효소들은 전자전달 반응의 촉매에 의하여 금속 부식에 영향을 준다. 금속표면에서 미생물 생물막과 산화 과정 사이의 상호관계는 **그림 5-18**에서 설명해 주는 바와 같다. 생물막이 형성되어 금속표면에 산소가 결핍되면 산화 과정에 의하여 부식이 발생된다.

금속 부식을 하고 있는 미생물에는 세균, 균류, 그리고 조류가 있다. 세균으로는 유황환원세균, 유황산화세균, 그리고 철세균 등이 있다.

② 유황산화세균

유황산화세균(sulfur-oxidizing bacteria)은 산소가 있을 때 유황의 무기물을 황산으로 환원하여 금속을 심하게 부식시킬 수 있다. *Thiobacillus*에 속하는 유황산화세균은 호기성 상태에서 중금속을 부식시킨다. *Thiobacillus thiooxidans*와 *Thiobacillus ferrooxidans*은 금속을 FeS_2, MoS_2, PbS, ZnS 등의 황화합물로 전환하여 금속을 공격하여 부식시킨다.

$$Fe^{2+} + S^{2-} \rightarrow FeS$$

다른 호기성 미생물 부식 과정은 Fe를 많이 포함된 세포를 만들어 부식을 촉진할 수 있다. 이들 세균은 세균이 만든 중합체와 금속의 상호작용, 금속 전이의 활성화, 그리고 산을 형성하여 금속을 부식할 수 있다.

③ **유황환원균**

철을 함유한 금속의 부식에 있어서 유황환원세균이 중요한 역할을 한다. **유황환원세균(sulfate-reducing bacteria; SRB)**은 유황이나 황산염을 부식성인 황화물, H_2S로 전환한다. H_2S는 금속위에 부식하는 능력을 가지고 있다. 이들 세균에는 *Desulfovibrio*, *Desulfuromonas*, *Desulfobacter* 등이 있다.

예술적인 금속유물에의 생물훼손의 시작은 세균이 금속표면에 부착하는 것이다. 이 세균들의 생물막의 형성은 금속물질과 세포표면의 물리화학적인 특성에 영향을 받는다. 생물막 형성을 결정하는 것은 표면의 소수성의 정도와 정전기적 전하(charge)에 의하여 결정된다.

④ **철세균**

호기성인 철세균은 생물학적 금속의 부식을 한다. 이들 세균은 화학무기독립영양 세균으로, 철을 산화하여 ferric hydroxide; $Fe(OH)_3$를 침전시킨다. 이 화합물은 물속의 철 관속에서 철산화물의 침전물로 작은 혹(tubercle)을 만든다. *Gallionella*는 강철을 부식하여 그 주변에 철과 망간의 침전물을 만든다.

⑤ **종속영양세균**

세균과 금속 사이에 형성하는 특수결합은 금속표면의 화학조성과 세균벽의 외층의 화학조성에 따라 다르다. 그람음성세균은 인산염과 카르복시산으로 구성된 세포외 다당류 층을 가지고 있다. *Pseudomonas fluorescens*는 산화성인 구리, 아연, 놋쇠를 포함한 물질을 공격한다. 이 반응은 세균이 부착하는 과정의 중요한 단계이다.

⑥ **균류**

부식 생성물로서 copper oxalate는 *Aspergillus*와 *Penicillium* 같은 균류의 부식 활성에 의하여 생성된 것으로 조사되었다. *Cladosporium resinae*는 항공기의 연료탱크에 연결된 알루미늄을 부식시킨다. *Aspergillus*, *Penicillium*, *Paecilomyces* 등은 유기산을 생성하여 구리, 알루미늄, 철 등을 부식한다. 청동유물들의 검은색소는 *Cladosporium*에 의하여 발생한 것으로 알려져 있다. 이 균류는 대기 중의 오염물질로부터 침전된 H_2S와 함께 금속을 공격하는 것으로 추정한다.

⑦ **조류**

조류도 금속을 직접 부식하는 역할을 한다. 특히 산소의 생성과 부식성인 유기산을 만들어, 또는 점액물질을 만들어 부식활성을 갖는다. *Nostoc*와 *Anabaena* 그리고 홍조류는 강철이나 스테인리스 강철을 부식할 수 있었다(**표 5-5**).

표 5-5 금속을 훼손하는 미생물

균류	세균류	조류	광합성 시안세균
Aspergillus	*Clostridium*	Hydrogenase-양성	*Nostoc*
Cladosporium	*Desulfobacter*	Chlorophyta	*Anabaena*
Penicillium	*Desulfuromonas*		purple bacteria
Paecilomyces	*Desulfovibrio*		
Trichoderma	*Gallionella*		
	Pseudomonas		
	Thiobacillus		
	Vibrio		

(2) 혐기성 세균에 의한 부식

혐기성 상태에서는 어느 미생물은 Fe^{3+} 이온을 전자수용체로 이용하여 Fe^{2+}로 전환할 수 있다. *Desulfovibrio*에 속하는 유황환원균은 H_2S를 만들어 금속 황화물(sulphide)의 침전을 만든다.

해양환경에서 혐기성 세균의 기능은 생물막을 형성을 통하여 금속을 부식한다. 실외 노출된 금속 유물인 경우 문헌에 의하면 혐기성 세균인 *Clostridium*은 유기산을 생성하여 금속을 부식작용을 유발할 수 있다고 한다.

4) 금속 파티나

금속 파티나(patina)는 청동제품에 나타나는 오래된 청색 녹(**녹청**)을 말하며, 인체에 유독하다. 동이나 동합금에 생기는 금속 파티나는 금속과 청동의 표면 위에 산화나 다른 화학반응에 의하여 생성된 변색된 부분을 말한다. 금속 위에서 파티나는 풍화 과정으로 생긴 산화물 또는 탄산염과 같은 여러 가지의 화합물이 피복된 부위를 말한다(**그림 1-7** 참조).

금속 파티나에는 고대 이집트나 혹은 그리스의 금속기구의 표면에 나타나는 파티나가 있다. 이같이 매우 오래된 파티나는 더 이상 화학적인 변화를 하지 않는 안정된 상태이다. 넓은 의미로의 파티나는 금속제품 이외에도 **도자기, 유리** 등의 표면에 생기는 **피막의 변화**도 포함된다.

문화재에 있어서 파티나는 다음과 같은 의미가 있다.

- 구리와 청동을 장기간 노출시키면 자연적으로 파티나가 형성된다.
- 파티나는 예술품의 색깔에 대한 미적인 가치를 손상시킨다.
- 노화나 사용으로 인하여 표면의 변화로 인하여 아름다운 가치가 손상된다.
- 파티나의 생성으로 기질 자체의 훼손이 발생된다.
- 파티나는 기질의 부식을 보호하고 막아주는 기능도 있다. 즉 놋쇠제품은 부식에 내성이 있는 장점이 있다.
- 예술가들은 종종 색깔, 질감을 위해서 표면장식을 위하여 인위적인 파티나를 만들어 사용한다. 파티나의 제조시 여러 가지의 반응성 원소를 첨가하여 원하는 색깔을 만들 수 있다.

3. 유리

1) 유리 구조와 성분

유리는 무정형의 고형 물질이며, 전형적으로 깨지기 쉽고 광학적으로 매우 투명하다. 유리는 성분으로 규산, 탄산나트륨, 탄산칼슘 등을 고온으로 녹인 후 냉각하여 만든 투명도가 높은 물체를 말한다. 일반적인 유리의 성분은 약 75%의 silica(SiO_2), Na_2O, CaO 등과 그 외 소량의 다른 원소들로 구성되어 있다(**그림 5-19**).

유리는 구조적으로 일정한 비율로 결합된 금속이나 비금속 산화물이 열에 의하여 화학반응을 일으켜 망상으로 연결된 물질이다. 외형으로는 고체이지만 특유의 결정구조를 가지지 않으며, 일정한 융점도 가지고 있지 않다. 유리는 내구성이 강하며, 그 투명성은 광선을 굴절시켜 투명효과를 더욱 증가시킨다.

유리상태의 물질은 인류가 탄생하기 이전부터 자연에 존재하고 있었으며 인공적인 유리 제조 기술의 시작은 약 6,000년 전으로 추정된다. 고고학적으

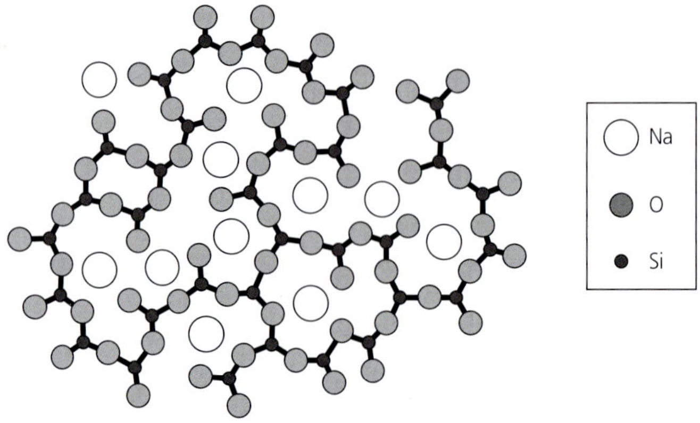

그림 5-19
유리의 대표적인 sodium silicate의 구조

로 유물 발굴 시에 유리구슬이 포함되어 있으므로 그 기원은 보다 오래되었을 것으로 추정된다.

이때 발견된 유리는 불투명한 색유리이었으며 투명유리는 BC 2,000년대 전반 메소포타미아와 이집트에서 발견된 것으로 알려져 있다. 현재 남아 있는 가장 오래된 유리는 고대 이집트 토트메스 3세(BC 1,504~1,450)의 연꽃무늬의 유리로 만든 물잔으로 알려져 있다. AD 1세기 로마시대에 들어와서 제조법이 개발되어 값싼 유리그릇을 양산할 수 있었다.

유리의 사용은 7세기경 중동지방에서 색유리를 창이나 천장에 사용하기 시작하였다. 유럽에서 11세기에 이 기법이 전해져 12세기 이후 교회건축에 본격적으로 사용되어 중세기의 비잔틴 글라스(glass) 문명시대를 열게 되었다. 14세기에는 베네치아 글라스가 유럽시장에 크게 진출하였다.

영국에서는 17세기에 투명도가 높고 광택이 있는 수정과 비슷한 크리스탈 글라스를 개발하여 고급 유리생산에 들어가게 되었다. 계속적인 유리 제조 기술의 발달로 서민이 이용하기 시작한 것은 산업혁명 이후이었으며 19세기에서야 다양한 유리가 널리 보급되기 시작하였다.

한국의 유리 역사는 선사시대 유적지에서 유리옥이 발견된 사례에서 찾아볼 수 있다. 평양 교외의 낙랑시대의 한나라 묘(BC 2~3세기)에서 최초로 유리로 된 귀걸이가 발굴되었으며, 경주의 고분인 금관총에서 무려 18,000개의 유리옥이 발굴되었으며 서봉총에서는 유리잔 3개가 나왔다. 천마총에서 유리 술잔과 푸른빛의 유리옥이 발견되었으며 백제 무령왕릉에서도 유리로 만든 여러 종류의 구슬들이 수백 개나 출토되었다(**그림 5-20**).

오래전부터 전래하여 온 유리 개발의 기초 위에, 현대에는 유럽의 제조방법의 영향을 받아 우리나라에서도 몇 가지 종류의 제품을 생산하고 있다.

2) 생물에 의한 유리의 훼손

(1) 유리 훼손의 역사

그림 5-20 경주 황남동 상감 유리구슬(문화재청)

유리의 부정형 망상구조에 Na(sodium)이 있으면 구조에 강하게 결합을 하지 못한다. 만약 이 유리가 산의 공격을 받으면 수소와 알칼리 이온(Na^+, K^+) 사이에 이온교환이 일어나 유리 구조가 풀어지게 된다. 더욱 위험한 것은 알칼리 공격을 받았을 겨우 망상구조가 파괴되어 규산염을 방출한다. 이 과정은 온도가 높으면 더욱 촉진된다.

일반적으로 현대의 유리에 생물피해는 거의 없다. 그러나 고대의 유물들 중에 잘못된 보관으로 인하여 피해가 발생한 경우가 있다. 외부 환경이나 지하보관에서의 습기와 온도 같은 조건은 생물이 서식하기에 적합하여 심한 생물피해를 볼 수 있다. 발굴된 유물도 지하에서 그대로 방치하면 온습도의 영향으로 손상을 입을 수 있다.

독일에 있는 중세에 만든 오래된 지하 건물의 유리창에 **생물층**이 생기고, 심하게 변색된 상태로 훼손되었음이 관찰되었다. 대부분의 손상은 미생물의 생장에 의한 것이며, 표면에 생물층인 생물막이 형성되어 여러 부위가 더럽고 변색되어 있었다. 이같이 생물에 의한 변색된 훼손 부위를 **생물학적 파티나(biological patina)**라 한다.

(2) 유리 표면의 생물 서식

① 균류와 세균의 분포

일반적으로 유리표면을 공격하는 생물에는 균류와 세균이 대부분이다. 수백 년 된 유리를 부식하는 균류로는 *Aspergillus*, *Penicillium*, *Cladosporium*, *Trichoderma*, *Chaetomium*, *Eurotium*, *Rhizopus* 속 등이 있다. 대부분 유리표면의 온도가 25°C 이상, 그리고 습도 수준이 80~100%이면 미생물이 발생된다.

Gurtner 등(2001)은 오래된 교회의 유리창 표면에 과거에 어떠한 종류의 미생물이 생장하고 있었으며 현재에는 어느 미생물이 생장하는지를 조사하였다. 그들은 미생물들로부터 특수한 denaturing gradient gel electrophoresis(DGGE) 분석 방법을 사용하여 18S DNA를 분리하였다. 분석한 결과 유리표면의 생물막에는 *Aspergillus*, *Aureobasidium*, *Coniosporum*, *Geomyces*, *Rhodotorula*, *Ustilago*, *Verticillium* 등의 균류를 확인할 수 있었다. 한편 독일의 고대성당의 변색된 유리창에서 *Nitrospira*, *Micrococcus*, *Streptomyces*, *Arthrobacter* 등의 세균도 발견되었다.

② **조류**

실리카(silica)에는 3가지 종류인 석영모래(quartz sand), 결정형 석영(crystalline quartz), 사업성 유리 등이 있다. 야외에 풍화된 석영모래를 대상으로 SEM으로 미세 관찰한 결과 시안세균, 규조류, 그리고 종속영양세균들의 미생물군집이 발견되었다. 이들 생물막은 유리표면에 자국을 남기고 움푹 들어간 부분과 구멍도 만들 수 있었다.

유리창에 발생된 **규조류(diatom)**는 침출(leaching)작용을 하는 것으로 명확하게 알려져 있다. 규조류와 세균은 유리표면을 덮고 있는 많은 양의 세포외 다당류 위에 서식하고 있음이 관찰되었으며, 그 결과 유리표면의 오목한 부위와 새로 형성된 구멍이 여러 개 발견되었다. 규조류는 결과적으로 그들의 대사와 규조의 껍질을 만들기 위하여 유리표면으로부터 실리카를 이탈시키는데, 이때 실리카의 이온을 유리하는 전환 과정에 필요한 것 같다.

최근에는 피해를 입히는 생물의 침입을 예방하기 위하여 유리에 살생물제를 피복하여 유리제품을 생산하고 있다.

③ **지의류**

오래된 유리의 생물훼손에 관하여 Mellor(1924)는 중세에 만든 유리창에 지의류가 생장한 것을 처음 보고하였다. 유리 창문에 생장하는 지의류는 고착지의류이었으며, 종종 발견되는 종으로는 *Diploicia*, *Parmelia*, *Pertusaria*, *Lepraria* 속 등이었다. 이들의 화학적인 훼손은 **착화물 생성(chelating)**, 물질의 분비, 또는 호흡 과정에서 생성된 탄산에 의하여 이루어질 수 있다. 물리적인 작용은 균사의 침투에 의하여 엽상체가 팽창하고 수축함으로써 유리표면이 손상하는 것으로 추정된다. 지의류의 작용은 느리지만 유리 위에 심한 무지개 색깔을 띠게 하며, 5~6mm의 깊이까지 구멍을 만들었다는 보고가 있다.

지의류에 의한 부식 발생 기작 역시 생물물리학적 것과 생화학적인 훼손이 있다. 생물훼손의 초기 증상은 **부식, 구멍 생성, 침출(leaching)** 등이 있다. 유리의 성분으로부터 금속의 재침전을 통하여 **피각(crust)**을 형성하기도 한다.

생물에 의한 유리 부식의 기작은 주로 지의류와 균류에 의한 생물물리학적 기작과 균류와 세균에 의한 생화학적 기작으로 알려져 있다.

(3) 광학 렌즈

현미경이나 카메라 같은 광학유리는 밀봉된 공간에 장기간 보관하면 미생물이 발생하기 쉽다. 여름의 장마철에 습도와 기온이 높으면 카메라의 유리표면에 매우 미세한 실 모양의 균사를 발견할 수 있다. 더욱이 유기물질을 포함한 먼지가 렌즈 표면에 축적될 경우 발생 빈도가 높을 수 있다. 광학유리에 발생하는 균류로는 친수성, 중온성, 호건성(xerophilic) 균류들이다. 이들 균류에는 *Aspergillus*, *Cladosporium*, *Trichoderma*, *Penicillium*, *Chaetomium*, *Aureobasidium*, *Eurotium*, *Phoma*, *Rhizopus*, 그리고 *Scopulatiopsis* 등이 있다.

아라이(2008)는 렌즈에 서식하는 균류를 발견하였다. 그는 적당한 수분 활성도와 호기적인 조건에서 인위적으로 렌즈를 공기 중에 노출시켜서 발생하는 균류를 확인할 수 있었다. 이 실험의 결과 절대 호기성의 사상균에 속하는 *Aspergillus penicilloides*, *A. versicolor*, *Eurotium herbariorum*, 그리고 *Cladosporium* sp.를 분리할 수 있었다. 이들 균류는 대사 과정을 통하여 발생되는 유기산인 malic acid를 양적으로 많이 생성하였다. 이 malic acid가 수분이 있으면 산성화되는데, 이것이 장기간 렌즈에 부착되어 있으면 렌즈의 성분이 용출되어 렌즈표면이 백색으로 혼탁하게 되는 것을 확인하였다.

광택제를 처리한 렌즈의 표면 위에는 균류가 더욱 용이하게 발생된다. 이런 렌즈 위에서 생장하는 여러 종류의 균류에는 *Aspergillus*, *Verticillium*, *Aureobasidium*, *Rhodotorula*, *Ustilago* 등이었다.

(4) 훼손 기작

① 생화학적 기작

사상균은 유리를 생화학적인 과정을 통하여 유기산, 무기산, 효소, 그리고 EPS를 생성하여 훼손을 유발한다. 미생물은 유리를 공격하여 생물막을 형성할 수 있으며, 이로 인하여 생성된 유기화합물이 유리의 규산질과 이온교환을 유도한다. 더욱 상세한 생화학적 공격의 기작은 옥살염과 탄산염, 유황, 그리고 인산염의 유도체 같은 산물들 사이의 상호작용으로 인하여 훼손이 발생한다.

Drewello와 Weissman(1997)은 균류에 의한 유리의 미생물에 의한 부식에 관한 연구에서, 대기 중에 노출된 유리의 부식은 이온교환 반응으로 이루어진다는 것을 보고하였다. 그들은 고대 유리가 물속에 적셔 있는 외부적인 조건이면 피각(crust)이 발생될 수 있다고 하였다. 또한 세균 생장으로 인하여 축적된 ferrous sulfide가 변색을 발생한다고 하였다.

② **생물-물리적인 기작**

사상균은 균사의 기계적인 작용으로 유리표면에 작은 균열을 만드는 능력이 있다.

균류는 시안세균과 함께 균사로 유리표면에 미세한 천공과 균열을 만든다. 유리 위의 생물훼손 과정에서 이들 세균은 유리표면에 콜로니를 형성하여 생물막을 만든다. 또한 이들 균사의 생장으로 인하여 미세 구멍(micro-pitting)을 형성하기도 한다.

생물에 의한 훼손은 i) 생물적으로 주요한 원소(K, S, P, Ca, Mn)를 농축시키는 기능과 ii) 생화학 반응으로 무기물의 침전물을 생성하는 것이다. 유리표면에 Ca-oxalate, 방해석, $CaCO_3$ 등이 축적되어 있다는 것은 생물활성에 의하여 생성된 직접적인 증거가 된다. 이상을 종합하여 보면 미생물 부식의 과정은 생물물리학적, 생화학적인 요인의 조합된 작용이며, 그 결과 여러 가지의 훼손 양상이 발생된다 .

3) 유리의 생물 부식 현황

유리에 미생물의 침입은 부분적으로 유리의 생화학적인 성질과 관련이 있다. 유리 훼손의 기본은 가수분해와 이온교환 반응이다. 유리표면과 미생물 젤층의 안에서 생물물리학적으로 발생된 결정형의 침전으로 **부식작용**을 발생시킨다. 이때 주요 손상은 산성 용액의 영향으로 인하여 생긴다. 침출된 부식에 의한 **피각(crust)** 생성의 주요 요인의 첫째는 CO_2와 H_2O에 의하여 형성된 탄산(H_2CO_3)에 의한 것이다. 둘째 요인은 유기화합물의 분해 과정에서 생긴 다른 화합물에 의한 것이며, 셋째는 최종적으로는 생물이 만든 유기산에 의한 것이다.

세균과 균류, 그리고 조류들은 실외에 노출된 유리표면을 공격하여 훼손에 참여할 수 있다. 유리 훼손의 초기의 증상은 부식(corrosion), 생물 천공(biopitting), 그리고 침출 과정(leaching)으로부터 시작된다. 중세의 오래된 성당의 유리창에서 일반적인 생물 손상, 생물이 만든 구멍, 생물피각(bio-crust), 그리고 유백색과 백색의 생물막을 발견할 수 있다(**표 5-6**). 투명으로부터 어두운 색깔로의 변색, 미세한 균열(crack), 경미한 생물 부식(biocor-rosion)도 발견된다, 종합하여 보면 유리의 직접적인 훼손 양상은 표면의 불투명화(opacification), 석고(gypsum) 생성, 방해석, 젤층의 형성, 변색, 유리의 분해 등이 있다.

4) 레이저 세척

유리의 섬세한 구조를 변화시키지 않고 안정되게 세척하는 방안으로 레이저 세척을 한다. 이는 유리표면의 생물막 유무에 따라 세척방법을 상세하게 계획하여 시도하여야 할 것이다.

표 5-6 유리와 금속의 미생물 피해

기질	훼손 미생물	피해 현황
유리	종속영양세균; *Bacillus*	부식, 혼탁 발생, 구멍
	미세균류; 불완전균류; *Aspergillus* group	표면의 부식, 변색, 혼탁발생, 생물피각, 생물막, 균열, 불투명화,
금속	화학독립영양세균; 유황세균	부식, 구멍

참고문헌

민경희, 윤윤경, 김미란(2001). 석조문화재의 생물훼손규명과 보존방안; 석조문화재 보존관리연구, 문화재청, pp190-240

이옥민, 임안숙(2008). 경기도내 5기 석조문화재의 기중조류의 분포와 조류 서식 등급 *Algae*; 23(4): 269-276

Arai H.(2008). Fungal development on lense. in Dictionary of Microorganisms. Edited by Asakura Shodeng. pp 645-648

Drewello R., Weismann R.(1997). Microbially influenced corrosion of glass. *Appl Microbiol Biotechnol* 47:337-346

Gurtner CS., Pinar G., Lubitz W., Rolleke S.(2001). Analysis of fungal communities on historical church window glass by denaturing gradient gel electrophoresis and phylogenetic 18S rDNA sequence analysis. *J Microbiol Methods* **47**:345-354

Nimis PL., Pinna D., Salvadori O.(1992). Lichenie conservazione dei monumenti. CLU Editrici, Bologna, Italy

Mello E.(1924). The decay of window glass fom the point of view of the lichenous growth. *J Soc Glass Technol* **8**:182-186

CHAPTER 06

유기물 문화재의 훼손 과정

1. 목재

우리나라의 목재 문화재로는 사찰의 건축물, 목재로 건축된 궁궐, 가구류, 조각품, 불상, 선박, 농기구 등 그 종류가 다양하다.

고려시대 불교의 성전인 불경을 만들 때 목판에 글자를 판각하여 인쇄하는 데 사용하였다. 고려 고종 23년(1236년)에 목판을 판각해서 시작해서 1251년에 완성하여 경남 합천군의 해인사에 보관 중이다. 이 목판본은 총 8만 권 이상이므로 고려 팔만대장경이라 한다. 현존하는 세계의 대장경 중 가장 오래된 것으로 우리나라 목재의 문화유산으로 높이 평가받고 있다(**그림 6-1**).

A

그림 6-1 A: 합천 해인사 고려 대장경판전(법보종찰 해인사 자료제공) (계속)

B

그림 6-1 B: 합천 해인사 고려 대장경판(법보종찰 해인사 자료제공)

1) 목재의 구조

목재의 구조는 세포벽으로 구성되어 있으며 이들은 서로 결합되어 있어서 조직으로서의 중요한 성질을 갖는다. 세포벽은 여러 가지 두께의 층으로 되어 있는데, 이는 세포가 발생하는 동안 외부로 축적되었기 때문에 두께의 차이가 생긴 것이다. **1차벽(primary wal)**은 주로 펙틴 물질, 리그닌, 헤미셀룰로오스로 구성된다. **2차벽(secondary wall)**은 가장 두껍고 거의 섬유소, 리그닌으로 되어 있다. 2차벽은 외층(S1), 중층(S2), 내층(S3)으로 이루어져 있다. 세포벽의 안쪽으로 점질층(4차벽)은 세포의 빈 공간에 가까이 있으며, 이는 상당한 부분의 펙틴 물질과 섬유소와 헤미셀룰로오스를 포함한다. 그리고 세포와 세포 사이에는 펙틴질로 이루어진 중엽(middle lamella)이 발달되어 있다.

나자식물은 모두 큰 목재 식물로, 이들 식물 중 송백류 또는 침엽수는 여기에 포함된다. 여러 종류의 속씨식물인 활엽수들도 역시 목재 식물이다. 속씨식물에는 많은 쌍자엽식물인 수목종이 있어서 큰 목재를 생산한다.

목재는 여러 가지 특성을 나타내는데, 같은 종에서도 개체에 따라서 다르고 생장하는 환경조건의 영향에 따라서 다르게 나타난다. 나무의 내부는 기본적으로 목부, 사부, 그리고 형성층으로 구성되어 있다.

(1) 물관부(xylem)

물관부는 수분통도 조직(water-conducting tissue)으로 섬유소(cellulose), 리그닌(lignin)을 함유하는 2차 세포벽으로 되어 있으며, 물과 물에 용해된 물질의 이동통로이다.

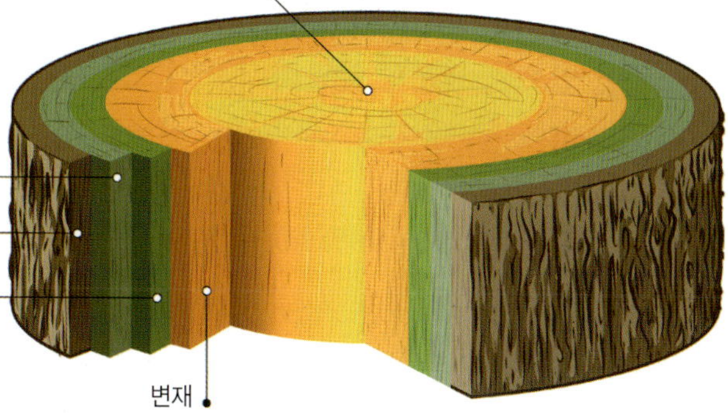

그림 6-2
목재의 내부 구조

목부는 심재, 변재, 그리고 나이테 등의 구조로 되어 있다(**그림 6-2**).

① **심재(heart wood)**: 줄기의 내부 부분은 오래된 목부가 위치하고 있는데, 이를 **심재**(heart wood)라 한다. 심재는 줄기의 중앙에 위치하고 있으며, 2기 물관부로, 물 수송기능이 없다. 심재는 종에 따라서 차이는 있지만 해를 거듭하면서 축적되는 물질은 강한 내구성의 어두운 색깔로 변하게 한다.

② **변재(sap wood)**: 나무의 외측에 위치하는 변재는 최근에 형성된 어린 2기 물관부로, 물과 양분의 수송기능이 있다. 비교적 젊은 부분인 변재는 연한 색깔로 내구성이 낮다.

③ **나이테**: 봄에는 새로운 세포들의 생장이 왕성하여 부피가 증가하여 **춘재(spring wood)**를 만든다. 반면에 늦은 여름과 이른 가을에는 세포가 작고 세포벽이 두꺼운 어두운 색깔의 **추재(autumn wood)**를 만든다. 계절의 순환으로 매년마다 새로운 춘재와 추재가 만들어져서 목재의 내부를 보면 그 나무의 나이를 알 수 있다. 이와 같이 춘재와 추재의 환 형태를 **나이테(annual ring)**라 한다.

④ **내구성**: 해를 거듭할수록 탄닌(tannin) 같은 물질은 오래된 세포 내에 축적된다. 그 결과 목재를 더 강한 내구성과 기계적인 내성을 갖게 한다. 내구성은 외부 요인에 의한 공격에 대한 내성을 나타내는 특별한 목재의 능력을 의미한다. 이 내성은 단단한 경도(hardness)와는 혼동해서는 안 된다. 경도는 외부 몸체의 의하여 밀려오는 목재의 저항성을 말하며, 이는 기계적인 성질을 의미한다.

(2) 체관부(phloem)

체관부는 양분통도 조직(food-conducting tissue)으로 1차 세포벽의 체관절로 되어 있으며 세포벽 양끝에 구멍이 있는 체판(sieve plate)이 있어서 체판을 통하여 당, 유기물, 무기이온 등을 이동시키는 역할을 한다.

(3) 유관속 형성층(vascular cambium)

유관속 형성층은 물관부와 사부 사이에 위치하며, 형성층의 활동으로 연속적인 목부 세포층을 안쪽 방향으로 만들어서 목부를 만든다. 사부의 세포는 형성층의 외부 쪽 방향으로 나무껍질을 만드는데, 가장 외측의 나무껍질(bark)은 내부를 둘러싸고 있다.

2) 화학성분

(1) 화학성분 비교

목재의 주요 성분은 다당류인 섬유소와 헤미셀룰로오스, 그리고 리그닌 같은 페놀 화합물로 구성된다. 이들의 질적, 양적 비율은 특별한 종이나, 세포벽의 층, 침엽수, 활엽수, 그리고 나무의 나이, 그리고 생장기간의 환경조건 등에 따라서 다양하다. 일반적으로 대부분의 식물 목재의 성분으로 섬유소가 가장 많고 헤미셀룰로오스, 리그닌 등이 주요 성분이다.

연재(softwood)는 나자식물(gymnosperm)인 송백류의 목재 성분으로 보통 생장이 빠르므로 경재보다 연한 특징이 있으며, **경재(hardwood)**는 피자식물(angiosperm)인 활엽수의 목재 성분으로 단단하다. 나자식물과 피자식물의 화학성분의 비교는 다음 **표 6-1**에서 보여주는 바와 같다.

표 6-1 나자식물과 피자식물의 목재 성분의 비교

목재의 종류	섬유소	헤미셀룰로오스	리그닌	기타
연재	42.2	28	24~35	약 0~1
경재	42.2	38	15~20	약 0~1

(숫자는 %를 표시함)

(2) 섬유소

섬유소(cellulose)는 자연계에 있는 식물세포 벽에 있는 가장 많은 중합체이며, 건조한 목재 성분의 약 40~50%를 차지한다. 물에 매우 안정하고 불용성이다. 주로 종이, 목재, 솜, 린넨 등의 식물물질의 주요 성분이다.

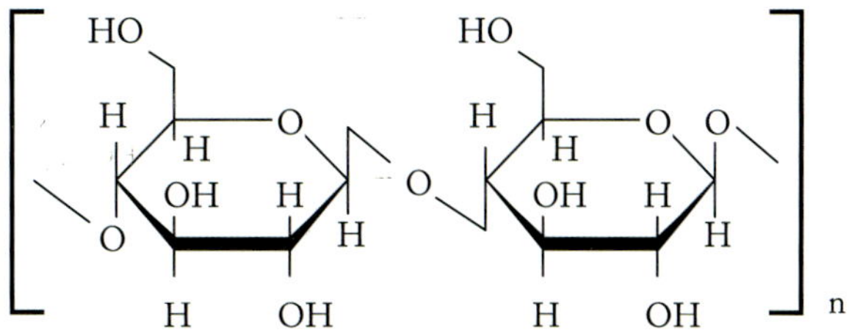

그림 6-3 섬유소의 분자

섬유소 분자는 포도당(glucose)의 분자로 구성된 직선형의 다당류이며, β-1,4-glycosidic 결합에 의하여 β-D-glucopyranose 단위의 형태로 되어 있다. 하나의 섬유소 분자는 약 7,000~15,000개의 포도당 단위가 연결되어 있다(**그림 6-3**).

직선상의 섬유소 분자의 다발은 각 분자들 사이에 수소결합과 Van der Waals의 힘에 의하여 형성된다. 섬유소 사슬은 다른 사슬과 평행으로 놓여 있으며 함께 다발을 만드는데, 이 구조를 **미세원섬유(microfibril)**라 하는데, 여기에는 고도로 정렬된 **결정형 부위**(**crytalline region**)와 덜 정열된 **무정형 부위**(**amorphous region**)가 있다.

결정형 부분의 섬유소는 수정같이 맑은 부분으로 섬유소의 사슬은 정확히 정렬되어 있으므로 단단하며, 망(network)과 같은 구조 내에 위치하고 있다. 이 평행으로 되어 있는 사슬구조는 고정된 간격을 두고 있다. 이렇게 정돈된 구조는 외부에서 공격하기에 어렵다. 그러나 무정형 부위의 섬유소 사슬은 순서 없이 덜 단단한 형태로 미세원섬유의 5~20%를 차지한다. 그러므로 이 부위는 더 쉽게 미생물에 의하여 공격받을 수 있다.

미세원섬유는 서로 뭉쳐서 큰 **미세섬유**(**filament**)를 형성하는데, 이것을 **원섬유**(**fibril**)라 한다. 이들이 함께 모여서 **섬유**(**fiber**)를 만든다.

섬유소의 화학 분자식은 $(C_6H_{10}O_5)n$으로 n는 중합의 정도를 나타낸다. 이 값은 물리적 또는 기계적으로 내성을 갖는 구조이다. 많은 식물에서는 섬유소의 섬유들이 다른 성분인 헤미셀룰로오스, 리그닌, 탄닌(tannin), 무기물, 레진(resin), 펙틴 물질과 밀접하게 연결되어 있다. 섬유소는 알칼리에 의한 용해와 산 가수분해에 대한 저항성이 헤미셀룰로오스보다 강한 특성이 있다.

(3) 헤미셀룰로오스

헤미셀룰로오스(hemicellulose)는 세포벽을 도와주는 기능을 하며 건조 목재의 약 20~35%를 차지한다. 헤미셀룰로오스는 목재 내에서 섬유소의

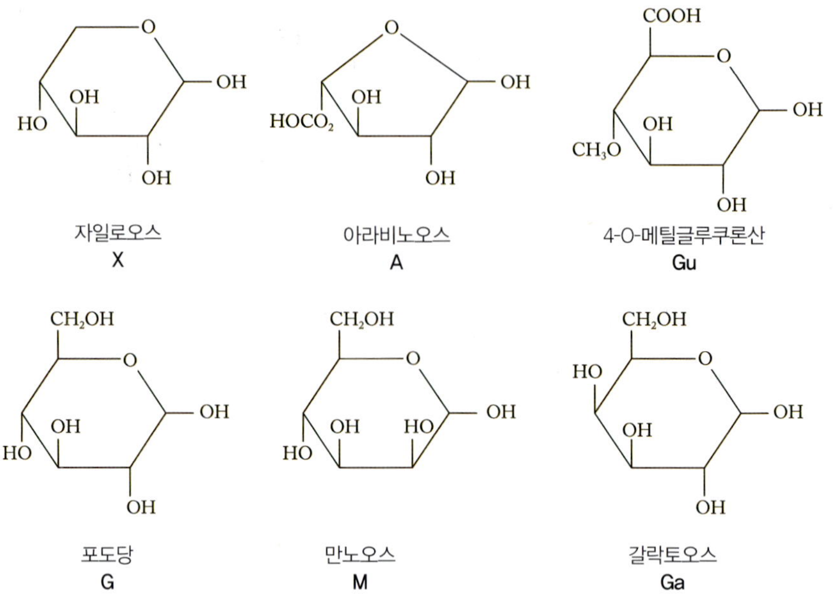

그림 6-4
헤미셀룰로오스의 단당류

섬유와 리그닌 사이에 위치하고 있다. 헤미셀룰로오스 구조는 5탄당(xylose, arabinose), 6탄당(mannose, galactose, glucose), 그리고 보통 아세틸화된 가지사슬로 구성되어 있다(**그림 6-4**). 이 가지사슬에는 4-O-methylglucuronic, D-galacturonic, D-glucuronic acid가 β-1,4 또는 β-1,3 glycosidic 결합을 하고 있다. 헤미셀룰로오스의 성분에는 자일란(xylan), 글루코만난(glucomannan), xyloglucan, mannan, 그리고 glucan 등으로 분류한다(**그림 6-5**). Xylan은 헤미셀룰로오스의 가장 많은 성분으로 약 80%를 차지한다.

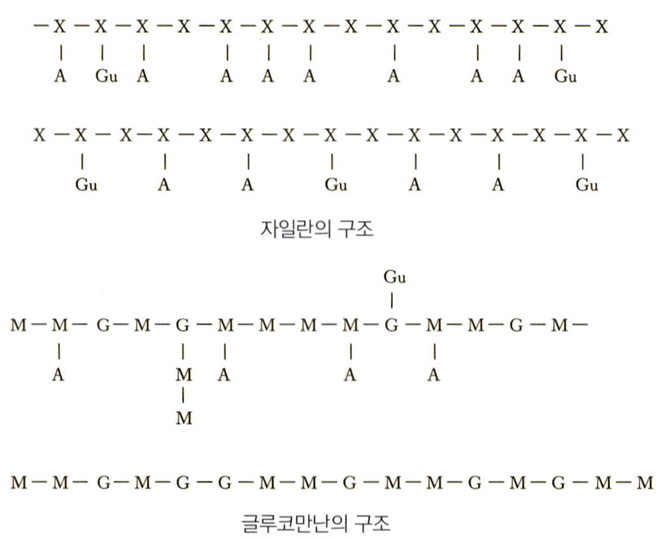

그림 6-5
헤미셀룰로오스의 대표적인 자일란과 글루코만난의 구조.
X; 자일로오스,
A; 아라비노오스,
G; 포도당,
M; 만노오스,
Ga; 갈락토오스,
Gu; 메틸룰루쿠론산

이들 구조는 자일로오스(D-xylose) 단위가 β-1,4 결합을 통하여 형성된 직선형 사슬로 되어 있으며 종종 가지구조를 포함하고 있다.

연재와 경재, 그리고 각 나무마다 헤미셀룰로오스의 당 성분 차이가 있다. 활엽수 나무의 경재(hard wood)에서 헤미셀룰로오스는 주로 xylan로 형성되어 있으나, 소나무와 같은 송백류의 연재(soft wood)의 헤미셀룰로오스는 주로 굴루코만난으로 구성되어 있다.

섬유소와 헤미셀룰로오스 성분 사이에 수소결합으로 연결되어 있다. 헤미셀룰로오스의 구조는 섬유소와 비슷하지만 오직 차이점은 헤미셀룰로오스의 평균 중합도는 섬유소보다 적은 약 500~3,000이며, 분자들은 일부 가지가 있는 구조를 하고 있다. 따라서 중합도가 크지 않으므로 화학적으로 불안정하여 쉽게 분해될 수 있다(**표 6-2**).

표 6-2 섬유소와 헤미셀룰로오스의 화학적 구조비교

성분	당	구조	가지구조
섬유소	포도당	7,000~15,000 단위	가지 없음
헤미셀룰로오스	xylose mannose, galactose, rhamnose, arabinose	짧은 사슬 500~3,000 단위	가지가 있으며, polymer

(4) 리그닌

리그닌은 섬유소와 헤미셀룰로오스 다음으로 자연계에 풍부한 중합체이며, 식물체의 목재 중에 약 15~35%을 차지한다. 리그닌은 화학적 또는 생물학적 분해에 대하여 강한 내성을 가지고 있다. 리그닌은 구조적으로 세포벽을 도와주며, 물의 투과성을 감소시키고, 미생물의 공격에 대하여 내성을 가진다.

리그닌은 세포벽의 도관과 체관 내에서 섬유소, 헤미셀룰로오스, 펙틴 화합물 사이의 공간을 채우고 있다. 헤미셀룰로오스와 공유결합을 하고 있으며, 다른 다당류와도 연결되어 있으므로 세포벽의 강한 기계적인 힘을 갖게 한다.

일반적으로 리그닌은 여러 종류의 **방향족 탄화수소(aromatic hydrocarbon)**의 중합체로, 불규칙적인 복잡한 중합체이다. 리그닌은 매우 가지가 많은 phenylpropane 중합체로, 세포의 다당류와 공유결합을 하

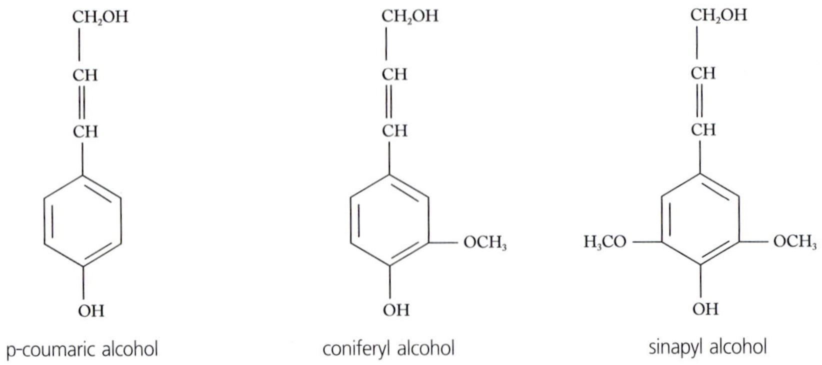

그림 6-6
리그닌의 기본적 화학구조

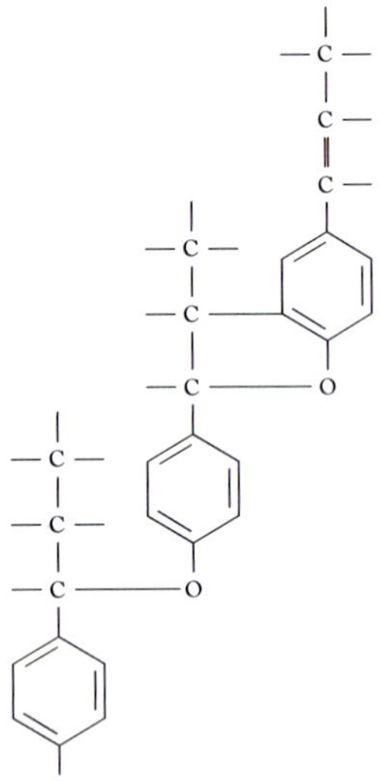

그림 6-7
리그닌의 일반 구조. C_9 방향족 단위의 복잡한 중합체

고 있다. 이 phenylpropan은 주로 3개의 방향족 알코올 단당류인 *p*-coumaric, coniferyl, 그리고 sinapyl alcohol로 구성되어 있다(**그림 6-6, 그림 6-7**).

화학적으로 물에 불용성이고 매우 복잡한 3차원의 구조이다. 나무의 목질화란 리그닌에 의하여 조직이 견고하게 되는 것을 말한다. 송백류, 활엽수, 그리고 초본 등에 따라서 기본구조인 단당류의 조합에 따라서 화학구조도 다양하다. 송백류의 연재의 리그닌 주성분은 coniferyl alcohol이며, 활엽수의 경재의 리그닌은 coniferyl과 sinapyl alcohol의 혼합물이다.

리그닌은 무정형의 구조로 낮은 점성을 가지며 강한 황산에도 극도로 내성이 있다. 리그닌의 분자량은 매우 많으며 측정하기가 쉽지 않다.

식물의 주요 유기물 성분의 건조량의 비교는 **표 6-3**에서 보는 바와 같다.

표 6-3 식물의 유기물의 주요 성분

식물 성분	식물의 건조량(%)
섬유소	15~60
헤미셀룰로오스	10~30
리그닌	5~30
단백질과 핵산	2~15

3) 효소에 의한 목재 성분의 분해

위에서 설명한 바와 같이 목재의 주성분은 섬유소, 헤미셀룰로오스, 리그닌으로 구성되어 있다. 이들 주성분은 거의 대부분 균류가 침입하여 분해된다. 그 분해 기작은 균류가 분비하는 섬유소분해효소, 헤미셀룰라제

(hemicellulase), 리그닌 분해효소의 작용에 의하여 이루어진다.

(1) 섬유소분해효소

섬유소의 분해는 주로 균류나 세균 등의 미생물에 의하여 이루어진다. **섬유소분해효소(cellulases)**의 작용 기작은 불완전균류인 *Trichoderma reesei*와 담자균류 백색부후균인 *Phanerochate chrysosporium*의 생성 섬유소분해효소에 관한 연구에서 비롯되었다. Reese(1975)는 이들 미생물이 생성하는 **섬유소분해효소복합체(cellulase complex)**는 C_1 cellulase, C_x cellulase, 그리고 β-glucosidase로 구성되어 있다고 하였다. Reese의 C_1-C_x 개념은 섬유소분해효소복합체의 연속적인 작용방식(mode of action)을 ① 기질의 중간을 절단하는 endo-type과 ② 기질의 말단을 절단하는 exo-type으로 나누어 설명하였다.

섬유소분해효소의 반응 기작을 간단히 정리하여 요약하면 다음과 같다(**그림 6-8**).

① Endoglucanase(endo-β-1,4-glucanase; EBG)는 섬유소 사슬의 내부에 작용(endo-acting)하여 불규칙하게 무작위적으로 절단하여 작은 조각인 oligomer나 cellobiose 등을 생성한다.

② Cellobiohydrolase(CBH)는 섬유소 사슬의 말단에 작용(exo-acting)

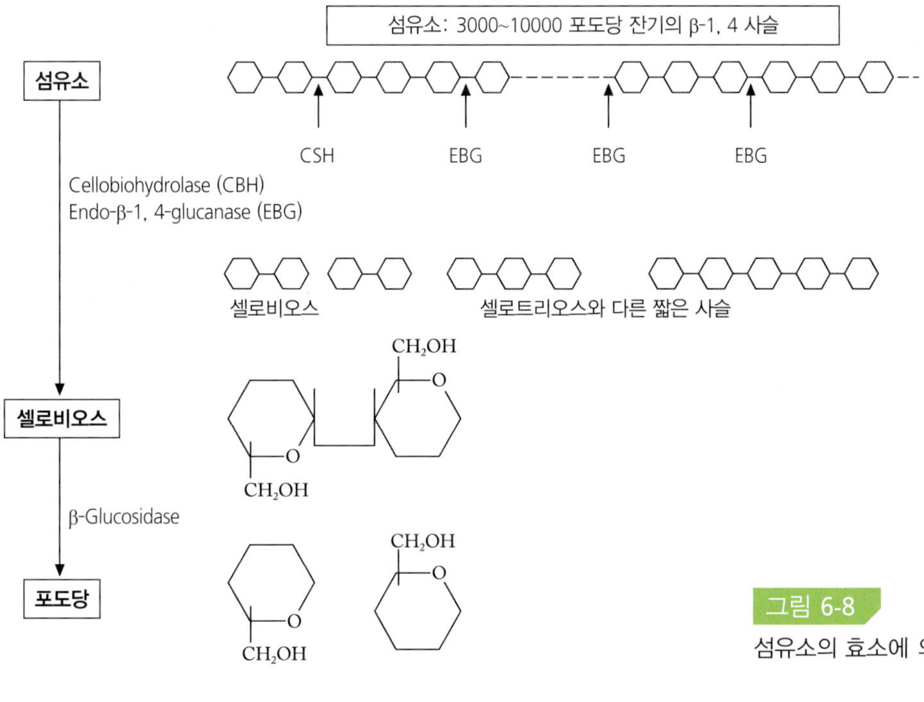

그림 6-8
섬유소의 효소에 의한 분해 과정

하여 이당류 단위(cellobiose)만을 생성한다.

③ β-Glucosidase는 oligomers의 비환원 말단 부위에 작용하여 절단하여 단당류 단위인 포도당만을 생성한다. 또한 이당류인 cellobiose도 분해하여 포도당을 생성한다.

혐기성 섬유소분해효소는 기질과 결합하는 구조를 가지고 있다. 즉 cellulosome이라는 특이한 복합체를 만들어 우선 섬유소의 기질의 표면에 결합한 후에 효소의 작용을 한다.

(2) 헤미셀룰라제

많은 종류의 세균이나 균류는 헤미셀룰라제(hemicellulase)를 만들어 헤미셀룰로오스(hemicellulose)를 가수분해한다. 이 효소는 glucoside hydrolase와 carbohydrate esterase로 되어 있다.

헤미셀룰로오스는 여러 가지의 당으로 구성된 복잡한 다당류이지만 가장 정상적이고 일반적인 구조는 자일로오스(xylose)만으로 구성된 자일란(xylan)이 대부분이다.

자일란은 자일란분해효소(xylanase)에 의하여 분해되어 단당류인 자일로오스로 된다. 자세한 자일란의 분해 과정은 다음과 같이 네 그룹의 xylanase 효소가 관여한다. ① Endo-β-1,4-xylanase가 xylan polymer를 monomers, dimers, 그리고 trimers로 절단한다. ② Exo-type인 xylan-β-1,4-xylosidase는 oligomer의 말단위치의 자일로오스를 잘라낸다. ③ Xylan-α-1,2-glucuronidase은 xylan의 가지 결합구조를 하고 있는 4-O-methylglucuronic acid를 떼어낸다. ④ Acetylxylanesterase은 자일란(xylan)의 가지의 결합구조인 acetyl groups을 잘라낸다(**그림 6-9**).

(3) 리그닌 분해효소

리그닌은 구조가 매우 복잡하므로 분해되기가 어렵다. 그러나 백색부후균은 리그닌을 가장 효과적으로 분해할 수 있다. 그 이유는 백색부후균은 리그닌 분해에 관여하는 2종류의 peroxidase와 laccase를 생성하기 때문이다.

리그닌을 분해하는 균류의 주요한 3가지 효소는 lignin-peroxidase(LiP), manganese -peroxidase(MnP), 그리고 laccase(Lac)가 있다. 이들 효소는 세포 외로 분비되는 효소이며, 산화효소의 일종으로, 기질이 존재하면 유도되어 합성된다.

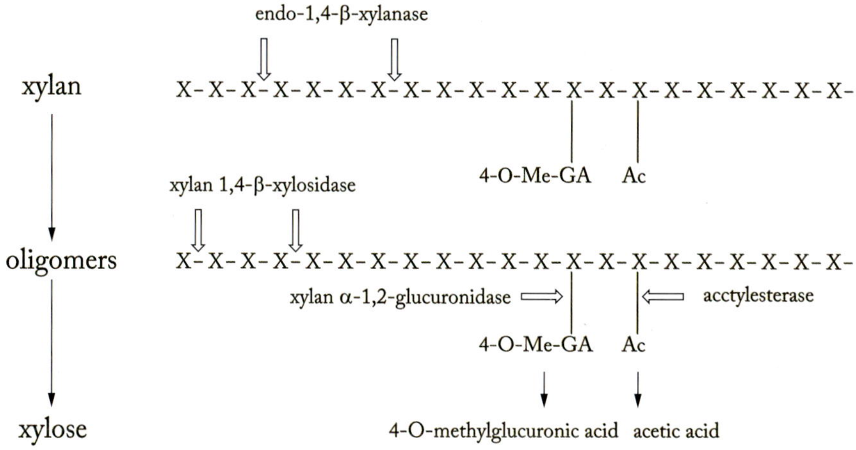

그림 6-9 헤미셀룰로오스의 주성분인 자일란(xylan)의 효소적 분해 과정.
X; xylose, Ac; acetic acid, 4-O-Me-GA; 4-O-methylglucuronic acid

리그닌이 탄소와 탄소단위로 결합되어 있으므로 이 효소들은 가수분해보다 산화반응을 하여 이들 결합을 절단한다. 이들 효소는 hydrogen peroxide과 같은 다른 분자들에 작용하여 매우 반응성이고 불안전한 자유라디칼(free radical)을 만든다. 이 자유라디칼은 산소의 존재 하에서 연속적인 산화반응을 하게 되므로 최후에는 리그닌이 분해된다.

Lignin-peroxidase(LiP)는 glycoprotein으로, 활성 중심에 heme group을 가지고 있다. 리그닌 구조를 분해하는 데 중요한 역할을 하는 효소는 peroxidase이며, 이 효소는 H_2O_2의 존재 하에서 리그닌 기본 화합물의 곁사슬을 산화하여 분해시키는 촉매역할을 한다(**그림 6-10**).

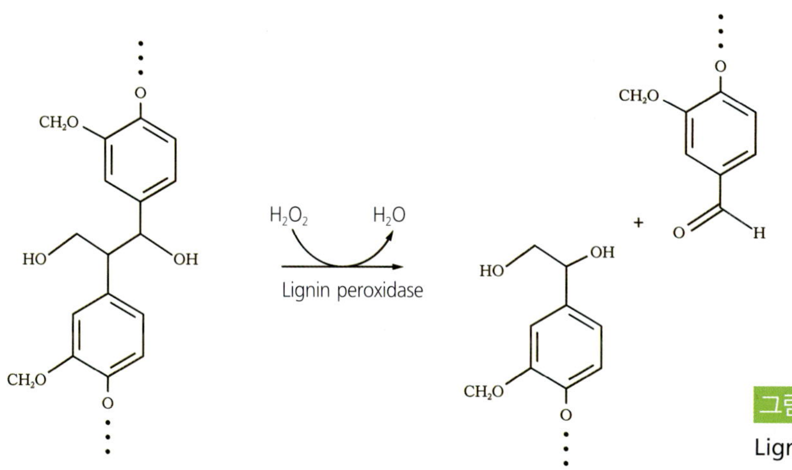

그림 6-10
Lignin peroxidase의 반응

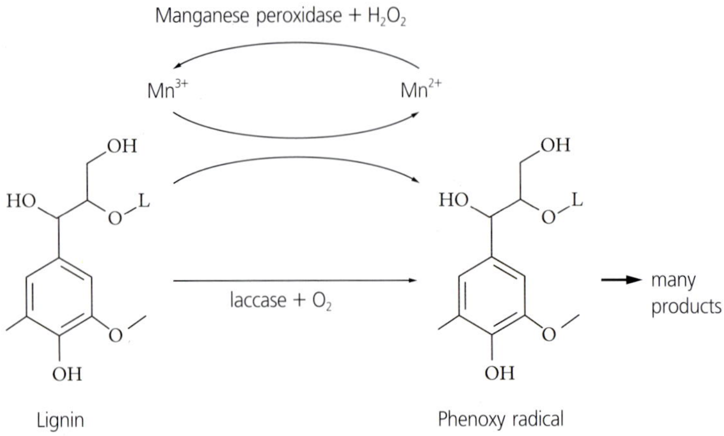

그림 6-11
Manganese peroxidase와 laccase의 반응

Manganese-peroxidase(MnP)도 glycoprotein이다. 이 효소는 H_2O_2의 존재 하에서 Mn^{+2}을 Mn^{+3}으로 산화시킨다. 이 산화 과정에서 강한 산화제는 순차적으로 페놀구조의 리그닌 화합물과 반응하여 고도로 불안정한 radical을 생성한다. 백색부후균에 의해 부후된 목재에 특이하게도 MnO_2가 축적되어 있음이 관찰되었으므로 망간산화 효소가 관여한다는 사실을 발견하게 되었다(**그림 6-11**).

Laccase(Lac)는 polyphenol oxidase로 활성 중심에 4개의 구리이온을 가지고 있다. 이 활성 중심에서 많은 페놀과 비페놀 화합물의 산화를 촉진한다. 이들 효소는 리그닌을 산화하여 고도의 불안정한 aromatic radical을 만든다. 이 라디칼은 탄소 사이의 ether 결합과 aromatic ring을 절단하여 리그닌을 분해한다. 이 효소는 백색부후균에는 널리 분포하고 있지만 갈색부후균에는 없다(**표 6-4**).

자연상태에서 리그닌은 광범위한 미생물들에 의하여 분해된다. 주로 담

표 6-4 백색부후균과 갈색부후균의 섬유소와 리그닌 분해효소의 비교

효소계	백색부후균	갈색부후균
리그닌 분해효소		
Lignin peroxidase	+	-
Manganese peroxidase	+	-
섬유소 분해효소		
Endocellulase	+	-
Exocellulase	+	-

자균류, 자낭균류, 불완전균류와 호기성 세균이나 방선균에 의하여 분해된다.

위의 과정을 요약하면, 리그닌 분해 균류들은 세포외 가수분해효소와 산화효소를 분비하여 주변의 목재의 리그닌을 분해하여 단당류와 초산 등을 만든다. 이들 최종산물은 균사에 흡수되며, 균사는 생장 과정에서 CO_2와 H_2O를 방출한다.

위의 세 가지 분해효소 이외에도 균류들은 세포외 가수분해효소와 산화효소를 분비하여 목재 성분을 분해한다. 가수분해효소는 목재의 성분인 섬유소(cellulose), acetylgalactoglucomannan, 그리고 acetylarabinoglucuronoxylan을 분해하며, 산화효소는 리그닌을 분해한다. 이 같은 다당류가 분해되어 생성되는 단당류는 다음 **표 6-5**에서 설명하는 바와 같다.

표 6-5 균류에 의한 목재 성분의 분해

효소	기질	생성물
가수분해효소	섬유소(cellulose)	포도당
	Acetylgalactoglucomannan	포도당, 만노오스, 갈락토오스, 초산
	Acetylarabinoglucuronxylan	초산, 자일로오스, 아라비노오스 4-O-methylglucuronic acid
산화효소	리그닌(lignin)	여러 종류의 방향족 화합물, 비방향족 화합물

4) 생물에 의한 목재의 훼손

(1) 균류

목재 구성성분의 물리화학적 특성에서 미생물이 공격을 결정하는 가장 중요한 요인은 수분함량이다. 목공예품의 경우 위치하고 있는 주변 환경의 조건과 수분함량은 생물요인에 의한 공격과 매우 상관관계가 있다. 목재 중에서 연재의 수분함량은 균류가 침입하는 중요한 요인이 된다(**그림 6-12**).

① 목재 균류의 침입

모든 균류와 같이 목재 부후 종들은 대사활동을 하여 생장하고 증식하기 위하여 적당한 양의 습기를 필요로 한다. 일반적으로 20%보다 낮은 습도를 갖은 목재는 부식이 일어나지 않는다. 그러나 이 같은 낮은 습도에서도 생

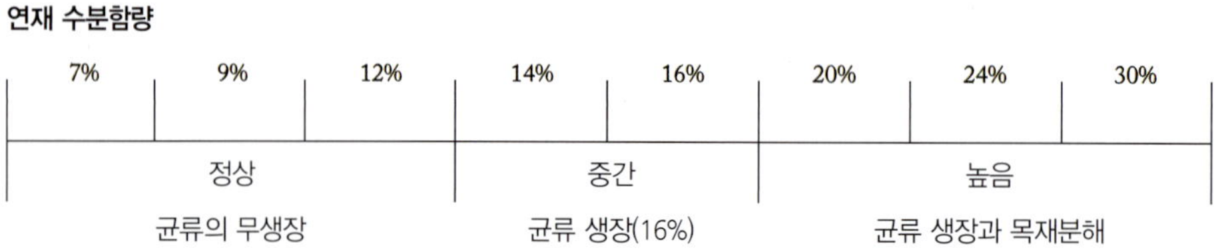

그림 6-12 연재의 수분함량과 균류의 생장

장하는 균류를 **건조부후균(dry-rot fungi)**라 한다. 건조부후균의 대부분은 갈색부후균으로 대표적인 종은 *Serpula lacrymans*로 유럽이나 아시아의 목재건물에 막대한 피해를 주고 있다. 중요한 것은 비목재 부후균의 대부분은 16%의 습도 이상에서는 생장할 수 있다.

유럽에서는 목재의 내구성과 생물공격에 대한 감수성 사이의 관계를 분류하여 기준표를 작성하였다. 분해 위험도를 5가지 등급으로 나누어 여러 가지 조건에 노출된 목재의 상태를 점검하는 데 크게 도움이 된다. 더욱이 목재의 연재(softwood)는 내구성이 약하지만 경재(heartwood)는 여러 종의 훼손 생물에 대한 내성이 강하게 나타날 수 있다.

균류는 살아 있는 식물에 직접 공격하는 **기생균류(parasitic fungi)**와 죽은 나무를 부후시키는 **부생균류(saprophytic fungi)**가 있다. 목재나 목공예품에 사용된 나무에 대하여 매우 심한 피해를 주는 균류는 담자균류이다.

균류는 목재 내의 당과 전분을 저장하고 있는 방사유조직 세포를 통해 침입하여 내부에 콜로니를 형성한다. 균류는 긴 가도관이나 섬유조직 내의 목부 내의 구멍(pit)을 통하여, 그리고 균사가 침입하여 목부 내로 들어온다. 또는 목재의 리그닌화된 세포벽을 통과하는 작은 보링 구멍을 통하여 침입하기도 한다(**그림 6-13**).

② 연부후

연부후(soft rot)는 자낭균류와 불완전균류에 의하여 발생되며, 목재를 백색부후나 갈색부후처럼 심하게 훼손하지 않고 미약하게 부후한다. 연부후를 발생시키는 연부후균은 습기가 높은 환경에서 목재를 부식시킨다. 연부후는 높은 온도와 함께 높은 농도의 용해성인 질소화합물이 있으면 잘 일어난다. 따라서 대부분이 물에 적신 통나무와 고고학적인 목재, 토양과 접촉한 목재, 그리고 산업적으로 냉각시킨 고층빌딩에서 연부후균이 발견된다.

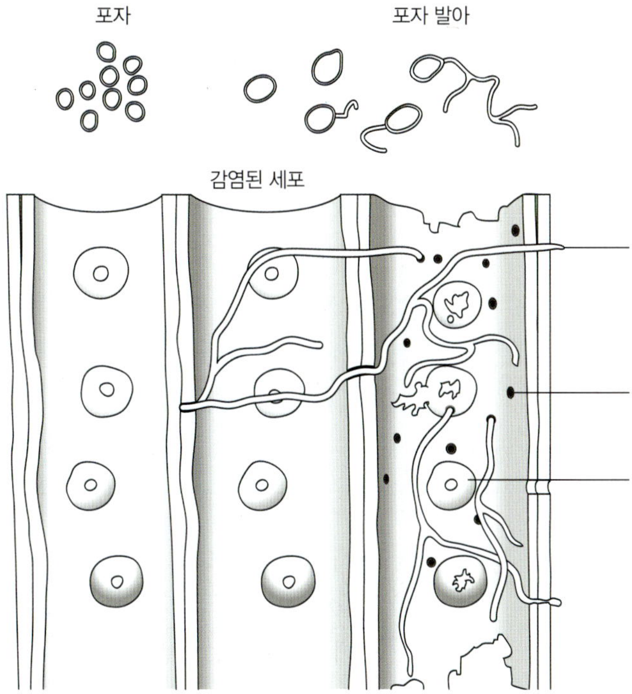

그림 6-13
목재 내부로의 균류 부식 과정

대부분의 연부후균은 섬유소와 헤미셀룰로오스를 분해할 수 있으나 부분적으로 리그닌도 분해할 수 있다. **연부후(soft-rot)**는 특별히 초기의 목부 부후현상을 말하며 주로 표면에 발생된다. 부후 정도는 갈색부후나 백색부후보다 약하다.

연부후균의 침투능력은 매우 낮으므로 결과적으로 피해는 보통 목재의 외부 층에만 한정된다. 공격을 받은 목재는 보통 어두운 색을 띠며, 종종 침식된 스펀지 모양의 표면을 보여준다. 이것이 건조되면 그물 모양의 구조를 나타낸다. 부식된 목재는 축축하고 표면구조가 스펀지 같이 변하여 작은 구멍도 생긴다.

연부후를 발생하는 균류에는 대부분이 자낭균류와 불완전균류가 있다. 자낭균류로는 *Chaetomium globosum*과 *Xylaria* spp., 불완전균류에는 *Ceratocystis* sp. *Cephalosporium*, *Acremonium*, *Humicola*, *Phialophora* 그리고 접합균류의 *Rhizopus* 등이 있다. 이들 연부후균은 갈색부후와 백색부후을 일으키는 담자균류와는 다르게 주로 세포벽 내에서 생장하여 주로 목재의 표면 부위에만 부식하는 특징이 있다.

연부후를 유발하는 균류들의 균사는 보통 세포벽의 구멍을 통하여 침입하여 세포의 내부 공간으로 들어가서 생장한다. 균사가 가도관을 통과하여 목재의 방사조직(ray)과 도관을 따라서 콜로니가 형성된다. 경재에서 균사는 내강을 통하여 들어와 세포벽을 침식한다. 연부후는 외부목재 부분으로부터 내부 중심 부위로 천천히 진행될 수 있다.

연부후균은 매우 좋은 생태학적으로 조건에서만 목부를 부식한다. *Chaetomium globosum* 같은 균류는 pH 3~11 사이에 생장을 할 수 있다. 보통 높은 습도의 목재를 공격하여 점차적으로 표면 안쪽을 공격하여 얕은 부위를 연약하게 만든다. 전형적으로 높은 수분함량과 질소함량의 목재를 분해한다. 참나무, 단풍나무 같은 경재들은 특히 연부후균에 약하다. 그러나 연부후균은 경재의 목부도 분해할 수 있다.

③ **갈색부후**

갈색부후는 담자균류에 의하여 발생된다. 이들 균류는 목재의 세포벽 섬유소와 헤미셀룰로오스 같은 탄수화물은 분해하나 리그닌은 분해하지 못하여 그대로 남아 있다. 다시 말하면 갈색부후균의 세포외 분해효소들은 세포벽의 탄수화물을 거의 제거하지만 리그닌만은 분해하지 못하여 그대로 골격상태로 남아 있게 된다. 부후가 진전된 후에 남아 있는 리그닌이 갈색을 나타내므로 **갈색부후(brown-rot)**라고 한다. 갈색부후균은 백색부후균이 만드는 섬유소분해효소, hemicellulase, ligninase 효소를 전부 똑같이 만들지 못한다. 그러므로 이들 균류는 목재분해를 담당하는 효소는 섬유소분해효소와 hemicellulase만을 생성하는 것이다. 갈색부후균은 목재 세포벽의 섬유소와 헤미셀룰로오스를 거의 동일한 비율로 분해한다.

균류는 방사조직을 통하여 침입하고, 구멍(pit)을 통하여 분산되며, 가도관의 조직을 통하여 미세균사가 횡적으로 들어온다. 연부후균과는 다르게 갈색부후균은 세포 공간 내에서 주로 생장하며 표면과 접해 있는 부위에 위치한다. 갈색부후균은 세포 내의 공간에서 생장하여 세포벽의 벽공을 통과하여 퍼져나간다.

목재의 초기 부식 과정에서 약 50%만큼 탄수화물이 분해되므로 목재의 견고한 성질은 감소될 수 있다. 최종적으로 섬유소가 분해되므로 균열된 목재는 갈색의 불안정하고 부서지기 쉬운 리그닌 잔여물만을 포함하게 된다. 다음 **표 6-6**에서는 갈색부후균, 백색부후균, 연부후균의 특성을 보여주고 있다. 오래된 갈색부후가 건조되어 문질러 버리면 분말로 된다. 이것을 "dry

표 6-6 균류 침입에 의한 목재 성분의 변화

부식형	원인 균류	색깔	조직의 질감	목재 성분의 변화
갈색부후	담자균류	갈색	섬유질은 초기에 상실됨	원칙적으로 탄수화물은 제거, 대부분의 리그닌은 남아 있음
백색부후	담자균류, 자낭균류	탈색되어 흰색	섬유성	모든 목재 성분이 제거됨
연부후	자낭균, 불완전균	탈색 또는 갈색	표면에만 약간 섬유질 감소	탄수화물과 리그닌 약간 감소

rot"이라고 한다.

목재 부후의 최후의 훼손상태는 ① 목재의 어두운 갈색 생성, ② 심한 수축, ③ X자 모양으로 갈라짐, ④ 건조목재는 비틀어져서 갈색분말로 된다. 갈색부후된 목재를 건조시키면 수축되어 쉽게 균열되는 특성이 있다. 갈색부후는 침엽수 재목에서 피해가 많이 발생한다.

갈색부후균은 대부분이 담자균류에 속한다. 이들 담자균류에는 *Antrodia vaillantii*, *Coniophora puteana*, 조개버섯(*Gloeophylum sepiatium*), *Gloeophyllum trabeum*, 잣버섯(*Lentinus lepideus*), *Poria placenta*, 버짐버섯(*Serpula lacrymans*), 개떡버섯(*Tyromyces palustris*) 등이 있다.

갈색부후균은 주로 연재의 목재를 주로 분해한다. *Serpula lacrymans*는 목재 공예품이나 재목에 가장 위험한 종이다. 이 균류는 목재의 습도가 비교적 낮은 22% 정도와 주변의 온도가 7~26°C에서도 목재에 손상을 일으킨다. 이들 균류는 벽(wall), 회반죽(mortar), 치장벽토(stucco)에서도 자라며, 초기의 영양원으로부터 수 m까지 침투할 수 있다.

④ **백색부후**

백색부후균은 주로 담자균류로서 세포벽 성분인 섬유소, 헤미셀룰로오스, 리그닌을 분해한다. 이들 성분의 분해되는 비율은 분해균의 종, 나무의 종, 그리고 환경조건에 따라 다르지만 거의 같은 비율로 분해된다고 알려져 있다. 리그닌의 산화에 의한 탈색과 리그닌의 소실로 인하여 목재표면에 흰색을 띠게 되므로 **백색부후(white rot)**라고 한다(**그림 6-14**).

계속적인 균류의 분해로 목재는 점차 부서지기 쉽게 된다. 약간의 섬유소가 늦게까지 남아 있으므로 백색부후는 섬유성이다. 부식된 목재는 쭈구러 들지만 파괴나 틈이 생기지 않는다. 점차 그 강도가 소실되어 스펀지 같이

구름버섯(*Trametes versicolor*)

뽕나무버섯(*Armillaria mellea*)

그림 6-14
백색부후균

된다. 어느 경우에는 백색부후가 부식된 부위에 얇은 어두운 선을 만드는데 이것을 “zone line”이라 한다. 대부분의 화합물이 제거되므로 연륜(annual ring)이 분리가 되고, 부서지기 쉬우며 얼룩져서 지저분한 모양을 한다.

백색부후는 주로 활엽수재에서 많이 발생한다. 백색부후균은 대부분이 거대균류인 담자균류가 많다. 백색부후를 유발하는 담자균류의 종으로는 뽕나무버섯(*Armillaria mellea*), *Fomes annosus*, *Phanerochaete chrysosporium*, 그리고 *Phellinus megaloporus*, 느타리버섯(*Pleurotus ostreatus*), *Poria contigua*, 구름버섯(*Trametes versicolor*), 다형콩꼬투리버섯(*Xylaria polymorpha*) 등이 있다. 그 외 몇 종류의 자낭균류인 *Daldinia*, *Hypoxylon*, *Ustulina* 그리고 *Xylaria* 등도 포함된다(**표 6-7**).

이들 균류는 대부분 살아 있는 식물을 공격하지만, 종종 이들 균류는 재목에서나, 특히 건축에 이용된 목재, 교회와 지하의 목재 부분이 환경에 축축한 구조와 접촉하였을 때, 그리고 토양과 접촉한 고고학적 목재에도 발견된다.

구름버섯에 의한 목재의 훼손 과정에서 탄수화물(섬유소, 헤미셀룰로오스)과 리그닌의 부식은 동시에 일어나지만, *Fomes annosus*는 송백류의 리그닌 분해를 처음부터 계속적으로 빠르게 분해하는 특성이 있다. 백색부후는 주로 경재에서 잘 발생하는데, *Fomes fomentarius*는 오래된 약한 나무를 부식한다. 중요한 산림 병원균인 뽕나무버섯(*Armillaria mellea*)은 살아 있는 연재와 경재를 공격하여 기생한다.

⑤ 목재의 변색

목재의 표면에 발생하여 목재의 색을 변색시키는 균류를 **변색균**이라 한다. 이들 균류는 목재를 심하게 부후시키지 않으나 목재의 가치를 손상시키

표 6-7 갈색부후균과 백색부후균

갈색부후균	백색부후균
담자균류	담자균류
Antrodia vaillantii	*Armillaria mellea*
Coniophora puteana	*Fomes annosus*
Gloeophylum sepiatium	*Fomes fomentarius*
Gloeophyllum trabeum	*Phanerochaete chrysosporium*
Lentinus lepideus	*Phellinus megaloporus*
Poria placenta	*Pleurotus ostreatus*
Serpula lacrymans	*Poria contigua*
Tyromyces palustris	*Schizophyllum commune*
	Trametes versicolor
	자낭균류
	Xylaria polymorpha
	Daldinia
	Hypoxylon
	Ustulina

고, 문화재에 침입하면 예술적 또는 역사적 의미를 훼손시킨다.

침입한 균류는 목재 속에서 생장하면서 목재를 분해하여 훼손한다. 목재변화의 현상에는 **목재의 변색**을 비롯하여, 이민 언급한 바와 같이 목재의 부후에는 인위적으로 **연부후(soft rot)**, **백색부후(white rot)**, **갈색부후(brown rot)**로 구분한다. 이 중에서 연부후는 문화재의 훼손 과정에서 가장 많이 발생된다.

변재변색(sapstain)은 변재(sapwood)의 유조직에서 균류가 성장하여 변색을 발생시키는 것을 의미한다. 일반적으로 변재변색은 균류의 종류에 따라 다르며, 목재의 수종, 수분함량에 의하여도 다르게 나타난다. 물과 양분은 목재의 변재를 통하여 이동하는 관계로, 어느 균류는 변재에 생장하기 쉽다. 변재에 콜로니를 형성하여 목재를 변색시키는 균류를 **변재변색균**이라 한다.

목재의 변색은 균류가 목재에 콜로니를 형성하면 청색, 흑색, 갈색, 적색, 노란색, 분홍색, 자주색을 띠게 되어 여러 가지 색상으로 변색된다. 예술 작품에서 일반적으로 발생하는 변색은 균류의 침입의 결과에서 오는 것이다.

- **색소형성 원인**: 균류의 변색은 균사가 변재의 유세포에 감염하여 섬유 사이에서 생장하는 과정에서 생긴 대사물질로부터 발생될 수 있다. 청변은 균류가 생성하는 청흑색의 melanin 색소에 의하여 목재에 착색되는데, 갈색

색소의 착색현상은 착색균류의 분비효소가 목재 중의 페놀화합물을 산화하여 발생한다. 그 외의 녹색, 적색 등의 변색은 균이 생산하는 대사산물의 색소에 의하여 변색되는 것이다.

- 변색균류: 변재변색에는 청색이 가장 많이 발생된다. 목재의 청색 변색은 청색 균류에 의하여 기인되며, 이 균류가 생장하면서 대부분 표면 부위를 변색시키지만 목재의 내부 속에 깊이까지도 변색된다. 아래 표는 침엽수재에 발생하는 변색균류에는 *Ophiostoma*, *Aureobasidium pullulans, Alternaria* , *Cladosporium* , *Phialophora*, *Trichoderma lignorum, Sphaeropsis sapinea* 등이 있다(**표 6-8**).

목재 표면에만 발생하는 균류는 주로 불완전균이나 자낭규류의 종이 포함된다. 주로 침엽수를 공격하는 *Trichoderma lignorum*, 전분이나 간단한 당 같은 저장물질을 이용하는 여러 종의 *Aspergillus*, *Penicillium* 등이 있다. 이들 균류는 영양분이 더 부족한 심재에는 공격하지 않고, 재목의 표면 부위를 따라서 번식한다.

일반적으로 침엽수재에 청색변색하는 *Ophiostoma*(*Ceratocystis*)가 대부분이다. *Aureobasidium pullulans*는 청변균, *Alternaria*는 갈색균류이고, *Cladosporium*은 어두운 녹색을 생성한다. 소나무에 재목에 변색을 발생시키는 불완전균류로는 *Acremonium killiens*, *Fusarium*, *Geotrchum candidum*, *Gleocladium viride*, *Graphium putredinis*, *Leptographium*, *Monilia*

표 6-8 나무에 발생하는 주요 변색균류

침엽수재	활엽수재
Ophiostoma(*Ceratocystis*) *piliferum*	*Ophiostoma*(*Ceratocystis*) *monilformis*
Ophiostoma ips	*Ophiostoma pluriannulatum*
Ophiostoma floccosum	*Graphium rigidum*
Ophiostoma querci	*Chlorociboria aeruginascens*
Ophiostoma piceae	
Aureobasidium pullulans	
Alternaria sp.	
Cladosporium sp	
Phialophora sp.	
Trichoderma lignorum	
Sphaeropsis sapinea	
Leptographium procerum	

americana, *Penicillium*, *Sporothrix*, *Trichoderma* 등이 있다.

- 청색변색: 변색균들은 목재의 적당한 습도(35% 이상)와 적당한 주변온도에서 확실한 생태적 개체군이 발생할 수 있다. 균류는 포자가 발아하여 균사로 발생한다. 여러 번 분열한 후에 변재변색의 균사체를 형성한다. 어느 균사체는 목재의 내부로 퍼져들어 가서 더욱 생장하여 균사 내에 어두운 갈색인 멜라닌을 형성한다. 청색은 청색 변재변색균의 균사로부터 생성된다.

가장 일반적으로 재목의 색깔변화는 청색변화(azzurrature)로 *Aureobasidium pullulans*의 작용으로 발생된다. 이 종은 목재의 물리적인 특성을 변화시키지 않지만 흡습성을 증가시켜서 목재에 새로운 미생물 침입을 더 용이하게 한다. 다른 청색 변색균류는 두꺼운 균사를 가지며 깊은 갈색화된 세포벽과 액포 내에 청색-회색 또는 검은색으로 변색된다. 대표적인 균류로는 자낭균인 *Ophiostoma*(불안전 세대는 *Ceratocystis*)이며 소나무 같은 송백류의 **변재**(sapwood)에서 많이 발견된다.

청색 변색균류는 목질부를 약간 부식하지만 완전히 파괴하지 않으므로, 안정된 목재의 견고성을 감소시키지는 않는다. 그러나 변색된 목재는 경제성이 떨어진다.

청색변색은 열대지방의 목재변색에서 심각한 문제가 되고 있다. 아프리카 가나에서 *Triplochiton scleroxylon*이라는 나무 목재의 40% 이상이 톱질하여 절단하면 변색된다. 이 나무의 변색균은 일반적으로 *Botriodiplodia theobromae*이다. 그러므로 나무를 sodium-pentachlorophenol 용액에 담그든지 또는 스프레이하면 변색을 방지할 수 있다.

소나무와 같은 송백류의 연재의 재목에서는 청색변색이 일반적이지만, 청색변색은 단풍나무, 자작나무(birch), 너도밤나무(beech)의 경재에서도 발견된다.

변색균의 생장은 적당한, 습도, 온도, 산소, 영양분이 존재할 때 발생한다. 균류의 영양원은 변재 속의 전분, 당, 아미노산, 단백질 등으로 균사는 도관이나 가도관으로 침투하여 균사가 빠르게 성장한다. 대부분의 포자는 공기를 통하여 전파하나 나무에 사는 좀과 같은 곤충에 의하여 전파되기도 한다.

청색변색균의 콜로니 형성은 대기 중의 습도가 높을 때 목재에 발생한다. 청변균의 균사는 목재 표면 아래 깊이까지 침투한다. 그러나 페인트나 바시니와 같은 처리를 하면 단시간에 변색균의 방지를 할 수 있다. 변재변색을 방지하기 위하여 살균제 용액을 분무하든가 벌목 후 즉시 인공건조나 천연건조를 하거나, 물속에 침전시켜서 균류의 활동을 억제시킬 수 있다.

(2) 세균

섬유소를 분해하는 세균에 대해 많은 연구가 보고된 바 있다. 목재를 절단하여 세균의 존재를 SEM(Scanning Electron Microscope)과 TEM (Transmission Electron Microscope)에서 관찰할 수 있다. 이 결과에 의하면 세균에 의한 훼손의 3가지 형으로 나눌 수 있다; 목재에 **부식(erosion)**, **공동형성(cavitation)**, **갱도형성(tunneling)**을 하여 훼손한다.

세균의 목재 공격은 균류보다 대단히 느리다. 목재를 훼손하는 세균에는 *Pseudomonas*, *Cellulomonas*, *Alcaligenes*, *Bacillus*, *Brevibacterium*, *Clostrdium*, *Flavobacterium* 등이 있다.

부식(corrosion)을 하는 세균은 세포벽의 2차 층을 파괴하여 섬유소와 헤미셀룰로오스를 이용한다. 그러므로 목질을 분해한 다음에 리그닌만 많이 남게 된다. **갱도형성(tunneling)** 세균은 특징적으로 2차 세포벽 내에 작은 갱도를 만든다. 갱도는 또한 더욱 침투하여 세포 사이의 중층(middle lamellae)까지 파괴한다. **공동(cavity)**을 형성하는 세균은 2차벽 내에 불규칙하고 다이아몬드형의 공동을 만든다. 섬유의 긴 방향에 대하여 직각의 방향으로 공동을 만든다.

물속의 환경에서 있는 목재는 물을 과량으로 흡수하고 있으므로 균류의 생장에 오히려 저해가 된다. 그러므로 목재를 부식하는 생물 중에는 특수한 혐기성 세균들이 있다. 이들 수중세균은 혐기성 세균이므로 매우 낮은 농도의 산소에서도 대사활동을 할 수 있다. 수백 년간 수중에 있는 목재유물들에 세균이 어떻게 부식하여 왔는지를 관찰하고, 수중에서의 목재 생물학적 훼손 기작을 이해하는 것은 수중 유물의 보존분야에서 대단히 중요한 정보가 될 수 있을 것이다.

바다에 침몰되어 있는 고대의 목선들은 오히려 육상에 있는 것보다는 훼손이 늦은 관계로 보존적 측면에서는 유리한 조건이 될 수 있다.

종합적으로 미생물에 의한 식물세포벽 성분을 분해하는 정도는 **표 6-9**에서 보여주는 바와 같다.

표 6-9 미생물에 의한 세포벽 성분의 분해

미생물	세포벽 성분		
	헤미셀룰로오스	섬유소	리그닌
세균	+	+	−
효모	−	−	−
사상균	+	+	−
청색균류	+	−	−
연부후균	+	+	−
갈색부후균	+	+	−
백색부후균	+	+	+

(3) 곤충

목재에 피해를 주는 일반적인 곤충에는 흰개미(termite), 딱정벌레(beetles), 왕개미(carpenter ants), 왕벌(carpenter bees) 등이 있다. 우리나라에서 가장 피해를 입히는 곤충은 흰개미와 딱정벌레류이다.

① 흰개미

흰개미(termite)는 몸 길이가 약 1cm 미만의 소형 곤충으로 백색 또는 유백색을 띠고 있다. 흰개미는 주로 목재를 파괴하는 곤충으로 나무, 종이, 직물 같은 모든 유기물을 먹고 산다. 자연 서식처에서 흰개미는 떨어진 나뭇가지, 재목 등의 산림 잔여물들을 먹는다.

일반적으로 보통 개미의 특징은 큰 머리와 타원형과 비슷한 복부가 좁은 허리에 의해 가슴과 연결되어 있고 촉각은 구부러져 있다. 개미 사회는 여왕개미, 수개미, 일개미로 구성되어 있다. 대부분의 개미는 땅속이나 돌 아래나 지상의 의지할 곳에 둥지를 만들어 살고 있다. 왕개미는 오래된 통나무나 재목 속에서 서식한다.

개미의 생활사는 4단계로, 알, 유충, 번데기, 성충으로 되어 있다. 여왕개미는 산란으로 일생을 보내며 일개미는 암컷으로 집을 짓고 먹이를 운반하는 일을 하고, 몸짓이 큰 병정개미는 자신들의 군집을 방어하는 책임을 진다. 수개미와 여왕개미는 날개가 있어서 높이 비행하여 교미한다. 그리고 얼마 안 되어 수개미는 죽고 정자를 받은 여왕개미는 새로운 서식처에서 새로운 집단을 만든다.

흰개미와 일반 개미는 같은 곤충이지만 구조적으로 다르다. 곤충의 구조는 안테나, 몸통, 3쌍의 다리 2쌍의 날개로 되어 있다. 흰개미와 일반 개미의 구조적 차이점은 다음 **표 6-10**과 **그림 6-15**에서 보여주는 바와 같다.

표 6-10 흰개미와 일반 개미의 구조적 차이

구조	흰 개미	일반 개미
안테나	직선형	구부러진 모양
몸통의 견고성	연하다	단단하다
허리	두터움	얇다
날개 길이	앞, 뒷날개 길이가 같다	앞날개가 뒷날개보다 길다

나무를 공격하는 관점에서 흰개미는 2가지 종류의 형태가 있다. 지하에 서식하는 **지하 흰개미**와 건조목재를 먹고 사는 **건재 흰개미(dry-wood termite)**가 있다.

흰개미는 연한 몸통을 가지며 계급체계가 뚜렷한 3계급 군집생활을 한다. 3계급 체계인 생식흰개미, 일개미, 병정개미로 이루어진다. 한 군집당 보통 1쌍의 생식흰개미인 여왕과 왕개미가 있다. 이들은 날개가 있고 단단하며 분산 비행 후에는 날개가 떨어진다. 비행 도중 교미한 여왕개미는 배 부위가 커져서 길이가 약 11cm에 이른다. 일개미와 병정개미는 불임성이다.

흰개미의 주식은 목재의 성분으로, 섬유소와 헤미셀룰로오스를 먹고 산다. 이 물질을 소화시키기 위하여 장내에 여러 공생생물이 살고 있다. 원시적인 흰개미는 장내에 있는 편모충류가 섬유소를 분해하며, 고등한 흰개미는 장내에 많은 종류의 혐기성 세균이 들어 있어서 섬유소를 분해한다. 고등한 흰개미는 그 종수가 대단히 많아서, 전체 흰개미의 75%나 된다.

흰개미가 목재의 성분인 섬유소와 헤미셀룰로오스를 분해하여 에너지원

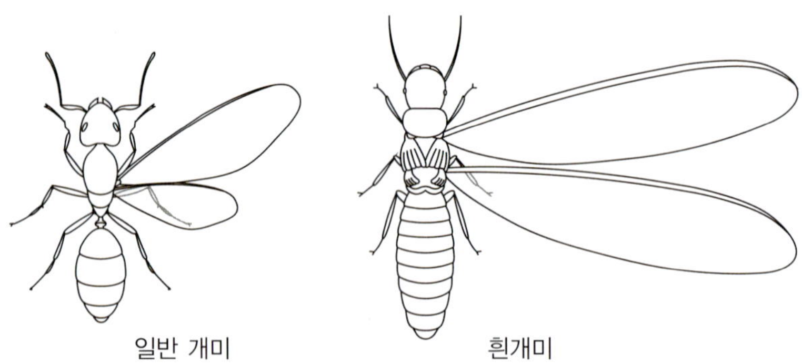

그림 6-15
일반 개미와 흰개미의 비교

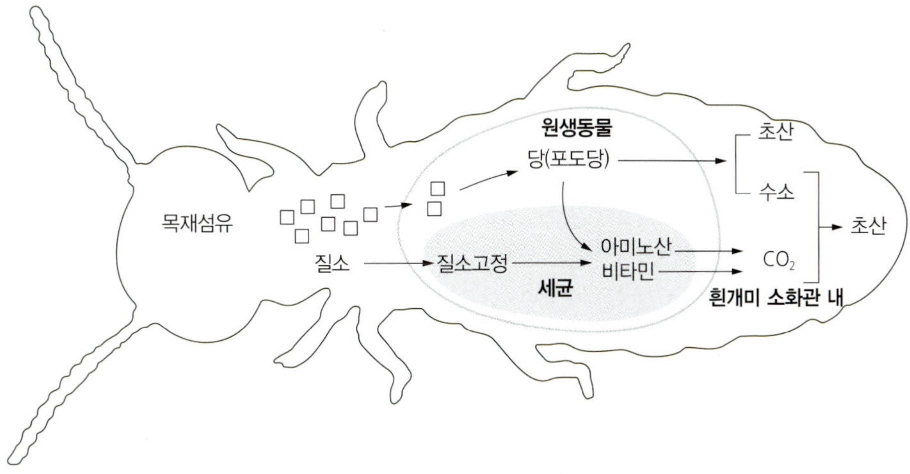

그림 6-16 흰개미 장내에서 목재의 소화 과정

으로 사용하는 과정은 **그림 6-16**과 같다. 장내에 공생하는 원생동물과 미생물들의 협동작용에 의해 이들 성분을 분해하여 얻은 에너지를 흰개미가 이용하는 것이다.

㉠ 지하 흰개미

지하 개미들은 지하에 살면서 개미집은 육상 위에서 발견된다. 이들 흰개미는 먹이를 찾아 3km 거리까지 돌아다닌다고 한다. 지하 흰개미는 목재구조를 가장 많이 파괴한다. 낮은 오도에서 생장하기를 싫어하며 이들이 건물의 하부를 습격하여 가장 많이 피해를 입힌다. 이들 흰개미는 지하에 집을 짓고 군집(community)을 만들며 증식한다. 땅 밑에 터널을 파고 먹을 수 있는 목재에 접근하기 편한 위치를 선택한다. 둥지는 항상 일정한 습기를 필요로 하며, 통기구멍이 있어 환기를 원활하게 한다. 둥지는 돔처럼 만들든가 원추형 모양을 한다. 흰개미 집단의 일벌들이 목재를 파괴한다. 보통 봄에, 날개가 있는 암컷과 수컷들은 집단으로 붙여 기어오른다. 단기간 날 수 있으며, 날개를 잃게 된다. 그리고 교배를 하여 적당한 위치에 집을 만들면 새로운 집단이 시작된다. 날아다니는 개미나 또는 떨어진 날개가 주변에 나타나면 그 주변에 흰개미 콜로니가 있으므로 심하게 손상을 입힐 수 있음을 주의해야 한다.

지하 흰개미로부터 목재의 공격에 대한 가장 좋은 예방은 건물 주변에 먹이가 될 물건을 놓아서는 안 된다. 기본적으로 콘크리트, 처리된 목재, 흰개미가 침투할 수 없는 다른 물질로 작품을 만들어야 한다. 벽돌, 돌, 콘크리트, 시멘트 등을 사용하면 흰개미를 예방할 수 있다. 이들 흰개미를 퇴치하기 위하여 보호할 구조물 주위에 살충제를 놓아두면 된다. 압력 처리한 재목이나 콘크리트 같은 재료는 흰개미에 영향을 받지 않으므로 안전하다.

㉡ 건재 흰개미

건재 흰개미는 날아다닐 수 있으며 집안에까지 들어와 목재의 구조를 파괴하기도 한다. 이들은 특별히 건조목재를 먹고 살고 있으며, 지하 흰개미처럼 빠른 속도로 증식하지 않는다. 또한 집단생활과 습성이 약간 다르다. 일반적으로 전체적인 목재 피해는 지하 흰개미보다 크지 않다. 건조한 목재 내에서 서식하는 이들 개미는 외부의 습도와 토양과 접촉하지 않으면서 그 주변에 위협을 준다. 목재의 파괴는 빠르지는 않으나 나무 재목에 갱도(tunnel)을 만들면서 수년간 살아간다. 이들 흰개미는 종종 가구와 같은 구조에서 다른 구조의 목재로 이동하면서 목재를 훼손한다(**그림 6-17**). 목재건물을 건축하고 있는 지역에는 이들 흰개미가 일반적으로 퍼져 있으므로 감염되지 않은 목재를 사용하더라도 반드시 검사한 다음에 사용하여야 할 것이다.

페인트는 건조 흰개미의 유입을 예방하는 가장 좋은 방법으로, 노출된 목재는 반드시 페인트로 피복되어야 할 것이다. 주변에 죽은 나뭇가지, 오래된 부러진 막대, 나무기둥, 목재 잔여물 등은 감염의 근원이 되므로 모두 제거해

그림 6-17
흰개미의 목재 훼손
(서민석 박사 제공)

야만 한다.

만약 건물 일부가 이들 흰개미에 감염되었으면, 손상된 부분은 새로운 목재로 바꿔야 할 것이다. 만약 미약하게 감염되었을 경우는 허가받은 살충제의 가루나 액체를 흰개미 집 내에 주입하면 제거될 수 있다. 심하게 감염되면 완전한 훈증처리를 할 수 있다. 훈증은 대단히 위험하므로 허가받은 직업훈증자의 지휘하에 실시하여야 한다. 일부의 작은 가구, 그림의 프레임(frame) 등은 개별적으로 훈증하던가 열처리, 단기간의 냉동처리를 하면 감염된 흰개미를 제거할 수 있다. 이들은 자신이 먹는 목재 내에 둥지를 마련하므로 구제하는 데 어려움이 있어 훈제처리가 최선의 방법이다.

우리나라의 고 궁궐의 목재건물의 표면에 단청재료로 피복한 것은 습기나 균류 등의 피해에 대한 목재를 보호할 뿐만 아니라 흰개미의 예방에도 매우 효과적이다. 이 같은 사실은 수백 년 지나온 현재에 그 결과를 육안으로 확인할 수 있다.

② **왕개미**

왕개미(carpenter ants)는 갈색 또는 검은색을 띠고 있으며, 보통 나무 그루터기, 죽은 나무, 나뭇가지에 손상을 입히지만, 때로는 나무기둥, 재목의 구조물, 건물 등에도 피해를 준다. 한 종류의 형태는 다른 개미와 비교하여 비교적 크기가 대단히 크다. 왕개미는 보통 먹이로 죽은 나무에 둥지를 만들지만, 흰개미와는 다르게 목재를 먹지 않는다. 구멍을 파고 난 후에 톱밥과 같은 물질을 남긴다. 보통 자연계에서 부드러운 목재를 선호한다.

③ **딱정벌레**

딱정벌레(beetles)는 앞날개의 특징으로 쉽게 알아볼 수 있다. 두 쌍의 날개 중 앞날개는 대개 두꺼운 형질로 되어 있으므로 몸체를 보호하는 역할을 한다. 뒷날개는 막질로 되어 있으며 날 때에 사용한다. 딱정벌레에 의한 목재의 훼손은 주로 유충단계에서 발생한다. 목재를 파괴하여 목재표면에 탈출공의 형태를 볼 수 있다. 이들은 목재 이외에 농작물과 직물 등도 먹고 산다.

고대 이집트의 고대 유물들에서 딱정벌레의 공격을 받은 예가 발견되었으며 현대의 미술품들에서도 피해가 될 수 있으므로 주의가 필요하다.

나무껍질 딱정벌레(bark beetles)는 나뭇가지의 껍질과 표면과 통나무 가구 등의 구조물을 파괴할 수 있다. 이들 딱정벌레는 적갈색에서 검은색이며 몸 길이는 다양하여 약 1.5~6.5mm이다. 이들은 밖의 껍질을 통하여 내부의 연한 부분에 구멍을 파서 그 안에 알을 낳는다. 터널을 만드는 나무껍질 딱정벌레는 고운 흰 갈색의 톱밥 같은 입자를 밖으로 밀어낸다. 많은 딱정벌레가 활동하면 긴 갱도를 만들어 껍질을 파괴하여 목재 내부를 엉성하게 만들고, 큰 나무 조각을 외부에 내어 보내어 보기 흉한 구조물을 만든다.

나무껍질 딱정벌레의 손상을 피하기 위하여 나뭇가지를 속히 껍질을 벗기는 방법과, 허가된 살곤충제 용액으로 뿌려준다. 나무껍질을 건조하면 거의 신선한 껍질을 먹는 곤충의 피해를 방지할 수 있다.

딱정벌레는 분류학적으로 딱정벌레목에 속하며, 여기에는 하늘소과, 나무좀과, 긴나무좀과, 바구미과 등이 있으며, 이들의 목재를 공격하는 습성은 각기 다르다(**그림 6-18**).

5) 목재 훼손의 예방

(1) 예방의 기본

물은 목재를 부식시키는 가장 중요한 요인이다. 습도 조절은 목재를 부식하는 균류를 예방하기 위하여 필수적이다. 목재의 예방을 위하여 다음 지침서를 추천한다.

- 처리하지 않은 목재는 절대로 지면과 접촉하지 않도록 한다. 지상보다

그림 6-18
가해 곤충에 의한 목재의 피해

높게 콘크리트 받침대 위에 목재 구조물을 올려놓아야 한다.

- 물은 건물로부터 가능한 멀리 배수하여 습도를 제거하여야 한다. 목조 문화재 주변의 완전한 배수시설을 하여 심한 장마에도 물이 넘쳐 흐르지 않도록 한다.
- 좁은 공간 내에서 환기는 온도와 습도를 조절하여 생물의 생장조건을 방지하는 데 대단히 중요하다.
- 계속적인 습기 있는 좁은 공간에서 제습기를 설치하여 습도를 제거할 수 있도록 한다.
- 압력 처리한 목재나 borate로 처리하면 부식을 예방할 수 있다.
- 모든 외부와 내부에 있는 목재의 표면은 방수페인트로 밀봉하여야 한다.
- 주기적인 검사는 목재를 유지하기 위하여 정기적으로 실시하여야 한다.

(2) 부식 예방

현지(in-situ) 또는 보존처리의 목적은 목재 구조의 분해를 예방하거나 또는 정지시키기 위한 것이다. 보존처리는 목재의 수명을 최대한 연장시키기 위하여 안전하고, 효과적, 그리고 경제적인 방법이어야 한다. 현지 처리는 가끔 사용되는데 왜냐하면 부분적 훼손이 잘 보이지 않을 때 사용한다.

- 현지 처리에 2가지를 보통 사용되는데, 표면처리와 훈증이 있다. 표면처리는 노출된 목재의 감염을 방지하기 위하여 사용하며, 훈증처리는 내부 부식을 위하여 처리한다.

① 표면처리

표면처리는 부식이 일어나기 전에 처리하여야 효과적이다. 표면처리는 구조를 유지하기 위하여 사용될 수도 있으며 새로운 감염의 방지를 위하여 사용되기도 한다. 그러나 표면처리제가 얇게 침투하면 이미 형성된 내부 부식을 위하여 효과적이지 못할 수 있다 이 경우 훈증처리는 이미 부식된 부위에도 더욱 효과적이다.

현지 보존처리를 위한 여러 액체 또는 여러 가지 보존을 위한 화합물이 있다. 표면처리의 효과는 나무 종, 그 당시 목재의 수분함량, 적용방식에 따라 다를 수 있다. 젖은 목재는 솔질이나 스프레이 처리 동안 보존제를 덜 흡수한다.

② **훈증제 처리**

보존제로 처리하였음에도 불구하고 목재의 내부에 부식이 발생할 수 있다. 이때 훈증제(fumigant)는 깊이 파고든 부식을 제거하는 데 사용된다. 훈증제는 목재를 관통하여 내부로 침투할 수 있으며 독성기체로 휘발성이 있으므로 부식균류와 곤충들을 제거할 수 있다. 얼마나 훈증제가 목재 내부로 이동하는지 그리고 얼마나 오랫동안 효과를 나타낼 수 있는지는 목재의 종류와 보존 상태에 따라 다르다.

목재 부후는 균류가 생장하여 부후를 발생시킬 수 있는 환경조건을 조절하여 예방할 수 있다. 환경조건이란 산소, pH, 온도, 습도, 양분 등이 있다. 불행하게도 이들 조건은 항상 조절할 수 없기 때문에 목재 부후균류를 예방하고 처리하기 위하여 몇 가지 종류의 화학약품을 사용한다. 그러나 화학방부제와 방균제는 효과가 다양하게 다르기 때문에 목재 분해를 완전히 방지할 수 있는 보장이 되지 못한다. 더구나 이들 화합물은 환경에 해로울 뿐만 아니라, 인간에게도 독성이 심하기 때문에 사용이 제한되어 있다.

2. 종이

1) 지류문화재

지류문화재는 석조, 목조, 금속, 직물 문화재 등과 같은 문화재보다 가볍고 간단하며 취급하기 편리하다. 종이로 만든 지류문화재는 회화, 글씨, 서적, 서류, 문서기록물들로서 박물관, 도서관, 기록 문서보관소 내에 진열 보관되어 있다.

종이 사용의 정도는 그 시대와 그 나라의 문화 척도라고까지 할 정도로 문화와 깊은 관련이 있다. 종이는 우리의 사고와 문화를 표현하여 예술을 창조할 수 있는 도구이며, 간단히 보관할 수 있는 장점이 있다.

그러나 지류문화재는 소실, 파손, 물리화학적 변화 등으로 쉽게 훼손될 수 있는 단점을 갖고 있다. 종이와 양피지 위의 그림은 균류에 의하여 쉽게 공격을 받을 수 있으며, 드물게는 세균의 발생도 일어날 수 있다. 그러므로 지류문화재는 더욱 세심하게 다루어야 하며 보존에도 더욱 관심을 가져야 할 것이다.

2) 종이의 역사

종이 제조하는 기술은 AD 105년에 중국 후한의 채륜에 의해 발명되었으며 우리나라에는 AD 600년에 전파되었다고 한다. 14세기와 15세기에서야 섬세한 종이로 발전하였으며, 아마섬유의 종이, 넝마로 만든 종이도 개발되어 만드는 방법이 유럽에 전파되었다.

1800년대 이후부터는 기계로 종이를 만드는 현대 종이의 시대이다. 현대적 기계제조법은 1799년 프랑스의 니콜라스 루이 로베르(N.L. Robert)가 종이를 뜨는 초지기를 발명하여 실용화하였다. 이것이 초기의 기계제조방법이다. 17세기 말에 종이의 수요가 증가해서 종이 생산의 기계화가 도입되었지만, 기계로 인한 섬유질의 길이가 짧아지게 되어 종이의 질이 떨어지게 되었다. 종이 생산 중에 젤라틴으로 풀을 먹일 때, 산성을 높이기 위하여 백반을 첨가하였다. 그 결과 백반 내의 황산염에 의한 종이의 자연적인 노화가 촉진되는 단점이 생기게 되었다. 중세기에 염소를 사용하여 탈색하였지만, 섬유성 헝겊의 탈색 과정에서 섬유소 중합체가 엉기는 결과를 초래하게 되었다.

그 후부터는 전분과 젤라틴으로 풀을 먹이는 사이징(sizing)을 나무의 수지로 대체하였다. 종이의 산성을 해소하고 안정성을 오랫동안 유지시키기 위하여 송백류의 나무에서 추출한 송진(colophony)을 백반에 첨가하였다. 그러나 백반 내의 황산염은 종이의 분해를 촉진시키는 요인이 되었다.

산업혁명과 함께 종이의 수요가 증가되면서 질이 좋은 종이의 생산이 시작되었다. 1843년에 펄프목재의 생산이 시작되었으며, 후에 화학펄프(아황산과 황산처리 과정)가 개발되었다. 현대 종이는 생산 과정에서 위의 단점을 보완하여 질 좋은 종이로 발전하게 되었다.

3) 종이의 성분

(1) 종이의 원료

종이 생산을 위한 섬유소의 주요 원료는 목재, 섬유질, 직물, 그리고 곡식의 밀짚 등이다. 19세기 이전에는 목화, 선별하여 만든 넝마 헝겊 펄프, 리넨(linen), 대마의 헝겊 등의 원료물질로부터 종이를 만들었다. 이들은 거의 순수한 섬유소를 포함한 물질이므로 질이 높은 종이가 된다.

현재에는 전나무(fir), 소나무, 낙엽송(cypress) 같은 송백류와 활엽수인

너도밤나무(beech), 밤나무, 자작나무(birch), 포플러(poplar) 등의 목재를 사용하여 만든다. 최근에는 종이 생산의 주원료는 목재펄프이다. 특별히 동양에서 사용하고 있는 중국에서 발명된 한지의 원료는 닥나무가 주원료이다.

(2) 종이의 성분

종이의 성분은 섬유소(cellulose)와 그 외 다른 물질로 구성되어 있으며, 생산 과정에 사용하는 원료에 따라 다르다. 섬유소; $(C_6H_{10}O_5)n$는 포도당$(C_6H_{12}O_6)$의 중합도가 다양하게 수백에서 수천 개의 단위로 되어 있다. 중합도는 원료인 식물종과, 종이 생산 과정에서 사용하는 화학적인 처리에 따라 다르다. 자연 섬유소의 높은 중합도는 고도의 내성을 갖고 있지만 섬유질이 종이로 전환되는 과정에서 감소된다.

종이에는 제조 과정에 첨가된 여러 가지의 화학성분들도 포함되어 있다. 화학성분은 자연접착제인 젤라틴, 전분, 송진, 합성접착제인 acryl resin과 anhydride resin, 그리고 착색제와 탈색제 등이다.

4) 종이의 제조 방법

(1) 기계적 펄프

기계적 펄프(mechanical pulp) 생산은 간단한 기계적인 작용으로 목재를 분쇄하여 쇄목펄프(ground wood)를 생산하는 과정이다. 여기서는 화학제품을 사용하지 않는다. 이 쇄목펄프를 정선기(refiner)로 펄프를 선별하여, 종이를 뜨는 초지과정을 거친 다음, 탈수, 압착, 건조, 광택을 통하여 종이를 완성한다. 이 과정에서 껍질부분만이 제거되지만 리그닌을 많이 포함하고 있는데, 이 리그닌은 섬유소와 결합된 상태로 남아 있다. 따라서 이 펄프는 목재의 모든 성분을 가지고 있다. 이 펄프로 만든 종이는 특별한 안정성이나 기계적인 내성을 갖지 못하므로 신문지로 사용된다. 반면에 이 종이는 화학적 또는 물리적으로 쉽게 노화되고 약화될 수 있지만, 리그닌이 포함되어 있으므로 생물에 의한 피해는 적은 편이다. 최근에 개발된 기계적 방법은 정제된 쇄목펄프를 생산하는 것이지만, 이들 기계적인 펄프생산은 감소되었다.

(2) 화학펄프

화학펄프(chemical pulp)는 나무 칩(chip)을 고온(160~180°C), 고압에서 삶아서 열화학처리를 하여 만든다. 이때에 리그닌을 제거하기 위하여 산, 알칼리, 염, 유기용매를 첨가한다. 가장 많이 사용되는 약품은 알칼리로, 이 알칼리를 사용하여 만든 것이 알칼리 펄프이다. 종이의 약 80%가 알칼리 펄프로 만든다. 이렇게 열화학처리한 후 세척, 표백, 건조하여 화학펄프를 만든다.

위 과정에서 리그닌과 헤미셀룰로오스는 제거되고, 추출된 섬유질은 순수한 섬유질만 포함되어 있다. 이 펄프 섬유질은 젖어 있는 형태로 천 위에서 건조한다.

화학펄프는 종이의 필요한 안전성을 유지하고 강도를 높이기 위하여, 화학펄프를 물과 혼합하여 지력증강제(strength agents)를 첨가한다. 또한 잉크 번짐을 방지하기 위하여 백반이나 송진을 첨가하는데 이것을 **사이징(sizing)**이라 한다. 그리고 표백제 등을 넣어 반응한 후 세척, 건조하여 종이를 만든다.

화학적 섬유소로 만든 종이는 리그닌과 다른 외부 물질을 포함하지 않으며, 노화에도 안전하며, 좋은 질을 유지하고 있으므로 모조지 같은 고급종이로 사용된다.

- **첨가제**: 화학적 펄프에 첨가되는 물질은 다음과 같다. **무기물 충전제(mineral filler)**는 종이를 질기게 하기 위한 기력 활성제라고도 하며, 가장 많이 사용하고 있는 것은 polyacrylamide로, 그 외에도 aluminium silicate(kaolin), magnesium silicate(talc), $CaCO_3$, $MgCO_3$, titanium dioxide(satin white), zinc oxide, 그리고 zinc sulphide 등이 있다. 이중 염기성 물질은 알칼리를 보충하여 주는 물질들로서, 펄프 내의 산성을 완충하는 작용을 한다. 더구나 이들 화합물은 종이를 투명하지 않게 하며, 부드러움과 흰색의 정도를 높여 준다.
- **자연접착제**인 젤라틴, 전분, 송진, 합성접착제인 acryl resin과 anhydride resin은 인쇄와 글자 쓰기에 적합한 종이를 만드는 데 사용된다.
- **탈색제**는 물에 용해성인 H_2O_2와 차아염소산 등이 있으며 종이의 변색을 탈색하여 흰색의 정도를 증가시키고 형광을 내는 효과가 있다.
- **착색제**는 종이에 안전하고 매우 부드럽고 연약한 색을 넣어주기 위하여 사용된다.

(3) 반화학적 펄프

반화학적 펄프(semichemical pulp)는 기계적인 방법과 화학처리를 약하게 하여 두 가지 방법을 혼합하여 만든다. 약품 첨가를 반의 양만 넣고 삶는 온도를 내려, 시간도 단축하여 처리한다. 따라서 리그닌 함량도 반 정도 남아 있으므로 기계적인 펄프와 화학적인 펄프의 중간형태의 펄프가 된다. 이 펄프는 갈색의 시멘트 포대의 종이를 만드는 데 사용된다.

5) 종이의 물리화학적 특성

종이의 내구성을 평가할 때, 종이의 물리-화학적 특성을 고려하야 한다. 종이의 내구성의 기준은 안정성과 견고성을 중요시한다.

(1) 종이의 안정성

일반적으로 종이는 습도, 열, 빛, 산소, 오존, 그리고 미생물 또는 곤충의 공격 같은 환경적 요인에 대한 내성을 가지고 있어 어느 정도의 안정성이 있다.

(2) 종이의 견고성

물질의 특성과 외부 변화에 대하여 내성을 나타내는 정도를 말한다. 사용된 섬유성 펄프의 종류, 종이의 생산 과정 중에 넣어준 첨가제의 화학적 성질, 산성도, 그리고 노출에 대한 내성 정도 등으로 나타낸다.

일반적인 종이의 물리적인 분해와 종이의 약화현상을 유발하는 요인은 종이 자체의 화학적 변화에 의한 것이다. 종이 분해를 일으키는 요인들은 직접 또는 간접으로 작용할 수 있으며, 요인들은 사이에는 상승작용이 있다. 예컨대 **고온**과 **상대습도**는 생물훼손을 촉진한다. 또한 섬유소는 화학적 또는 물리적 요인에 의하여 더욱 미생물의 공격을 쉽게 받을 수 있다.

종이 내의 섬유소만의 주요 특징은 높은 중합도를 가지며, 생물을 포함한 외부요인의 공격에 대한 견고한 내성을 갖는 특성이 있다.

6) 생물에 의한 지류문화재의 훼손

(1) 펄프의 훼손

펄프를 생산하는 동안, 습도와 온도가 높은 저장조건하에서 미생물에 의한 훼손이 발생될 수 있다. 목재를 제분소에 저장하는 동안 균류의 공격을 받으면 펄프의 생산은 감소된다. *Hirschioporus abietinus*에 의한 공격을 받으면 펄프생산은 50% 감소할 수 있다. 부식된 펄프는 펄프의 견고성에 영향을 주게 되고, 연부후된 펄프는 변색되므로 탈색하여야 한다. 펄프 훼손에 영향을 주는 다른 요인들은 물, 공기, 온도, 그리고 펄프의 수분함량 등이 있다.

(2) 지류 성분의 훼손

종이의 구성 성분은 기본적으로 **섬유소, 헤미셀룰로오스, 펙틴, 밀납(wax)**, 탄닌, 단백질, 그리고 무기 성분들이 있다. 종이는 매우 복잡한 과정을 통하여 직물과 목재로부터 제조하는 것이므로, 이들 성분의 함량은 종이 만드는 과정, 종이의 형태, 그리고 생산기간에 따라 다르다. 중세의 종이는 목화의 넝마 조각을 조심스럽게 선별하여 제조하였으며, 많은 양의 섬유소와 약간의 불순물이 포함되어 있었다. 17세기 이래로 계속하여 종이의 질은 산업적인 제조 과정으로 발전하여 왔으므로 현대의 화학적인 종이로 변화하게 되었다. 그러나 현대의 종이는 과거의 종이보다 미생물의 공격이 더 용이하다는 단점이 있다.

- 주요 훼손 생물: 종이에 발생되는 주요 훼손 생물은 세균, 미세균류, 그리고 방선균들로서, 대부분 섬유소분해균들이다. 이들은 종이의 화학구조를 파괴하며, 종이 만들 때 사용한 첨가제 같은 물질은 다른 특이 작용으로 손상시킨다.

  종이 생산 과정 동안 순환하는 물의 양을 줄이거나, 그리고 폐 종이를 사용하면 미생물의 오염이 증가한다. 용해된 물질이 더 많으면 미생물의 생장은 더욱 심하게 된다. 이들 미생물은 종이를 훼손하면 점질물질이 축적되고 악취, 부식과 함께 거품도 발생한다. 혐기성 미생물이 생장하면 산소함량의 감소된다. 혐기성 미생물들은 알루미늄과 강철을 부식시키는 acetic acid, butyric acid, formic acid 같은 불결한 냄새를 내는 화합물을 만든다.
- **주요 성분의 분해 과정**: 종이의 생물훼손은 주로 균류와 세균인 미생물의 활성에 기인한다. 이들 미생물은 섬유소, 헤미셀룰로오스, 리그닌 등을 간단한 저분자로 분해하여 영양분으로 이용할 수 있다. 이 같은 분해 과정은 미생물들이 분비한 celluase, protease, hemicellulase 등의 효소에 의하여 종이 성분의 변화를 발생시킨다. 이 변화로 종이가 부서지기 쉽고 또는 부분적인 파손도 발생한다.

예컨대 습기가 많은 방의 벽지에 균류가 발생하여 피해를 주는 사례를 종종 볼 수 있다. 이 훼손 기작은 벽지에 부착하여 서식하고 있는 균류가 섬유소분해효소를 분비하여 벽지를 분해하여 에너지를 얻는다. 이 과정에서 기질인 벽지가 파괴되므로 피해를 입는 것이다. 또한 가해 미생물의 활성에 의한 이화작용의 결과로 생성된 색소가 종이 위에 변색을 일으키는 경우도 있다.

(3) 훼손 생물

① **균류:** 서적은 주로 균류와 세균의 공격을 함께 받는다. 종이를 훼손하는 균류는 대부분이 불완전균류이며, 자낭균인 *Chaetomium* spp., 그리고 효모균으로 *Candida*, *Torula* 등도 종종 서적, 기록물, 인쇄물에서 분리되었다.

- **균류의 대사산물:** 종이를 분해하는 과정에서 모든 미생물은 여러 가지의 oxalic, fumaric, succinic, citric acid의 유기산을 만들어서 종이의 pH를 낮추어 산성화시킨다. 이 조건은 세균과 균류의 생장을 활발하게 하여 2차 공격을 할 수 있게 해 준다. 종종 세균과 균류는 종이를 공격하여 부스러지기 쉽게 한다. 또한 균류들은 foxing 과정에서도 유기산, 당류, 그리고 아미노산 등을 발생한다.

② **세균:** 세균은 균류보다 종이를 덜 심하게 공격한다. 그러나 몇몇 세균들은 85% 이상의 상대습도의 환경에서 보관 중인 문서에서 발견되었다. 종이의 섬유소를 분해하는 세균은 *Cytophaga*, *Cellvibrio*, *Cellfalcicula*, 그리고 방선균 등이 있다. 이들 세균에는 호기성과 통성혐기성인 *Bacillus cereus*, *B. subtilis*, *Klebsiella*, *Pseudomonas*, *Thiobacter*가 있으며, 혐기성 세균에는 *Bifidobacterium*, *Clostridium*, *Desulfovibrio*, 그리고 철 세균인 *Gallionella*와 *Sphaerotilus* 등이 있다(**표 6-11**).

③ **곤충:** 종이류에 주로 피해를 주는 곤충으로는 빗살수염벌레, 좀벌레(silverfish), 바퀴벌레 등이 있다(**그림 6-19**, **그림 6-20**). 그 외에도 딱정벌레, 귀뚜라미, 벌, 흰개미, 나비 등도 종이에 피해를 준다.

좀벌레(*Lepisma saccharina*)는 약 15mm 내외의 크기로 날개가 없으며 흰색, 회색, 갈색을 띠고 있다. 좀벌레는 몸에 비하여 긴 더듬이가 있으며 종이류, 접착제 등을 공격하며, 서적, 문서, 서화, 의류 등에 피해를 입힌다.

표 6-11 종이류를 훼손하는 미생물

불완전균	자낭균	효모균	세균
Alternaria spp., *Aspergillus* spp., *Fusarium* spp., *Humicola grisea*, *Myrothecium verrucaria*, *Penicillium* spp., *Trichoderma* spp., *Ulocladium* spp., *Stachybotrys atra*, *Phialophora* sp., *Acremonium*, *Aureobasidium*, *Cladosporium*, *Eurotium*, *Oidiodendron*, *Phialophora*, *Rhodotorula*, *Trichothecium*, *Ulocladium*, *Verticillium*, *Monilia*, *Botryotrichum*	*Chaetomium* spp.	*Torula*, *Candida*	*Cytophaga*, *Cellvibrio*, *Cellfalcicula*, *Bacillus cereus*, *B. subtilis*, *Klebsiella* , *Pseudomonas*, *Thiobacter*, *Gallionella*, *Sphaerotilus*

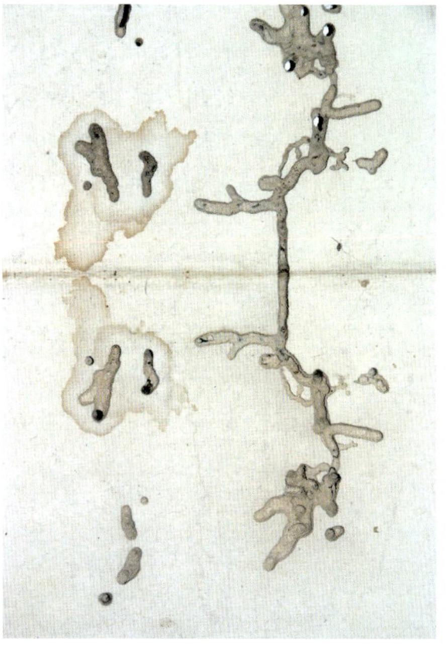

그림 6-19 좀에 의한 종이의 피해(이태녕 교수 제공)

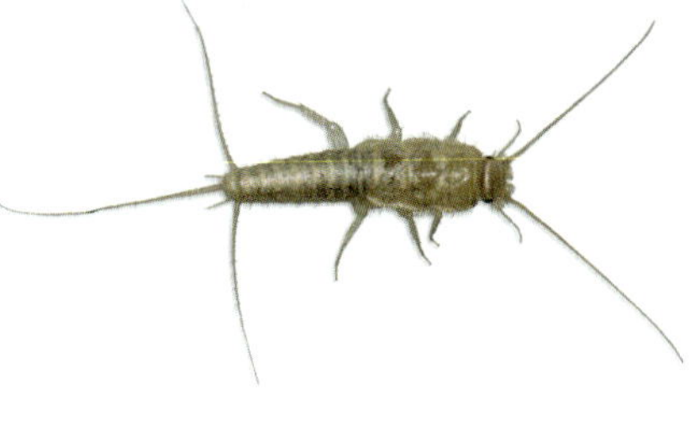

그림 6-20
좀벌레(silverfish)

(4) 훼손 미생물의 생태

종이의 저장 시에 훼손 미생물의 발생은 상대습도, 영양분, 분진, pH, 온도, 산소에 직접적으로 영향을 받는다.

- **영양분**: 종이는 종속영양세균이나 균류의 생장을 위한 좋은 영양분이다. 미생물이 공격하는 필수적인 조건은 높은 습도, 그리고 종이의 흡습성이며, 이들 조건에서는 생물훼손을 더욱 용이하게 이루어진다.
- **상대습도**: 종이는 흡습성 물질로 환경의 상대습도와 온도의 변화에 대단히 민감하다. 상대습도가 65%를 넘고 종이의 수분함량이 10% 정도면 미생물이 발생하는 조건이 된다. 더구나 수분활성도는 생물훼손에서 중요한 역할을 한다. 위의 조건에서 종이 종류에 따라서도 균류 생장의 감수성이 다르다. 따라서 기록물질의 종이를 습기가 높은 조건에 저장하면, 쉽게 미생물에 의하여 훼손될 수 있다. 훼손의 결과는 약간의 변색에서 종이 섬유의 파괴에까지 이르게 된다.
  책을 제본할 때는 공기로부터 습기를 흡수하는 능력이 발생하게 되므로, 균류의 생장은 다른 종이 부위보다 제본한 부위에서 매우 빨리 생장한다.
  도서관과 기록물 문서보관소 내의 환경 조건은 세균보다 균류의 생장에 더 유리하다. 서적과 기록물은 주로 균류에 의하여 공격을 받아 파괴된다. 몇 종의 *Aspergillus*와 *Penicillium*은 기질의 수분함량이 8~9%에서 발아할 수 있으며, *Aspergillus echinulatus*는 상대습도 62%에서 생장한다. 특별히 종이에 해로운 섬유소분해능이 있는 *Aspergillus*와 *Penicillium* 종은 7~8%의 습도 함량에서도 기질 위에 생장할 수 있는데, 이 조건은 62~65%의 상대습도에까지 생장할 수 있다. 그러나 대부분의 일반 균류는 건조한 환경조건에 강한 내성을 가지므로 낮은 습도에서도 세균과 방선균보다 더 잘 생장할 수 있다.
- **분진**: 분진에는 공기 중의 입자들과 균류의 포자도 포함하고 있다. 이 분진 역시 미세환경을 만들 수 있으므로 균류의 포자가 살아갈 수 있게 해준다. 분진은 많은 휘발성과 반휘발성 유기화합물을 포함한다. 그중 MVOC(microbial volatile organic compounds)는 미생물의 2차 대사의 산물이다.
  예기치 않은 화재, 지진, 홍수 등의 자연 재해가 발생하면 문화재를 크게 파괴할 수 있다. 지구상에서의 지진에 의한 고대 문화재의 파손은 종종 발생된다. Florence에서의 홍수로 인한 수많은 서적이 단기간 내에 물에 젖어서, 미생물이 부식작용을 한 예도 있다.

7) 주요 훼손 현황

(1) 변색

박물관, 박물관의 수장고, 도서관 내에 소장된 종이류 물질을 훼손하는 가장 중요한 요인은 불완전균류 중의 사상균류이다. 균류는 낮은 습도에서도 살 수 있으며, 실내 환경에 완전히 적응되어 있다. 또한 물의 응축, 환기가 잘 안 되는 상태, 서적과 같은 흡습물질에 의한 물의 보유능 등 미기후의 서식처에서 잘 생장할 수 있다. 균류에 의한 변색은 여러 가지 색으로 나타날 수 있다. 색소형성 균사로부터 보라색, 노란색, 갈색, 적색 등이 유래하며, 균류의 포자, 세균과 균류가 분비한 외부 색소로부터 오기도 한다.

일반적으로 균류는 종이 위에 여러 종류의 변색을 만든다. 여러 가지 형태의 불규칙적인 모양의 변색부분에는 적색, 보라색, 노란색, 갈색, 검은색 등이다. 이들 변색은 색소가 있는 균사의 생성에서 유래하던가, 또는 색깔 있는 대사산물의 방출에서 생긴다.

색소의 색깔은 균류의 생장 조건과 종이의 성질(전분, 젤라틴, 금속의 존재 등)에 따라 다르게 변화한다. 균류에 의한 특별한 종류의 변색은 tannase라는 효소에 의한 것으로, 이 효소는 *Aspergillus*와 *Penicillium*의 어느 종에 의해 만들어지는데, gallotannate를 가수분해한다.

종이 위에서 발생한 균류로는 *Alternaria*, *Penicillium*, *Fusarium*, *Chaetomium* 등이 있으며 이들 균류는 각기 고유의 색깔을 종이 위에 만들어 낸다(**표 6-12**).

표 6-12 균류에 의한 종이의 변색

균류	변색
Alternaria solani	black
Penicillium notatum	yellow−green
Fusarium oxysporum	purple−pink
Chaetomium globosum	yellow−grayish−brown

(2) 폭스반점

종이, 직물, 양피지 위에서 발생되는 **폭스반점(fox spot)** 또는 **foxing**이라는 용어는 그 색깔이 Reynard 여우의 털 색, 또는 녹슨 적색과 비슷하여 생긴 명칭이다. 폭스반점은 작고, 적색이며, 갈색, 또는 노랑 반점의 형태를 한다. 자외선을 쪼이면 형광을 띤다. 폭스반점의 발생된 원인은 금속과 미생물이 반점을 형성하는 주요 요인으로 알려져 있다. 즉 첫째는 종이 위에 균류의 생장에 의하여 생기는 것과, 둘째 원인은 종이 내의 철, 구리, 또는 종이 제조 시의 펄프에 있는 다른 물질들의 산화의 결과로 발생된다. 또한 여러 가지의 요인들이 관여하여 발생될 수도 있다.

Cain과 Miler(1984)는 여러 개의 폭스반점을 무기물 유래의 관점에서 2가지로 분류하였다; 첫째 **Bullseyes(볼록렌즈)** 형태는 반점 중심에 어두운색을 띠고 있는 동심원의 형태이며, 중심에 철 조각과 연관이 있다. 둘째 **Snowflakes(눈송이)** 형태는 밝은 갈색이 있는 부위로, 중심에 반점이 없고 부채꼴 모양의 가장자리를 하고 있다. 대부분의 경우 철분이 약간 증가하여 종이 위에 10%까지 된다. 여기서는 무기물에 의하여 발생되는 반점에 관하여만 보고한 내용이다.

Florian(1996)은 종이 위에의 표면에 나타난 현상, 그리고 발견된 색깔과 모양에 기초하여, 각 반점을 육안, 광학현미경, 해부현미경, 표면구조를 약 10,000 이상 확대하여 관찰할 수 있었다. 그는 SEM(Scanning Electron Microscopy), 그리고 EDX(Energy Dispersive X-ray Spectroscopy)로 원소까지 분석하여 그 원인을 규명하여 분류하였다. 그는 가장 일반적인 반점은 ① 적색의 균류에서 유래된 **불규칙한 균류 폭스반점(irregular fungal fox spots)** 있으며, 또 하나는 ② **부식된 철의 반점(corroded iron spots)**이라고 하였다(**표 6-13**).

표 6-13 갈색반점의 종류

분류	원인
1. 균류 폭스반점	균류의 생장
2. 철 부식 반점	철, 칼슘 등의 금속의 입자의 부식
3. 입자형 반점	미립자의 유입
4. 단백질 반점	단백질의 유입

(Florian, 1996)

현재까지 보고된 문헌을 토대로 하여 반점을 좀 더 상세히 분류하면 다음과 같다.

① 균류에 의한 폭스반점(fungal fox spots)은 불규칙하고 원형의 형태이며, 일정한 모양의 녹슨 적색, 그리고 다음 종이로 이동하는 특성이 있다. ② 부식된 철의 반점은 종이 내의 철의 산화를 통하여 여러 가지 반점의 형태를 나타내며, 다음 종이로 이동하지 않는다. ③ 종이 만든 과정에서 미립자(particle)가 유입되어 발생된 입자형 반점(particulate spots), 그리고 ④ 작은 단백질 덩어리나, 머리카락이 묻혀 있는 단백질 반점(protein spots) 등이 있다.

Arai(2000)는 25년 동안 수많은 갈색 반점(fox spots)에 관하여 연구하였다. 그는 절대 및 통성 내건성 균류가 반점을 형성함을 확인하였으며, 적갈색의 부위에 유기산, 당류, 그리고 아미노산 등의 존재를 발견하였다. ① 유기산으로 malic, fumaric, lactic, acetic acid, ② 당류에는 glucose, cellobiose, cellotriose, cellotetrose, cellopentose, cellohexose, ③ 여러 종류의 아마노산이 발견되었으며, 그 중에서도 가장 많은 것은 γ-aminobutyric acid이었다(**표 6-14**).

종이 위에 발생하는 녹슨 갈색의 원인은 melanoidin의 존재로부터 유래되는 것이다. 즉 melanoidin은 균류의 oligosaccharides, γ-aminobutyric acid, 다른 아미노산들의 반응에 의하여 형성된다. 이 melanoidin의 생성 반응을 보통 Maillard reaction이라 한다(**그림 6-21, 그림 6-22**).

- 균류의 대사산물

균류가 발생된 반점에서 발견된 균류의 종류와 균류로부터 생성된 아미노산, 유기산, 당류 등은 다음 표 6-14에서 보여주는 바와 같다.

(3) 변색과 반점의 요인

종이 위의 변색과 반점의 생성은 거의 같은 요인에 의하여 발생한다. 종이 제조 과정에 첨가되는 접착제, 기름, 불순물 등의 영양분을 비롯하여, 가장 변색에 영향을 주는 상대습도, pH, 그리고 외부에 노출되어 있을 경우 노출되는 빛의 세기 등이 있다.

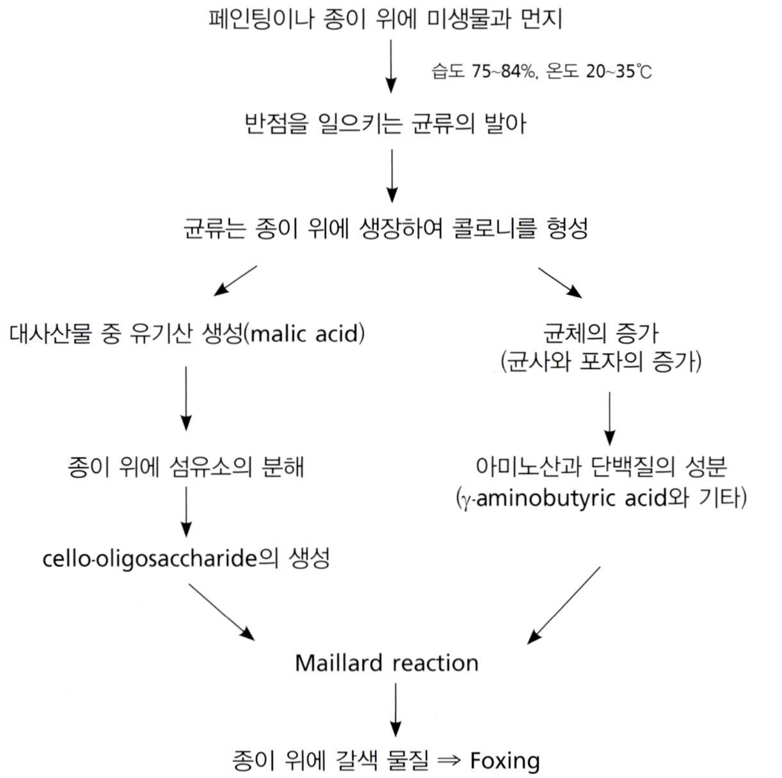

그림 6-21 Maillard reaction에 의한 종이 위의 갈색 반점의 생성 기작(Arai, 2000)

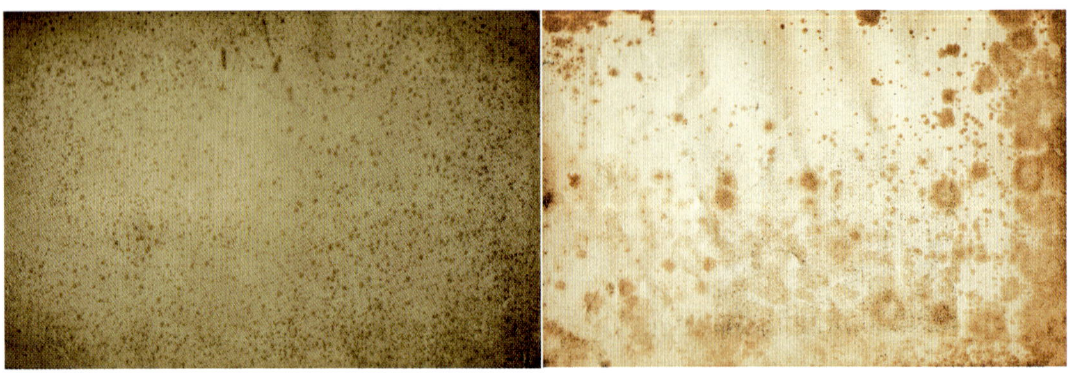

그림 6-22 종이의 갈색 반점

표 6-14 균류의 갈색 반점에 의하여 생성된 유기물

분리된 균류	생성된 아미노산	생성된 유기산	생성된 당류
Alternaria *Aspergillus* *Penicillium* *Chaetomium* *Fusarium* *Cladosporium* *Monilia* *Mucor* *Stemphylum* *Eutotium* *Gliocladium*	aspartic acid serine glutamic acid glycine alanine histidine ornithine lysine arginine phosphoserine hydroxylysine	malic acid fumaric acid lactic acid acetic acid γ-aminobutyric acid	glucose, cellobiose, cellotriose, oligosaccharides

8) 한지

(1) 한지의 역사

한지를 만드는 제지 기술이 언제 우리나라에 도입되었는지는 정확하지는 않지만 중국과 일본 문헌에 의하면 삼국시대라에 도입된 것으로 알려져 있다. 백제 고이왕 52년(서기 285)에 왕인이 천자문과 논어 서적을 일본에 전해주었다는 기록이 있으며, 고구려 영양왕 21년(서기 310)에 담징이 일본에 제지술을 전해주었다고 전해지고 있는 것으로 알 수 있다.

우리나라에서 가장 오래된 종이로는 신라시대에 만들어진 불경이다. 1966년 불국사 석가탑 보수 수리 과정에서 세계 최초의 목판인쇄물인 무구정광다라니경을 발견하였다. 대략 서기 704~751년의 불경으로 추정되며 그 길이는 약 6m에 달한다.

중국의 기록에 의하면 삼국시대에는 백추지라는 한지가 유행하였으며, 고려시대에는 견지(繭紙)와 아청지(鵝青紙)라는 고려지가 사용되었는데 이 한지는 중국에서도 최고급 한지로 평가받았다고 한다. 『고반여사』의 기록에는 고려지는 비단같이 희고 질기며, 글자를 쓰면 먹이 잘 먹어 좋은 한지라고까지 기술하였다고 한다. 조선시대의 영조 때 서명응(1716~1787)이 만든 보만재총서의 기록에 의하면 송나라 사람들은 고려지를 최고의 종이로 평가하였다고 한다.

우리나라에서는 조선 초기의 태종과 세종 때부터 조지서(造紙署)에서 종이를 생산하였다는 기록이 있다.

(2) 전통 한지의 제조 과정

전통 한지 원료와 제조법의 요약하면 다음과 같다.

닥나무 원료를 11월에 채취하여 가마솥에 넣고 물을 부운 다음 삶아서 껍질을 벗긴다. 이를 흑피라 하는데 이 흑피를 물에 불려 검은색 껍질을 벗기면 백피가 된다. 이 백피를 알칼리성 잿물을 넣고 삶으면 섬유질이 풀어지는데, 이 순수한 섬유소를 물속에서 햇빛으로 자연 표백한다.

백피를 물에 황촉규(닥풀)라는 식물 뿌리의 점액질과 함께 넣어서 균일하게 혼합하여 준다. 이 혼합액을 대나무로 만든 한지발 위에서 흘러 내려 보내어 섬유소가 균일하게 배열되도록 뜬다. 이 과정을 초지뜨기라 한다. 이 섬유질을 압착하여 건조하고 방망이로 두들기기를 하면 치밀하고 평탄한 강인한 한지가 된다.

① **닥나무 채취:** 닥나무를 11월부터 2월 사이에 1년생의 가지를 베어서 한지의 원료로 사용한다. 1년 된 햇닥을 사용하는 이유는 닥의 섬유질의 양이 많고 부드러우며 수분도 적당하여 양질의 한지를 만드는 데 적합하기 때문이다.

② **닥나무 찌기:** 닥나무 껍질을 잘 벗겨지기 위하여 가마에 물을 넣고 닥나무를 여러 개의 단을 만들어 가득 채운 후 8시간 정도 가열하여 물렁물렁할 때까지 찐다.

③ **닥나무껍질 벗기기:** 닥나무를 찌면 쉽게 껍질이 볏겨진다. 벗겨진 껍질을 햇빛에 건조한 것을 흑피라고 한다. 이것을 물에 10시간 정도 불려서 검은색의 겉 껍질을 제거하면 흰색의 백피로 된다. 백피를 햇빛에 널어 말린 후 그늘에 보관한다.

④ **물에 담그기:** 건조한 백피를 다시 물에 넣어서 1~2일간 충분히 풀어준다. 이때 불필요한 수용성 물질이 제거되어 섬유성의 백피만 남게 된다(**그림 6-23**).

⑤ **잿물에 백피 삶기:** 백피를 하루 정도 맑은 물에 넣어서 긴 섬유질을 부드럽게 풀어 준다. 백피로 부터 순수한 섬유질만을 뽑아내기 위하여 백피를 솥에 알칼리성의 잿물과 함께 넣고 4~5시간 충분히 삶는다. 이 과정에서 리그닌, 펙틴, 헤미셀룰로오스 같은 불순물이 제거되어 순수한 식물 섬유소만을 얻을 수 있다.

잿물을 만드는 방법은 짚, 메밀대, 콩대 등을 태운 후 재를 모아 구멍이 난 시루에 망사를 걸치고 넣은 뒤 물을 부으면 알칼리성의 잿물이

백피

세척한 백피

그림 6-23 닥나무의 백피

만들어진다.

⑥ **일광표백**: 삶은 백피를 흐르는 맑은 물속에 골고루 펴서 햇빛에 쪼이면 더욱 하얀색으로 표백된다. 이 세척하는 과정에서 닥 섬유질 외에 회분, 잿물, 당분, 그리고 알칼리에 용해성 물질 등이 제거된다.

⑦ **닥 섬유 두들기기(고해)**: 일광표백이 끝난 흰 백피를 판이나 편편한 닥돌 위에 놓고 닥 방망이로 2~4시간 두들기면 닥 섬유가 솜처럼 풀려서 골고루 펴진다. 이 두들기기를 하면 질기고 광택나는 닥 섬유가 된다.

⑧ **한지 뜨기(초지)**: 한지를 뜨기 위하여 황촉규라는 식물의 뿌리를 물에 넣고 압축하면 점액의 닥풀이 생성된다. 이 닥풀과 닥 섬유를 일정한 비율로 초지통에 넣고 막대기로 잘 섞어준다. 이 혼합액을 대나무 사이에 미세한 틈이 있는 대나무 발로 앞쪽에서 물을 떠서 뒤로 흘려주고, 다시 오른쪽에서 물을 떠서 왼쪽으로 흘려주는데 이 과정을 **물질하기(한지 뜨기)**라 한다. 물질하기를 하면 섬유의 배열이 바둑판 모양의 사각형 배열의 구조를 하게 되어 한지가 질기고 견고하게 된다.

- 닥풀은 중성의 끈끈한 점액으로 섬유용액의 점성을 유지하여 섬유를 수중에서 잘 분산시켜주며, 긴 섬유가 가라앉는 것을 방지하여 주고, 발 위에서 섬유질을 고르게 분포하게 한다. 닥풀은 주성분이 당류이기 때문에 종이를 뜰 때 섬유의 분포를 고르게 하여 종이의 강도를 증가시키며 얇은 종이를 만드는 데도 유리하다. 닥풀은 중성이므로 한지가 산화되지 않고 오래 보존할 수 있게 하는 역할도 한다(**그림 6-24**).

⑨ **탈수하기(물짜기)**: 하루 종일 만든 한지의 양은 300~400장 정도 되므

로 간단히 종이를 말릴 수 없기 때문에 무거운 돌을 올려놓아 탈수를 한다.

⑩ **종이 말리기:** 물이 제거된 젖은 종이를 온돌방에 펴서 갈대로 만든 빗자루로 주름이 생기지 않게 부드럽게 쓸어 가면서 말린다. 잘 마른 한지를 떼어내어 여러 장 포개어 둔다.

⑪ **도침:** 약간 덜 마른 종이를 포개거나 풀질을 하여 붙여서 방망이로 두들기기(도침)를 한다. 도침질을 하게 되면 종이가 치밀하고 평활하게 되며 강도와 광택을 더하여 주게 한다. 도침으로 인하여 한지가 윤기가 나며, 촉감이 부드러워지고, 섬유간의 결합력이 증가하여 한지의 강도가 높아지는 것으로 추정된다(**그림 6-25**).

⑫ **완성 단계:** 종이에 주름이 있을 경우 다리미로 무명옷 다리듯이 다리미질을 하여 완전하게 펴주는 단계를 거친다.

(3) 한지 제조의 특성

① 닥나무 원료

닥나무의 인피섬유는 평균 길이가 약 20~30mm 이상이지만 긴 것은 60~70mm나 된다. 양지의 원료인 목재펄프의 섬유의 길이는 침엽수는 2.5~4.6mm이나, 활엽수는 0.7~1.6mm 정도로 매우 짧다. 그러므로 닥나무 껍질의 섬유는 양지의 목재펄프에 비교하여 섬유의 길이가 길고, 결합이 강하여 질기며, 섬유조직이 양호하여 한지 제조에 매우 적합한 원료로 사용한다.

그림 6-24
초지 과정.
(안동전통한지 제공)

그림 6-25 도침

② **물질하기(초지 제조) 방법의 장점**

우리의 한지는 특수하게 개발한 한지발 위에서 종이를 뜨는 장점이 있다. 한지를 떠 올릴 때 전후좌우로 기우리면서 섬유가 겹치도록 하여 바둑판 모양의 배열을 만든다. 이 과정에서 섬유의 강도가 높아지게 되고, 먹물의 번짐이 낮아지게 되는 장점이 있다.

반면에 중국 선지는 종이를 떠 올려서 탈수하는 관계로 방향성이 없으며, 일본 화지의 섬유 배열은 거의 한 방향으로만 만들기 때문에 우리 한지보다 강도가 낮다.

③ **섬유질의 균등분산**

한지가 우수한 것은 종이 제조할 때 껍질을 벗겨 닥 섬유질을 그대로 자연상태로 유지하기 때문이다. 더욱이 제조 과정에서 섬유질을 균등하게 분산시키기 위하여 식물성 풀인 닥풀을 사용한다. 닥풀은 점성의 물질을 포함하고 있으므로 섬유를 물속에서 고루 분산시키며, 종이를 뜰 때 섬유의 접착이 잘 되어 얇은 종이를 만드는 데 도움을 준다.

또한 한지 제조의 마무리 공정으로 종이 표면이 치밀해지고 광택이 나도록 하기 위하여 여러 장씩 겹쳐 놓고 내리치는 도침이라는 과정을 거치는 것이 특징이다.

④ **한지의 중성**

양지로 만든 인쇄물은 장기간이 지나면 누렇게 변색되는데 그 이유는 제조 시에 황산알루미늄의 사용으로 강한 산성(pH 4~5.5)이 되기 때문이다.

그러나 한지는 전통적인 제조 과정을 통하여 잿물을 이용하여 만들면 산성도가 중성이 된다. 그러므로 화학반응이 쉽게 일어나지 않고, 세월이 지날수록 섬유의 결이 세밀해지고 수명이 오래가는 장점을 가지고 있다.

⑤ **보존성**

한지는 질기며 보온성과 통풍성이 매우 우수하다. 바람을 잘 통하게 하여 습기를 빨아들이고 내뿜는 성질이 있어 건조되었을 때 찢어지지 않고 보관성이 좋아서 수명이 오래 간다.

양지로 만든 구텐베르크의 성경은 발간된 지 550년밖에 되지 않았지만 열람조차 불가능한 상태로 약화되어 있다. 양지는 수명이 약 50~100년 정도 되면 산가수분해로 종이가 누렇게 황화현상을 일으키며 사용하기 어려울 정도로 분해되고 만다.

반면에 한지는 천 년 이상의 세월을 지내오면서도 변화가 심하지 않고 보존이 양호하다. 한지의 보존이 우수하다는 증거는 우리나라에서 현존하는 가장 오래된 종이인 경주 불국사 석가탑에서 발견된 한지로 만들어진 불경에서도 알 수 있다. 경주 불국사 석가탑에서 두루마리로 발견된 세계 최고의 '무구정광대다라니경(無垢淨光大陀羅尼經)'의 인쇄물의 지질은 닥종이로 거의 1,300년 동안 보존되고 있다.

이러한 제조 과정의 차이로 우리나라 고유 한지는 천년이 지나도 종이가 보존되는 반면 양지의 펄프 종이는 오랜 보존이 불가능한 것이다.

(4) 한지와 양지의 비교

한지와 양지를 비교하면 **표 6-15**에서 보여주는 바와 같다.

표 6-15 한지와 양지의 비교

종류	전통한지	양지
원료	닥나무의 인피섬유를 주원료로 한다.	목질부의 단섬유를 주원료로 한다.
제조 과정	자연 섬유를 그대로 원료로 사용한다. 초지용 닥풀을 사용한다. 수작업으로 소량 생산한다. 잿물을 사용하여 제조한다. 자연의 햇빛으로 표백한다.	여러 가지 부원료를 첨가한다. 초지용 닥풀을 사용하지 않는다. 기계적으로 다량 생산한다. 화학약품을 사용하여 제조한다. 표백제로 표백한다.
특성	중량이 가볍다. 다공성이므로 통기성이 좋다. 부드럽고 친환경적이다. 유연하고 투명하며 탄력이 있고 강하다.	중량이 비교적 무겁다. 통기성이지 못하다. 친환경적이지 못하다. 불투명하고 탄력이 약하다.
보존	중성이므로 장기간 보존이 가능하다.	산성지로 장기간 보존이 어렵다.

(5) 한지의 우수한 장점

- 한지는 섬유 특성, 유연성, 결합배열이 균일하여 양지보다 강도가 높고 질긴 특성이 있다.

- 한지의 섬유 길이가 길고 섬유의 배열도 균일하여 섬유 사이에 적당한 공간이 있으므로 보온성이나 통기성이 우수하다.
- 한지는 중성이므로 양지보다 장기간 보존성이 탁월하여 수명이 매우 오래 간다.
- 여러 겹으로 배접하였으므로 두터우며 잘 찢어지지 않는 질긴 특성이 있다.
- 한지는 부드럽고 포근한 느낌을 주며 친환경적이다.
- 대단히 가벼워서 운반이나 취급하기 용이하여 다양한 공예작품 등을 창조할 수 있는 재료가 된다.
- 조상들의 전통을 이어 받아 전통문화를 재현할 수 있는 훌륭한 재료이다.
- 바람을 잘 통하게 해 주는 통기성이 높으며 함수율이 높아 건조되었어도 찢어지지 않는다.
- 서적, 문서, 종이 꽃, 화폐, 부채, 우산, 벽지, 서화용 등의 한지 공예작품, 장판과 다양한 장식용으로도 사용된다.
- 방음성과 방한성, 보온성이 우수하여 창호지로 쓰인다.
- 한지를 이용한 지류문화재는 특별히 한국, 중국, 일본 등의 동양에만 한정되어 있다.
- 최근 한지로 제작된 문화재를 보존하고 계승하고자 관심이 높아지면서 고급 한지의 생산이 증가하고 있는 추세이다.

9) 지류문화재의 예방과 보존

펄프와 종이를 생산하는 동안 미생물에 의한 손실은 매우 많은 수준이며, 이 손실은 저장하는 동안의 훼손 정도와, 생산 과정, 그리고 환경조건 등에 의하여 좌우된다.

(1) 예방

① 변색과 반점의 예방

미기후를 조절하고, 자주 청소를 하며, 문화재와 주변지역을 감시하는 것은 가장 중요한 예방법이다. 기후의 조절 개념은 각 박물관의 건물구조를 고려하여야 할 것이다.

특별히 균류의 많은 포자가 전시품 위에 있는지를 조사하여 박물관의 건강 상태를 파악하고, 문화재에 대한 재해관리 계획을 수립하여야 할 것이다. 오염된 전시품을 위하여 격리된 방을 박물관 내에 증가시켜서 오염원을 차단하여야 할 것이다. 새롭게 건축할 때는 여과장치를 설치하여 균류의 포자, 식물의 화분과 먼지 입자의 유입을 방지하여야 한다. 종종 미세한 입자흡수장치가 있는 진공청소기로 청소를 하여 박물관 내에 쌓여 있는 포자를 제거하여야 할 것이다.

더 상세한 예방조치로 상대습도, 온도, 환기조절, 그리고 간단한 보존적 처리방안은 다음과 같다.

- **상대습도:** 저장하는 종이는 낮은 상대습도를 유지하여 줄 것을 추천한다.
- **온도:** 일반적으로 균류는 종에 따라 다르지만 25~35℃의 온도를 좋아한다. 종이가 더 피해를 입을 수 있는 이 같은 조건을 피하기 위하여 온도를 조절하여야 할 것이다.
- **환기:** 도서관의 특별한 설계를 통하여 좋은 환기시스템을 설치하는 것은 균류와 공기 중의 균류를 억제하는 가장 효과적인 방안이다.

UNESCO와 ICROM(International Council of Museums)에서 도서관이나 기록물 보관소 내에서 서적류를 보존하기 위하여 추천하는 온도와 습도의 범위는 **표 6-16**에서 보여주는 바와 같다.

표 6-16 도서관에서 서적류 보존을 위한 온습도의 범위

추천 기관	대상품목	온도(℃)	상대 습도(%)	비고
UNESCO	신문지, 서적, 지도	16~24	45~63	충해의 발생 방지
	탈색된 원고, 사본, 양피지, 송아지 가죽	16~24	45~63	직물 등으로 싸서 접어 용기에 넣어 보관
	필름, 우표, 풀칠한 라벨	16~24	50~63	풀이 묻어 있으므로 건조 환경 필요
ICROM	양모지	15.5~23.5	55~60	
	종이	15.5	60	

② **방부제의 사용**

방부제의 사용시 훼손의 원인을 확인하고 적당한 살생제를 사용하면 어느 정도 극복할 수 있다. 펄프에 얼룩진 변색을 예방하고, 방부용 풀, 생산

과정 중 물에서 조류와 점질물질의 형성을 억제하고, 식품포장 물질을 보존하기 위한 우수한 방부제가 생산되고 있다. 이들 방부제는 주로 금속을 포함한 화합물로, 페놀류과 할로겐화 페놀류, 4차 암모늄 염 등이다.

기록물을 공격하는 미생물을 예방하는 가장 효과적인 방법은 상대습도를 65% 이하로 내리는 방법이며, ethylene oxide로 실시하는 훈증은 55°C에서가 가장 효과적이다.

(2) 보존적 처리

① 훈증

페인트 또는 페인트되지 않은 조각이나 유물을 위한 가장 최선의 방법은 훈증이다. 균류나 곤충에 의해 공격당한 캔버스, 종이, 섬유, 서적, 고대 프린트 물, 나무 위의 페인트 부분의 훼손시 훈증처리를 한다. 기체상태의 살진균제의 활용은 유물의 내부에까지 침투할 수 있는 장점이 있으나 용액 속에는 사용할 수 없다. 훈증은 일반적으로 일정한 공간 내에서 공기를 빼내고 독가스로 채워서 실시한다. 훈증작용은 균류나 곤충이 생장하는 상태라도 이들을 전부 파괴할 수 있다.

② 살진균제의 증발기체

이 방법은 일반적으로 책과 원고, 수채화, 파스텔 등을 소독할 때 사용한다. 이 살균제의 장점은 쉽게 사용할 수 있다는 것이다. Polyethylene bag 안에 살진균제 용액으로 포화된 여과지를 넣고 이 여과지 사이에 유물을 넣은 다음 건조시킨다. 이때 증발된 살진균제는 유물을 훼손하는 진균을 살생하는 것이다. 공기가 차단된 캐비닛의 속에 유물을 넣고 살진균제 증발기체로 순환시켜서 사용할 수도 있다. 그 외에도 살진균제를 증발기체로 보존하는 것은 균류로 훼손된 목재 위의 페인트 조각을 소독할 때도 사용한다.

③ 살진균제 용액의 분무

살진균제 용액이 바니시, 페인트, 바인더, 또는 유물 등의 성분에 해로우면 사용할 수 없다. 다만 표면층의 심한 훼손을 보여주는 유물에 대하여 이 살균제를 사용할 수 있다. 벽화와 같이 넓은 지역에 이 살진균를 사용하게 되면 처리자 자신에게도 위험할 수 있다. 그러므로 완전히 환기되는 방이나 안전마스크를 쓰고 이 방법을 사용할 수 있다.

④ **변색의 색소제거**

종이 위의 균류에 의한 색소를 제거하기 위한 방법으로는 1,4-dioxane을 *Fusarium oxysporum*의 보라-핑크 색소에 24시간 처리하였을 경우 완전히 제거되었으며, *N,N*-dimethyl-formide를 처리하였을 경우 *Penicillium notatum*의 노란-초록색소와 *Chatomium globosum*의 노란 회갈색소를 현저하게 탈색시킬 수 있다.

⑤ **효소에 의한 세척법**

효소의 높은 특이성 때문에 효소는 최근에 종이 보존에 사용된다. 여러 가지 색의 조각품을 세척하기 위하여, 그리고 동물의 아교(*glue*)와 오래된 아크릴 수지를 제거하는 데 있어서 전에는 전통적으로 용매를 사용하였다. 그러나 새로운 대체법으로 효소를 이용하면 기질에는 피해를 주지 않고 오염물만을 제거할 수 있는 좋은 장점이 있다.

10) 지류문화재의 훼손 환경요인

박물관, 미술관, 도서관, 기념관, 기록물 자료관 등의 보존 장소에 다양한 자료가 보관되어 있다. 이들 보관소에 중요한 종이 유물이 많이 포함되어 있다. 이들 지류문화재가 훼손되는 주요 요인은 크게 내적인 요인과 외적인 요인으로 나눌 수 있다.

(1) 주요 내적 요인

종이를 제조할 때 포함된 불순물인 산과 리그닌 성분으로, 이 산성 종이는 자연상태에서도 쉽게 훼손되는 단점이 있다. 따라서 최근에는 이 같은 문제점은 대부분 개선되어 질 좋은 종이를 만들고 있다.

(2) 외적 요인

① 온습도의 변화: 종이의 보존에 온습도는 절대적으로 중요하다. 상대습도가 높으면 균류의 발생이 용이하며 벌레들의 침입이 자주 발생할 수 있고, 낮으면 종이 자체의 특수한 성질과 견고성이 약해진다. 종이의 보존에 이상적인 온도는 약 20°C이며, 상대습도는 약 55~65% RH의 범위이다.

② 빛(광선): 태양광이나 형광등으로부터 발생되는 자외선(320~400nm)은 종이를 물리적으로 파괴할 수 있으므로 종이를 열화 혹은 훼손시킨다.

③ 오염물질: 오염된 기체가 장기간 종이에 접촉하여 있으면 변색이나 열화가 발생한다. 자동차의 배기가스나 공장의 매연에 의한 질소산화물(NOx)과 유황산화물(SOx), 목재가구에서 발생하는 포름알데히드(HCHO), 휘발성 유기화합물 등의 여러 가지 물질들은 종이를 훼손시킨다.

④ 균류와 세균류: 온습도가 높으면 균류와 세균이 발생하여 종이의 성분인 섬유소나 헤미셀룰로오스를 분해하여 훼손시킨다.

⑤ 곤충과 벌레: 흰개미나 곤충류 등의 여러 가지 동물은 종이 같은 유기물을 먹이로 하며, 온난하고 어둡고 습한 환경에서 종이의 자료를 훼손하기도 한다.

⑥ 인재: 취급 부주위로 물리적인 손상이나 화재에 의한 막대한 피해를 입을 수 있다. 화재 시에 소화기를 사용하여 발생되는 2차 피해도 입을 수 있다.

⑦ 먼지의 축적: 장기간 보관되어 있는 귀중한 자료들에 먼지가 축적된다. 먼지에는 유기물과 미생물을 포함하고 있어서 온습도가 높으면 미생물의 2차적인 훼손이 발생된다.

3. 직물

1) 식물성 직물

(1) 섬유직물의 역사

가장 오래된 고대의 **섬유직물(textile fiber)**은 이집트에서 **리넨(linen)**으로부터 만들어 사용한 것으로 알려져 있다. 15세기 초 고고학적으로 미라를 발굴한 적이 있는데, 이 미라에서 리넨 천으로 만든 옷과 밧줄 등을 발견하였다. 이집트 이외에 포에니인, 바빌로니아인, 다른 중동인들이 리넨을 재배하여 그리스와 로마에까지 보급한 것으로 추정된다.

최근 파키스탄에서 고대(BC 3,000)의 유물을 발굴하였는데, 그 중에는 목화의 섬유로 만든 옷의 천과 밧줄이 확인되었으며, 이집트에서 BC 4,000~3,000년 전 것으로 추정되는 직물의 유물도 발견되었다. 아마의 섬유질은 나무줄기 또는 체관섬유질에서 얻으며, 그 씨는 기름을 추출하여 여러 예술작품에 응용하기도 한다.

(2) 섬유직물의 원료와 성분

식물성 원료: 직물은 식물성인 것과 동물성인 원료로부터 만들 수 있다. 식물성 원료는 목화(cotton), 아마(flax), 대마(hemp), 황마(jute), 사이잘(sisal) 등이 있다. 이들은 주로 식물섬유에서 온 섬유소의 성분으로 되어 있다.

그런 섬유질은 식물로부터 얻으며 식물의 어느 부분에서 추출하여 얻느냐에 따라서 그 질이 다르다. 섬유질의 기원은 목화와 같이 씨에서 얻는 경우 또는 리넨, 대마, 황마와 같이 줄기로부터 얻기도 한다(**표 6-17**).

섬유질의 화학적 성분은 식물의 어느 부위에서 얻는가에 따라서 다양하다. 섬유소의 함량은 목화, 대마, 아마, 그리고 황마에 따라서 다르다.

표 6-17 직물로 사용되는 자연섬유

섬유의 근원	종류	주성분	예
식물성	식물성 털 인피 섬유 경질 섬유	섬유소	솜, 케이폭(kapok) 아마, 대마, 황마 마닐라섬유, 코코넛섬유, 사이잘
동물성	양모와 머리털 비단	케라틴(keratin) 피브로인, sericin	양의 털, 라마(lama) 털, 염소 털 순수 비단, 원료 비단

(3) 섬유소의 함량

목화솜의 원료는 화학적으로 섬유소가 87~90%나 질이 좋은 솜은 (99%) 이상이다. 솜은 적은 양의 질소화합물(0.2~0.4%), 지방, 밀납(0.6%), 무기물(1%), 그리고 물(8~12%)로 구성되어 있다. 대마 역시 대마식물의 줄기의 체관부분의 섬유질로부터 만든 직물섬유이다.

화학적으로 **아마(flax)**는 70~80% 섬유소로 구성되어 있으며 나머지는 리그닌, 밀랍(wax), 기름, 그리고 물이다. 목화는 목화씨앗으로부터 연하고 털과 같은 섬유로부터 얻는다. 목화씨는 단세포 털로 되어 있으며 이 털은 25~55mm 정도의 길이로 일반적으로 흰색이다. 성숙하면 목화씨는 겉 표면

이 터져서 고도의 섬유질을 얻을 수 있다,

황마(jute)는 약 64%의 식물성 섬유질을 포함하고 있으며, 섬유직물은 이들 원료로부터 만든다. 최근에는 자연적인 섬유질과 합성된 섬유질을 직물의 원료로 사용되고 있다, 합성섬유질은 점차 생산되고 있지만, 솜의 비율은 50% 이상을 차지한다.

- **직물의 물리 화학적 특성**

식물 유래의 **직물(textile)**은 자연계의 섬유질(fibers)로 구성되어 있다. 직물은 탄력, 내성, 유연성 같은 화학적 구조, 형태, 성질이 있으므로 방적으로 천을 짜서 사용할 수 있다. 직물제조에 사용된 섬유질은 리그닌과 섬유소로, 섬유소의 중합도가 중요한 요인이다. 직물은 섬유질의 기원, 제조 과정에서 첨가제와, 그리고 산화, 광화학적 반응, 물리적인 손상 같은 노화 과정 등이 중요하다.

유물의 구조적 특성으로 천을 짜는 방식, 유물의 형태, 그 외에 첨가된 종이, 가죽, 금속 등의 구성성분이 중요하다.

(4) 식물성 직물의 생물훼손

① **원료의 내성:** 생물훼손에 대한 원료 직물의 감수성과 내성은 섬유소, 리그닌, 다른 유기물의 함량에 따라 다르다. 미생물의 분해에 대하여 리그닌과 밀랍 같은 비섬유성 성분은 내성이 있으나 반대로 전분과 펙틴은 내성이 낮으며 감수성은 높다.

㉠ 고 내성: 비섬유성 물질의 함량은 자연산 목화에서는 약 5%, 아마는 15%이므로, 목화는 아마보다 미생물에 대하여 내성이 있는 편이다. 리그닌을 많이 함유한 섬유질은 순수한 섬유질보다 미생물의 공격에 대하여 더 내성이 있다.

황마에는 리그닌이 많이 포함되어 있으므로, 미생물의 공격에 대하여 내성이 있으며, 그 다음은 대마, 목화, 리넨 순이다.

㉡ 고 감수성: 생물분해 작용은 섬유소의 섬유질의 특성에 영향을 받는다. 즉 종합도와 섬유소 사슬의 길이, 결정의 정도에 따라 생물훼손이 달라진다. 결과적으로 섬유질의 기계적, 화학적, 광화학적 성질이 변화되면, 섬유질에 구조적 변화가 생겨 생물훼손이 용이하게 될 수 있다.

전분과 덱스트린(dextrin)은 직물을 풀칠하는 사이징(sizing) 과정에서 사용되므로 생물훼손이 용이하게 된다. 이들 물질은 물에 용해되고 쉽게 대사될 수 있기 때문이다. 보수하기 위하여 고대의 직물의 조각들을 접착제로 다시 연결하면 이 접착제는 생물에게 먹이가 되기 쉽다.

엉성하게 짠 섬유질은 조밀하게 짠 것보다 더욱 쉽게 분해된다. 왜냐하면 이 섬유질은 섬유질 사이에 더럽고 생물학적 오염원을 가지고 있어서, 생물의 공격에 대한 좋은 조건을 만들어 주기 때문이다.

② **훼손 결과:** 대부분의 균류들은 직물을 변색시켜서 훼손 부위에 곰팡이 냄새가 나는 것이 보통이며, 세균도 여러 가지 물질에 손상을 입힌다. 직물의 생물훼손은 몇 가지 형태로 나타나는데, 변색, 착색, 그리고 직물의 강도가 소실되는 것 등이다.

(5) 분해 미생물

① **균류와 세균:** 직물을 분해하는 대부분의 미생물은 균류와 세균들이다. 이들 미생물은 직물이 교회, 박물관, 수장고, 그리고 일반적으로 습기 차고 환기가 잘 안 되는 환경에 있을 때 미생물들이 잘 발생한다. 세균은 균류보다 더 많은 습도를 필요로 한다.

발굴하여 나온 습기 찬 고고학적 직물에서도 미생물들이 발견되었다. 특히 방선균은 섬유소분해 능력이 탁월하므로 주의하여야 할 것이다.

균류에 의한 훼손은 가수분해효소와 유기산의 작용으로 이루어진다. 이 작용으로 의복이 수축하여 탄력과 내성이 감소된다. 이 같은 상태가 장기간이 되면 유물이 부분적 또는 전체적으로 분해로 이어지게 된다.

직물에 발생하는 불완전균으로 *Alternaria*, *Aspergillus*, *Penicillium*, *Fusarium*, *Memnoniella*, *Scopulariopsis*, *Myrothecium*, *Stachybotrys*, *Stemphylium*, *Trichoderma* 등이 있다. 특별히 높은 섬유소 분해능이 있는 해로운 균류는 자낭균의 *Chaetomium*, *Neurospora* 속이 있다. *Mucor*나 *Rhizopus* 같은 접합균도 종종 직물에서 발견된다(**표 6-18**).

표 6-18 직물훼손 미생물

1. 균류	
불완전균류:	*Alternaria*, *Aspergillus*, *Fusarium*, *Memnoniella*, *Myrothecium*, *Penicillium*, *Stachybotrys*, *Stemphylium*, *Trichoderma*,*Scopulariopsis*
자낭균:	*Chaetomium*, *Neurospora*
접합균류:	*Mucor*, *Rhiropus*
2. 세균	
	Cellvibrio, *Cellfalcicula*, *Microspora*, *Clostridium*
	Bacillus, *cereus*, *B. megaterium*
	Corynebacterium sp. *Cytophaga* sp.

특별히 열대에서 목화의 모직에서 분리된 균류는 대부분 불완전균으로 *Penicillium*, *Aspergillus*, *Mycelia sterilia*, *Trichoderma* 등이다. 접합균류인 *Mucor*와 *Rhizopus*, 자낭균류인 *Chaetomium* sp.도 포함되어 있다. 세균으로는 *Bacillus*, *cereus*, *B. megaterium*, *Cellvibrio*, *Corynebacterium* sp. *Cytophaga* sp. 등도 훼손에 관여하고 있다.
매우 쉽게 발생되는 섬유소의 직물의 훼손 생물은 미세균류인 자낭균류와 불완전균류, 그리고 섬유소를 분해하는 세균이 있는데 이들은 이미 목재 분해와 종이 분해에서 설명한 바 있다. 이들 세균에는 *Cellvibrio*, *Cellfalcicula*, *Microspora*, 그리고 혐기성인 *Clostridium*이 있다.

② **곤충:** 섬유성 직물은 또한 좀벌레와 바퀴벌레와 같은 곤충에 의한 공격을 쉽게 받을 수 있다. 이들의 공격은 직물을 전분이나 덱스트린으로 만든 풀을 포함하고 있으면 더욱 증가한다. 일반적으로 곤충의 공격범위는 표면 침식에서부터 시작하면 직물의 일부분을 파괴한다.

(6) 생물훼손의 생태

유물의 보존 상태는 여러 가지 환경요인에 영향을 받는다. 식물 직물의 섬유질의 생물훼손은 다음 요인에 의하여 다양하다.

직물은 습기가 있고 따뜻한 조건, 또는 항상 물 또는 토양과 접촉하여 있을 경우 미생물의 공격을 받을 수 있다. 열대지방에서 부적절하게 저장하든가 습기 있는 조건하에서나, 배에 선적 작업하는 동안 원료 섬유질은 공격을 받을 수 있다. 옷, 방수복, 모래자루 같은 직물을 습기 찬 조건에서, 열대의 고온에서, 선적하는 동안, 지상에 접촉하여 두면 미생물의 공격을 받을 수 있다. 미생물은 처리하여 완성된 섬유소나 섬유질에 생장하여 효소로 섬유소를 분해한다.

세균과 방선균은 직물에서 높은 농도의 물을 필요로 하지만, 비교적 좋은 환경의 박물관에서 이들 세균은 드물게 발견된다. 습기 찬 환경 또는 직물이 토양 속에 묻혀 있을 때, 즉 직물의 유물일 경우 가장 심한 섬유소의 분해가 세균에 의하여 유발될 수 있다. 이들 세균에는 *Cellvibrio*와 혐기성인 *Clostrdium*이 있다. 외부에 노출된 직물의 분해는 접합균류와 방선균과 관련이 있다.

습기 찬 조건에서, 열, 환기가 안 되는 상태에서, 부식된 물질과 접촉하면 미생물의 공격이 며칠 내로 이루어질 수 있다.

종교적 가구 같은 고가의 직물제품을 제작하는 데 있어서 자수에 사용된 금속 직물은 미생물 생장을 억제시킬 수 있다. 특별히 구리 또는 다른 중금속을 사용하였을 때 미생물의 생장은 억제된다.

따라서 식물성 직물 유물은 온습도가 조절되는 환경 속에 보존되어야만 한다.

2) 동물성 직물

(1) 양털의 원료와 성분

양털(wool)은 양이나 남미의 알파카(alpaca) 동물, 그리고 야생마의 일종인 비쿠나(vicuna) 등의 여러 종류의 포유류 털에서 얻어진다(**그림 6-26**).

그림 6-26
양털의 원료

동물성 모직물인 양털의 성분은 주로 케라틴이며, 이 케라틴은 유황결합이 있는 고도의 불용성의 복잡한 단백질이다.

케라틴(keratin)은 대단히 강한 단백질로서 피부, 털, 그리고 손톱 등의 주성분이다. 아미노산들이 결합하여 몇 가지 특이한 성질을 갖는데 여러 가지 아미노산의 성질에 따라 화학적 성질이 다르다. 뿔처럼 단단한 것도 있으며 피부에 포함된 것은 부드러운 성질의 케라틴도 있다. 케라틴은 물에 불용성이다. 왜냐하면 cysteine이 S-S로 연결하여 disulfide 결합을 하고 있기 때문이다. 이 결합은 helix 모양을 형성하여 극도로 강하다. 케라틴은 불용성 cysteine의 disulfide 결합의 수에 따라 강한 정도가 결정된다(**그림 6-27**).

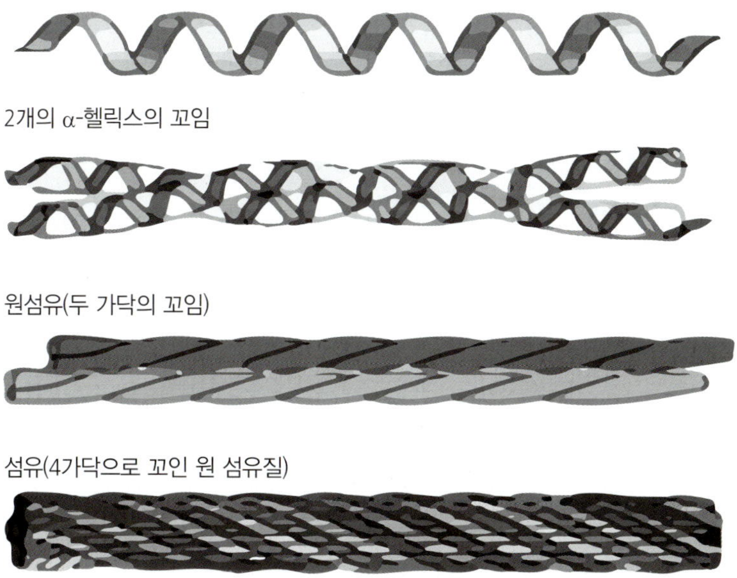

그림 6-27
케라틴의 구조

케라틴은 분자들 사이의 SH 결합과 염의 결합으로 하여금 단백질분해효소에 대하여 강한 내성을 나타낸다. 그러나 세포 외로 분비되는 효소의 작용으로 단백질을 분해하여 케라틴에서 아미노산까지 분해할 수 있다.

- **명주(silk)**: 누에고치를 만들기 위하여 가정에서 누에(*Bombyx mori*)를 사육한다. **명주**는 누에가 생성하는 단백질성 가는 실이다. 누에의 애벌레가 자연산 명주를 만들어 누에고치를 형성한다(**그림 6-28**). 명주의 60~70%의 섬유질은 피브로인(fibroin) 단백질로 만들어진 2개의 가는 실로 되어 있다. 또한 명주의 25~30%는 이 피브로인과 다른 단백질인

그림 6-28
누에고치

sericin과 결합한다. Fibroin은 높은 결정성으로 화학 요인에 대하여 대단히 내성이 있으며, 고도로 불용성이다. Sericin은 알부민성 물질로서, 명주 섬유질 제조 과정에서 따뜻한 물과 비누에 의하여 제거된다. 이 같은 처리를 하여 sericin이 제거되면 미생물 공격에 대하여 내성이 증가된다.

피브로인(fibroin)의 구조는 긴 폴리펩티드 사슬로, 아래에서 보는 바와 같이 거의 대부분이 glycine와 alanine과 serine 잔기가 번갈아 가며 계속 연결되어 있다. 그러므로 대단히 유연성이 있으며 질긴 성질이 있다(**표 6-19**, **그림 6-29**).

-Gly-Ala-Gly-Ala-Gly-Ser-Gly-Ala-Ala-Gly-Ser-

표 6-19 동물성 섬유의 물리 화학적 특성

섬유	중합체	구조	강인도	탄력성	흡습성
양모	케라틴	대부분 무정형	약함	높음	대단히 높음
비단	피브로인	대부분 결정형	강함	낮음	높음

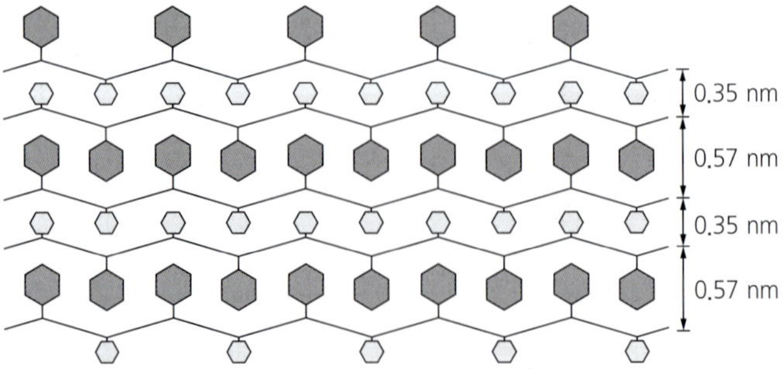

그림 6-29 비단 피브로인의 구조. β sheet의 3차원 구조로, 그 내부는 알라닌(세린) 측쇄(⬢)와 글리신(⬡) 측쇄가 번갈아 층을 이룬다.

(2) 미생물에 의한 모직물의 피해

모직물 훼손의 주요 요인은 세균, 방선균, 균류 등의 미생물과 곤충이다. 이 중에서 곤충은 박물관 내 있는 문화재 유물에 가장 심한 해충이다. 양털이나 명주 같은 단백질성 섬유질이 미생물 공격에 내성이 있지만, 불순물이 많이 포함되어 있고 따뜻하고 습기 있는 조건에서 저장하면 공격을 받을 수 있다.

일반적으로 양털 섬유질은 목화보다 세균의 공격을 더 많이 받으며, 균류의 공격은 적게 받는다. 세균 공격의 필수적인 조건은 높은 습도이다. 이 조건은 양털이 높은 흡습하기에 좋은 조건이다. 비단은 제조 과정에서 불순물과 sericin이 제거되었으면 미생물에 내성을 갖는다. 비단을 공격하는 미생물은 다른 단백질도 공격할 수 있다.

미생물 피해의 결과는 변색, 형태의 변화, 색깔의 흐림 현상 등을 발생한다. 인장력 즉 질긴 강도가 감소되어 비단이 부서지기 쉽게 된다.

(3) 모직물 훼손 생물

모직물은 습기 차고 더운 저장조건에서 세균에 공격당할 수 있다. 주로 불충분한 건조, 세척, 선적하는 동안, 열대기후에서 특히 공격을 받을 수 있다.

균류는 케라틴(keratin)을 분해하는 효소를 만들어 양털을 분해하여 양분으로 하여 생장할 수 있다. 피부사상균인 *Trichophyton*과 *Microsporium*은 인간의 피부병을 일으키는 균류로, 피부의 케라틴을 분해하여 생존한다.

양털의 섬유질을 분해하는 세균으로는 *Bacillus mesenthericus*, *B. subtilis*, *B. cereus*, *B. megaterium*, *B. putrificus*, *Proteus vulgaris*, *Pseudomonas*, 그리고 방선균인 *Streptomyces* 등이 있다. *Pseudomonas aeruginosa*는 종종 기질의 pH에 따라서 녹색, 적색, 또는 다른 색으로 변색시킨다. 그리고 양모를 변색시키는 균류로서 *Peyronellaea glomerata*, *Aspergillus*, *Penicillium*, *Alternaria*, *Trichoderma*, *Fusarium* 등도 종종 보고된다.

보통 기후에서 박물관 내의 직물을 가장 심하게 훼손시키는 동물은 곤충이다. 마치 미생물이 단백질 섬유질을 공격하는 것처럼 심하다. 가장 잘 손상을 주는 곤충은 집 갈색나방과 옷 나방인 *Tinea pellionella*로 양털을 심하게 파괴한다. 이들의 유충도 먹이로 양털을 사용한다. 곤충인 carpet beetle 역시 직물을 손상시킨다.

3) 섬유성 직물의 훼손 예방

식물 및 동물성 섬유성 직물을 생물의 공격으로부터 예방하기 위하여 두 가지의 예방법을 추천한다.

(1) 환경제어에 의한 예방

내성이 있는 섬유소를 사용하며, 저장온도는 약 2°C로 하고 상대습도는 70% 이내로 한다. 독성이 없는 화합물인 합성 레진(예; polyester)을 사용하면 미생물의 공격을 방지할 수 있다. 이 합성 섬유소는 섬유소 분자 구조를 변형하여 만든 것이므로 미생물이 분해할 수 없다.

(2) 화학적인 예방

의복에 대한 직물을 보호하기 위하여 독성학적인 면을 고려하여야 한다. 독성이 있는 예방 화합물을 특이하게 사용함에 있어서 다른 첨가제, 색, 냄새, 독성, 그리고 가격 등을 고려하여야 한다.

일반적으로 금속(Cu, Zn, tin, Ag 화합물), 페놀, 할로겐화된 페놀, 4가 암모늄 화합물, salicylic anilide, 그리고 dithiocarbamate 등이 사용된다.

4. 페인트

1) 유화 물감

페인트(paint)라고 하는 것은 주로 회화, 유화, 그리고 유화 물감 등 여러 가지의 넓은 의미를 포함하고 있다. 역사적으로 유명한 예술작품들은 드물게는 오직 한 가지 재료로 되어 있지만, 대부분의 유화 예술품들은 유기물과 무기물로 혼합된 합성재료를 사용한다.

문화재의 보존적 차원에서 볼 때, 대부분의 작품과 예술품은 여러 가지 재료로 되어 있음을 고려하여야 할 것이다. 오래전부터 그림을 그리기 위한 재료나, 생활 소장품, 그리고 생활 도구들은 여러 가지의 식물과 동물의 재료를 사용하였다. 이들 동식물의 재료에는 섬유, 직물로 만든 물건, 목재, 깃털, 그리고 뼈로 만든 물건들이 있었으나, 최근에는 아크릴, 플라스틱 등의 합성물질을 예술작품의 재료로 사용하고 있는 경우도 있다.

(1) 물감의 역사

물감은 가장 오래된 합성물질로 선사시대부터 사용해온 것으로 추정된다. 선사시대에는 진흙과 분필을 동물의 기름과 섞어서 동굴 벽 위에 사냥하는 그림을 그리기도 하였다. BC 2,500년에 이집트 사람들은 물감 제작기술을 개발하였는데, 그들은 청록색의 남동석, 고무, 밀랍, 알부민을 혼합하여 깨끗한 청색 안료를 생산하였다. 물감 만드는 기술은 BC 1,000년경에도 계속되어 오다가 고대의 그리스인들은 뜨거운 물과 물감을 혼합하여 사용하였다. 그 후에 자연적인 물질과 합성 물질로 만든 여러 가지 색깔의 안료가 개발되었다. 18세기에 유럽과 미국에서 안료 제품을 생산하기 시작하였으며, 19세기에는 안료를 대량생산하여 가정에서도 안료를 사용하였다. 현대의 안료는 예술 분야에서 과학 분야에까지 널리 사용할 수 있는 재료로 개발된 것이다.

(2) 유화 물감의 구조와 성분

유화 물감은 희석된 액체와 반죽형태의 점성을 가진 균일한 혼합물로 되어 있다. 유화 물감은 기름 또는 물과 같은 액체에 색소를 혼합하여 만든 것이다. 물감은 붓, 롤러, 분사기 등으로 나무, 금속, 암석 같은 기질의 표면에 얇게 칠하는 데 사용된다. 물감을 칠하는 것의 첫 번째 목적은 표면의 부식, 산화, 환경적 풍화, 그 외 다른 형태의 훼손으로부터 표면을 보호하기 위한 것이며, 두 번째는 장식을 하기 위한 것이다. 정확히 유화 물감의 성분은 전색제(접착제), 색소, 첨가물, 그리고 용매로 되어 있다.

회화를 그리는 과정에서, 바탕(ground)에 그림을 보호하기 위하여 사이징을 처리하고, 안료를 기름으로 대체하는데, 이는 완성된 회화 표면을 보호하기 위하여 여러 가지의 성분을 사용한다.

사이징(sizing): 그림을 그리기 전에 천이나 종이 위에 풀이나 접착제 같은 것을 발라주는 전 처리 과정을 사이징이라고 한다. 사이징을 하면 천이나 종이 섬유질의 표면을 덮어 주므로 그림 그리기에 편리할 뿐만 아니라 그림에 미생물의 침입을 예방하는 장점이 있다. 전통적으로 사이징하는 방법으로는 동물의 가죽으로 만든 풀(hide)과 polymer emulsion을 사용한다.

물감의 여러 가지 유기물은 탄소원으로서 실제로 대부분의 미생물들의 생장에 필요한 영양소가 된다. 이 유기물은 물감을 칠하여 장식하는 기능도 있지만 점착성과 내구성을 유지하는 기능도 있다. 불행하게도 유화 위의 미생물이 발생하는 것은 그림의 재료, 원료 생산 과정, 포장물질, 그리고 그 외의 여러 가지 원인으로부터 발생된다.

대부분의 유화 작품들에 미생물 발생의 흔적이 많다. 이들 훼손 흔적은 지지체의 앞면과 뒷면에서도 볼 수 있다. 이 훼손의 증상은 여러 가지가 있으며 미술품의 종류에 따라 다르다. 즉 지지체(캔버스, 나무, 종이, 가죽)의 성질, 그림 그리는 방식, 그리고 그림(유화, 수채화)의 종류에 따라 다르다.

회화의 구조는 1) 물감을 밑바닥 표면에 부착하는 재료, 즉 바인더(binder), 2) 색깔을 내는 안료와 부식을 예방하는 물질, 3) 물감이 잘 퍼지도록 하는 용매, 이상 3가지의 혼합물로 되어 있다.

2) 이젤 그림

(1) 구조 층

이젤 그림(easel paintings)은 보통 이젤(easel)이라는 삼각형 사다리 모양의 **거치대**(support) 위에서 그린 그림을 말한다(**그림 6-30**). 일반적으로 이젤 그림은 캔버스 또는 나무패널 위에서 유화를 그리는 것과 나무패널 또는 종이 위에 그리는 **템페라(tempera)** 화법으로 나눈다. 이젤 그림은 벽화를 제외한 유화(painting), 수채화, 파스텔화, 캔버스(canvas)화 등이 포함된다.

그림 6-30 나무로 만든 이젤

이젤 그림을 그리기 위하여 여러 가지 복잡한 구조물이 필요하다. 가장 일반적인 **유화(painting)**의 구조는 다층으로 되어 있다. **지지체(support)**, **준비 층(preparatory layer)**, **물감 층(paint layer)**, 그리고 **마감 층(varnish layer)**으로 되어 있다(**그림 6-31**).

① 지지체

회화를 그리기 위하여 지탱하여 주는 바탕이 되는 재질을 **지지체(support)**라 한다. 회화의 지지체는 캔버스, 나무, 종이, 두꺼운 종이, 보드 판, 금속판, 유리판 등 몇 가지 물질로 구성되어 있다. 이중 캔버스는 보통 섬유소로 된 면직물, 리넨 또는 대마, 드물게는 삼베 등으로 만들어 사용한다.

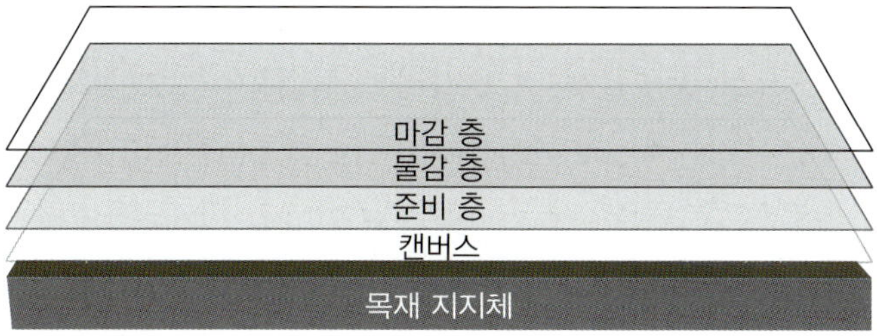

그림 6-31 유화작품의 구조를 이루는 층

벽화의 경우는 벽 표면에, 유화의 경우는 틀(frame) 위에 펼쳐놓은 캔버스(canvas)에 수채화는 종이, 천, 양피지, 나무판, 플라스틱, 유리판, 금속판 위에서 그린다.

유화의 전통적인 방법은 기름, 템페라(tempera), 파스텔, 그리고 수채화 물감 등을 사용하고 있지만 현대의 유화기법은 전색제, 아크릴, 에나멜 등을 섞어서 사용하기도 한다.

② **준비 층**

동물의 풀로 사이징하여 만든 지지체의 캔버스 위에 층을 만든 것이 **준비 층(preparatory layer)**이다. 이 층의 성분은 아교와 내부 물질로 구성되어 있다. **아교(glue)**는 기본적으로 보통 동물물질로 적은 양의 유기물와 무기물을 포함하고 있는 단백질성 성분인 콜라겐(collagen)이다. 또한 아교에는 대부분의 글리신과 적은 양의 히드록시프로린(hydroxyproline)을 포함하고 있다. 내부 물질은 동물 또는 식물의 풀을 첨가하여 만든 석회(lime)과 석고(gypsum)로 되어 있다. 이것은 밀가루와 흰색의 납과 같은 안료를 혼합하여 만든 것으로, 건조한 기름, 꿀, 레진, 그리고 밀랍 등을 첨가하기도 한다.

③ **물감 층**

매끈하게 만든 바닥층 위에 여러 색의 물감 층을 만든다. **물감 층(paint layer)**은 안료와 바인더로 구성되어 있다. 안료(pigment)에는 크게 유기물과 산화물, 탄산염, 황산염 같은 무기물이 있다. **바인더(binder)**는 대부분이 건조된 기름을 사용하는데, 이 기름은 흡착하는 성질이 있어서 안료와 함께 지지체에 강하게 부착된다. 이들 기름은 기본적으로 아마 씨, 호두 씨 기름 같은 식물성 기름으로 불포화 및 포화지방산의 혼합물이다.

④ **마감 층(varnish layer)**

마지막 층으로 광택을 내기 위하여 그림 위에 특수한 재료를 바른다. 이 재료는 주로 식물성 레진의 혼합물로 되어 있는 액체상이다. 이것을 페인트 표면에 부드럽게 솔질하여 매끈하고 균일한 층을 만든 것이 마감 층이다.

(2) 구조 층별의 피해

고대의 미술품 표면에 외부로부터 수많은 미생물들이 침입한 흔적이 있다. 이젤 그림과 조각품들 위에 생장한 미생물들이 무수히 많지만 이중 일부만이 미술품에 발생하여 손상을 준 것도 있다.

① **준비 층:** 캔버스 유화에서는 준비 층 또는 바닥 층을 보통 석회석 또는 석고에 동물이나 식물의 풀(glue)을 첨가하여 만든다. 페인트 예술작품에서의 생물훼손은 준비 층에서 발생할 수도 있다.

② **물감 층:** 물감 층의 생물 공격은 지지체보다 적게 발생하지만, 자연적인 안료와 바인더의 성분에 따라 다르게 발생된다. 안료는 아연, 구리, 납 같은 중금속의 산화물과 염으로 되어 있다. 일반적으로 중금속을 포함하고 있는 물감은 미생물에 내성이 있다. 백색의 납(lead)은 내성이 강한데, 이는 납이온이 살균제이기 때문이다. 산화아연(zinc oxide) 역시 미생물 공격에 상당한 내성이 있다.

따라서 물감 층에 납, 아연, 크롬 같은 중금속이 안료를 사용하므로, 이들 물감 층 내의 중금속 안료들이 미생물에게 독성으로 작용하기 때문에 생물이 발생할 수 없다.

③ **파스텔:** 파스텔(pastel)은 미세분의 안료와 석고, 그리고 아라비아고무로 만든다. 따라서 파스텔을 보존하고 미생물에 대하여 예방하기 매우 어렵다. 그림이 액자 내 유리 안에 있을 경우 응축현상으로 물이 발생하기 쉬운데, 이때 미생물의 공격이 발생된다.

④ **나무 패널:** 나무 지지체에 물감으로 덮은 부분에 균류가 생장하기 용이하다. 여기에 미생물이 발생하면 물감 층을 완전히 파괴할 수 있다. 공격받은 물감 층은 구멍이 생기고, 탄력이 감소하게 된다. 더 중요한 것은 습기가 높으면 쉽게 부풀어 오른다. 물감의 기질을 미생물이 공격하는 최적 습도는 68~98%이다. 이 습도에서 미생물의 공격 순서는 casein, 달걀 수성도료, 유화도료, 그리고 린시드 기름의 순서이다.

⑤ **캔버스의 그림:** 캔버스 위의 그림의, 물감 층은 지지체 내의 변화에 영

향을 심하게 받는다. 미생물의 공격은 거의 대부분이 뒷면에서 발생한다. 그 이유는 습기가 그림과 찬 벽과의 접촉의 결과로 증가하기 때문이다. 그림의 캔버스 위에서 풀로 사이징을 한 부분은 쉽게 부풀어지면 특별히 균류와 방선균의 생장에 영양분이 된다. 그 다음 단계는 풀을 이용하는 미생물의 생장으로 공격이 시작된다.

미생물은 콜로니를 형성하여 세포외 효소를 분비하면 훼손은 더 멀리까지 퍼지게 된다. 균사는 그림의 물감 층 안으로 침투하여 표면의 마감 층인 니스 층까지 공격하게 된다. 습도가 높으면 미생물의 생장은 그림의 표피에서 시작하여 내부로 침투한다.

⑥ **종이의 그림**: 종이 위의 작품들은 수채화 물감, 과슈와 파스텔로 그린 것이다. 이들 모두가 바닥층이 없다. 수채화 물감에서 그림은 얇은 투명한 층으로 되어 있다. 이들 그림은 적은 양의 바인더나 보통 아라비아 검이 포함되어 있는 경우도 있다. 종이 지지체에서 변화가 생기면 그림의 예술적 면에 바람직하지 못한 영향을 준다. 일반적으로 균류의 공격은 습도가 높으면 촉진된다. 종이 위의 미생물의 발생은 식물성 풀을 분해하면서 시작하고 그 다음은 섬유소를 분해한다. 이 미생물들을 수채화 물감에 있는 바인더를 공격한다. 점차 종이 위에 많은 양의 색소를 배출하여 그림의 가치를 상실하게 한다.

(3) 훼손 기작

① 물감과 미생물

안료제작 과정에서 **사이징(sizing)**을 하여 견고하게 해 준다. 이 과정에서 완성된 물감 표면을 보호하기 위하여 여러 가지의 성분을 사용한다. 이 같은 물감에는 여러 가지 성분의 물질로 되어 있으므로 서식하는 미생물도 균류, 세균, 조류의 다양한 종류가 있다.

유화의 외부 표면에는 균류, 방선균, 시안세균, 조류 등의 콜로니를 형성한다. 조류는 유기산을 형성하여 코팅된 부분을 부식시키므로 조류의 주요 피해는 유물의 미관을 손상시킨다. 조류는 자체적으로 생장이 주변으로 퍼지면서 건조에 대비하여 물을 저장한다. 따라서 기질의 하부에까지 손상을 일으킨다. 이 상태가 장시간이 되면 지의류, 선태류, 고등식물 같은 대형 생물이 발생하는 천이 과정을 거친다.

물감 층의 내부에는 주로 균류가 침입하여 콜로니를 만들며, 습기가 많은 부위에는 효모세포가 주로 생장한다. 물감 재료를 훼손하는 생물들 중에서 곤충들도 종종 페인트 층에 손상을 입히며, 특히 액자의 나무 부위나 지지체, 그리고 식물성 풀(glue)을 공격한다.

이젤 그림의 생물훼손도 기질의 화학 성분에 의하여 영향을 받는다. 합성된 기질의 성분 중 유기물은 무기물보다 생물의 공격을 보다 쉽게 받을 수 있다.

② 생물-물리학적인 피해

생물 생장으로 인한 직접적이고 물리적인 활성에 의하여 기질에 손상을 받을 수 있다. 기계적인 손상은 주로 균류의 균사에 의한 훼손으로 생장한 균사는 유화 표면을 덮어버린다. 지지체 내에서 균사와 자실체가 생장하면 물감층을 부서지기 쉬운 상태로 변화시킬 수 있다.

유화에 미생물이 발생하면 크게 예술적인 가치의 손상과 구조적인 피해로 나눌 수 있다.

㉠ 예술적 손상이란 유화의 색깔의 변색과 유화 표면에 생물막이 생기는 것이다.

㉡ 구조적 손상이란 페인트 층이 갈라지거나 훼손되는 것, 페인트에 기포가 생기는 것, 유기물 지지체, 풀, 그리고 접착제가 피해를 입는 것 등이다. 균류의 손상을 장기간 두고 보면 페인트의 예술적 가치를 떨어뜨리게 된다. 균사는 페인트 층에 침투하여 풀과 물감 층의 접착제를 분해한다. 또한 박락, 균열, 그리고 페인트 자체를 파괴한다. 더구나 균류에서 분비하는 산과 효소는 물감 층, 기질의 안전성, 그리고 색깔을 변형시킬 수 있다.

③ 유기물

일반적으로 식물성 풀, 달걀, 카제인(casein), 아교 등과 같은 유기물질은 생물 공격에 더욱 공격받기 쉽다. 바인더에는 기름 성분, 달걀, 카제인으로 만든 제품 등이 있다. 이들 물질은 종속영양 미생물들에게 좋은 영양분이 될 수 있다. 직물을 유지하기 위하여 사용된 밀가루 반죽의 풀(glue)이나, 캔버스 지지체에 사용된 풀의 주성분은 전분이다. 이 **전분**(starch)을 사용하여 만든 모든 예술작품은 미세균류에 의하여 공격받기가 매우 쉽다.

기름 중에서 가장 생물의 공격을 잘 받는 물질은 카제인과 달걀, 도료, 유화도료, 그리고 아마 씨 기름 순이다. 여러 종류의 세균, 균류, 그리고 조류는 지방분해효소를 분비하여 기름성분을 지방산과 글리세롤로 분해한다. 이와 같이 기름으로 만든 물감과 물로 만든 물감들은 미생물에 의하여 쉽게 공격을 받을 수 있다.

④ **사상균에 의한 훼손**

유화 같은 그림과 조각품에 영향을 주는 일반적인 미생물은 주로 **사상균류**이다. 역사적으로 조사된 연구를 종합하여 보면 유화를 훼손하는 미생물에는 *Aspergillus fumigatus*, *A. nidulans*, *A. niger*, *A. oryzae*, *A. terreus*, *A. versicolor*, *Penucillium*, *Fusarium oxysporum*, *Cladosporium*, 등 수많은 종류의 균류가 있다. 나무 판넬 위의 이젤 그림 위에서 발생된 미생물을 조사해 본 결과 *Acremonium*, *Penicillium*, *Helminthosporium*, *Alternaria*, *Aureobasidium* 등의 25속의 균류와, 세균으로는 *Pseudomonas*, *Alcaligenes*, *Bacillus*, *Flavobacterium* 등이 분리되었다.

수채화 그림과 종이 위의 파스텔에서도 훼손하는 많은 종류의 균류가 발견되었다. *Penicillium*, *Aspergillus*, *Trichothecium*, *Fusarium*, *Botrytis*, *Sepedonium*, *Papularia*, *Alternaria*, *Stemphylium*, *Cladosporium*, *Mucor*, *Rhizopus*, *Verticillium*, *Cephalosporium* 등이 있다.

캔버스의 그림을 훼손하는 균류에는 *Penicillium*, *Aspergillus*, *Alternaria*, *Cladosporium*, *Stemphylium*, *Geotrichum*, *Botrytis*, *Trichothecium*, *Verticillium*, *Chaetomium*, *Aureobasidium*, *Mucor*, *Rhizopus* 등이다. 지지층의 부식에는 연부후균들이 관여하며 *Trichoderma*는 페인트 층을 공격하는 등 다양한 균류가 페인트를 훼손한다.

표 6-20 회화에 발생한 미생물 훼손 사례

그림의 종류	발생된 미생물
유화	균류: *Aspergillus fumigatus*, *A. nidulans*, *A. niger*, *A. oryzae*, *A. terreus*, *A. versicolor*, *Penucillium*, *Fusarium oxysporum*, *Cladosporium* 등 수많은 종류
이젤 그림	균류: *Acremonium*, *Penicillium*, *Helminthosporium*, *Alternaria*, *Aureobasidium* 등의 25속 세균: *Pseudomonas*, *Alcaligenes*, *Bacillus*, *Flavobacterium* 등
수채화, 종이	균류: *Penicillium*, *Aspergillus*, *Trichothecium*, *Fusarium*, *Botrytis*, *Sepedonium*, *Papularia*, *Alternaria*, *Stemphylium*, *Cladosporium*, *Mucor*, *Rhizopus*, *Verticillium*, *Cephalosporium* 등
캔버스 위의 그림	균류: *Penicillium*, *Aspergillus*, *Alternaria*, *Cladosporium*, *Stemphylium*, *Geotrichum*, *Botrytis*, *Trichothecium*, *Verticillium*, *Chaetomium*, *Aureobasidium*, *Mucor*, *Rhizopus*

이들 균사는 그림의 내부에 침입하여 효소를 이용하여 작품의 모든 성분을 분해시킨다.

㉠ 유화 작품의 극히 일부에 미생물이 공격하면 예술품 전체를 훼손시키는 결과가 된다. 일반적으로 미생물은 처음 지지체에서 시작하여 모든 층으로 침투하게 된다.

㉡ 미생물이 만들어 내는 효소는 균사가 회화의 내부로 침투하는 데 도움을 준다. 이 효소들은 물감 층, 지지체의 고분자, 기름 수성도료, 그리고 바인더 물질들을 분해하여 심한 피해를 입힌다. 효소의 작용으로 그림 층을 엉성하게 하여 갈라지기도 하고, 때로는 표면의 일부가 떨어져 나가기도 한다.

㉢ 균사는 그림 내부로 생장하여 대사산물을 분비한다. 이중 유기산은 석회성분을 심하게 용해시켜서 물감 층을 벗겨지게 한다. *Trichoderma*는 페인트 층을 공격하며 *Aureobasidium*은 보통 유화의 기름의 바인더를 분해한다. 이 과정에서 oxalic acid, acetic acid, acetoacetic acid를 생성한다. 이들 유기산은 종이와 수채화 물감에, 그리고 파스텔 물감의 성분을 분해하기도 한다.

㉣ 균류는 자신의 대사 과정으로부터 유색의 화합물을 발생시켜서 유화를 변색시킨다. 이 결과로 생긴 변색은 제거하기가 거의 불가능하다.

㉤ 균류는 특별히 영양세대 상태에서 먼지를 매우 잘 흡수하여, 이들을 영양분으로 이용하여 쉽게 생장한다. 그러므로 외부나 실내의 회화에 먼지의 접근을 최소화하여야 할 것이다.

⑤ 세균에 의한 페인트의 부식

균류와 조류 이외에도 세균은 페인트 위에 생물막을 형성하여 물감성분을 변형시킬 수 있다. 세균이 유화의 깨끗한 표면 위에 발생하여 충분한 콜로니를 형성하면 피해를 주게 된다. 이 세균은 무기산을 생성하여 콘크리트와 금속의 부식을 유도한다. 화학무기영양 세균은 낮은 영양분에서도 생장한다. 주로 페인트를 부식하는 세균으로는 *Actinomyces*, *Alcaligenes*, *Bacillus*, *Flavobacterium*, *Pseudomonas* 등이 있다.

⑥ 조류와 광합성 미생물

기름으로 만든 물감과 안료는 어느 정도 미생물의 침입을 억제하는 효과가 있지만 인도, 브라질, 멕시코에서 유화의 표면에 주로 시안세균이 발생한다는 사실이 실험적으로 알려졌다. 기온이 높은 인도에서는 유화표면에 *Lyngbya*와 *Nostoc* 시안세균인 조류의 발생이 많았다. 그러나 acrylic 유화 작품 표면에는 *Trebouxia*와 *Chlorella* 같은 단세포 녹색 조류만이 발견되었다. 주로 회화의 물감 물질을 부식하는 조류로는 *Chlorella*, *Chlorococcum*, *Oscillatoria* 등으로 다양한 종류가 있다.

유화의 표면이 햇빛에 노출되면 조류가 발생되어 변색을 일으킨다. 조류의 발생은 표면구조를 변화시킬 뿐만 아니라 유기산의 분비로 물감의 성분까지 파괴한다. 조류가 분비하는 유기산에는 lactic, succinic, glycolic, acetic, oxalic, pyruvic acid 등이 있다. 조류는 많은 양의 당과 아미노산을 분비하여 벽화를 파괴하기도 한다.

3) 벽화

벽화(wall painting, mural painting)는 이미 알려진 바와 같이 특별한 기술로 그린다. 벽화**는** 일반적으로 제작 기술과 층 구조의 유무에 따라서 **프레스코(fresco)**와 **tempera(secco)**로 나눈다.

(1) 프레스코

전통적으로 유럽에서는 주로 벽화의 그림은 프레스코 기술로 그린다. **프레스코**는 옛 기술로 물감을 물에 젖은 **석회반죽(plaster)** 위에 그리는 것이다. 그린 다음 석회반죽[$Ca(OH)_2$]이 건조하게 되면 $CaCO_3$가 형성되면서 색소가루를 굳히게 한다. 보통 혼합된 기술을 사용할 때는 수성도료 물감(일반적으로 카제인 바인더)으로 그림을 그린다. 손상된 프레스코의 일부분을 복원할 경우에는 여러 가지 바인더를 포함된 수성도료 물감으로 그림(painting)층 내의 미완성 부분을 다시 그려서 수복한다(**그림 6-32**).

벽화의 성분은 물리학적, 화학적, 그리고 생물학적으로 피해를 입는다. 습도, 염, 대기오염 같은 일반적인 요인이 벽화 손상에서 중요한 역할을 한다. 특별히 균류의 생장과 같은 생물학적 요인이 벽화 파괴의 주범이다.

(2) 훼손 미생물

역사적으로 매우 오래된 벽화 위에는 주로 균류, 조류, 세균들의 미생물들이 발생하여 벽화를 훼손한다. 일반적인 미생물의 생장에 의한 손상으로

그림 6-32
프레스코화
(파르네제 궁전의 돔)

생물막이 발생되고 바인더가 분해되며, 그리고 변색이 발생된다.

벽화를 훼손하는 균류에 관한 수많은 연구는 이탈리아, 영국, 러시아, 독일, 일본, 불가리아, 스페인, 루마니아, 폴랜드, 스위스 인도 등에서 이루어진 바 있다. 여러 가지 종류의 균류가 벽화에 분포하여 피해를 입히는 것으로 알려져 있다. *Aspergillus*, *Penicillium*, *Cladosporium*, *Alternaria*, *Curvularia*, *Chaetomium*, *Fusarium*, *Trichoderma*, *Gliomastix*, *Aureobasidium* 등이 일반적으로 분포되어 있다. 온대 기후에서는, *Aureobasidium pullulans*, *Cladosporium herbarum*, 그리고 *Alternaria*, *Penicillium*, *Aspergillus*의 종들이 외부에 노출된 회화의 표면에서 발견되었다.

1966년 Florence에서는 장마로 수많은 벽화와 이젤 유화가 미생물에 의하여 심하게 피해를 받은 적이 있었다. 그 후 Gargani(1968)는 주로 프레스코 위에서의 미생물 상을 조사하였다.

1970년대 후반에 이 벽화의 균류를 제거하기 위하여 nystatin으로 세척하였으나 15년 후 1985년에 회화 표면 위가 녹갈색에서 흑색으로 오염된 부위가 나타났다. 그러므로 균류를 제거해도 미생물이 다시 발생된다는 것을 알 수 있었다. 이 같은 프레스코에 생장하는 미생물은 *Penicillium*, *Cladosporium*, *Aspergillus* 등이 대부분이었다.

지하 환경: 성당의 지하, 무덤, 동굴 같은 지하에 위치하고 있는 프레스코에 처음 나타나는 미생물은 Actinonycetales로, 이 중에 *Streptomyces*와

*Norcardia*가 주로 대표적으로 분포하고 있었다. 습도가 많은 좁은 지하의 환경조건에서 조명이 되는 벽화에 생장하고 있는 세균은 시안세균인 *Chloro-gloea*, *Chroroccus*, *Gloeocapsa*, *Pseudocapsa*와 녹조류인 *Apatococcus*, *Chlo-rella*, *Chlrorococcum*, *Muriella*가 대부분이었다. 또한 고세균의 군집도 적색 변색에 관여하는 것으로 알려졌다. 적색 변색은 세균색소인 것으로 확인되었는데, 주로 C-50 카로티노이드인 bacterioruberin과 monoanhydro-bacte-rioruberin이었음이 확인되었다.

유전자 증폭 연구: 귀중한 문화재의 특수성 때문에 극미량의 시료만으로 모든 연구를 하여야 하므로 어려운 문제점이 많다. 그러나 아무리 적은 양의 시료로도 유전자를 증폭하는 기술을 이용하면 기초 조사를 포함한 예방과 수복 계획을 수립할 수가 있다. 이 유전자 증폭 실험으로 이탈리아 Matera의 Original Sin의 Crypt에 있는 중세 프레스코(fresco)화 위에 적색 변색의 원인을 조사한 결과, 그 원인은 미생물의 활동에 의한 것으로 밝혀졌다. 좀 더 상세히 설명하면 이들 세균을 유전자 증폭기술로 16S RNA를 분석한 결과 *Actinobacteria*이었음이 확인되었으며, 그 외에도 원시세균인 *Halobacteria* 관련 종들이 많았다.

(3) 벽화의 훼손 과정

벽화의 미생물에 의한 피해는 대부분의 균류에 의한 것이므로 여기서는 주로 균류에 의한 손상을 중심으로 기술하고자 한다.

1920년대 후반부터 프레스코의 채색 층을 부식하는 균류에 관한 연구가 시작되었다. 균류에 의한 미적 가치를 손상시키는 요인으로 ① **백화현상**과 ② **녹색-흑색 변색**의 두 가지가 있다. 백화현상과 변색을 유도하는 균류로는 *Cladosporium sphaerospermum*으로 확인되었다.

① 균류

㉠ 생물-물리학적 손상

벽화의 손상 형태는 균사의 생장에 의한 물리적 작용 또는 자실체 형성에 의한 벽화 표면에서 피해가 발생된다. 때로는 균사가 벽화 층의 내부에 침투하기도 한다.

벽화의 생화학적인 피해는 균류의 동화작용과 이화작용 과정에 의하여 생긴 대사산물에 의하여 손상을 주게 되는 것이다.

㉡ 유기산에 의한 피해

대사활성 중 균류는 gluconic, citric, oxalic, malic, succinic acid를 만들어 낸다. 이들 산은 여러 가지의 벽화 성분과 반응하여 양이온을 용해하거나, 혹은 색소 내의 금속이온과 착화합물을 형성할 수 있다. 균류가 생성한 산은 염을 만드는데, 예컨대 옥살산은 칼슘이온과 반응하여 whewellite($CaC_2O_4 H_2O$)와 weddellite($CaC_2O_4 2H_2O$) 무기물을 만든다. 사암, 석회암, 그리고 화강암에서 산성 균류는 칼슘, 철, 마그네슘을 용출하여 옥살염 같은 염을 형성한다. 호기성인 균류의 호흡의 결과로 만들어진 이산화탄소는 습기가 많은 환경에서 탄산(carbonic acid)으로 전환된다. 이 탄산은 회반죽층의 칼슘과 마그네슘을 용해하여 탄산칼슘과 탄산마그네슘으로 전환시킬 수 있다. 균류는 벽화를 직접적으로 공격하는 작용을 한다. 벽화에 산을 생성하는 호산성 균류의 생장이 왕성하게 되면 2차적인 훼손을 유발하게 된다.

㉢ 효소에 의한 피해

여러 종류의 균류는 여러 종류의 효소의 활성을 통하여 그림에 피해를 준다. 고분자를 분해하는 효소는 그림의 고분자 성분을 분해한다. 이들 효소는 단백질, 섬유소, 헤미셀룰로오스, 리그닌, 그리고 기름 같은 복잡한 분자를 단순한 분자로 전환시켜서 물에 쉽게 용해하게 한다.

이들 효소의 활성으로 생긴 결과 그림 층이 엉성하게 되고, 회화의 일부분은 갈라져서 떨어져 나가게 한다. 효소는 그림 층 내에 있는 고착제도 파괴한다. 새로 수복한 물질과 회반죽 내에 잔존하는 식물체까지도 파괴시킨다. 균사가 생장하면 그림 층의 내부로까지 침투한다.

균류는 생장이 빠르며 색소도 잘 만들어 기질을 변색시킬 수 있다. 균류의 효소들은 polyuethanes를 분해할 수 있으며, 여러 가지 고분자 물질 중의 가소제(plastizicer)도 대사 분해하여 고분자의 기질을 부서지기 쉽게 한다. 균류는 투과성이 높은 코팅한 부분에서의 변화도 유발한다. 그러나 플라스틱은 미생물 공격에 저항성이 있다. 균류 생장의 주요한 문제점은 표면을 변색시켜서 미적인 예술성을 손상시킨다는 것이다.

균류는 세포 외로 효소를 분비하여 영양소를 분해하여 생장하여 콜로니를 형성한다. 균류 효소의 기능은 다양하여 다른 미생물보다 영양분을 용이하게 파괴한다. 그러므로 균류는 살아 있는 큰 나무, 목재로 만든 작품, 직물을 포함하여 섬유소물질이 아닌 플라스틱, 페인트, 아교, 약품, 그리고 예술작품 등도 손상시킨다.

㉣ **색소 형성**

대사 활성의 결과 많은 균류는 여러 가지 색의 유기물 색소를 생성한다. 이들 색소에는 녹색, 회색, 청색, 자색, 보라색 등이 있다. 이들 색소는 anthraquinone, xanthone, 혹은 carotene 같은 화합물로 균류의 종에 따라 다르고, 물감의 화학성분, 그리고 환경조건에 따라 다르다. 벽화 위에 색소가 발생하거나 색소를 포함한 균류가 있으면 벽화 위에 변색이 발생된다. 이렇게 하여 한번 형성된 변색은 그림의 표면으로부터 제거할 수 없다.

㉤ **회화의 채색 층**

회화의 채색 층에 주로 발생하는 균류로는 *Aureobasidium*, *Alternaria*, *Aspergillus*, *Cladosporium*, *Penicillium*, *Fusarium* 등이 있다. 이들 균류는 페인트 층(채색 층)에 침투하여 기질을 파괴한다. **페인트**의 훼손에 관여하는 미세균류 중에는 *Penicillium*, *Aspergillus*, *Trichoderma*, *Phoma* 등은 수성도료와 기름 밑바탕 재료(binder)를 분해한다. *Aureobasidium*은 건조기름의 재료를 분해하며, *Geotrichum*은 카제인을 분해하고, *Mucor*와 *Rhizopus*는 풀(glue)을 공격한다.

② **세균**

세균이 생장하면 무기산이 생성되어 콘크리트와 금속의 부식을 할 수 있다. 화학무기영양 세균은 낮은 영양분에서도 생장한다. 주로 벽화의 페인트를 부식하는 세균 역시 유화의 안료를 부식하는 *Actinomyces*, *Alcaligenes*, *Bacillus*, *Flavobacterium*, *Pseudomonas* 등이다.

더구나 유황세균은 2단계로 프레스코에 피해를 입힌다.

㉠ 벽화의 표면에 콜로니를 형성하는 미생물은 유황세균으로 프레스코 훼손에 중요한 역할을 한다. 주변의 산업 공장에서 배출되는 공기오염물질인 이산화유황(SO_2)이 대기 중에 분산되는데, 이것이 벽화의 표면에 흡수된다. 이산화유황은 프레스코의 $CaCO_3$를 용해하여 **석고($CaSO_4$ $2H_2O$; gypsum)**의 침전을 만든다. 이 석고의 침전은 흰색의 응결체로 **백화현상(efflorescence)**을 나타낸다. 이 같은 백화현상을 일으키는 세균으로 유황-산화세균(65,000cells/g)과 유황 환원세균(200cells/g)이라는 것이 확인하였다. 프레스코에 처음 발생하는 미생

물은 유황을 이용하는 세균이었음이 확인되었다.

㉡ 유황세균은 프레스코의 물감 층을 변색시키는 역할을 한다. 유황세균은 처음에 기계적 손상을 입혀서 물감 층의 일부를 떨어져 나가게 한다. 프레스코의 기질은 호기성과 혐기성의 유황세균의 생장을 도와준다. 다음 단계는 유기물이 축적되면 종속영양세균의 생장이 시작되어 프레스코가 파괴된다.

그 외에 벽화 표면에 생기는 시안세균과 세균의 생물막은 표면에 적색, 오렌지색, 갈색, 녹색과 검은색으로 변색시킬 수 있는 특성이 있다.

(4) 벽화의 보존처리

벽화의 훼손에서 균류의 생장이 중요한 역할을 하고 있음은 이미 설명한 바와 같다. 따라서 균류를 제거하는 처리를 하면, 균류가 생장하는 데 필요한 요인을 차단하고, 이미 서식하고 있는 균류를 제거할 수 있다.

습도는 균류 생장의 가장 중요한 요인이다. 벽화 훼손을 예방하는 가장 중요한 방법은 주변 공간을 적당히 환기시켜서 그림 표면의 높은 습도를 제거하여야 한다. 다시 말하면 온습도를 조절하여 균류의 생장을 억제하는 것이다. 인위적인 공기 공조 시스템은 환경의 요인을 조절하는 좋은 방법이 된다. 그러므로 벽화 훼손을 예방하기 위하여 환경요인을 계속 감시하여야 할 것이다.

벽화에 이미 생장하고 있는 균류를 살생하기 위하여, 또는 벽화 예방을 위하여 살생제(살진균제)를 사용하지만 항상 효과적이지 못하며, 오히려 부작용이 발생되는 수가 있다. 그러므로 적당한 살진균제 처리에 관한 연구는 계속되어야 한다.

벽화에 살균제를 처리 방법은 3가지가 있다.

① 주사 방법: 벽화의 표면이나 기질 내에서 생장하는 균류를 살생하는 데 사용된다.

② 분사법: 넓은 범위의 벽화 훼손에 사용되며, 살균 용액이 깊은 부분까지 침투하기 어려운 단점이 있다.

③ 붓으로 칠하는 법: 오염된 표면에 살진균제를 쉽게 접촉하기 위하여 사용하는 방법으로 비교적 효과적이다. 그러나 처리시간이 많이 걸리고 2~3번을 처리해야 한다는 단점이 있다.

주의할 점은 살균제를 사용하기 전에 벽화로부터 채취한 균류 시료를 실험실에서 살균제 효과를 실험하여야 한다. 그 실험 결과를 확인한 다음 살균제의 농도와 처리 시간 등을 고려하여 처리하여야 보다 효과적이다.

실제로 벽화에 사용되는 이상적인 살진균제는 다음과 같은 특성이 있어야 한다.

① 낮은 농도로 사용하여도 매우 높은 살균효과가 있어야 한다.
② 벽화의 어느 성분, 염료의 정착, 접착제, 바닥과 회반죽 내의 풀(glue) 같은 성분에 피해를 주어서는 안 된다.
③ 살균제는 휘발성이 낮아야 벽화에 더 오랫동안 효력을 보여줄 수 있다.
④ 살균제가 쉽게 변하거나 유독한 훼손 산물을 형성해서는 안 된다.
⑤ 벽화의 성분과 결합하여 살균효과를 잃어서는 안 된다.
⑥ 인간에게는 낮은 독성을 가져야 한다.

벽화의 훼손 불순물을 제거하기 위하여 Tonolo와 Giacobini(1963)는 적은 규모의 벽화를 ethylene oxide로 멸균하여 질소대기로 채워주어야 한다고 주장하였다. 벽화를 살균하기 위하여 ethylene oxide와 methyl bromide, 그리고 에탄올 내에 0.3% phenylmercuric acetate 용액이 효과적이라는 보고가 있다.

4) 단청

우리나라 고궁의 목재 건물들이나 사찰 등에서 기둥과 천정 목재 부위에 여러 가지 색으로 무늬를 그려서 코팅하여 아름답게 장식한 것을 **단청**이라 한다. 단청의 성분은 무기물질로 구성되어 있는 안료를 사용한 것으로, 오래전부터 한국을 비롯한 동양건축에 전통적으로 사용해 왔다.

단청의 기원은 고분 벽화와 사찰 벽화 등에서 볼 수 있는데, 현존하는 것으로 삼국시대의 고구려 벽화를 대표적인 예로 들 수 있다. 우리나라의 고대 안료는 고구려 고분 벽화의 안료와 조선시대의 단청 안료의 성분과 비교하여 보아도 천연안료는 시대별로 큰 차이가 없었다. 창덕궁의 건물에 칠한 안료는 이조 말엽의 1900년 초에서 일제시대의 것으로 추정된다(**그림 6-33**).

단청은 청, 백, 주황, 흑, 황색의 5가지 기본색을 기본으로 하여 목조건물이나 조각상, 공예품 등에 채색하는 행위를 말한다. 역사적으로 오래전부터 사용해온 단청은 칠하고자 하는 바탕재료(ground), 색을 나타내는 안료, 그리고 바탕 표면에 피막을 만드는 역할을 하는 **전색제(binder medium)**인

그림 6-33
창덕궁 목조 건물의 단청

아교를 사용했다. 그러나 아교의 사용은 매우 어려운 관계로 최근에는 polyvinylacetate(PVA)나 아크릴 에멀젼(acrylic emulsion)을 사용해 왔는데 최근 아교를 이용한 전통방식으로 회귀하려는 연구들이 진행 중이다.

단청의 안료는 주로 무기물로 되어 있는 특성이 있으므로 생물의 피해가 거의 없는 장점이 있다. 단청의 무기물질은 독성이 강하므로 세균, 균류, 또는 곤충의 공격을 예방할 수 있다(표 6-21).

그러므로 단청은 목재의 부식방지, 방수, 해충 방지에 매우 효과적이다. 단청은 목재의 단점을 보강하여 목재의 수명을 연장시키는 장점이 있다. 아울러 고전적인 미적인 가치를 높여 주는 효과도 있다.

표 6-21 단청의 안료성분

색상	안료
흑색	먹(carbon black)
흰색	백토, 연백: $2PbCO_3 \cdot Pb(OH)_2$ 호분: CaO, $CaCO_3$
황색	황토: $FeO_3 \cdot H_2O$ Orphimant: As_2S
적색	HgS, Fe_2O_3, Pb_3O_4
청색	$2CuCO_3 \cdot Cu(OH)_2$
녹색	녹청(malachite: $Cu_2CO_3(OH)_2$)

5) 페인트 훼손과 환경

유화의 성분이 유기물과 무기물로 구성되어 있으므로 습도, 온도, 빛, pH

등의 환경 조건에 따라서 여러 종류의 미생물이 기질 위에 발생될 수 있다.

(1) 상대습도와 온도

일반적으로 대부분의 균류 생장에 최적 조건은 상대습도가 65% 이상이면 미생물은 급격히 생장한다. 최적온도는 20~35°C이나 그 범위 이외에서도 생장이 가능하다.

여름의 우기에는 대기의 습도가 높아서 균류의 생장이 왕성하다. 균류는 벽화 표면에 축적된 먼지나 벽화의 전색제(binder) 내에 있는 유기물을 이용할 수 있다. 사용했던 보조물질과 회반죽(plaster)의 섬유소, 전분, 밀크 등도 이용할 수 있다. 그림 성분 중에서 카제인(casein), 젤라틴(gelatin)에는 균류 생장이 용이하게 발생하지만, 벽화의 성분인 limonite, haematic, malachite 같은 색소는 균류 생장을 억제한다.

높은 습도는 벽화, 이젤 그림(easel painting), 조각품, 종이, 양피지, 가죽 위의 그림 같은 그림, 조각, 미술품에 미생물 공격을 일으키는 중요한 환경요인이다. 모든 미술품들은 종종 높은 습도와 접촉하면 미생물에 의하여 파괴된다.

오래된 미술품이 습기에 노출되면 여러 가지 미생물의 발생의 원인이 된다. 습도를 낮추어 주면 약간은 예방될 수 있으나, 외부에 노출된 다른 미술품은 주변의 기후 요인에 의하여 생물훼손을 피하기 어렵다.

건물의 설계 잘못으로 벽에 물이 차서 미생물이 발생하기도 한다. 과잉의 물은 그림이나 오래된 나무와 조각품을 변형시키고 틈을 생기게 한다. 이런 조건에서는 목재로 된 미술품은 목재부후균이 발생하여 빌딩의 목재를 훼손한다.

지하수의 유입은 벽화가 물리화학적으로 파괴되거나 미생물에 의하여 훼손되는 중요한 원인이 된다. 지하수는 벽을 통하여 건물 내로 침투하여 들어온다. 이때 토양으로부터 유입되는 물속에 포함된 염은 그림의 표면에까지 도달하여 결정을 만들기도 하고, 미생물의 발생을 도와주기도 한다.

그림과 조각 위에 응축된 물이 있으면 미생물의 공격이 크게 증가된다. 다행이 공기조절이 잘 되고 있는 박물관의 실내에 진열된 미술품은 물에 의한 위험을 최소화할 수 있다. 그러나 현재까지 많은 예술적 가치가 있는 미술품들을 가정이나, 교회, 그리고 개인이 소장하고 있는데, 이들 작품은 습도와 온도가 조절되지 않는 기후조건에 위치하고 있으므로 미생물의 공격을 받기가 쉽다.

유리컵에 찬물이 있는 상태에서 주변에 따뜻한 공기가 있으면 유리컵 외부에 물방울이 맺히게 된다. 이렇게 맺힌 물방울을 **응축수(condensation water)**라 하고 응결수가 생기는 현상을 **결로(dew condensation)**라 한다. 차가운 벽의 표면에 실내의 습도가 높은 따뜻한 공기와 접촉하였을 때 그 표면에 물방울이 맺히는 **결로현상**이 나타난다. 이 같은 현상이 건물 내부의 온도를 낮게 해 주어도 발생된다. 장기간 보관해 온 그림 표면이 온도가 내려가 춥게 되면 이슬이 맺히게 되어 결로현상이 발생한다. 주로 춥고 어두운 교회에서도 발생되는데, 교회 내부로 따뜻한 공기가 유입되면 응결수가 발생된다. 이 같은 응결수가 생기는 결로현상은 실내의 그림, 조각품, 서적, 가구 등의 미술품에 미생물을 발생시킨다. 상대습도가 80% 이상이면 더욱 미생물의 공격을 받는다.

(2) 빛

회반죽 주변에 약간의 수분과 햇빛이 있으면 벽화 위에 조류가 발생한다. 조류는 빛과 습도만 있어도 쉽게 광합성을 하여 독립적으로 생장할 수 있는 광독립영양생물이기 때문이다. 조류의 발생은 프레스코 표면을 변색하여 훼손시키는 주범이기도 하다.

건물 내에 있는 프레스코에 빛이 쪼이면, 채색면 위에 시안세균과 조류가 생장하여 심하게 피해를 줄 수 있다. 채색면 위에 녹색, 갈색, 황색의 조류 파티나가 발생하는 관계로 미술적 가치의 피해를 입히기도 하며, 이들 미생물은 표면층을 풍화하여 채색층과 회반죽의 아래 부위를 이탈시켜서 떨어져 나가게 한다. 프레스코에 서식하는 조류인 *Nostoc*는 질소를 고정하여 생장하면서 미생물막을 형성한다. 시안세균과 조류는 유기물을 축적하여 2차적으로 종속영양세균과 균류의 생장을 유도하여 더욱 미술적, 그리고 구조적 손상을 받게 한다.

(3) 유기물

유기물의 성분은 대부분의 종속영양 미생물에 좋은 영양분이 된다. 높은 습도와 온도 조절이 안 되는 박물관이나, 오래된 교회 같은 장소 내에서 유화 같은 미술품은 종속영양생물의 발생이 용이하다. 유화 물질 자체를 공격하는 미생물은 주로 많은 종류의 미세균류인데, 그 이유는 예술작품의 유기물 성분이 균류에게 중요한 영양분이기 때문이다. 더구나 균류는 악조건의 환경에서도 강한 내성을 가지고 있어서 적은 양의 수분도 이용할 수 있는 특성이 있다.

그림 6-34
훼손된 프레스코 벽화(이스탄불 소피아 성당)

캔버스 위의 그림도 캔버스 자체가 영양분으로 이용될 수 있으므로 미생물의 공격을 쉽게 받을 수 있다. 환기가 잘 안 되고 습도가 높으면 균사의 침투로 인하여 물감 층이 떨어져 나가든가 또는 작은 균열이 생길 수 있다. 아래의 **표 6-22**는 유화에 발생되는 미생물들의 종류를 보여준다.

표 6-22 유화 훼손 미생물

균류	세균	조류	광합성 세균
Alternaria	*Actinomyces*	*Chlorella*	*Chroococcus*
Aspergillus	*Alcaligenes*	*Chlorococcum*	*Gloeocapsa*
Aureobasidium	*Bacillus*	*Eustigmatus*	*Gloeothece*
Botrytis	*Flavobacterium*	*Trebouxia*	*Lyngbya*
Cephalosporium	*Pseudomonas*	*Ulothrix* diatom	*Nostoc*
Chaetomium			*Oscillatoria*
Cladosporium			*Plectonema*
Curvularia			*Scytonema*
Fusarium			*Synechococcus*
Geotrichum			*Synechocystis*
Mucor			
Papularia			
Penicillium			
Rhizopus			
Sepedonium			
Stachybotrys			
Stemphylium			
Tramates			
Trichoderma			
Trichothecium			
Ulocladium			
Verticillium			

참고문헌

Arai H.(2000). Foxing caused by Fungi; twenty-five years of study. *Intern. Biodeter & Biodegr* 46;181-188

Cain C.E., Miller B.A.(1984). Proposed classification of foxing. American Institute for Conservation, Book and Paper Group, 10th Annual Meeting Postprints p. 29-30

Florian M-L. E.(2000). Fungal fox spots and others in "Of Microbes and Art" Edited by Ciferri O., Tiano P., Mastromei G. p.135-151; Kluwer Academic/Plenum Publisher

Gargani G.(1968). Fungus contamination of Florence art-masterpieces before and after the 1966 diaster. in Biodeteriotation of materials. eds Walters AH, Elphick J J. Elsevier P. C. Amsterdam, The Netherlands. pp.252-257

Reese E. T.(1975). "Biological Transformation of Wood by Microoorganisms(Liese, W. ed.), pp.165-181. Spring Verlag, Berlin-Heidelberg_New York

Tiano P.(2000). Biodegradation of Cultural Heritage: Decay Mechanisms and Control Methods. Seminan anticle, New University of Lsibon

Tonolo A., Giacobini C.(1963). Microbiological changes of frescos. In Recent Advances in Conservation. Butterworth, Guilford, UK, pp62-64

CHAPTER 07

생물훼손에 대한 문화재의 보존처리와 복원

1. 보존처리 전략

문화재의 보존처리 목적은 훼손하는 생물을 살생하는 것이고, 두 번째는 훼손되어 생성된 물질을 제거하는 것이다. 이 같은 생물에 의한 훼손을 처리하기 위하여 몇가지 준비사항을 계획하여야 한다. ① 미술품의 화학적 구성성분과 살생물제의 성질을 고려하여 처리방법을 선정하여야 할 것이며, ② 사용할 방법을 예술작품의 표면에 처리하였을 경우 기계적, 물리적 또는 화학적 작용으로 예술품에 미칠 영향을 고려하여야 할 것이다. ③ 살생물제의 생화학적, 생태적, 형태적, 구조적 특성 등의 살생 기작이 기질과 관계에서 어떠한 영향이 발생할 것인가에 대한 계획을 세워야 할 것이다.

1) 처리방법의 선택

우선 처리할 가장 적합한 방법을 선택해야 한다. 훼손 생물의 종류에 따라, 그리고 문화재의 물질의 구성성분, 보존 상태 등을 고려하여, 기계적, 물리적, 화학적인 처리방법을 선택하여야 한다. 각 방법은 장점과 단점이 있으므로 방법에 대한 평가를 철저히 하여야 한다. 잘못된 재료와 방법으로 처리 시 종종 훼손 생물보다 정확한 기질에 더 심한 손상을 받을 수 있기 때문이다. 또한 처리 시 가장 잘 발생하는 잘못된 문제점은 문화재에 변색이 발생되는 것이다.

처리방법을 선택할 경우 주의하여야 할 몇 가지는 다음과 같다.

- 생물에 의한 손상의 원인을 확인
- 기질에 대한 처리제의 적합성

- 처리 시의 위험요소
- 보존하는 동안에 사용한 제품과 기질 간의 장기간의 영향 등을 고려하여야 한다.

2) 처리 후의 관리

처리 후의 생태계 결과에 대하여 미생물 군집의 평형의 변화를 예상할 수 있다. 어느 훼손 생물을 제거하기 위하여 살생물제를 처리하면 효과를 볼 수 있으나, 부작용으로 다른 생물이 발생할 수 있다. 다시 말하면 처리된 살생물제에 내성이 있는 극소수의 생물이 서식하기 시작하여, 장기간 후에는 이 내성생물만이 번성하는 것이 2차적인 문제가 된다.

전체적인 제초제를 사용하였을 경우 문화재 주변의 생물다양성의 무차별적 파괴가 우려된다. 그러나 주변의 모든 식물 군집이 모두 제거되어서는 안 되므로, 조심스럽게 처리하여 원하는 훼손 생물만을 제거하여야 할 것이다. 따라서 시간이 지난 후의 처리 결과에 대하여 처리효과가 장기간 두고 관찰하여 기질과 주변 환경과 어떠한 결과가 발생하는가를 감시(monitoring)하여야 한다.

3) 기질의 특성

문화재를 구성하는 기질은 앞에서 언급한 바와 같이 다양하다. 기질의 구조와 성분을 이해하고, 물의 이용도, 물의 투과성, 훼손 생물에 대한 수용성, 침적된 영양상태, 표면의 구멍의 크기의 정도와 깊이, 그리고 조각한 상태 등의 다양한 조건 등을 고려하여야 할 것이다.

2. 훼손원의 제거

1) 기계적인 제거

(1) 기계적 방법

석조문화재 표면에 먼지, 숯, 생물막, 또는 표면의 피각(crust)을 제거할 경우 많은 여러 가지의 기술 중에서 가장 이상적인 보존방법을 선택하여야 할 것이다. 이들 물질을 제거하기 전에 암석 표면 오염의 화학적, 구조적인 특성과 함께 생물학적으로도 우선 분석하여야 한다.

전통적으로 훼손 생물 제거를 위한 기계적인 방법은 **칼, 페인트, 솔, 스파튤러(spatula), 작은 긁는 도구, 흡입기 같은 손 기구들**을 사용하는 것이다. 이들 방법은 간단하고 즉시 결과를 볼 수 있기 때문에 널리 사용된다. 그러나 미세한 화분, 균류의 포자, 세균 같은 것은 완전히 제거할 수 없는 단점이 있다. 방법은 육안으로 보이는 부분에만 사용할 수 있는 제한이 있다.

(2) 세척법

① **물과 증기 세척:** 물을 이용하는 세척은 석회석이나, 풍화가 진행된 물에 용해성인 암석에 가장 효과적이다. 이 세척은 제일 먼저 오염물질을 제거하기 위하여 종종 사용한다. 물 세척은 표면의 해로운 물질을 제거하지만, 훼손 생물의 영양체나 생식구조를 완전히 제거하기는 매우 어렵다. 지의류의 엽상체, 식물의 뿌리, 균사 등을 기구로 제거하는 방법으로는 한계가 있기 때문이다.
반면에 세척에 의하여 생기는 손상도 발생한다. 표면의 손실, 변색, 용해성 염의 축적, 암석 위에 오염물질이 축적, 그리고 생물의 발생 등의 손상을 초래한다. 또한 예술적 가치가 상실되거나 역사적인 증거가 제거될 수도 있어서 대단히 주의하여야 한다.

② **레이저(laser; light amplication by stimulated emission of radiation) 세척:** 레이저 세척은 박물관 내의 유물에 사용하기 위하여 개발되었으며, 석회암이나 대리석 건물의 훼손에도 사용된다. 세척은 대부분이 석회암이나 대리석에 사용되지만 표면이 고르지 못한 화강암의 세척에는 사용할 수가 없다.
암석을 세척하기 위하여 레이저를 사용하는 것은 매우 관심이 있는 방법으로 상업적으로도 유용하게 사용된다. 중요한 장점은 암석과 물리적인 접촉이 없이 섬세하게 표면의 세척을 이상적으로 할 수 있다는 것이다. 레이저 선이 표면에 닿으면 선의 에너지는 오염물질과 함께 증발되면서 소멸된다. 암석의 오염물은 빛을 흡수하여 세척이 진행된다. 일단 오염물질이 제거되면 빛은 깨끗한 표면에 의하여 반사되므로 더 이상의 물질은 제거되지 않는다.

최근에는 레이저 세척의 속도를 높이기 위하여 최적 파장과 파장에너지를 선별하는 연구도 다른 세척 방법과 비교하여 진행하고 있다.

③ **세척의 장단점**: 물로 세척하는 것은 풍화성이고 용해성인 염을 제거하는 데는 도움이 된다. 기름성분의 세척은 약한 세제로 제거할 수 있다. 고온의 수증기를 석조유물에 사용하면 훼손 생물을 제거할 수도 있다. 그러나 이 방법은 일시적으로 생물학적인 감염을 완화시켜줄 수는 있지만, 장기간으로 보면 습기의 증가로 인하여 더 많은 미생물을 발생시킨다. 기계적이고 화학적인 세척은 종종 제한된 효과를 볼 수 있지만 석조유물에 변색과 심한 손상을 초래할 수 있다.

2) 물리적 제거

(1) 물리적 방법

물리적인 방법으로 훼손 생물을 살생하고 제거할 수 있다. 이 물리적 방법에는 자외선(UV), 감마선, 베타선 같은 전자기 복사선, 마이크로파(micro-wave), 저온과 고온 등으로 처리하는 것들이 있다. 이들 방법은 생물을 살생하는 효과가 있으며, 생물의 환경조건 중의 하나인 대기의 성분을 변화시켜서 생물을 사멸시키는 방법이 있다. 그러나 아직까지는 물리적인 방법은 고비용의 문제와 일반적으로 사용자의 위험성으로 널리 사용되지 못하고 있다.

물리적인 방법으로 처리하면 에너지가 약하기 때문에 살아 있는 생물은 제거할 수 있으나 내성이 있는 생물과 번식체는 그대를 남아 있을 수 있다. 실제로 물리적 처리 후에 다시 콜로니를 형성할 수 있는 미생물들이 있다는 것이다.

자외선(ultraviolet; UV)은 200~280nm 파장으로 살균효과가 강하지만, 더 효과적인 파장은 230~275nm의 사이이다. 자외선 조사를 사용하면 매우 간단하고 경비가 들지 않는 장점이 있지만 침투력이 약한 것이 단점이다. 처리의 효과는 시간, 기질의 형태, 그리고 미생물의 생리적인 상태에 따라 다르다. 자외선 조사는 유기물질에 광산화 현상을 유발할 수 있으며 약간의 색소와 상호작용을 하므로 매우 제한된 분야에서만 사용이 가능하다.

종이의 경우 자외선으로 멸균처리하면 섬유소 사슬이 끊어지고 종이분자가 꼬여서 노란색으로 되어 종이가 노화된다. 자외선 처리는 기질의 화학적 성질에 영향을 줄 수 있다. 최근에는 외부에서 들어오는 공기를 UV 방을 통과시키면 공기 중의 모든 생물은 살균된다. 이 멸균된 공기를 박물관 내에서 계속 순환시켜서 미생물의 침입을 방지할 수 있다.

감마선(gamma-ray; γ-ray)은 방사성(radioactive) 동위원소의 핵이 분열되면서 생성되는 전자기 방사선이다. 투과력이 대단히 강하므로 물질의 소독용으로 가장 많이 사용되며 식품과 화장품 산업에서 미생물을 살균할 때도 널리 사용된다.

감마선 처리는 고가의 장비 관계로 문화재 보존에는 적용하기 어렵다. 처리한 후 잔여 방사능이 기질에 없는 장점이 있지만 이 감마선은 자외선보다 더 침투력이 강하므로 깊이 처리할 물질에만 사용하는 것이 좋다.

베타선(β-ray)은 원자핵으로부터 한 개의 전자나 한 개의 양자가 방출되는 것으로 소독할 수 있는 고에너지를 가지고 있다. 고에너지 전자는 강하게 가열된 양극에서 발생되지만, 침투력은 약한 편이다. 베타선은 전자가 방출되기 때문에 특이한 물질과의 상호작용 현상이 일어난다.

알파선(α-ray), 베타선, 감마선의 투과력을 비교하여 보면 알파선보다 베타선이 강하고, 그 다음 감마선 순으로 더욱 강하다. 알파선은 투과력이 약하여 종이 한 장으로도 충분히 방어할 수 있으나, 종이보다 강한 알루미늄이나 플라스틱으로 충분히 차폐가 가능하다. 그러나 감마선이나 X선은 투과력이 강하므로 이것을 막기 위하여 납이나 콘크리트 등으로 차폐물을 사용하여야 한다(**그림 7-1**).

마이크로파(microwave)를 사용하여 50~55°C에서 고온 처리하면 대부

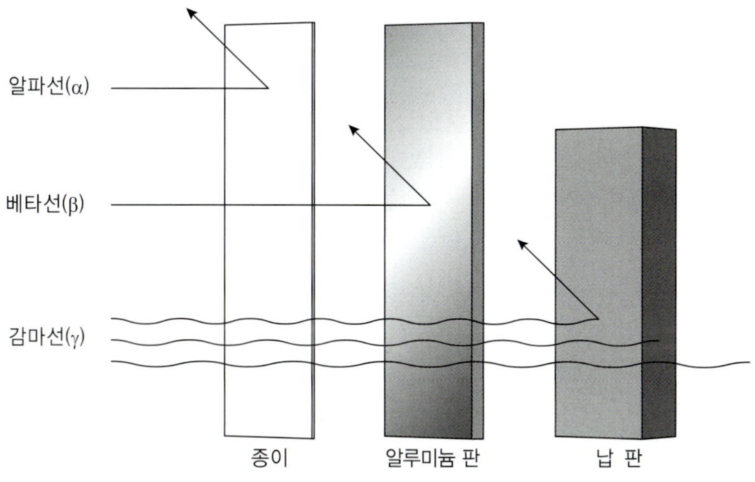

그림 7-1

α, β, γ 방사선의 투과성 비교.
알파선(α)은 헬륨 핵으로 되어 있으며, 종이로 막을 수 있다. 베타선(β)은 전자 또는 양자이며 알루미늄 판으로 막을 수 있다. 감마선(γ)은 납의 판으로 방지할 수 있다.

분의 생물들은 죽는다. 다만 마이크로파는 침투력이 한정되어 있으므로 금속에는 사용할 수 없다. 고온(55℃)과 매우 낮은 저온(-20℃)을 사용하면 곤충은 제거되지만, 미생물은 제거되지 않는다.

불활성 기체를 포함한 대기는 곤충에 강한 살충효과가 있으며, 어떤 경우는 균류 활성도 정지시킬 수 있다. 불활성 기체란 질소, 아르곤 같은 기체로 생물의 생장에 불필요한 환경요소이므로 이들 기체를 전시 상자 속에 넣으면 모든 생물은 생장할 수 없다. 산소 대신에 아르곤으로 대체한 공기는 몇 종류의 갈색부후균의 제거에 효과적이다. 그러나 *Tramates versicolor*는 낮은 농도의 산소에서도 생존할 수 있다.

탄산가스(CO_2) 같은 기체를 사용하면 매우 낮은 농도의 산소에서도 기질과 상호작용하여 문제가 된다. 전시용 상자 속에서도 기질에 습기가 있으면 탄산가스는 탄산을 만들어서 기질과 반응하여 기질을 변형시킨다. 그러므로 기질 위의 결로현상이 일어나지 않도록 주의하여야 한다. 가장 잘 사용하는 전시용 용기는 밀폐된 여러 층으로 된 플라스틱이다. 이것은 기체와 습기에 대하여 효과적인 장벽이 되므로 결로현상이 일어나지 않는다.

(2) 유기물 문화재의 소독

섬유소나 콜라겐 같은 유기물로 된 문화재를 소독하는 물리적인 방법이 있지만 항상 그 방법을 문화재에 쉽게 적용할 수 없다. 왜냐하면 소독제와 기질과의 관계를 고려하여야 하기 때문이다. 대상 훼손 생물에 따라 몇 가지 방법이 사용되고 있다.

- **불활성 기체**를 좁은 공간 내에 투입하면 존재하던 모든 생물은 사멸된다. 작은 크기의 예술품의 보존을 위하여 투명한 물질로 만든 봉투(bag)를 사용한다. 봉투 속에 산소를 흡수하는 물질을 넣으면 봉투 속의 산소가 없어진다. 또한 봉투 속에 발열반응을 할 수 있는 물질을 넣어서 봉투 속의 산소를 흡수하는 방법도 있다.
- **자외선** 처리는 훼손 생물을 효과적으로 사멸할 수 있다. 그러나 훼손 생물이 서식하고 있는 기질인 유기물질에게도 해롭다. 자외선 조사를 하면 기질의 노화를 촉진하고 기계적인 강도를 잃게 한다. 색소, 큰 분자인 섬유소, 콜라겐, 케라틴 등은 자외선에 의하여 쉽게 변형되므로 유기물의 문화재의 소독에는 사용하지 않는 것이 좋다. 위에서 언급한 바와 같이 종이의 경우 자외선으로 멸균처리하면 섬유소 사슬이 끊어지고 종

이분지가 꼬여서 노란색으로 되어 종이가 노화된다. 이와 같이 자외선 처리는 기질의 화학적 성질에 따라서 다양하게 나타난다.

그러나 자외선을 기질에 직접 사용하지 않고 간접적으로 유용하게 사용할 수 있다. 박물관, 도서관, 기록물보관소 내에 자외선 방을 설치하고, 이 방을 통하며 공기를 계속 순환시키면 내부의 균류와 세균의 포자를 사멸시킬 수 있다. 실내의 자외선 등의 강도를 높이면 공기 중의 미생물 오염은 더욱 감소된다.

감마선의 사용은 유기물질 위에 손상을 주는 효과가 있으므로 제한적으로 사용하여야 한다. 감마선 4.5kGy의 선량(dose)을 48분 동안 처리하면 대부분의 균류가 죽는다. 감마선의 선량에 의한 효과는 상대습도와 온도에 따라 다양하게 나타난다.

베타선을 조사하여 종이를 살균 처리하여도 종이에 해로운 영향을 준다. 베타선은 섬유소, 목화, 가죽, 합성물질의 구조의 변화를 유발하기 때문이다.

마이크로파는 장시간에 걸쳐서 고온으로 하면 미생물을 죽인다. 그러나 목재, 종이, 가죽 같은 유기물질에 열처리를 하면 이들 기질이 화학적인 변화를 일으키므로 금지하고 있다.

얼림(freezing)은 목재와 종이의 곤충을 제거하는 데 매우 효과가 크다. 온도를 0℃보다 이하로 하면 물이 얼게 되면 곤충의 세포도 얼게 되어 사멸된다. 그러므로 더 효과적인 방법은 -20℃에서 적어도 72시간 이상 처리하면 가장 효과적으로 곤충을 제거할 수 있다.

(3) 무기물 문화재의 소독

광합성 생물은 빛을 필요로 하므로 기질 위에서 빛을 차단하면 광합성 생물은 그 수가 감소한다. 광선을 차단하기 위하여 석조문화재를 덮는 기간을 2주~2개월 동안 처리해 주면 대부분의 생물은 사멸되지만, 사멸되는 정도는 생물종에 따라 다르다. 그러나 이 같은 방법으로 모든 조류를 죽일 수는 없다. 왜냐하면 조류도 어둠 속에서도 종속영양생물로서 살 수 있기 때문이다. 지의류는 2개월간 빛을 차단하여 어두운 조건에서 거의 생존할 수 없다. 바위를 페인팅하여 간단히 덮으면 강우의 물 공급을 차단할 수 있으므로 석조 표면 생물의 생장을 현저하게 감소시킬 수 있다.

자외선의 사용은 침투력이 약하여 별로 효과가 적으므로 자외선으로 석조유물 주변의 조류 파티나를 제거하는 데는 한계가 있다. 암석 표면에서

25cm 떨어진 위치에 램프를 설치하고 10시간씩 3번 실험해 본 결과 약간 제거되는 결과를 얻을 수 있었다. 자외선 램프는 훼손 생물에 공격받은 석조유물을 가열하여 건조시킬 수 있다. 그러나 유물의 온도가 70℃를 넘어서는 안 된다.

레이저(laser)를 이용하여 생물학적 피각(crust)을 약 95%를 제거하는 실험을 한 보고가 있다. 금속유물 보존을 위하여도 레이저를 이용하여 세척하기도 한다.

3 화학적 보존처리

1) 유기물 문화재

유기물 문화재를 직접 처리하는 **화학적 방법**은 대부분 훼손 생물의 생장을 조절하여 천천히 생장을 억제하고 결국에는 생장을 멈추게 하는 것이다.

(1) 살생물제

유기물 문화재의 경우 화학물질로 처리하는 것은 매우 위험한 방법이다. 유기물 문화재는 여러 가지 화학성분으로 되어 있으므로 살생물제를 사용하면 여러 가지 화학반응을 일으킬 수 있기 때문이다. 유기물의 살생물제 처리는 사용 후에 미생물에게 영양원을 제공하기 때문에 다른 미생물이 쉽게 발생할 수 있다. 더구나 무기물 살생물제는 용해성 염을 암석 표면에 축적하여 2차적인 손상을 유발할 수 있다.

유기물의 훼손 생물은 거의 세균과 균류이다. 이들을 소독할 제품을 선택하는 것은 대단히 중요하다. 살진균제는 균류의 세포벽 생성을 억제한다. 살생물제에는 여러 가지 성분의 화학물질이 포함되어 있다. 이 살충제를 종이의 훼손 균류에 적용한 결과 triazine이 가장 좋은 살진균제임을 확인할 수 있었다.

만약 부득이하여 살생물제를 처리하게 되면, 어떠한 변화가 발생하는지를 기록하여 처리 후에 평가를 하여야 한다. 이 평가는 더 이상 계속적으로 진행되는 부정적인 변화를 사전에 차단하기 위하여 필요하다.

(2) 기체의 사용

유기물 문화재의 소독을 위한 가장 널리 사용하는 물질은 작용범위가 넓은 기체를 사용하는 것이다. 특별히 이 **기체**는 좁은 공간이나 수증기 속에서 활성이 있다. 이들 가스는 작품의 모든 부분에까지 침투할 수 있는 장점이 있다. 소독가스는 서적이나 이젤 그림 같은 부서지기 쉬운 물질에 사용하기 용이하다. 훈증제로 사용하는 methyl bromide, ethylene oxide, formaldehyde 같은 물질은 고도의 독성이 있으므로 특별한 사용자만이 처리할 수 있게 제한하여야 할 것이다. 곤충의 피해에 대하여도 살생물제를 사용하여 제거할 수 있다.

Ethylene oxide는 가장 많이 사용하는 기체로 폭발성이 있는 매우 맹독성의 기체이므로 단단하게 밀봉된 공간 내에서 불화성 기체와 함께 사용하여야 한다. 전에는 불활성 기체로 freon 가스를 사용하였으나, 현재는 CO_2를 사용하여 미생물을 제거하기도 한다.

2) 무기물 문화재

무기물 문화재의 대부분을 차지하는 것은 석조문화재이다. 이 석조문화재는 다른 예술작품보다 크기가 매우 큰 작품도 있을 뿐만 아니라 작품의 수도 매우 많은 편이다. 더구나 외부환경에 노출되어 있는 관계로 오염이나 생물에 의한 훼손이 가장 심하다.

암석 위의 변색과 손상된 부위의 오염된 물질을 제거하기 위하여 화학물질을 이용하여 세척하는 **화학적 세척** 방법이 있다. 물로 세척하여도 제거되지 않는 물질은 HF(hydrofluoric acid)를 사용하여 세척하면 화강암의 오염물질도 효과적으로 제거될 수 있다.

(1) 산화제(oxidizing agent)

표백제는 빠르게 작용하지만, 기질에 대하여 심하게 파괴적이어서 효과적으로 사용할 수 없다. 살생물제는 대사 과정을 억제하므로 그 효과는 처리기간과 밀접한 관계가 있다. 세균, 균류, 조류를 제거하기 위하여 3~7일간 처리가 필요하다. 지의류의 경우는 처리기간이 10일까지 필요하다.

(2) 표백제

색소를 제거하기 위하여 calcium hypochlorite 표백제를 사용하여 균류의 색소를 제거하는 것은 가장 좋은 방법이다. 그러나 종종 calcium hypochlorite 같은 고농도의 탈색제는 석조유물에 흡습도가 높은 염화칼슘($CaCl_2$)을 남긴다. 과산화수소(H_2O_2), chlorine, chloramine 같은 다른 표백제는 무기물 위에 철 화합물을 산화하기 때문에 실제 보존에 사용하기에 적합하지 않다.

(3) 환경친화적 처리

살균효과가 장기간 효과가 있는 ρ-hydroxybenzoic acid ethyl ester (PHB-ester)와 실리콘 수지(resin)를 혼합하여 사용하면 균류와 조류 감염에 의하여 생긴 생물훼손을 제거할 수 있다. 특별히 PHB-ester는 인간에게 독성이 없는 장점이 있다.

(4) 중금속

수세기 동안 적은 양의 중금속이라도 미생물의 생장을 억제한다는 것은 이미 알려진 사실이다. 극미량의 Cd는 대부분 미생물 생장에 억제 효과를 주지만 은, 주석, 구리, 수은은 억제효과가 미약하다. 그러나 금, 백금, 철, 알루미늄, 아연은 비교적 살생 효과가 거의 없다. 구리는 미생물의 단백질과 DNA에 결합하여 생물을 살생하는 효과가 있다. Cupric ethanolamine이나 cupric sulfate 같은 구리를 포함한 상업용 살생제를 사용하면 석조유물 위에 생장하는 지의류를 제거하는 데 장기간에 걸쳐서 좋은 효과를 볼 수 있다.

(5) 살생물제

무기물질인 석조문화재의 불순물을 제거하기 위하여 가장 자주 사용하는 방법은 여러 가지의 **살생물제(biocide)**를 사용하는 것이다. 가장 적합한 살생물제는 어느 것이며, 얼마나 효과가 있으며, 그리고 암석 표면에 처리하였을 경우 기질 물질에 어떠한 영향이 있는지를 철저하게 검토하여야 한다. 살생물질 실험을 실험실에서 하면 효과가 있으나, 야외의 암석 표면의 생물막에서는 더 살생물제에 대한 내성이 높다.

암석물질 위에 살생제의 효능을 결정할 수 있는 여러 가지 요인은 다음과 같다.

- 기질의 특성인 암석 위의 구멍이 많을 경우나, 기질 표면에 여러 가지 무기물이 있으면 처리물질을 잘 흡수하여 효과를 증가시킬 수 있다.

- 먼지, 화분 같은 유기물과, 돌 표면의 오염물질의 존재
- 처리할 때 접촉하는 시간
- 지역적인 조건인 온도, 비, 바람, 그리고 빛의 강도

살생물제는 암석과의 사이에 해로운 상호작용을 유발하는 많은 요인이 있다. 가장 중요한 요인은 살생제품의 화학적 성분, 사용조건(농도, 방법, 처리 기간 등), 기질의 광물학적 특성, 그리고 환경조건 등이다.

대리석과 석회석은 산성 물질에 특별히 쉽게 반응하므로, pH가 중성에 가까운 물질을 사용하는 것이 좋다. 방해석의 부식과 녹슨 색깔이 생기는 것은 과산화수소(H_2O_2)를 사용함으로써 발생되는 것이다.

살생물제와 암석의 상호작용은 빛과 강우 같은 환경에 의해 영향을 받을 수 있으나, 보존하는 동안 살생물제의 사용 후에도 영향을 받는다.

- 최근에 방수제와 살생물제를 보존의 마지막 단계에 사용하여 암석을 보호하고, 처리 후에도 다시 생물이 발생하지 못하게 하는 방법을 일반적으로 사용한다.
- 현장에서 silicon으로 만든 제품과 살생물제를 혼합하여 사용하면 미생물의 생장이 5~8년간은 억제된다.
- 구리가 포함된 중합물질로는 생물훼손을 엑제할 수 있다. 살생물제가 포함된 레진제품도 개발할 필요가 있다.
- 살생 효과가 높은 화학물질로는 4차 암모늄 화합물, 아민, chlorophenol, phenoxide, 그리고 구리와 같은 금속 등이 있다. 종종 다른 물질을 혼합하거나, borate와 아연염 같은 화합물과 혼합하여 사용할 수 있다.

Quaternary ammonium compounds(QACs)는 활성이 높은 살생물제(biocide)이다. 이 화합물은 유기물 문화재의 변색을 제거하는 데 효과적이며, 인간에게 비교적 낮은 독성을 나타낸다. QACs는 암석 표면에 있는 유기물로 된 화합물을 제거할 수 있다. 세균, 균류와 효모의 생장을 억제하기 위하여 isothiazolinone chloride를 사용할 수 있다. 그러나 장기간 동안에 고온과 산화조건 때문에 추천할 수가 없다. Thymol은 부드러운 암석 위의 지의류를 몇 년간 억제시킬 수 있으나 단단하고 강한 암석 위에서 억제 효과는 미약한 정도이다.

(6) 기체 훈증

독가스와 같은 기체로 훈증(fumigation) 처리하면 암석 위의 미생물 생장을 효과적으로 억제할 수 있다. 그러나 암석의 보존을 위하여 기체 훈증법을 사용하는데, 너무 큰 석조유물에 사용하는 데에는 한계가 있다.

표 7-1은 주로 사용되어 왔던 훈증가스의 독성 정도와 그리고 기질에 대한 부정적인 영향을 보여준다.

표 7-1 훈증가스의 독성과 기질에 대한 부정적인 영향

훈증가스	독성	기질에 부정적 영향
Cyanohydric acid (HCN)	고도의 독성	금속의 변색
Ethylene oxide (C_2H_4O)	고도의 독성과 발암성, 인화성, 밀폐된 공간에서 만 사용 가능	단백질과 중합체의 H_2S와 반응. 중합화 유도. 구리와 청동의 산화 가능. 종이, 목화, 비단의 저항성 소실
Formaldehyde (HCH_2O)	독성과 강한 발암성	얇은 흰 필름 침전 경향. 단백질성 물질에 사용 불가. 고습도에서 납의 산화를 유발
Methyl bromide (CH_3Br)	고도의 독성과 발암 가능성	양모나 털 같은 유황을 함유한 물질에 사용 불가. 가주과 양피지에 mercaptan을 형성하여 냄새 발생. 니스, 자연 레진, 납이 있는 색소와 반응
Thymol ($C_{10}H_{14}O$)	자극성 알레르기성 물질	잉크, 페인트, 니스와 반응하여 용해시킴. 아크릴, 콜라겐, 피부를 약화시킴. 종이와 아크릴 레진을 노란색으로 변색

3) 살생물제의 종류와 작용 기작

유기물과 무기물 문화재 위의 생물 발생을 제거하기 위하여 주로 **살생물제**(**biocide**)나 **살충제**(**pesticide**)를 사용한다. 일반적으로 살생물제는 문화재를 분해하는 모든 생물체를 제거하기 위하여 사용되지만 몇 가지 점을 고려하여야 한다. 가장 이상적인 살생제의 조건은 다음과 같다.

- 훼손 생물에 높은 효과가 있어야 한다.
- 처리 후 장기간 효과가 있어야 한다.
- 인간에 낮은 독성과 환경오염의 위험이 낮아야 한다.
- 처리 후에 기질 물질에의 색깔 변화와 염 영향 등의 해로운 물리, 화학

적 작용이 없어야 한다

- 처리제는 기질 위에 침전되어 남아 있으면 안 된다.
- 고온에서도 안정하여야 되며, 생분해성이면 가장 이상적이다.

(1) 살생물제의 종류

상업용 살생물제는 보통 알코올, aldehyde, 유기산, 탄산 에스테르, 페놀과 그 유사물질, 할로겐 화합물, 금속과 금속-유기물질, 산화화합물, 계면활성 화합물, 또는 여러 합성유기 화합물 등이 있다. 표면활성제인 4차 암모늄 화합물(quaternary ammonium compound; **QAC**), 금속과 금속 유기물질, 산화하는 화합물과 heterocyclic 유기물 같은 화합물들은 암석 위의 미생물 생장을 억제하기 위해 널리 사용된다(**표 7-2**).

살생물제는 몇 가지로 분류할 수 있다. 1. 화학적인 성질에 의하여 유기 및 무기물화합물, 2. 작용기의 화학적 특성, 3. 기체, 액체, 고체, 4. 작용방식에 의하여 산화제와 비산화제로 분류한다.

살생물제를 단순화하기 위하여 산화제와 비산화제를 기초로 하여 분류하면 다음과 같다.

① 산화제: chlorine(Cl_2), sodium chlorine dioxide($NaClO_2$), sodium hypochlorite(NaOCl), ozone(O_3), H_2O_2

② 비산화제: acrolein, amine, chlorinated phenolics, copper salts, organo-sulphur compounds, quaternary ammonium salts, formaldehyde, glutaraldehyde, halogenated compounds. sulphur compounds, ethylene oxide

일반적으로 가장 효과적인 화학 살생물제는 4차 암모늄 화합물, borate, 그리고 유기 주석 화합물이 있다. 유기 주석 화합물은 효과가 있지만 육상에서 사용하는 것은 피하여야 한다.

최근에 허가받은 물질인 sodium hypochlorite(NaOCl)는 다른 화합물보다 살생제로서 더욱 효과적이다.

4차 암모늄 화합물은 세균의 단백질과 효소의 활성을 억제하며, 미생물 세포막에 해로운 영향을 주어 항미생물 효과가 있다. 살생 효과의 정도는 방향족 환의 구조와 같은 화학구조에 따라 다르다(**그림 7-2**). **QAC**는 넓은 범위의 항미생물 스펙트럼을 가지고 있어서, 세균, 균류에서 조류와 지의류에까

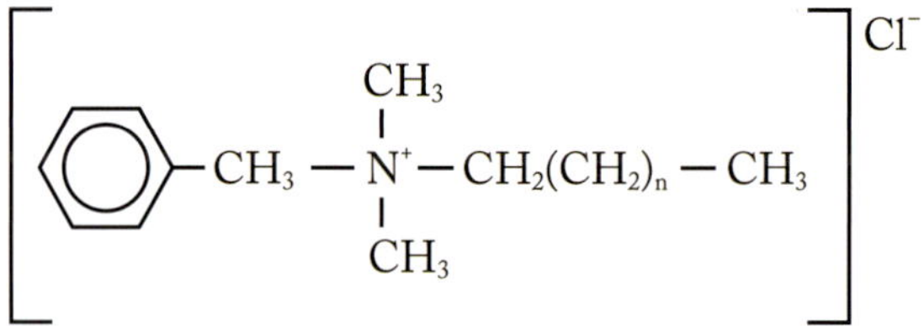

그림 7-2 Alkyl-dimethyl-benzyl-ammonium chloride(QAC)의 화학 구조식

지 효력이 있다. 단백질, 철이온, NaCl에 대하여 살생효력이 낮으며, 무기물 구조 내에 산성에서는 항미생물 활성이 감소된다. 반면에 알칼리 조건과 고온에서는 살생 효과는 증가한다.

암석 위에 서식하는 미생물들에 대하여 **QAC** 살생 효과를 연구하였는데, 프레스코에 이 화합물을 첨가하여 사용한 결과 시안세균과 조류의 발생이 현저히 감소하였다.

표 7-2 일반적으로 석조문화재에 사용되는 살생물제

화학적 분류	화학성분
무기화합물	Hydrogen peroxide, Lithium hypochlorite, Potassium hypochlorite, Sodium hypochlorite, Sodium octaborate(**borate**), Sodium sulphite
인 유기화합물	Glyphosate
알코올	Ethanol
페놀 유도체	Thymol, *o*−Phenyl−phenol, *p*−Chloro−*m*−cresol, Chlorinated compounds, Phenol compounds, Sodium pentachlorinate
질소화합물	Chlobromuron, Diuron, Fluometuron, Sodium dithiocarbamate
4차 암모늄 염(QAC)	Alkyl−benzyl−dimethyl−ammonium chloride, Benzyl−dodecyl−bis(2−hydroxyethyl)−ammonium chloride, Dodecyl−benzyl−trimethyl−ammonium chloride, Lauryl−dimethyl−benzyl−ammonium chloride
유기 금속염	Tri−*n*−butyl tin oxide, Tri−*n*−butyl tin naphthenate
피리딘	2,3,5,6 Tetrachloro−4−methyl sulfonyl pyridine, Picloram
헤테로 고리 화합물	Bromacil, Hexazinone, Secbumeton, Terbutryn, Terbutylazine

유기 금속염(Tri-*n*-butyl tin oxide)인 주석 유기화합물(tin organic compound; **TOC**)은 생물의 피해에 대하여 가장 많이 사용되는 금속유기물

질이다. TOC의 살생 효과는 생물 세포의 에너지 대사를 억제하는 것으로 세균, 균류, 그리고 조류에 효과가 있다. TOC의 활성은 pH 범위 4.6~7.8에서 효과가 있다. 그러나 이 화합물은 UV에 대하여 불안정하므로 노출된 암석 표면에 TOC를 사용하는 것은 대단히 의문점이 남아 있다.

(2) 살생물제의 작용 기작

살생물제(biocide)의 세균 내의 작용 부위(target site)는 생물의 조직이나 기관에 영향을 기준으로 크게 구분한다. ① 접촉을 통하여 생물의 세포벽 합성을 억제하여 투과성을 변화시키며, ② 세포막 또는 원형질막을 파괴하는 작용, 또는 hypochlorite 같은 산화제나 염, 그리고 4차 암모늄은 막과 상호작용을 통하여 살균하며, ③ 원형질 내에서 분자의 기능을 비정상적으로 변형시켜서, 합성 과정, 분해 과정 등의 대사활동을 억제하는 물질 등이 있다(**그림 7-3**).

살생물 기작(biocidal mechanism)에는 세포벽 물질의 합성 억제, 원형질막의 투과성 억제, 막 단백질과 전자전달계의 저해, 원형질 성분의 응고, 핵산과 리보솜의 파괴, 생체내 화학물질의 작용기와 상호작용, 자유라디칼을 생성하여 세포내 물질을 산화하여 세포를 사멸하게 하는 것 등이 있다(**표 7-3**).

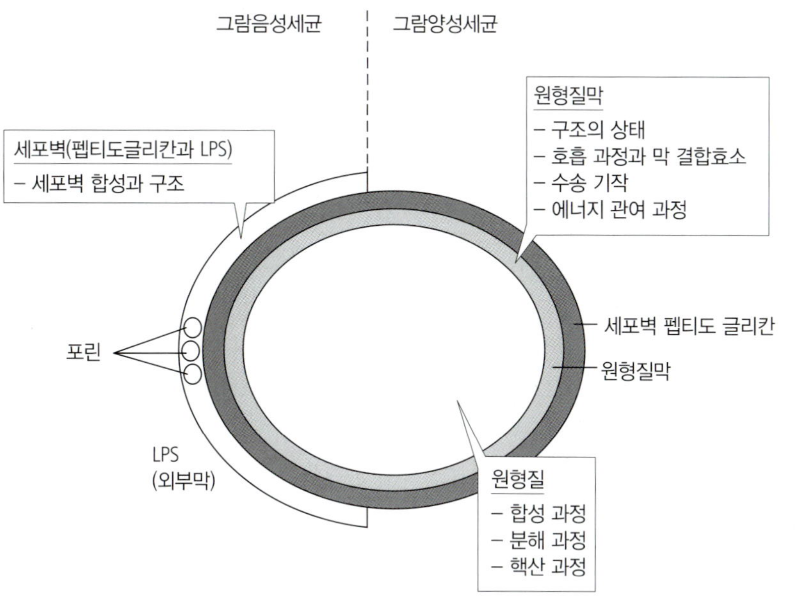

그림 7-3 살생물제의 세균 내의 작용 부위

표 7-3 살생물제의 작용 기작

살생물제	살생물 작용 기작
알코올	단백질 변성, 지질용해
4차 암모늄 화합물(quats)	세포막 인지질과의 상호작용
염소가스	산화제
염소화합물	산화제
황산구리	단백질의 침전
Ethylene oxide	알킬화제
포름알데히드	알킬화제
Glutaraldehyde	알킬화제
과산화수소	산화제
페놀화합물	단백질의 변성
요오드화합물	SH기와 결합

① **균류:** 균류는 진핵생물막으로 세균의 막과 다른 구조를 하고 있으므로 다르게 작용한다. 살진균제로 사용되는 종류와 작용방식은 다음과 같다.

㉠ Polyenes는 균류의 세포 막의 에르고스테롤과 결합하여 막투과성을 변형시킨다.

㉡ 계면활성제(surface-active compounds)는 액체의 표면장력을 감소시킨다. QAC는 양이온 표면활성제로서 세포막을 파괴하여 막투과성을 변화시켜 조류, 세균, 균류의 생장을 억제한다.

㉢ Azoles(imidazoles and triazoles)는 독성이 있으나 환경에서는 낮은 독성을 나타내며 cytochrome P450 효소를 억제하여 살생 효과를 나타낸다.

② 조류, 이끼류, 지의류는 살생제 중의 산화제와 알칼리화제, 그리고 SH 결합제, 단백질 변성제 등에 의하여 살생된다. 보통 이들 진핵생물을 살생하는데 tebuconzole을 사용하면 효과가 있다.

(3) 살생물제의 선택

생물들은 여러 종류의 살생물제에 대하여 감수성이 다르다. 어느 생물을 효과적으로 죽일 수 있는 살생물제는 다른 비슷한 생물에는 영향이 없을 수 있다. 그러므로 선택된 살생물제의 처리는 해당되는 그 생물에만 적합하여야 한다. 실제로 생물 생장의 특성을 조사하여 사전에 효과를 야외에서 시험하여야 할 필요가 있다. 또한 많은 살생물제를 몇 가지 혼합하여 사용하면 목표

생물에 심한 독성이 될 수 있으므로 쉽게 살생할 수 있다.

조류, 균류 그리고 세균의 포자는 종종 대부분의 살생물제에 내성이 있으며 장시간 동안 휴면상태로 남아 있을 수 있다. 포자는 두꺼운 세포벽 구조로 보통 악건조에도 견딜 수 있다. 대부분의 포자는 4차 암모늄 화합물, 소독제, 알코올, phenoxide, hypochloride 등의 살생물제에 내성이 있다. 이들 포자에 대한 효과적인 살생물제 화합물은 ethylene oxide, glutaraldehyde, formaldehyde, halogens(chlorine, iodine 그리고 bromide), 염산 그리고 H_2O_2 등이다.

그러나 많은 살생물제들은 부정적 효과를 나타내기도 한다. 예컨대 기질에 대하여 변색, 노란색 형성, 탈색, 투명성의 생성, 페인트층의 색깔 변형 등이 있으며, 더 심한 반응은 산화에 의한 화학적인 부식 등이 있다. 그러므로 살생물제의 사용은 기질의 성분과의 관계를 철저하게 고려하여 검증하여야 할 것이다. 그러므로 살생물제 선택의 기준은 아래와 같다.

- 살생물제의 살생 효과가 높아야 하며
- 살생물제의 안전성이 보장되어야 하며
- 기질과의 상호관계에서 서로 문제점이 없어야 하며
- 취급이 용이하여야 한다.

일반적으로 조류, 지의류를 살생하기 위하여 사용되는 살생제는 다음과 같다.

- 조류 살생제: benzalkonium chloride, carbendazim, dialkyldimethyl ammonium chloride, dodecylamine lactate, dodecylamine salicylate, zinc octoate
- 지의류 살생제: dialkyldimethyl ammonium chloride
- 석조유물 살생제: benzalkonium chloride, disodium octabotate

(4) 살생물제의 효력기간

살생물제의 효과적인 수명은 다양하며 살생물제의 구조, 농도, 주변 환경의 pH, 온도, 미기후, 처리지역의 노출 등에 의하여 다르다. 한 가지 살생물제라도 그 효력은 기질의 특성에 의하여 강하게 영향을 받는다. 살조제(algaecide)의 효과적인 수명은 1개월 반~1년 사이로 다양하며 살생물제에 따라 다르다.

살생물제의 효능을 측정하는 기준은 살생제의 투여량, 표적 생물에 대한 작용 범위, 처리 후 작용의 지속기간 등으로 한다. 그러므로 가장 효과적인 살생물제는 낮은 투여량으로 넓은 작용범위이어야 하며 작용기간이 오래 지속되어야 한다. 비교적 농도를 약간 변화시켜도 살생제의 효력에 영향은 줄 수 있다. 예를 들면, 페놀, 알코올 같은 화합물은 4차 암모늄 화합물보다 낮은 농도에서 더 살생 효과가 있다.

살생제의 살생 효과는 처리농도와 표적 생물에 따라 차이가 있다. 예컨데 어떤 살생물제는 세포 단백질의 변형이나 손상으로 넓은 범위의 세포의 기능 이상을 초래하여 생물을 살생한다.

독성 문제도 심각하여 독성의 위험수준을 몇 가지로 구분하고 있다. 독성의 정도를 고려하면서 실제로 처리하는 사용자들은 주의를 철저히 하여야 할 것이다.

(5) 살충제 사용법

살생제의 종류와 기질의 상태에 따라서 여러 가지 사용법 중에서 선택하여야 한다.

① 살포법(spraying)은 넓은 표면 처리에 주로 사용되며 일반적으로 값이 싼 물건을 보존 처리할 때 사용한다.

② 솔질하기(brushing)는 가장 많이 사용하는 방법으로 살생제가 처리할 기질 표면의 깊은 곳까지 침투할 수 있는 장점이 있다.

③ 압축법(compresses)은 살생물제 용액의 접촉시간을 증가시키고, 물의 용해작용을 이용하여 기질 내부에까지 침투하여 살생 효과를 얻을 수 있다.

④ 훈증법(fumigation)은 공기 중 또는 물질 내에서 기체나 증기 형태의 살생물제를 살포하는 방법이다. 유기물의 처리에 주로 사용되지만 암석의 작품에는 드물게 적용한다. 이 방법은 특별히 폐쇄된 환경 또는 밀봉된 공간에서 처리할 작품을 그 공간 내에 넣고 처리를 한다. 기체이므로 기질 내부의 대단히 작은 공간이라도 침투가 가능하므로 가장 살생에 효과적이다.

최근에 살생물제의 독성 특성과 환경 독성으로 인하여 여러 나라에서 그동안 사용했던 여러 가지 물질들을 제한 또는 사용을 금지하고 있다. 그 예로는 pentachloro phenol, tributyl tin oxide, ethylene oxide, methyl bromide, formaldehyde, mercury derivatives 등이 있다.

(6) 살충제 처리 후의 부작용

① **기질의 변색:** 주로 조류를 제거하기 위하여 $CuSO_4$를 암석에 처리하면 기질 위에 청록색이 발생하나 수 개월이 지나면 없어진다. **Borate**나 **QAC**는 기질을 노란색으로 변색시키며, 핑크색 amine은 3개월간 빨간색을, 그리고 phenol 화합물은 빨간색으로 변화시킨다. 그러므로 페놀화합물은 사용하지 않는 것이 좋다.

② **염의 결정:** Na^+ 이온을 사용하면 암석 중의 SO_4^{2-} 음이온과 반응하여 Na_2SO_4의 석고(gypsum)를 만든다. 그러므로 처리 후 즉시 충분히 세척하여야 한다.

③ **무기물의 용해 및 소실:** 살생물제를 처리하면 사암 중의 무기물이 소실된다. Amine이나 dichlorophenol을 처리하면 무기물이 떨어져 나가는데, 이 반응은 강산이나 강알칼리에서는 더욱 심하게 일어나서 silicate와 carbonate가 소실된다.

④ 기질 자체가 물을 흡수하여 미생물이 다시 발생된다.

4) 제초제

문화 유적지 주변이나 야외에 위치한 석조 및 목조 문화재 주변에 초본이나 목본 등의 식물이 문화재에 부정적으로 영향을 주고 있는 경우가 있다. 이들 식물의 뿌리를 제거하기 위하여 유물의 훼손을 유발할 수 있는 위험성이 있으므로 문화재에 영향을 주지 않고 식물만을 제거하는 방법으로 제초제를 사용하는 것이 있다.

제초제(herbicide)는 하등 및 고등 식물을 제거하기 위한 살생물제 중의 하나이다. 초본 및 목본 식물을 유관속식물, 양치식물에서 포자식물, 초본, 그리고 목본식물을 제거하기 위해 사용한다.

제초제 사용 시에 특별히 유의하여야 사항은

- 암석 위의 예술품 위에 직접 생장하여 손상을 주는 식물을 대상으로 한다.
- 역사적인 유적지에 과잉으로 생장하여 피해를 주는 식물에 사용한다.
- 특별히 아카시아처럼 뿌리로 석조유물을 훼손하는 식물종이 주요 대상이다.

나무의 깊은 뿌리는 문화재의 기질에 피해를 줄 수 있다. 그러므로 이들 식물은 뿌리까지 완전히 제거하기가 어려우므로 제초제로 사멸시킬 필요가 있다. 역사 유적지나 기념비 주변의 제초제의 사용은 정기적으로 하면 효과적으로 식물들을 제거할 수 있다. 그러나 제초제는 대단히 인체에 위험성이 있으므로 사용에 철저한 주의가 필요하다. 제초제의 효과는 여러 가지 외부적인 요인과 관련이 있다. 온도, 태양, 바람, 상대습도 등의 기후조건 그리고 생물학적 요인으로 식물종, 영양상태, 생장상태 등 또한 제초제의 처리 조건으로 농도, 스프레이 방법 등의 조건과 관련이 있다.

구체적인 제초제의 살생물 기작은 ① 식물호르몬 작용의 저해, ② 광합성 작용의 억제, ③ 아미노산과 색소 등의 생합성 저해, ④ 세포분열 저해, ⑤ 에너지 대사 저해 등으로 구분한다.

제초제는 두 가지로 살생 부위에서 작용한다. ① 접촉 제초제는 들어가는 식물 부위에서 식물 독성으로 작용, ② 일반적인 제초제는 식물 내로 침투 후 다른 부위로 이동하여 살생하는 작용을 한다. ③ 토양에서 뿌리를 억제하고 위로 생장하는 줄기를 억제하는 제초제도 있다. **그림 7-4**는 접촉 제초제와 이동 제초제의 살생 기작을 보여주고 있다.

대부분의 제초제는 유기물질이나, 무기화합물, 염, 산으로 되어 있다. 예컨대 ammonium sulphate, borax, ferrous sulfate, sodium chlorate, copper sulphate, sulphuric acid, phosphoric acid 등이 있다.

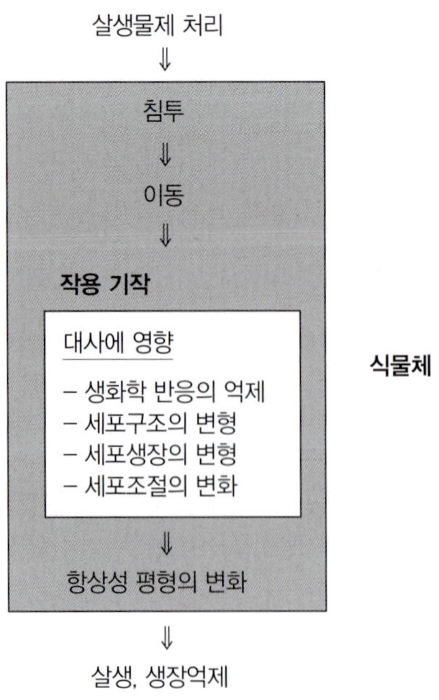

그림 7-4
제초제의 살생 기작

제초제를 처리하는 방식에는 스프레이, 분사, 압축법, 입자를 분산하는 방법 등이 있다. 이들 각 처리방법은 처리할 식물의 생장조직, 식물의 종류, 뿌리 등 각기 다른 조건에 따라 결정하여 사용한다.

제초제 작용방식의 요약	
1. 접촉 제초제	5. 위로 이동하는 제초제
2. 세포막 파괴	– 광합성 억제
3. 아래로 이동하는 제초제	6. 토양 활용 제초제
4. – Auxin 생장 억제	– 뿌리 억제
– 아미노산 합성 억제	– 줄기 억제
– 엽록소, 카로티노이드 합성 억제	
– 초본 분열조직 파괴	

대표적인 제초제와 그 작용 기작은 다음과 같다.

- 유조직을 파괴: 2,4-D(2,4-dichlorophenoxyacetic acid); sethoxydim
- 아미노산 합성 억제: imazethapyr(imidazolinone의 유도체), glyphosate; chlorsulfuron
- 잎에 접촉하여 세포막 파괴: lactofen, bentazon
- 광합성 및 엽록소 합성 억제: atrazine, clomazone

4. 강화제와 코팅

1) 강화제

위에서 언급한 바와 같이 기계적인 제거, 물리적이고 화학적인 보존처리를 하여 어느 정도 문화재의 생물훼손을 제거하였으나, 그대로 방치할 경우 2차적인 생물학적, 물리화학적인 오염을 초래할 수 있다.

이 같은 위험성을 사전에 차단하기 위하여 보존처리 후속조치로서 문화재를 방수제나 강화제 또는 코팅을 하여야 할 경우가 있다.

암석에 방수제(repellent)나 강화제(consolidant)의 사용을 계획할 경우에 노출되어 있는 주변 환경을 고려하여야 할 것이며 부득이 한 경우는 장소를 이동시키는 방안도 검토하여야 한다.

Silane, acrylics, epoxy resin 같은 강화제(consolidant)는 생물훼손에 대하여 내성이 있다. 그러나 epoxy로 처리한 시료는 처리 안한 대조구에 비교하여 균류의 생장이 증가하는 경향이 있다. 이런 현상은 미생물에게 중합체화하지 않은, 또는 부분적으로 중합체로 된 단량체가 영양분의 기질로 제공되었기 때문으로 설명된다. 미생물의 공격은 그 기질의 분자구조와 화학결합의 형태에 따라 다르다. Polyester로 된 polyurethane은 polyether로 된 polyurethane 보다 생물훼손에 더 민감하다.

Polysiloxane을 기본으로 한 방수제를 노출된 암석 표면에 좋은 조건으로 사용하면, 사용된 이 화합물이 에너지원과 탄소원으로 제공되어 미생물의 발생이 증가할 수 있다. 이 화합물을 처리하면 암석시료 위에서 소수성 성질을 잃게 되어 균류의 생장이 발생한다. 이런 현상은 수화된 생물막이 표면에 축적되었기 때문으로 추정된다. 그러므로 방수제나 강화제의 사용은 신중히 고려하여야 할 것이다.

특별히 polyvinyl alcohol, polyvinyl acetate, hydroxyprophylcellulose는 생물훼손에 대하여 가장 민감한 중합체이다. Acrylic polymer들은 쉽게 균류를 위한 탄소원으로 제공되지 않는다. 식물 중합체, 왁스, 또는 silicone으로 보수하였을 경우 사용된 몇몇 중합체들은 미생물 공격에 민감한 것으로 알려져 있다.

2) 코팅

석조유물과 조각품을 복원하기 위하여 코팅(coating)을 사용하는 것은 역사적으로 사용해온 처리법이다. 결합 매체의 화학적 성질과 유기성 첨가물은 일반적으로 생물훼손 공격에 가장 취약한 성분이다. 화학적인 영향 외에 페인트를 사용하면 습기교환과 무기물 내의 습기 이동을 변화시킨다. 그리하여 미생물들의 좋은 생장조건을 만들어 준다. 석회석으로 된 사암 위에 그려진 페인트에 대한 미생물학적 실험에서 유기물로 된 페인트(씨 속의 기름, 카제인, acrylic 레진)는 이미 존재하던 미생물들의 생장을 촉진하는 영양분이 될 수 있다. 오직 실리콘 레진과 규산염으로 만든 페인트는 보존에 적합하므로 추천할 수 있다. 이는 미생물 공격에 대한 내성을 충분이 가지고 있으며, 무기물의 물 교환 특성도 없기 때문이다.

보존처리의 기대 수명을 평가하기 위하여 중합체 또는 레진의 미생물 감수성을 물질의 특성, 건축학적 그리고 환경적 조건을 감안하여 평가하여야 한다.

5. 생물복원

1) 생물복원이란

실외환경에 노출되어 있는 석조유물들은 생물학적 부식현상에 의하여 훼손이 계속 진행된다. 이미 미생물에 의한 피해는 앞에서 설명한 바 있다. 그러나 반대로 미생물을 이용하여 훼손된 문화재를 복원하는 기술이 개발되고 있다. 상세히 말하면 화학적 처리보다 더 세밀하고 부작용이 적은 방법은 미생물을 이용하여 여러 가지 오염물질을 제거할 수 있다는 것이다.

물리화학적 기술을 이용하여 문화재 예술품의 세척에 널리 사용하여 왔으나 부작용이 있는 단점이 있다. 이러한 단점을 최소화하기 위하여 미생물과 효소를 이용하여 예술품을 보존하고 세척하는 새로운 생물학적 방법을 **생물수복(biorestorarion)** 혹은 **생물복원(bioremediation)**이라고 한다. 이 방법은 문화재에 최소한의 개입으로 환경적으로 대단히 안전한 방법으로 복원된다.

효소를 처리하여 표면의 피막이나 페인팅의 코팅제로 사용된 아크릴 레진을 제거할 수 있으며, 미생물을 직접 처리하여 석조유물의 황산염, 질산염, 유기물 등을 제거할 수 있다. 기념비의 불용성 calcium oxalate patina를 토양의 어느 세균과 방선균을 처리하여 어느 정도 제거할 수 있다.

생물학적 복원 과정은 기념비 복원을 위한 새로운 보존방법으로 개발되었다. 생물을 이용하여 석조 내 새로운 방해석(calcite) 결정체를 침전시켜서 암석 구조 속이나, 암석의 구멍을 메워 줄 수 있다. 이 생물학적 방법은 석조 표면의 기계적 힘을 개선하는 효과가 있다.

ATP는 미생물학적으로 유용한 생물 지표제로 사용될 수 있다. 생물발광에서 낮은 수준의 빛을 컴퓨터로 분석하여 생물훼손의 활성을 정량적으로 측정할 수 있으며, 어느 부위에서 활성이 발생되는지도 알 수 있다.

생물복원 과정에는 유기물 제거(organic removal), 황산염 제거(desulfuration), 질산염 제거(denitrification), 그리고 생물의 석회화(calcification)를 이용한 강화기능을 복원시키는 것 등이 있다.

2) 유기물 제거

문화재 표면의 유기물은 효소나 살아 있는 미생물 세포를 이용하여 제거할 수 있다. 전통적인 물리화학 세척은 석고, 유기물, 질산염, 황산염을 제거하지만 석조문화재의 변색을 심하게 제거하면 원래의 암석의 성분도 함께 제거되는 단점이 있다.

생물세척(biocleaning) 과정은 미생물과 효소를 이용하여 문화재에 적용하여도 전혀 기질에 위험성이 없다. 이 방법은 약한 세척법으로 유기물제거를 위하여 대단히 효과적이다.

종속영양세균을 사용하여 유산소 상태에서 유기 파티나를 제거할 수 있다. 이때 이들 세균은 이 유기물을 분해하여 물과 이산화탄소(CO_2)로 전환한다. 예컨대 casein을 어느 문화재를 보수할 때 사용하면 그 여분이 남아 있을 수 있다. 이 카제인을 분해하기 위하여 우선 카제인 분해세균을 선별한다. 이 세균을 카제인에 접촉시키면 protease를 분비하여 카제인을 분해한다. 프레스코 표면에 있는 collagen을 제거하기 위하여 *Pseudomonas stutzeri* 균주를 사용한다. 이 세균은 동물 glue 같은 여러 종류의 유기화합물을 분해할 수 있어서 훼손된 프레스코에 직접 적용하여 만족한 결과를 얻을 수 있었다. 여러 종류의 혼합된 세균들을 이용하면 유기 중합체와 합성 레진 등의 지방족 탄화수소와 방향족 탄화수소 성분을 분해할 수 있다.

효소세척은 문화재 표면의 잔여 유기물을 제거하기 위하여 효과적으로 널리 사용된다. 효소(enzyme)는 파티나, 프레스코, 종이로부터 주로 유기물을 제거하는 데 사용된다. 가장 많이 사용하는 효소는 amylase로 전분 반죽, gum arabic, 식물성 검(gum)을 제거할 수 있다. Protease는 동물성 콜라겐 풀, 젤라틴, 알부민, 카제인 등을 제거할 수 있다.

오래된 파티나를 부분적으로 또는 완전히 제거하기 위하여 원래의 예술작품을 효소로 세척할 수 있다. 일반적으로 protease로 파티나 표면의 유기물을 제거한다. 강한 기능적인 단백질인 효소 사용의 장점은 기질의 특이성과 선택적인 작용을 가지고 있으므로 페인팅의 세척제로서 실제 사용된다. 알칼리 환경에서 protease와 lipase를 사용하면 기름 페인트, 왁스, 합성아크릴 레진을 제거할 수 있다. 단백질분해효소는 암석기념물 표면의 지의류 피막의 세척에도 효과가 양호하다.

프레스코에 전통적인 복원방법을 실시한 결과 카제인 또는 콜라겐 등의 잔여물이 심하게 덮여 있어서 예술적 가치를 소실시키는 결과가 되었다. 이 같은 새로운 방법으로 Beutel 등(2002)은 14세기의 프레스코 작품에 침전되어 있는 카제인을 효소를 이용하여 제거하였으며, Ranalli 등(2005)은 프레스코에 *Pseudomonas stutzeri* 세포를 처리하여 동물성 풀(glue)인 콜라겐을 제거하여 프레스코를 성공적으로 수복하였다.

3) 황산염 제거(desulfuration)

석조문화재의 흑색 피막(black crust)은 석고(gypsum)의 결정체와 대기의 분진(포자, 화분, 먼지, 숯, 지방족 및 방향족 탄화수소)의 혼합물임을 이미 설명하였다.

공기 중의 오염물질인 아황산가스(SO_2)는 산화되어 황산(H_2SO_4)을 만든다. 이 황산은 탄산염의 암석을 공격하여 석고(gypsum; $CaSO_4$)를 형성한다.

$$2SO_2 + O_2 \rightarrow SO_3$$
$$SO_3 + H_2O \rightarrow H_2SO_4$$
$$CaCO_3 + H_2SO_4 \rightarrow CaSO_4 2H_2O + CO_2$$

석고의 피각(crust)은 calcium sulphate($CaSO_4$)로 되어 있다. 이 황산염을 황산 환원세균에 의하여 무산소 상태에서 H_2S 기체로 환원시킬 수 있다. 황산염 제거는 황산염 환원세균인 *Desulfovibrio*, *Desulfomonas*를 사용하는데, 생물학적으로 81%의 황산염을 제거할 수 있다.

$$6CaSO_4 + 4H_2O + 6CO_2 \rightarrow 6CaCO_3 + 4H_2S + 2S + 11O_2$$

실험적으로 *Desulfovibrio desulfuricans*를 12시간 처리하면 피각의 부분적으로 세척이 가능하였으며, 45시간 처리하면 98%의 황산염을 제거할 수 있었다. 간단히 요약하면 미생물에 의한 산화반응으로 오염이 되지만, 반대로 환원반응을 하는 미생물을 처리하면 이 오염물질이 원래대로 되돌아가서 제거된다는 이론이다.

4) 질산염의 제거

오염된 대기 중의 N_2O, NO, N_2O_3, NO_2, N_2O_5 등의 질소 산화물이 공기 중에서 수증기와 반응하여 최종산물이 질산으로 전환된다. 이미 기술한 바와 같이 이 과정을 **질산화 작용(nitrification)**이라 한다. 이 질산이 산성비를 형성하여 외부에 위치한 석조유물을 공격하여 불용성의 $CaCO_3$를 $Ca(NO_3)_2$로 전환시켜서 암석 표면의 칼슘을 제거한다.

질산화 작용: N_2O, NO^{2-} NO^{3-}

$$NOx + H_2O \rightarrow HNO_3$$

$$CaCO_3 + 2HNO_3 \rightarrow Ca(NO_3)_2 + H_2O + CO_2$$

다시 말하면 석조유물의 표면에 질산염이 있을 경우 calcium nitrate를 축적하여 훼손을 촉진한다.

그러나 암석 표면의 질산염은 미생물에 의하여 제거할 수 있다. 위의 질산화 작용의 반대 작용이 **탈질산화 작용(denitrification)**이다. 즉 질산을 제거하는 질산 환원반응으로 자연계에는 이 반응을 담당하는 세균이 있다. 질산염을 환원하는 환원세균인 *Pseudomonase*에 의하여 질산염은 NO_2 가스, 질소(N_2) 가스로 환원된다.

$$NO^{3-} \rightarrow NO^{2-} \rightarrow N_2O \rightarrow N_2$$

5) 생물에 의한 문화재 복원

역사적으로 귀중한 문화재의 보존과 보수에서 석회암은 중요한 역할을 한다. 암석 석회물질의 풍화는 표면에 구멍을 증가시킨다. 이 구멍은 기계적인 안정성을 파괴하고 유기물을 축적시켜서 미생물에 의한 훼손을 가속화시킨다. **생물복원기술**은 이런 과정을 반대 방향으로 추진하는 접근방식이다. 따라서 암석을 강화하여 유물의 회복을 촉진하는 방법이다. 생물복원기술로 만들어진 강화제는 보존을 위하여 표면 내의 작은 공간에 섬세하게 끼어들어가서 보호적 역할을 한다.

석조유물의 복원을 위한 접근은 주로 방해석($CaCO_3$) 침전을 인위적으로 유도하는 것이다. 방해석 침전을 유도하는 2가지 방법은 생물 석회화(biocalcification)와 유기질 고분자(organic matrix macromolecule; OMM)를 이용하는 것이다.

(1) 생물 석회화

어느 세균은 특이하게도 대사활동에서 생긴 탄산을 이용하여 칼슘과 반응하여 $CaCO_3$를 침전시킨다. 이 과정을 **생물 석회화(biocalcification)**라 한다.

미생물에 의한 탄산칼슘 침전은 토양, 담수, 해양 침전물 속에서 일반적인 과정이다. 자연계에서 $CaCO_3$를 침전하는 여러 세균들이 발견되었으며 방해석 침전은 어느 세균의 자연적인 대사활성에서 발생된다. 이들 세균활성으로 칼슘이온이 있는 환경에서 화학적인 변화를 유도하여 방해석을 침전시키는 것이다.

이 같은 환경 내에서 미생물은 urease 활성으로 요소(urea)를 CO_2와 암모니아로 가수분해한다. 이 암모니아는 주변의 pH를 증가시켜서 결국에는 방해석 침전을 유도한다. 미생물의 활성으로 발생된 hydrogen carbonate(H_2CO_3)와 탄산이온(CO_3^{2-})을 축적하여 pH가 더욱 높아지게 되어 칼슘을 $CaCO_3$ 형태로 침전시키고, $MgCO_3$도 침전시킨다.

이 같은 과정을 석조건물 내의 암석에 직접 적용하였는데, 이 과정에서 여러 환경조건에서 방해석($CaCO_3$) 결정을 형성하였음을 관찰할 수 있었다. 이것이 오늘날 새롭게 개발된 생물 무기물화 과정을 통하여 석조유물을 복원 내지 강화하기 위하여 이용하게 되었다.

실제로 *B. cereus*를 직접 석조기념물에 적용하여 석조표면 구멍을 감소시키는 결과를 얻을 수 있었다. 방해석 침전을 효과적으로 하는 미생물들은 *Bacillus*, *B. pasteurii*, *B. subtilis*, *Micrococcus*, *Myxococcus xanthus*, *Pseudomonas* 등이 있다.

Urease의 활성으로

$(NH_2)_2CO + H_2O \rightarrow CO_2 + 2NH_3$ (ammonium)

$CO_2 + H_2O \rightarrow H_2CO_3$

$Ca^+ + H_2CO_3 \rightarrow CaCO_3$

(2) 유기물 고분자의 이용

방해석 침전은 패류 *Mytilus californianus*의 껍질에서 추출한 **유기물 고분자(organic matrix macromolecule; OMM)**로부터 생길 수 있다. 패류의 껍질에서 추출한 OMM의 거대분자는 aspartic acid가 많이 포함되어 있는 당단백질과 다당류의 혼합물로 구성되어 있다. 이들 고분자 물질은 칼슘 이온과 높은 친화력이 있어서 방해석($CaCO_3$)의 결정체를 침전시킬 수 있다. 이 **무기물화 과정(minerization)**을 통하여 침전된 방해석을 암석의 보존으로 사용한 결과, 표면강도도 증가하였다.

패류의 OMM(다당류 + 당단백질) + $Ca^{2+} \rightarrow CaCO_3$

이와는 별도로 최근 poly-aspartic acid를 이용하여 방해석 침전을 유도하는 방법이 개발되었다. 이 방법은 방해석 침전을 유도하는데 OMM보다 덜 효과적이지만 이 방법이 더욱 널리 사용되고 있다. 다만 OMM 추출 방법은 더 많은 비용이 드는 단점이 있다.

어느 미생물은 방해석의 성분인 탄산칼슘 생성에 관한 유전자를 가지고 있다. Barabesi 등(2007)은 *B. subtilis*의 탄산칼슘인 방해석 침전을 조절하는 여러 개의 유전자를 발견하였다. 이들 유전자가 만드는 기능성 단백질은 방해석 결정체를 만든다. 여기에 관여하는 것은 막 단백질들과, 지방산 대사에 관여하는 효소 단백질들이었다. 이 같은 발견은 앞으로 석조유물의 보존과 복원에 대단히 중요한 과제이며, 새로운 세밀하고 효과적인 문화재의 복원 기술이 개발되어야 할 것이다.

생물 무기물 과정을 통한 생물복원기술은 문화재 예술품의 기질에는 거의 손상 없이 훼손과 오염물질을 완전히 제거할 수 있는 장점이 있다. 이 기술은 크고 방대한 문화재보다는 작고 섬세한 예술품의 보존과 복원하는 데 적합하다.

특별히 석조문화재는 규모가 크기 때문에 훼손 생물을 제거하는 방법은 다양하다. 물리적 제거 방법과 화학적 처리 방법은 **표 7-4**에서 요약하여 보여주는 바와 같다.

표 7-4 석조유물의 훼손 생물의 제거 방법

방법	장점	단점
1. 물리적 방법		
자외선, γ선, X선 조사	단순방법, γ선, X선 조사는 강한 침투력; 이들은 곤충에 강한 효과. 자외선은 미생물에 효과적	작고 이동성인 유물에만 한정. 자외선은 침투력이 약하며, 유물과 광화합적인 반응 가능성
손이나 도구로 생물의 기계적인 제거 방법	전통적인 방법이고 널리 쓰임	단기간의 효과, 오직 표면의 균사만 제거, 미생물은 쉽게 다시 발생. 돌 표면에 손상 가능
낮은 압력으로 물 세척/스팀 세척	조류, 이끼류, 지의류의 제거에 효과. 인체에 무해	돌 구멍에 물이 남아 있어 미생물 재발생에 유리함
2. 화학적 방법		
살생물제(quaternary ammonium compounds, phenol & urea derivatives, nitrogen containing compounds)	일반적으로 물에 또는 용매에 용해. 넓고 좁은 범위의 살생제 사용	인체에 유해. 부작용으로 예술품의 훼손 유발, 다른 생물의 발생
훈증(ethylene oxide, methyl bromide, sulfury fluoride)	균류와 곤충에 강한 효과, 특히 유기물질에 사용	강한 유독성 기체(종종 발암물질), 완전히 밀봉한 상태에서 처리 요망
무산소의 공기	균류는 비교적 산소결핍에 약함	장기간 처리 필요. 밀봉한 공간 상자를 사용하나 일반적으로 고가의 장비임

참고문헌

Beutel S., Klein K., Knobbe G., Koniqfeld P., Petersen K., Ulber R., Scheper T.(2002). Controlled enzymatic removal of damaging casein layers on medieval wall paintings. *Biotechnol Bioeng* 80(1):13-21

Ranalli G., Alfano G., Belli C., Lustrato G., Colombini MP., Bonaduce I., Zanardini E., (2005). Biotechnology applied to cultural heritage; biorestoration of frescoes using vialble bacterial cells and enzymes. *J Appl Microbiol* 98;73-83

Barabesi C., Galizzi A., Mastromei G., Rossi M., Tamburni E., Perito B.(2007). *Bacillus subtilis* gene involved in clacium carbonate biomineralization. *J Bacteriol* 189:228-235

CHAPTER 08

생물훼손에 대한 예방과 관리

1. 생물훼손의 예방

1) 예방의 필요성

위에서 언급한 바와 같이 보존과학은 문화재의 손상원인을 찾아서 문화재 손상 부위를 치료하고 복원하여 더 이상의 손상이 발생하지 않도록 하는 과학이다.

여러 가지 형태의 유물에 생물훼손이 발생한 후에는 보존 처리를 하여도 여러 가지 부작용이 발생됨은 이미 언급한 바 있다. 그러므로 문화재에 생물훼손의 발생이 되기 전에 예방하는 방안이야말로 질병을 예방하는 것과 같다.

2) 계획적인 예방

미술품의 생물학적 훼손을 예방하기 위하여, 유물의 훼손 속도를 최소화하기 위하여, 전반적인 문화재 보존의 계획과 관리가 필요하다.

- 유물의 재료 특성이 기후와 어떻게 밀접한 관계에 있는지를 역사적인 사례를 찾아서 비교 연구한다.
- 유물을 보존하기 위한 생물이 생장할 수 없는 미기후 환경의 범위를 결정한다.
- 온도, 습도, 조명, 환기 등의 환경변화를 측정하여 예방의 지침을 세운다.
- 유물 표면 위에서 대기 연무제와 공기분진 물질을 분석하여 평가한다.
- 계속적인 관리와 주기적인 감시를 통한 결과를 기록하면서 관리체계를 유지하여야 한다.
- 문화재의 생물훼손을 예방하는 최선의 방법은 주로 환경에 대한 조절이라 할 수 있다.

3) 생물의 생장환경 조건의 억제

예방의 구체적인 방안으로서 훼손 생물의 생장을 억제하는 환경조건을 만들어 주는 것이 무엇보다 중요하다. 문화재를 훼손하는 생물의 생장조건은 적당한 습도, 온도, 영양분, 요염물질 등으로, 그리고 광합성 생물에게는 빛을 필요로 한다. 아울러 이들 훼손 생물을 문화재로부터 격리시키고, 기질과의 접촉을 사전에 차단하여야 한다.

2. 실내 문화재

1) 실내 환경

박물관이나 도서관, 그리고 기록물 보관소 등은 실내에 문화재가 위치하고 있으므로 비교적 관리유지가 잘 되고 있는 편이다. 일반적으로 이런 기관들은 수집품(collections)들의 유지와 보호관리에 관한 지침을 가지고 있으며 전시와 운반을 포함한 보존과 보수를 위한 상세한 지침도 마련되어 있다.

실내환경에 보존되고 있는 예술품은 비교적 훼손이 심하지 않다. 실내는 외부에서 발생되는 강우, 바람, 온도와 습도의 심한 변화 등으로부터 보호를 받고 있기 때문이다. 실내는 좁은 공간이므로 관리하기 편리하고 온습도의 기계적인 자동조절이 가능한 장점이 있다(**표 8-1**).

Bruno Fabbri(2012)는 실내에서 무기물, 유기물에 발생하는 생물군집은 물질의 성분, 보존상태, 환경의 조건(온습도, 조명, 공기순환, 유무기물의 오염물질)에 따라 다르다고 하였다. 그는 여러 물질에 공격하는 생물의 비교 상도를 **표 8-1**에서 제시해 주고 있다.

실내에서의 문화재 훼손을 예방하기 위하여, 첫 번째 단계는 생물훼손 위험요인을 평가하기 위하여 미술품과 실내 환경의 자세한 지식을 정확히 이해하여야 할 것이며, 두 번째 단계는 환경의 요인들을 측정하여 훼손을 최소화하여야 할 것이다.

박물관에서의 예술품의 보존적 측면에서 보면 실내 환경이란 크게는 전시 공간으로 저장 공간, 상담 방이 있고, 미세 공간으로는 선반, 찬장, 서랍,

표 8-1 실내 유물에 발생하는 생물 공격의 강도

미생물	자가영양세균	종속영양세균	균류	조류	지의류	이끼류
유기물						
목재	–	**	***	+	+	–
종이류	–	**	***	–	–	–
직물류	–	*	**/***	–	–	–
양피지	–	*	**/***	–	–	–
페인팅	–	*	**/***	–	–	–
합성물질	–	*	**	–	–	–
무기물						
석조유물	**	*	*	***	***	**/***
벽화	*	*	**	***	*	*
유리	*	–	–	*	*	–
금속	*	–	–	*	+	–

참고: –; 없음, +; 드물게 있음, *; 종종 나타남, **; 보통 발생됨, ***; 자주 발생됨

그리고 전시용 상자 등으로 구분할 수 있다.

실내의 공기 중에 생물학적 또는 화학적 대기 오염물질들은 유물에는 직접적으로 위험요소가 될 수 있다. 먼지와 침전물 같은 입자들의 오염물질들은 전시품에 손상을 일으킬 수 없으나, 훼손 생물의 콜로니 형성에 영향을 미칠 수 있다. 공기 중의 어떤 물질은 종속영양 미생물이 발생할 수 있는 영양기질이 될 수 있다. 포화 및 불포화 탄화수소의 유도체들도 특수한 균류가 이용할 수 있는 기질이 된다. 계획된 전시에서, 개관 시간이 장시간이면 방문객수가 증가하게 되어 유입되는 오염물질도 증가될 것이다. 그러므로 들어오는 유입인구를 제한하여야 할 것이며 주기적으로 실내 오염물질을 측정 감시할 필요가 있다.

보존공간에서의 적당한 공기의 환기는 생물훼손 위험을 제한하는 효과적인 방법 중의 하나이다. 일정한 공간 내의 적당한 환기를 해주면 미생물 포자의 침전을 예방하게 하여 예술작품과의 접촉도 감소하게 된다. 더구나 공기순환은 물의 응축을 조절하여 가구, 유리, 금속 상자 등의 차가운 표면에 결로현상을 방지할 수 있다.

공기의 순환은 자연적 또는 기계적인 방법으로 이루어질 수 있다. 자연적 환기는 창이나 문을 열어놓으면 되나, 이것은 대기 오염물질, 생물학적, 화학적인 오염원이 들어올 수 있으므로 항상 개방하는 것은 추천할 수 없다. 기

계적 환기는 공기 조절시설을 이용하여 원하는 조건에 충족하도록 하는 가장 적합한 해결방식이다. 또한 규칙적인 여과를 통하여 공기를 정화할 수 있다. 만약 공기 공조계가 고장이 나면 갑자기 해로운 환경을 조성하여 문화재에 심한 피해를 받을 수 있다.

한편 실내에서 오염물질이 발생되는 경우가 있을 수 있다. 예컨대 실내로 들어온 방문객들의 호흡, 의류, 화장품, 흡연 등을 비롯하여 여러 종류의 건축자재나 사용된 살충제에서 발생되는 오염물질들을 주의하여야 할 것이다. 그러므로 UNESCO와 ICOM에서 실내 유물 보존을 위한 온도와 습도의 추천 범위를 제시하고 있다(**표 8-2**).

표 8-2 UNESCO와 ICOM이 제시한 실내 유물 보존을 위한 온도와 습도

문헌	대상 문화재	온도(°C)	상대습도(%RH)
UNESCO	갑골, 무기, 화폐, 금속, 녹슨 철, 유리, 목각, 파스텔화	16~24	40~63
	모피, 가구, 가죽, 미라, 조각, 에칭, 채화, 불투명 수채화	16~24	45~63
	융단, 의복, 레이스, 일반직물, 동식물, 곤충의 표본, 왁스 칠한 물건, 우표, 풀 묻은 라벨, 사진 필름, 상아	16~24	50~63
	상감세공, 기목세공, 칠기, 목재판넬, 보석, 대리석재, 다공성의 돌	16~24	55~63
ICOM*	양피지	15.5~23.5	55~60
	뎃상 창고	18~20	65
	목재	-	50

*ICOM; International Council of Museum

2) 실내 먼지

먼지 털기는 가구와 용기 속의 먼지와 함께 유입된 미생물의 양을 줄이는 과정이다. 먼지 털기는 손이나 또는 기계적인 방법, 그 외의 다른 방법을 사용할 수 있다. 보통 먼지 털기는 매년 규칙적으로 수행한다. 규칙적인 계획된 조작을 하는 동안 유물을 이동시키면 더욱 효과적이다.

3) 훼손 생물

예방적이고 보존적 차원에서 훼손 생물이 문화재가 위치해 있는 실내에 유입되는 것은 대단히 위험하다. 그러므로 ① 실내에 유입되는 훼손 생물의 수를 감소시켜야 하며, ② 훼손 생물이 유물과 접촉을 억제하여야 하고, ③ 실내에서 훼손 생물의 발생을 예방하는 데 중점을 두어야 한다. 훼손 생물들이 퍼지는 것은 포자와 영양체가 분산되어 발생한다. 이들 생물은 외부에서 들어오는 공기의 흐름과 방문객에 의하여 들어올 수 있지만 내부에서도 발생될 수도 있다.

따라서 생물훼손에 대한 예방적인 보존에 관한 지침서를 준비하여야 할 것이다. 이 지침서에 의하여 전시물에 대한 주변의 모든 환경조건을 감시하고 필요한 조치를 취하여 생물에 의한 훼손을 예방하여야 한다(**표 8-3**).

표 8-3 실내 유물에 대한 생물훼손 예방 지침서

예방 목표	감시	실시 사항
실내 환경의 훼손 생물수 감소	- 주기적으로 공기 성분 분석 - 주기적인 건물 구조의 점검 - 미세환경의 주기적인 점검	- 건물 구조의 유지 - 창문 개방을 제한 - 개관 시간과 방문객 수 조절 - 유입되는 물질을 조절 - 적당한 시설로 공기를 여과
미술품과 훼손 생물의 접촉 예방	- 주기적인 미술품 소장 미세환경 내의 공기의 성분 분석 - 작품의 보존 상태 분석 - 먼지의 제거 - 미술품 보관소의 보존상태 분석	- 보관소 내의 미술품의 보호 - 자동 시설로 공간 내의 공기순환 관리 - 미술품 조작에 대한 교육 - 작품의 이동, 저장, 포장, 운송, 전시에 대한 교육 - 적당한 기구로 먼지 제거
보관 환경 내에서 훼손 생물의 발생 방지	- 보관소의 미세기후의 감시 - 빛의 조절 - 온습도 조절의 감시 - 보존에 사용된 물질들의 검증	- 온도와 상대습도의 기후조절의 관리 - 공기순환의 관리 - 조명시설의 관리 - 주기적인 먼지 제거

4) 관람객

방문객들은 실내의 환경조건을 심하게 변화시킬 수 있다. 공간이 적은 조건에서 방문객의 수가 많으면 온도와 습도가 상승하고 호흡으로 인하여 CO_2도 증가한다. 아울러 먼지와 포자 등도 신발이나 옷에 묻혀서 들어오게 된다. 이 같은 오염원의 유입과 실내의 좋은 환경을 유지하기 위하여 방문객 수와 개관시간을 제한할 필요가 있다. 박물관에 과잉의 방문객이 들어오면 예술품을 손상시킨다. 한 사람의 방문객은 다음과 같이 분진, 가스, 열을 발산한다.

50~100g/h의 수증기
100watt/h의 열
50ml/h의 CO_2
0.2g/h의 먼지(미생물, 유기물 등)

5) 예술품의 관리

실내에서의 예술품 문화재의 보존을 위하여 2가지의 보고서가 사용된다. 하나는 보존보고서이고 다른 하나는 시설 환경보고서이다.

-보존보고서는 유물의 보존에 관한 집행 기술에 관한 정보를 포함하고 있다. 예술작품의 역사와 예술적 가치, 보관하고 있는 용기와 구조물 등의 부속품의 정보를 기록한다.

-시설 환경보고서는 실내의 여러 가지 보존 환경, 즉 미세기후, 빛의 조건, 공기의 특성을 주기적으로 모니터링한다. 시설의 구조와 사용, 그리고 방문객의 출입 수와 계절별, 오전 오후의 시간대별로 통계 특성에 관한 정보를 기록한다.

그러나 많은 도서관과 기록물보관소는 자체 개발한 보고서 형태를 가지고 있어서, 컴퓨터를 활용하여 보고서를 작성하기도 한다.

6) 전시용 상자

(1) 전시용 상자의 특성

전시용 상자는 유물과 여러 가지 예술작품을 영구적 또는 일시적으로 보관하는 상자이다. 실내의 전시용 상자, 가구, 찬장, 서랍, 선반 같은 용기는 구조와 기능적으로 보존적인 평가를 받아야 한다. 전시용 상자는 나무, 유리, 아크릴 레진, 금속 같은 여러 가지 재료로 만들 수 있으며, 여러 가지의 모양으로, 전시공간에 의하여 크기도 다양하다. 가구와 용기는 창가 앞에 놓아서는 안 되며 열기구나 냉방기구의 가까이 위치하여도 안 된다.

능동적 기후조절을 하기 위해서는 전시 상자를 별도로 설계하여 제작하여야 하며 중앙냉방계로 내부 공기의 온도와 습도를 조절할 수 있는 시스템을 만들어야 한다.

과거에는 전시용 상자는 주로 도난, 파괴행위, 접촉, 그리고 먼지 등을 예방하기 위하여 만들었다. 최근의 발전된 밀폐식 전시 상자는 생물이 생장할 수 없는 원소를 넣어 예술품을 안전하게 보관을 할 수 있게 설계하였다. 따라서 최신의 전시용 상자는 예술품과 고고학적 유물을 방문객에 보여주기 용이하며, 예방과 보존에서 만족시키고 있다.

(2) 전시 상자의 종류

전시 상자는 비밀폐식과 밀폐식 두 가지가 있다.

① **비밀폐식:** 실내에서 비밀폐식 전시 상자는 미세기후를 외부 환경과 교환되도록 허용한 것이다. 이 경우는 상대습도의 조절이 안 되지만 내부 조명광선은 설치할 수 있다. 또한 작품의 전시에 적합한 방식으로 미기후의 변화를 조절하기 어려운 단점이 있다.

② **밀폐식:** 전시 상자는 외부의 환경과 차단되어 있으므로 여러 가지 미기후 조절계를 설치할 수 있다. 따라서 보존에 필요한 미기후 조건과 공기의 질을 조절할 수 있다. 여기에는 내부 미기후를 조절하는 두 가지 방법이 있다.

수동적 기후조절은 상자 내의 미리 준비한 상대습도 수준을 전시 상자 내에서 유지시키는 것이다. 상자 내에 여러 가지 흡수물질인 실리카 젤을 넣어 낮은 상대습도를 유지시킬 수 있다. 그러므로 박물관, 도서관, 기록물보관소에서는 주로 비밀폐식 전시 상자를 사용하고 있다.

(3) 전시 상자의 미세기후

- **공기:** 전시 상자 내에 내부공기를 미생물이 서식할 수 없는 불활성의 (inert) 공기로 대체한다. 전시 상자 내에는 미세환경을 안정시키기 위한 설비를 포함하고 있으므로 기후조절이 가능하다. 또한 공기를 적당한 활성탄소를 통하여 여과하고 재순환시켜서 오염물질을 흡수할 수 있다.
  일반적인 유기물 미술작품에 미생물 공격 조건은 온도와 습도에 가장 민감하다. 이들 미생물 공격을 미리 예방하기 위한 온습도의 값은 페인트, 목재 종이, 가죽, 직물별로 다르다.

표 8-4는 유기물 문화재 작품을 보존하기 위하여 일반적으로 추천하는 온도와 습도를 보여준다. 다시 말하면 이 표에서 제시한 온도와 습도가 되면 미생물이 발생할 수 있으므로 이 조건 이하가 되어야 미생물이 발생하지 않는다는 것이다. 그러므로 미생물 훼손을 예방하기 위하여 각 유기물 품목별로 더 상세하게 온습도의 최소의 범위를 보여주고 있다.

표 8-4 유기물 문화재에 미생물 공격을 예방하기 위한 온습도 범위

유기물		상대습도(%)	온도(℃)
페인팅	캔버스	40~55	19~24
	판넬	50~60	19~24
나무	모든 형태	50~60	19~24
	유적지	50~60	19~20
종이	모든 형태	40~55	18~24
	파스텔	< 65	< 10
	서적	45~55	< 21
	그래픽 물질	45~55	< 21
가죽, 양피지		45~55	4~10
직물	섬유소	30~50	19~24
	단백질	50~55	19~24

- **빛;** 전시 상자 내에서 빛은 미술품의 물리적 안정성과 상자 내부의 온도의 안정성을 유지하기 위하여 필요하다. 광원은 유물에 안전한 수준으로 조명하여야 하지만 열원이 되어서는 안 되며, 예술품에 해로운 자

외선과 적외선의 사용은 금지되어야 한다. 최근에는 조명하는 데 안전한 방법이 많이 개발되었다. 조명에 대한 유물의 과민감도는 유물과 미술품마다 다르다.

빛의 조절은 여러 가지의 보존과 전시환경에서 대단히 중요하다. 자연광선의 직사광선이 미술품에 직접 쪼여주는 것은 피하여 한다. 그러므로 블라인드(blind)나 커텐(curtain)으로 가능한 창문을 차단하여야 한다. UV와 적외선을 감소시키기 위하여 유리창에 적당한 코팅을 씌워 주는 것이 좋다. 인위적인 조명은 차갑고 여과된 광원을 사용하는 것은 추천할 수 있다. 최근에는 자외선과 적외선을 제거하기 위하여 만든 광섬유(fiber optics)의 인위적인 빛을 사용하는 것이다.

3. 교회와 동굴

1) 교회

교회나 지하 환경에도 역사적으로 위대한 작품과 예술적으로 가치 있는 예술품이 보존되어 있으므로 훼손에 대한 예방과 보호가 이루어져야 한다. 특별히 지하 환경은 습도가 높은 미세기후의 환경조건이므로 미생물의 발생 위험도가 높다. 그러나 공기조절장치를 설치하여 온도를 조절하고, 환기를 하면 환경의 조절이 가능하므로 적당한 보존조건을 마련할 수 있다.

교회 건물은 그 자체의 건축예술 특성을 가지고 있다. 교회 건물은 작은 규모에서부터 큰 규모의 예배를 볼 수 있는 넓은 공간의 구조로 되어 있다. 그러나 성당의 지하실은 상당히 높은 상대습도를 유지하고 있다. 교회는 보통 미세 환경조건이므로 어느 정도의 냉난방장치가 가능하다. 방문자의 출입을 위하여 입구의 형태와 위치, 그리고 공간의 환기상태 등은 고려하여 냉난방 장치를 이용한 공기의 조건을 조절하여야 할 것이다(**그림 8-1**).

교회 내 프레스코(fresco)보존을 위하여, 교회의 문을 적당히 열고 닫는 시스템을 설치하여 벽화 위의 생물학적, 화학적 피해를 최소화하여야 할 것이다. 많은 문을 통하여 공기 중의 훼손 미생물의 유입이 심할 경우는 영구적으로 문들을 폐쇄하여야 한다. 특히 교회 지하의 경우 여름철에 벽의 습도

그림 8-1
이스탄불 소피아 대성당

가 높고 공간의 환기가 잘 안되어 미생물 발생과 생장의 위험성이 매우 높아진다.

습도가 높으면 문화재의 물질에 미생물 발생이 용이하다. 빛은 광합성 과정을 할 수 있는 조건을 만들어주므로 구조물 내의 광독립영양세균의 발생을 유도하는 결과가 된다.

온도는 생물의 발생을 결정하는 환경요인이다. 보통 지하 환경에서는 10~18℃ 사이가 된다. 이 온도에서 적응한 미생물들이 서식하고 있으며, 방문객이 들어오면 20℃까지 올라갈 수 있다. 그러면 미생물의 생장은 활발하게 된다. 실내에서 방문객의 유입에 의하여, 필요한 작업에 의하여, 그리고 다른 인간의 활동에 의하여 미세기후가 약간의 변화가 발생하면 이것이 미생물이 공격하는 결정적인 요인이 된다.

- 지하 환경에서의 예방을 위한 계획 중에서 **관람객의 유입**을 조절하는 것은 매우 중요하다. 방문객에 의하여 온도, 상대습도, 그리고 이산화탄소를 증가시킬 수 있다. 안전한 온도와 습도의 상태는 종속영양 미생물의 발생을 감소시킬 수 있다. 특별히 균류는 온습도의 변동에서도 포자의 발아와 표면에 콜로니가 형성된다. 외부와 환기가 안 되고, 폐쇄된 공간의 유지, 방문객 수의 증가 등은 생태적 평형이 파괴되는 위험한 환경요인이 될 수 있으므로 생물훼손이 증가될 수 있다.

지하 환경 내로 관람객의 유입은 포자, 화분, 생물체의 유입이 증가될 뿐만 아니라 공기 중 미생물, 특별히 균류와 세균의 유입이 증가할 수 있다.

2) 동굴

동굴환경에서는 균류와 세균들이 동굴의 깊이까지 존재한다. 동굴 내의 매우 낮은 수준의 조명이 있는 곳이라도 광영양독립생물인 시안세균, 조류, 이끼류가 발생한다. 이중 시안세균, 조류 등은 예술품에 변색을 만들어 흰색, 검은색, 회색, 녹색의 파티나를 만든다. 이들 미생물이 생물막을 형성하는데 이는 주로 시안세균 같은 광합성 미생물과 종속영양세균이 대부분이다. 그러므로 일반적으로 빛의 양은 가능한 낮게 감소시켜야 한다.

동굴 속의 미생물 군집은 많은 수의 방선균, *Bacillus*, *Micrococcus* 등이 분포하고 있다. 습도가 높으면 벽 위에 물이 응축되어 세균과 균류의 발생의 원인이 된다.

일반적으로 동굴 내의 훼손을 예방하기 위하여 다음과 같은 지침을 추천한다.

- 조명은 낮은 수준으로 낮추어야 하며 낮은 온도의 램프를 사용한다.
- 온도와 습도 등의 안전한 미세기후를 유지시킨다.
- 방문객의 수와 체류하는 시간을 제한한다.
- 공기의 환기를 조절하여 매일 온도의 심한 변동을 예방하여야 한다.

지하 환경에 있어서 외부 벽을 따라 흘러들어오는 물은 수로를 만들어 물을 속히 배수하도록 하며, 빗물 파이프로부터 물의 유입을 방지하기 위하여 구조물을 개선하여야 한다. 교회 주변 외부지역을 새롭게 포장하여 방문객이 왕래하는 길에 먼지와 입자가 발생하지 않도록 한다.

그러나 지하의 밀폐된 공간이나 수중에 매장되어 있는 문화재는 비교적 안전하게 보존된 상태이다. 지상으로 발굴되어 노출되면 공기 중의 산소의 공급으로 발굴된 문화재는 급속히 산화되어 훼손된다. 그러므로 발굴 과정에서 보존과학자의 참여하에 발굴이 이루어져야 최소한의 훼손을 방지할 수 있다. 시급하게 발굴부터 하고 후에 보존처리하는 과정은 반드시 시정되어야 할 것이다(**그림 8-2**).

그림 8-2 동굴 속의 문화재: 인도 뭄바이의 동굴

4. 실외 문화재

외부 환경에 노출된 문화재는 변화가 심한 습도와 온도, 비와 바람, 공기 오염원, 그리고 빛의 환경요인에 의하여 생물훼손이 쉽게 발생될 수 있다. 건축의 조각 작품과 자연적인 문화재들은 실외에 노출되어 있으므로 대기요인에 의하여 풍화될 수 있으며 생물훼손에도 취약하다.

1) 실외 환경의 특성

상대습도가 70% 이상이 되고 빛의 조명이 충분하면 시안세균, 조류, 이끼류가 콜로니를 형성할 수 있다. 온도조건에 따라 훼손 생물들은 선별적으로 생장을 할 수 있다. 낮은 온도에서는 고온성 미생물은 생장하지 못하지만 저온성 미생물만이 생장할 수 있다. 만약 기질의 습기가 낮고, 공기의 상대습도가 65~70%보다 낮으면 훼손 생물의 발생에 필요한 조건은 일반적으로 성립되지 않는다. 빛은 광합성 생물의 생장에 가장 필수적이다.

외부의 환경은 실내 환경과는 다르게 인위적인 조절이 불가능하다. 외부의 환경요인은 밤과 낮, 계절적인 변화가 심하기 때문에 보존과 예방을 위하여 환경요인을 조사하고 측정하는 것 자체도 쉽지 않다.

실외의 유물에 대하여 예방을 위한 온도와 상대습도의 조절은 매우 어렵다. 실외 환경은 매우 넓은 범위이므로, 건물이나 기념물을 보호하기 위하여

그림 8-3
경주 칠불암 마애불

법률적 제정, 오염물질의 조절, 교통문제, 지하수, 방문객 관리, 그리고 재난에 대한 다방면의 대책을 수립하여야 할 것이다. 박물관 내의 예술품의 보존은 비교적 쉬우며, 건물 내부에 위치한 예술품에도 보존의 실현이 가능하나 건물 밖에 있는 문화재는 환경조절이 매우 어렵다(**그림 8-3**).

상대습도 조절의 주요 목적은 염으로 오염되어 있는 암석의 손상을 예방하는 것이다. 이들 염에 대한 안전한 상대습도의 범위를 컴퓨터로 측정할 수 있으나 실제로 실외의 상대습도의 조절은 불가능한 실정이다.

2) 직접적인 예방 방안

석조건물과 역사적 예술작품에 생물의 생장은 적당한 습도 조건에서 영양분이 축적된 표면 위에서 발생한다.

- **배수시설:** 건축물 내에 포함된 습기는 모세관 작용, 침투(infiltration), 여과(percolation), 그리고 물의 응축(condensation)현상으로부터 증가될 수 있다. 더구나 구성물질의 다공성과 기질에 포함된 용해성의 염과도 밀접한 관계가 있다. 아직까지는 배수시설과 공기순환계의 방법을 이용하여 물의 모세관 현상을 막고 있다.

- **방수성 물질:** 방수성 물질인 합성중합체를 사용하여 습도를 차단하여야 한다. 그러나 이 물질을 많이 사용하면 미술작품 위의 생물 발생을 당분간 감소시킬 수 있으나 장기간 후에는 이 물질에도 미생물이 발생할 수 있으므로 합성중합체의 사용은 매우 조심스럽게 고려하여야 한다.
- **표면의 보호막:** 문화재를 코팅하는 계획은 위상조건과 환경배경과 같은 중요한 요인이다. 코팅하는 방법도 지리적으로 물이 많은 위치, 태양에 노출이 심하고, 나무와 같은 것이 주변에 있으면 보존하는 데 불편하다.
- **살생제의 사용:** 보존방법으로 **살생제**를 사용하여 생물의 발생을 억제할 수 있다. 살생제는 특별히 강화제와 함께 사용하는 예가 있다. 그러나 살생제의 calcium hypochloride의 염소이온과 강화제(consolidant)의 한 분성이 반응하여 석회석을 분해하는 예도 있다. 그러므로 살생제와 다른 물질 사이의 혼합 사용은 문제를 발생시킬 수 있으므로 살생제 사용은 철저하게 검토한 후에 사용하여야 한다.
- **보호각의 설치:** 야외에 노출된 석탑, 기념비, 석등, 석불상 등의 석조문화재는 비, 바람, 온도와 습도의 변화 등의 기후변화에 대하여 쉽게 생물에 의하여 훼손된다. 보존적 차원에서 이들 문화재에 보호각을 설치하면 직접적인 외부의 강우와 같은 환경요인의 피해를 어느 정도는 예방할 수 있다.

그림 8-4
문화재의 나무 뿌리에 의한 피해: 앙코르와트

3) 식물의 영향

(1) 나무의 부정적 영향

역사적인 건물 주변의 식물들은 부정인적 영향이 있으며, 여기에는 직접과 간접적인 면에서 고려하여야 한다.

① **직접 영향:** 식물의 물리적인 영향으로 문화재 기질 속으로 뿌리가 침투하여 침입하여 문화재를 직접 파괴하기도 한다(**그림 8-4**). 야외의 석탑의 경우 표면에 먼지가 축적되어 초본 및 목본 식물이 직접 생장하여 암석 사이의 틈으로 뿌리가 생장하게 되어 암석의 틈을 벌어지게 한다.

② **간접적인 영향:** 나무나 관목의 그늘에 가려서 음

지 환경이 조성되어 습기가 높아지게 되어 양지 환경보다 부분적으로 문화재 표면에 훼손 생물이 발생하기 쉽다. 건축물의 가까이 상록수가 높게 생장하여 태양광선을 막아주면 습도가 높아지게 되어 구조에 손상을 입게 된다. 석탑 같은 역사적인 유물 주변에 큰 수목이 생장하면 음지 환경으로 변하게 되어 생물훼손이 쉽게 발생된다. 일반적으로 야외에 있는 삼층석탑의 경우 햇빛을 받고 있는 양지 부위보다 음지 부위는 습도가 높아 많은 종류의 지의류, 이끼류 등의 발생을 관찰할 수 있다.

따라서 실외의 석조, 목조, 금속문화재 주변에 수목이나 초본식물에 의하여 음지 환경을 형성하여 있을 경우 이들 식물을 제거하여 양지 환경을 조성할 필요가 있다.

(2) 나무의 보호적 역할

미술품 생물에 의한 피해를 예방할 수 있는 환경은 미술작품이나 문화재 가까이 식물로부터 영향을 받는 것이다. 그러나 어느 경우 식물은 환경요인에 대하여 예방적 역할을 할 수도 있다. 나무와 관목은 예술품의 가까이에서 미세기후를 변화시킬 수 있다. 관목과 나무의 잎에 의하여 만들어진 그늘은 물질의 표면에 온도의 변동을 감소시킬 수 있다. 이 잎들이 바람을 막아주고 장벽을 만들어 바람에 의한 부식의 영향을 감소할 수 있다. 예술품 주변의 초본의 카페트는 대기오염물질과 분진의 훼손작용으로부터 표면을 보호할 수 있다. 왜냐하면 식물의 잎 위에 이들 물질이 축적되기 때문이다.

식물에 의하여 대기 중의 고체의 입자들이 식물체에 침전되고, 공기유동에 영향을 주며, 강우를 통한 침전에 의하여 문화재를 보호할 수 있다. 도시지역 환경에서 납 농도는 도로주변의 나무 잎에서 보다 도시공원의 나뭇잎에서 10배나 낮다. 이 원인은 도로에는 차량이 많은 양의 납을 배출하기 때문이다. 또한 배출된 다량의 납은 공원 내의 초본의 카페트의 여과작용에 의하여 흡수되지 않으며, 아스팔트나 포장된 길에서도 여과기능이 없기 때문이다.

식생의 여과기능은 입자의 직경에 비례하며, 식물표면의 모양과 특성에 따라 다르다. 식물은 지상을 덮고 있으므로 문화재에 기계적인 보호를 할 수 있다. 토양의 유출을 막으며, 강우에 의하여 생긴 토양 침식, 식물이 증산과 증발 과정을 통한 물리적인 보호 등의 기계적인 보호작용이 있다.

4) 보호각의 설치

실외에 위치하고 있는 석조문화재는 여름의 고온과 장마를 비롯한 비, 바람 그리고 겨울의 매우 낮은 온도와 눈 등으로 풍화가 가속되면 생물에 의한 피해도 심하게 된다. 그러므로 실외의 문화재를 예방하기 위하여 보호각을 종종 설치하는 경우가 있다. 보호각 설치 목적은 외부에 위치한 문화재에 미치는 강우, 바람, 온도, 분진 등의 환경 영향을 최소한 감소시켜 온도와 습도를 안정화하여 문화재를 보호하기 위함이다. 생물학적 입장에서 보면 보호각은 수분의 침투로 인한 석조문화재에 세균, 곰팡이, 조류, 지의류, 식물등 생물의 서식환경을 차단할 수 있다(**그림 8-5**).

문화재에 보호각을 설치하면 보존적 측면에서는 매우 효과적이지만, 원래대로 있던 예술적 가치는 감소되는 단점이 있다. 대표적인 예로 석굴암은 안전한 보호각을 설치하여 보존하고 있지만 원래대로 위치하고 있지 않으므로, 예술적 또는 역사적 가치는 떨어진다고 할 수 있다.

보호각의 설치 시의 유의사항

- 보호각의 크기와 형태, 그리고 기능적으로 완전 밀폐식, 중간 밀폐형, 상부에만 보호각 설치 등 다방면의 관점에서 계획하여야 한다.
- 보호각을 급조하여 외부 형태를 흉물처럼 건축하여 그 내부의 문화재의 가치를 손상시키는 경우가 없도록 한다.

A

B

그림 8-5 보호각. A: 경주 태종무열왕릉비(문화재청자료), B: 부여 당유인원기념비(문화재청 자료)

- 보호각을 너무 작게 설치하여 문화재의 위상을 손상시키는 경우가 없도록 한다.
- 마애불에 보호각을 설치할 경우 위에서 물이 마애불 내로 새어 흘러내려오지 않도록 한다.
- 문화재의 역사적 예술적 가치를 고려하여 보호각도 그 시대의 예술작품의 개념으로 인식하여 설치하여야 한다.

5. 미기후 감시 및 관리

1) 미기후 감시

미기후(microclimate)란 문화재가 위치한 주변 지역과 다른 좁은 지역 내의 기후 조건을 말한다. 외부에 노출된 석조유물, 건축물, 그리고 기념탑의 장기간 보존은 총체적으로 추진할 필요가 있다. 역사적으로 유명한 석조유물에 살생물제 처리에 있어서, 처리 이전의 평가 자료와 처리 후의 변화에 대하여 **감시(monitoring)**하고 기록하는 것은 처리의 효과를 이해하는 데 기본적으로 중요하다.

고고학적으로 유명한 유적지, 박물관, 전시 공간, 동굴, 지하 등의 환경 특성을 연구할 경우 미기후 조사를 계획하는 것이 필요하다. 문화재 주변의 미기후 조건을 이해하는 것은 문화재의 예술작품과 환경을 고려하면 훼손 원인을 확인할 수 있기 때문이다.

문화재 작품들의 훼손 과정은 부적절한 미기후 조건에 의하여 발생될 수 있다. 작품표면의 과잉 습도와 습기의 응축으로 인하여 손상이 발생된다. 결국은 이런 손상은 미세기후의 변화에 의하여 발생되는데, 예컨대 염의 화학적인 백화현상은 과잉의 환기로 인하여 생기는 것이다.

2) 온도와 습도의 영향

미기후의 조사에는 물리적인 변수로 공기의 온도, 예술품의 표면온도, 상대습도, 공기 환기상태, 조명 환경 등이 있다. 절대습도, 상대습도, 온도 같은 변수를 알면 이슬점을 계산할 수 있다. 환경과 예술품 사이의 온도와 습도의 교환을 평가하기 위하여 미기후 조건을 측정하여야 한다. 측정 위치는 예술품 근처, 그리고 외부 환경에는 지면 위의 2m 지점에서 측정한다. 표면의 온도는 온도계를 예술품에 접촉한 위치에서 측정한다.

상대습도는 온도와 공기 중의 습기량에 따라 영향을 받으며, 예술품과 환경 사이의 상호작용을 하므로 매우 중요하다. 물질의 변화는 습기의 교환에 의하여 달라지게 된다. 따라서 야외에 노출된 문화재 주변에 물기가 있거나 습기 찬 부위가 있으면 배수로를 설치하여 물과 습기를 제거하여야 한다.

3) 미기후의 관리

실내의 박물관, 도서관, 기록물전시관이나 실외에 노출된 석조문화재 등의 주변 미기후에 대하여 항상 감시체제를 가추고 있어야 한다. 밤과 낮, 그리고 계절의 변화에 따른 미기후의 변화, 실내에 인간의 출입, 창문의 개폐에 따른 온습도의 변화 등을 측정하여 기록하여 관리하여야 할 것이다. 자동 온습도기를 설치하여 항상 원하는 미기후의 조건 내에 해당되는지를 측정하여야 한다. 실내의 환경에서는 자동 온냉방 시스템으로 미기후 조건을 충족하도록 하여야 할 것이다.

미기후의 감시항목에는 온도, 습도, 조명, 절대습도, 그리고 이슬점(dew point) 등을 포함하여야 한다.

다음과 같은 사항을 고려하여 미기후를 측정하고 관리하여야 할 것이다.

- 밤과 낮의 변화, 그리고 계절적 변화
- 교회의 교인들과 관람객의 입출입 시의 변화
- 큰 문, 창문의 개폐의 조절
- 냉온방, 조명 등의 자동설치 기계의 작동 여부 확인

6. 공기 중 부유생물 감시 및 관리

일정한 공간 내의 공기는 여러 가지 형태와 크기의 수많은 입자를 포함하고 있다. 이들 성분을 공기 중 **분진(aerosol)**이라고 하는데 여기에는 무기물, 유기물, 생물 유래의 것으로 구분된다. 액체 또는 고체 상태로 공기 중에 분산된 분진을 **대기 분진(atmospheric aerosol)**이라고 한다. 균류의 포자나 세

균갈은 생물 유래의 공기 중의 분진을 **생물분진** 또는 **부유생물(bioaerosol)** 이라고 한다. 실외 공간은 이들 부유생물을 조절할 수 없으나 실내의 공간에서는 인위적으로 부유생물을 제어할 수 있다.

1) 부유생물 감시의 목적

일반적으로 생물 유래의 공기 중 부유생물을 감시하는 중요한 목적은 ① 유물에 영향을 주는 오염물질과 생물 입자들의 특성을 이해하는 것이며, ② 이들 생물입자들이 유물에 어떻게 훼손을 유발할 것인가에 대하여 예측하기 위한 것이다. 공기 중 생물입자는 주로 바이러스, 세균, 진균의 포자, 조류세포, 선태류와 양치식물이 주로 포함되며, 지의류 영양 번식체, 화분, 곤충의 알, 미세곤충 등도 포함된다.

2) 부유생물의 분포

공기의 특성에 따라 또는 계절과 시기, 각 시간에 따라 이들 생물적 오염원의 농도는 수시로 변화한다. 청정지역과 도시지역, 그리고 봄, 여름, 가을 겨울의 사계절의 기후조건에 따라서 다양하게 분포될 수 있다. 공기분진입자의 25~40%가 생물의 물질이다. 부유생물이 문화재에 접촉하여 적당한 환경조건이 되면 콜로니를 형성하여 문화재를 손상시킨다.

민 등(1998)은 전쟁기념관 내 공중미생물 분포를 분석 조사하였다. 전쟁기념관은 1994년에 건립된 박물관으로 비교적 깨끗하고 양호한 환경이었

표 8-5 전쟁기념관 박물관 내 공중 미생물 분포

조사 장소		방문객 수	온도(°C)	상대습도(%)	환경조절 시설	균류 (cfu/m²/h)	세균류 (cfu/m²/h)
전시실	입구	–	17.9	56.9	없음	15	10
		588	18.8	64.1	없음	35	14
	내부	–	18.6	53.1	없음	6	10
		588	19.7	55.5	없음	17	14
수장고	일반	–	16.6	58.0	없음	11	5
	특별	–	18.9	51.0	온습도여과 시설	1	3

참고: –는 방문객이 없는 휴관일, cfu; colony forming unit

으며 조사 일시는 방문객이 많은 토요일과 방문객이 없는 휴관일을 선택하였다.

전시실 입구와 내부에서 방문객의 유무에 따라 온도는 1℃ 차이가 나지만 상대습도의 차이는 더욱 심하다. 균류와 세균류도 방문객이 유입되는 날의 전시실보다 방문객이 없는 휴관일 때 더 많이 분포되어 있었다. 아울러 환경 공조시설이 잘 되어 있는 특별 수장고의 균류와 세균류의 분포는 공조시설이 없는 공간보다 더욱 많이 분포되어 있었다.

박물관 내의 공기 중의 부유하는 생물을 분석하여 평가하는 것은 수집품의 생물학적 손상을 최소화하기 위한 조치를 할 수 있는 기본 자료가 된다.

3) 부유생물의 감시와 관리

부유생물의 감시는 공기 중에 부유하는 훼손 생물이 문화재를 공격할 위험성에 대한 예방적이고 보존적인 차원에서 필요하다. 공기 중의 훼손 생물의 종류와 농도에 관한 기초자료를 알면 예술품에 위험한 미생물의 접근 가능성을 예측할 수 있기 때문이다. 이 같은 이유로 공중생물의 감시도 예방적 차원에서 관리계획에 포함되어야 한다.

참고문헌

최윤정, 임선기, 민경희(1998). 전쟁기념관내 문화재 보존을 위한 환경요인으로의 미생물분포. 한국문화재보존과학회지 7(1):31-41

민경희. 중앙박물관내 전시 및 수장유물의 생물학적 보존환경 기준연구(1996). 대한민국 문화체육부 p1~146

Bruno F.(2012). Science and conservation for museum collections. p1-470, Kermesquaderni

David G., Stegan M.(2017). Environmental guidlines for Maseum. Government of Canada

Gary Thoson CBE. The Museum Environment. p1-293, Elsevier

Jane H.(2007). Managing the Libray and archive enbironment. The Brithsh Librazy Design Office

Nathan S.(1981). Proceawise and Conservation standards for museum collections in Transit and on exhibition. UNESCO

찾아보기

C

H

I

K

L

M

N

O

P

Q

R

S

T

V

W

X

Z

[국문]

ㄱ

ㅂ

ㅅ

ㅈ

ㅊ

ㅋ

ㅌ

ㅍ

Credits